南方语言学

NANFANG YUYANXUE

广东省普通高校人文社会科学重点研究基地暨南大学汉语方言研究中心

甘于恩 主编

第十七辑

本书出版获得广东省高水平大学建设经费资助

世界图书出版公司
广州·上海·西安·北京

图书在版编目（CIP）数据

南方语言学. 第十七辑 / 甘于恩主编. —广州：世界图书出版广东有限公司，2021.8
ISBN 978-7-5192-8846-4

Ⅰ. ①南…　Ⅱ. ①甘…　Ⅲ. ①汉语方言—方言研究—丛刊　Ⅳ. ①H17-55

中国版本图书馆CIP数据核字（2021）第171830号

书　　名　南方语言学（第十七辑）
　　　　　NANFANG YUYANXUE（DI SHIQI JI）
主　　编　甘于恩
责任编辑　李　婷　魏志华
责任技编　刘上锦
出版发行　世界图书出版有限公司　世界图书出版广东有限公司
地　　址　广州市新港西路大江冲25号
邮　　编　510300
电　　话　020-84184026　84453623
网　　址　http://www.gdst.com.cn
邮　　箱　wpc_gdst@163.com
经　　销　新华书店
印　　刷　广州市怡升印刷有限公司
开　　本　889mm × 1 194mm　1/16
印　　张　20.75
字　　数　623千
版　　次　2021年8月第1版　2021年8月第1次印刷
国际书号　ISBN 978-7-5192-8846-4
定　　价　42.00元

咨询、投稿：020-34201910　weilai21@126. com

目 录

特 稿

汉语方言研究

语言资源

语音学

词汇学研究

语法学与方言语法

海外汉语方言研究

少数民族语言

汉语史研究

语言应用研究

方言与文学

Table of Content

Special Articles

Chinese Dialects

Language Resources

Phonetics and Phonology

Lexics and Lexicology

Syntax and Dialectal Grammar

▶特　稿◀

莫图纳语的并列结构①

朱晓农[1] 著　孙晓雪[2]　邓舒文[3] 译

（1. 澳大利亚国立大学　澳大利亚；2. 浙江大学　浙江杭州　310027；
3. 浙江大学　浙江杭州　310027）

【提　要】本文是一项关于莫图纳语并列结构的调查报告。莫图纳语是大洋洲岛上的一种施格语，主要用语调和并列连词impa来区分并列结构和主从结构。本文利用数百个例句的材料把莫图纳语的并列结构概括为六类29种，并提炼出4条删除规则和1条总规则。本文还讨论了逆被动形式以及并列句中的时序、转换、双数、使役等句法标志。

【关键词】莫图纳语　美拉尼西亚语族　施格语　并列结构　连词　逆被动

一、引言

本文研究莫图纳语（Motuna）的并列结构。莫图纳语是一种巴布亚新几内亚语言（Papua New Guinea），通用于大洋洲的Bougainville岛上。

（一）研究前提

1. 研究假设

两个小句（clause）之间存在3种情况：并列（coordination）、从属（subordination）与关系（relativeness）。

在英语中，三类“功能词”（并列连词、从属连词、关系词）的存在，使以上3种句子类型得以明确划分。仅从功能词的类型来判断句子类型，听起来就像循环论证。但如果我们已经了解不同的句法特征及其包含的不同语义功能，那么这些功能词就可以成为判断句子类型的有力标志。

一个问题是，莫图纳语的分类情况可能不同于英语，即莫图纳语的句子类型有2种或4种，而非英语的3种；或即使莫图纳语具有相同的3种句子类型，其构成成分或界定标准也不同。

① 该文系作者1990年在澳大利亚国立大学完成的“田野调查方法”（Field Methods）课程论文，任课教师R. M. W. Dixon给予高度评价；相关背景参看作者《谈谈调查太平洋岛施格语的体会》（2003，该文首次将类型学ergative/ergativity译为“施格”）和《跟大师（鲍勃）学艺》（2008/2010）二文。译文删除了原文几处注释和无关紧要的文字，并由作者详加校订。

在一开始，我们能做的是假设莫图纳语的分类情况与英语一致。而本研究的假设仅限于开头而不代表最后的结论。当资料显示两种语言的“并列关系”之间存在差异时，我们将调整莫图纳语的分类情况。受时间限制，我们尚未对所有可能的小句组合进行检验，如目的（purposive）、伴随（comitative）等，因此，本文的分类有增补余地。

2. 一种需要注意的情况

当我们对熟悉的语言进行讨论时，往往有一种需要注意的情况，即例句并非“来自于自发的对话”，而是“被刻意‘想出来’用以阐释某个特定观点”（Dixon，1965：vii）。

对新语言进行描写时，我们不必防备“想出来”的例句。但要防备另一种情况，即例句并非取自自发的对话，而是被刻意“引导出来”用以阐释某个特定观点。

笔者担心文中会有很多“被引导出来”的句子，但在调查一种新语言且时间有限的情况下，于笔者而言“引导”似乎又是不可避免的。“被引导出来”的例句能让我们快速得到必要的信息。然而若想要描写出“真正的”语法，还应更加依靠“自发”的对话。

（二）确定并列的三项标准

1. 并列连接词impa

在莫图纳语中有一个小句的并列标志impa。该并列连词对并列句而言不是必需的，而是可选择的。当两个小句之间不存在意义上的转折时，英语会使用and来连接，在莫图纳语里，除本章的“3. 语调”和第二章“3. 不作为并列标志”讨论的情况外，可插入impa是判断并列的充要条件。

标准一：如果impa可以插入两个小句之间，那么整个句子是并列句。如果不能，那么小句之间不是并列关系。

因此，例①是一个并列句，而例②不是。

①so	nongmai	kumaruro	（impa）	pirong
the	man	laughed	and	went

那个男人笑了，并且走了。

②so	nongmai	kumangong	（*impa）	pirong
the	man（who）	laughed		went away

那个笑着的男人走了。

标准一可以把并列句和带有关系小句的简单句、主从句区分开来。至于并列句和连续复句（successive sentence）的区分，可参看本章的“3. 语调”和第二章第三节的“3. 不作为并列标志”。

当两个小句之间存在意义上的转折时，英语里会使用but或or，那么莫图纳语呢？这种情况下我们需要另一项标准，可参看本章的“3. 语调”。

2. 非限定动词后缀作并列标志

在澳大利亚的土著语伊迪尼语（Yidin）中，“两个并列句的动词必然会展现相同的屈折形态，即它们同为祈使、过去时或现在时（将来时）形式”（Dixon，1977a：389）。然而莫图纳语的情况恰恰相反。一方面，如果两个小句中的动词表现出相同的屈折形态，如例②中两个动词都是过去时，那么两个小句并不是连接在一起的并列句，而是一个由主句和关系从句组成的简单句。另一方面，例①是并列句，其中一个动词变为了没有性、数、人称和时的非限定形式kumaru-ro“笑”。词缀ro附于动词词根之后，表示在一段时间序列的动作中更早发生的事件。例③④表明，kumaru-ro在时范畴和性范畴上均无相应的屈折变化。

③so	nongmai	kumaruro	(impa)	pi-hee-tong
the	man	will laugh first	and	then go away

那个男人先笑了，然后走了。

④tikuraisa	kumaruro	(impa)	pirana	
the	woman	laughed	and	went away

那个女人笑了，并且走了。

然而，在双数或第一人称的情况下，ro会分别变为to或no（详见第三章的“（一）序列标志ro”）。V-ro在数范畴（甚至人称范畴）存在屈折变化，可见它只是一个假的或部分的非限定形式。（第一人称变化形式no可能是为了适应语音环境，参看第三章的“（一）序列标志ro”）同样的情况也出现在另一个非限定形式V-ku上：当其表示双数时，在其中插入标志ti，变为V-ti-ku；当其表示复数（或少量数）时，为V-ra-ku（可参看第三章的“3. ku的变体）。

其他的非限定动词后缀还有mo、ku/ju、kui，分别在本章第三节的“2. 时间小句和标志mo”、第三章的“（二）指标转换标志ku/ju”、本章第三节的“3. 用kui表示的条件从句与用ho表示的评述从句”节讨论。

上述所有非限定动词后缀都与并列连词impa有关，即impa可以插入到有这些后缀的句子里。因此，当impa不出现时，我们将这些句子归为并列句，并将这些标志视为第二项标准。

有趣又令人困惑的是，这一现象反映了两个并列小句之间的关系反而比主句和关系从句之间要松散。从逻辑上讲，非限定动词的独立性不如限定动词（finite verb），因此，有非限定动词的小句的独立性也不及有限定动词的小句，换言之，前者不能成为独立的句子，而后者可以。

上文例①的kumaruro是带有非限定标志ro的非限定动词，但含有kumaruro的小句是并列的。例②的kumangong是限定动词，表过去时、第三人称、单数和阳性，和pirong表现出一致的屈折变化，但含有kumangong的小句是关系从句，含有pirong的是主句。

为什么在句法上表现得更松散的并列句与低独立性的动词、从句相关联，而在句法上表现得更紧密的关系主从句，却与强独立性的动词、从句相关联？我们认为，所有这些非限定动词标志都表示时序（temporal）范畴，同时时序关系比其他关系子句中的修饰或限定关系更接近、更重要。

当然还有另外一种可能，即笔者推论的前提是错误的。与主句和关系从句之间的关系相比，两个并列小句之间的关系是更紧密而非更松散的。

3. 语调

（1）除了由impa连接外，并列句还可以使用其他相当于英语or和but的并列连接词。当情况为后者时，并列句的判断步骤如下：

（i）标准二：如果小句包含一个非限定动词，那么该小句是并列的。否则，参看步骤（ii）

⑤Kanguki	ti	Anih	tanguhuu-ju	roruki	toku	omoruina
			slap-DD	but	not	ran

Kangku slapped Anih, but Anih did not run away.

Kangku打了Anih一巴掌，但Anih没有跑开。

因为tanguhuuju是非限定动词，故例⑤应归为并列句。

（ii）还有这类句子：

⑥do	nokina	do	ti	kuraisa	mirahu,	roruki	ningi	norongana
you	said	you		woman	good	but	I	think
do	ti	kuraisa	arapah					

bad

You said you are a good woman, but I think you are a bad woman. 你说你是个好女人，但我认为你是个坏女人。

⑦do	nongpa-nongpa	kong-ne,	toku	nongpa	patakong	ja
you	quick-quick	walk-IMP	not	quick	arrive	parhaps

You had better walk more quickly/Walk more quickly, or we will be late. 你最好走快点/走快点，否则我们会迟到的。

在例⑥中，nokina（said）是限定动词；在例⑦中，kongne为祈使形式。“标准一”和“标准二”都不适用于这些句子。甚至在含有impa的句子中，限定动词也可能出现。（下一章第3节的“3. 不作为并列标志”将对这类句子做进一步讨论）

⑧K	ti	A	monoina	impa D so M mononong
			saw-2SG.F.PAST	

K saw A and D saw M. K看见了A，并且D看见了M。

⑨K	ti	A	mono-ku	impa D so M mononong（=8）
			saw-DD-NON-FINITE	

monoku是非限定动词，故例⑨是典型的并列句。那么例⑧呢？在例⑥⑦⑧的情况下，语调是判断句子为单句（即并列句）还是两个相连的句子（连续复句）唯一的可靠标准。

（2）莫图纳语中单个词语的语调为起点略高的平调。准确地说，单词语调的斜率（slop ratio）在–0.10与–0.20之间波动。斜率$k=(f_2-f_1)/(t_2-t_1)$（f：基频；t：时间）。

根据发音人提供的莫图纳语中的6个三音节词，起始（f_1）和终点（f_2）的平均基频分别是f_1=264Hz，f_2=175 Hz，平均持续时间470 ms。如图1所示，其平均斜率为–0.133 4。

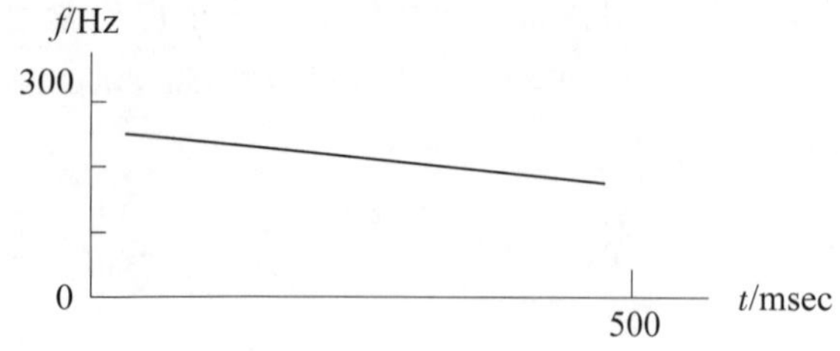

图1　莫图纳语三音节词的平均斜率

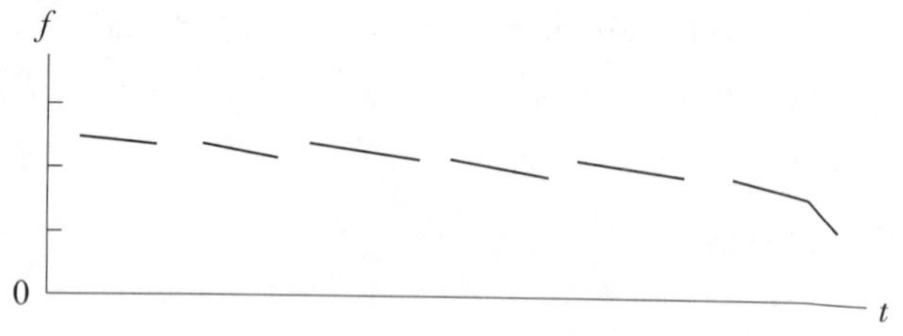

图2　莫图纳语一般语调形式

莫图纳语陈述句的语调相当简单、平坦，近似于句子内包含的每个单词的一系列语调，其中一些单词的起始频率比平均起始频率略低，同时句末的基频也低于平均终点频率。

如果例⑥⑦与⑧的基频曲线与图3的模式相似，那么这些句子就是连续复句。但如果这些句子的语调为如图4所示的另一种情况，那么在并列连接词rokuti或impa之前的单词，其末尾的曲线是上升或下降可视为确定单句（即并列句）的明确线索。

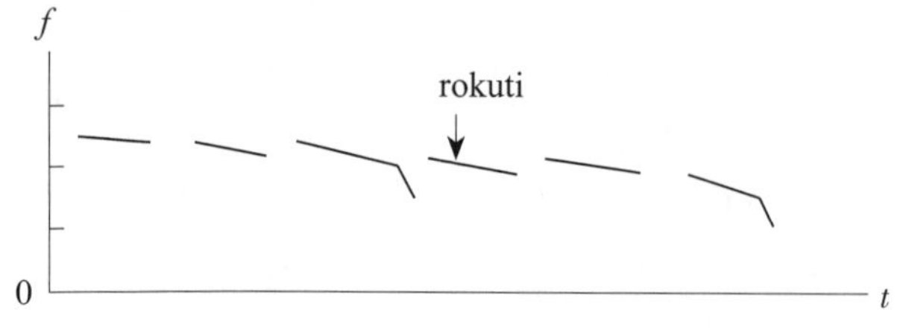

图3　莫图纳语6个三音节词的基频曲线

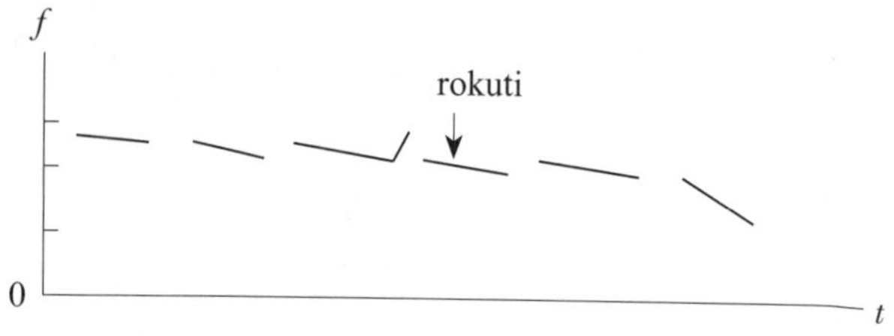

图4　莫图纳语6个三音节词的语调

（三）“并列”还是“主从”：案例研究

1. 原因从句

（1）即使在英语中，“并列”与“主从”之间的边界也并非总是清晰的。如果一个原因从句是由“主从连接词”（如because）引导的话，那么它可能是从句；同样地，如果是由“并列连接词”（如for）引导的话，那么它可能是并列小句。

现代科学所基于的因果规则，起源于亚里士多德的逻辑思想并发展于欧洲文明。在其他文明中（除了语言同源的印度文明），并不存在真正以三段论（syllogism）[①]论证的因果概念。因果关系能且只能反映时序（temporal series）。如果暂且不考虑量子力学和天体物理学中的一些新概念，那么我们可以认为，因果关系蕴含了时序，即时序是因果关系的必要非充分条件。

莫图纳语中没有因果概念，更准确地说，没有“逻辑二”（Dixon，1963）。任何先发生的事件都可能成为另一事件的原因。

在表达与英语“Because Kangku slapped Anih, Anih ran away”对应的莫图纳语句子时，发音人Dora表现出迟疑。经过1分多钟的思考，Dora给出了如下翻译：

⑩tiko	ho-i-ko	Kangku	tanguhuu-ju	ti	Anih	omoruina
And/so	The-ERG-the	K	slapped-first	the	A	ran away

事实上，该句表达的是先后两个动作。此外，Dora认可以下句子：

⑪tiko	ho-i-ko	Kangku	ti	Anih	tanguhuu-ju	<u>impa</u>	omoruina
					slapped-first	and	ran away

并列标志impa可插入两个动词之间。根据“标准一”，我们将例⑩⑪归入并列句，而不是像英语那样归入从属句。在Dora回答“为什么”问句时，句子也表现出时序，例如：

⑫uwako sihong?

Why did he get ill? 他为什么生病了？

⑬pau	arapah	neu-ro	sihong
food	bad	eat-SER	got ill

He ate bad food first and then got ill. 他先吃了坏的食物，然后生病了。

发音人在另一情况下，更是戏剧化地将原因直接归为时间本身。

⑭uwako hiindaa ji hirihiri ngowoitong?

Why is it thundering and lightening? 为什么正在打雷闪电？

⑮ho	poti	hingdaa’	ji	hirihiri	pokong	riiku
COM/DEM	time	thundering	aslo	lightening	its	because

Because it is the time for thundering and lightening. 因为是打雷闪电的时候了。

莫图纳语的时间概念和大多数文明一样，与西欧近3个世纪以来发展的时间概念十分不同。西欧的“时间”是“向量”（具有指向性），与历史的方向和进程相关联；莫图纳语的“时间”是循环圈。这体现在以下回答中：

① 如果存在一种逻辑，其可“被视作是（人类思想的）一种基本的、普遍的和不可改变的特征”（Dixon，1963：88），那么它只能是“逻辑一”或者“常识”。据笔者了解，在除欧洲以外的文明中，不存在“逻辑二”，也不存在“逻辑三”。事实上，即使常识也会因文化价值标准而异，而文化价值标准又受到时空的反作用影响。

⑯uwako   ingina   nogowoitong
why   rain   happeded
Why did it rain? 为什么下雨了？

⑰nanah   pati   ja   ihkita   rungi   ngoworo
perhaps   time   maybe   long   drought   happened
Perhaps the drought has lasted too long. 可能干旱持续太久了。

物极则反，反之亦然。历史，无论是自然的还是文化的，都被认为是循环生成的。

（2）莫图纳语也存在看起来更像是表达原因的riiku-从句。当然，对原因的判断是基于逻辑一。

⑱K   ni-ngi   hajewah,   tiko   hoko   ho   pehkoro   mirahu   riiku
K   I-ERG   like   and   that   COM   boy   good   because
I like K because he is a nice boy. 我喜欢K，因为他是个好男孩。

以上两个小句的顺序可以改变，最重要的是可以插入impa以连接各小句：

⑲K pehkoro mirahu riiku impa tiko ningi hajewah（=18）

标志impa表明在莫图纳语中riiku-从句是一个并列小句而非从属小句。

2. 时间小句和标志mo

（1）英语中的when-小句是主从性质的。然而，在莫图纳语中时间小句是并列性质的，因为impa可以插入句子，而且动词是带有伴随标志mo的非限定形式。例如：

⑳K kumam-mo（impa）mapurong（S - S）
While laughing, K sat down. K一边笑，一边坐下了。

㉑K kumang-mo ti A tanguhurana（S - A）
While laughing, K slapped A. K一边笑，一边打了A一巴掌。

㉒so   koringi   teu-mo   mapurong   so K（A -S）
fish   eat-SIM   sat
While eating the fish, K sat down. K一边吃着鱼，一边坐下了。

㉓ti owo   kelas   kori   mu-mo   ti   Anih   kunatoohna（S- A）
here   class   to   come-SIM   met
When I was coming to class this morning, I met Anih. 今天早上我来上课时，我遇到了Anih。

以上句子中，两个小句的作事者（doer）是相同的。如果作事者不同，就需要换用ku，例如：

㉔so   kara   tiki   monarare   kori   pi-mo-tu-ku impa   soi   kupuri
car   road   along   go-SIM-3SG-DD   stone
nopuri   piringoromo   menu   noitu   kori   tongngorong
one   rolling   hill   side   from   smashed
A car was going along the road, and a stone（rolling down the hillside）smashed into it.[①] 一辆汽车正沿路行驶，一块石头（从山坡上滚下来）撞了上去。

㉕do   ti   toi-mo-tu-ku   impa   omoruna
you   hit-SIM-n1ST-DD   ran away
While you hiting her, A ran away. 当你打她时，A逃跑了。

① 引自Dixon（1977a：285）。笔者摘抄了Dixon（1977a、b）一些例句原型用于调查莫图纳语。

㉖ti toi-mo-tu-ku ti-ngi tangumurong

there hit-SIM-1ST-DD she-ERG slapped

When I was going there, she slapped me. 我去那儿的时候，她打了我一巴掌。

例㉔—㉖中，用于mo和ku之间的tu/nu随人称而变化，nu用于第一人称，tu用于第二、三人称。

（2）mo的第一个功能涉及两个同时发生的动作（如上文所示）。mo的第二个功能表一个持续动作，或称“持续序列”（span sequence；Foley，1986:180），例如：

㉗K mapu-ro kumam-mo tu-kong

sit-SER laugh-CON be-3SG

K sat down and then start and kept laughing. K坐下来，然后开始笑个不停。

㉘K roki tiwo hu-mo#hu-mo ti patakung

come-ing there arrived

K kept coming until he arrived there. K一直走，直到他到达那儿。

㉙K roki tiwo pa-mo-tu-ku ti Anih kumatunui

cry-ing-n1ST-DD laughed

K kept crying until A began to laugh. K哭个不停，直到A笑了起来。

mo还具有第三个功能，用以表示惯常的动作，例如：

㉚soko K so kukutu teu-mo itikaiwah riikong

that KCOM Coconut juice eat-HAB strong become

K eats coconut juice and becomes strong. K喝椰子汁，并且变得强壮。

㉛tiko mi-mo ti tanguhunguna

go.1st-HAB slap

Whenever I go there, I slapped her. 每当我去那里，我就扇她一巴掌。

3. 用kui表示的条件从句与用ho表示的评述从句

（1）虚拟语气与简单的条件句之间并没有明显的区别。标志kui根据另一个小句的时态，既可表假设关系也可表一般的条件关系。

㉜so dong hu-kui ningi ho mo noi o-pe-nong

the your son com-CND then,will COM coconut some give-FUT-3SG

If your son comes, I will give him some coconuts. 如果你儿子来，我将给他一些椰子。

㉝so dong hu-kui kina' ho mo mangninoi o-rongna

yesterday then give-3SG,PAST

If you son had come yesterday, I would have give him these coconuts. 如果昨天你儿子来了，我会给他这些椰子。

（2）在莫图纳语里，有两类陈述语气：叙述和评述。叙述是无标记的、简单的陈述，而评述则是由小词ho（用于第一人称阳性单数或复数）或标志ti（用于第一人称单数阴性、双数、少量数）。这一分界并不是很严格——ho有时也可用于其他情况。

虚拟条件从句总是与评述从句相关联，因为条件是假设的或未实现的，说话人在另一小句中并不陈述一个事实，而是表达一种判断或评论。所以，kui和ho/ti成对使用。例如：

㉞ni mi-kui （impa）ti-ngi ho tangungkuung

I go-SBJ she-ERG COM slapped

If I have been there, she would have slapped me. 如果我在那儿，她会扇我一巴掌。

㉟tiki uring tui-tu-kui ho mo mangni hoi orongung

home be-n1ST-SBJ COM coconut many give

If you had been at home, I would have given you coconuts. 如果你在家，我会给你些椰子。

㊱roruki ni ti mi-kui, ho mih-moro-mo so ji

but I go-SUB COM dancc-REF-SIM also siro noruma sirongung soi Motuna song one sing-PAST

But if I were to go there, I would dance and sing a song in Motuna. 但是如果我去了那里，我会在莫图纳跳舞唱歌。

㊲so ingina toku ngo-woro-wo-kui ho ti maketi kori umire

rain happen-REF-NEG-SUB COM market to go-PC

If it had not rained, we would have been to the market. 如果不是下雨，我们就去市场了。

还有一个有趣的现象，即kui成对使用。

㊳so ingina toku ngoworowo<u>kui</u> ho ehkong（wish）ti maketi kori umi<u>kui</u>

If it had not rained, we could have been to the market. 如果不是下雨，我们本可以去集市的。

“ehkong…umikui” 表达了对去市场的心愿，同时也表达去不了的遗憾之情。

（3）在仅表示两个连续动作时，ho也可以出现在以下句子中。说话人十分肯定那些动作行为会在将来发生。

㊴niti mi-ku ho tingi tangu-mu-he-nong

go-DD COM slap-1ST/O-FUT-3SG/O

I will go there,（and I think – a judgement）she will slap me. 我要去那里，（我想——判断）她会打我一巴掌。

如果说话人不确定这一动作行为是否会发生，那么他会使用“条件—评述”模式。

㊵ni ti mi-kui ho tingi tangumuhenong

If I go there,（I think）she will slap me. 如果我去那里，（我想）她会打我一巴掌。

二、类型与规则

（一）不同的类型

1. 6种类型

句法上，并列句可以分为6类：（1）SV + SV；（2）OV + OV；（3）SV + AOV；（4）AOV + AOV；（5）AOV + SV；（6）AOV + OV。这6组类型可下分为29种次类。以下先列出例句清单，然后给出底层结构与表层实现的类型表。

2. 例句

㊶Kangku kumaru-ro impa mapurong

augh-SER sat

K laughed and sat down. K笑了并坐下了。

㊷Kangku tingno Anih kumaru-te
and laugh-PAST,DL

K(laughed)and A laughed. K(笑了), A也笑了。

㊸Kangku pa-ku impa Anih kumaru-i-na
cry-DD laugh-REC-F

K cried and A laughed. K哭了, A笑了。

㊹Kangku ko to-ha-ro impa tuh-ra-rong
hit-PL/A-SER wound-PL/A-PAST,M/O

K was hit and he was wounded. K被打了并且他受伤了。

㊺Kangku tingno Anih to-ha-te
and Hit-PL/A-DL/O,PAST

K(was hit)and A was/were hit. K(被打了)、A被打了。

㊻Kangku ko to-ha-ro impa tiko ko Anih tangu-ha-rana
hit-PL/A-SER slap-PL/A-PAST,F

K was hit and A was slapped. K被打了, 并且A被打了一巴掌。

㊼a. so pehkita pa-ku impa pau-ka-ng
baby cry-DD feed-PL/A-PAST,MAS/O

The baby cried and he was fed. 婴儿哭了并且他被喂了。

㊼b. so pehkita pa-ka-ku impa kumarung
feed-PL/A-DD laughed

The baby was fed and he laughed. 婴儿被喂饱了并且他笑了。

㊽a. Kangku i'-ku impa Anih ko i-to-ta-wa-na
stand-DD stand-CAU-PL/A-3RD/O-F

K stood up and A was made get up. K站了起来并且A被要求站起来。

㊽b. Kangku i-to-ta-wa-ku impa ti Anih i-tuu-na
stand-CAU-PL/A-3SG/O-DD

K was made get up and A stood up. K被要求站起来并且A站了起来。

㊾ a. Anih pa-ku impa Kangku tangu-ha-ng
cry-SER slap-PL/A-3SG,PAST

A cried and K was slapped. A哭了, K被扇了巴掌。

㊾ b. Anih(ko)tangu-ha-ju impa Kangku parong
slap-PL/A-SER cried

A was slapped and K cired. A被扇了巴掌, K哭了。

㊿Maawo-ki ho Kangku tingno Anih monoong

M saw K and(M saw)A. M看见了K并且（M 看见了）A。

(51)Dora tingno Anih so Kagangku monotong

D(saw K)and A saw K. D(看见了K) 并且A看见了K。

(52)Kangku ti Anih kumareu-ro impa tanguhurana

K laughed at(A)and slapped A. K嘲笑（A）并且扇了A巴掌。

⑤③Kangku ti Dora kumareu-ro impa ti Anih tanguhurana

K laughed at D and（K）slapped A. K嘲笑D并且（K）扇了A巴掌。

⑤④ a. Kangku ti Anih {mono-ku} impa Dora so Maawo mononong

⑤④ b. Kangku ti Anih {monoina}[①] impa Dora so Maawo mononong

K saw A and D saw M. K看见了A，并且D看见了M。

⑤⑤ Kangku ti Anih mono-ku impa Maawo-ki tuurana

K saw A and M hit A. K看见A，并且M打了A。

⑤⑥ a. Kangku ti Anih {mono-ku} impa Maawo ti Dora tuurana

⑤⑥ b. {monorana}

K saw A and M hit D. K看见了A，并且M打了D。

⑤⑦Kangku ti Anih hajeu-ku impa Anih so Kangku hajeurong

K like A and A like K. K喜欢A，并且A喜欢K。

⑤⑧Kangku ti Anih tanguhuu-ku impa Anih so Kangku torong

K slapped A and A hit K. K扇了A巴掌，并且A打了K。

⑤⑨ a. Kangku ti Anih monoku impa Maawo monorong

K saw A and A saw M. K看见了A，并且A看见了M。

⑤⑨ b. Kangku ti Anih monoku impa Maawo tuurong

K saw A and A hit M. K看见了A，并且A打了M。

⑥⓪ a. kangku ti Anih mono-ro impa kumarung

see-SD laughed

K saw A and（he）laughed. K看见了A，并且（他）笑了。

⑥⓪ b. Kangku kumangno impa monoina ti Anih

laugh saw

K laughed and（he）saw A. K笑了，并且（他）看见了A。

⑥① a. Kangku-ki mono-ku ti Anih impa kumaruna

see-DD laughed

K saw A and A laughed. K看见了A，并且A笑了。

⑥① b. Kangku kuma'-ku impa Anih-ki monong

laugh-DD saw

K laughed and A saw K. K笑了，并且A看见了K。

⑥② a. so pehkoro so koringi nongu teu-ku impa u-ha-ng

fish some eat-DD wash-PL/A-PAST,M

The boy ate some fish and then was washed. 那男孩吃了点鱼，然后就被洗了。

⑥② b. so pehkoro u-ha-ku impa so koringi nongu teurong

boy wash-PL/A-DD fish some ate

The boy was washed and he ate some fish. 那男孩被洗了，并且他吃了点鱼。

⑥③ a. so kangoroo nowori soi pehkoro mono-ku impa tuhararong

boy one boy see was wounded

---

① 例⑤④a与⑤④b、⑤⑥a与⑤⑥b之间的差异将在第二章第三节第三小节的"3. 基本式"中讨论。

A boy saw a kangaroo and it was wounded.

男孩看见了一只袋鼠，并且它受伤了。

⑥③b. so koringi u-ha-ku impa soi pehkoro tewung.

The fish was washed and the boy ate it

那鱼被洗了，并且那男孩吃了那鱼。

3. 类型表

标记法：“/”表示两个并列小句之间可以插入并列连接词impa的分界处。“&“表示名词短语的连词tingno“和”。“*”表示在句子表层结构中有被删除的成分。

*1.1	$S_i\ V_1 + S_i\ V_2$	→	$S_i\ V_1$-*ro* / V_2
~1.2	$S_i\ V_1$ + Sj V_1	→	S_i & Sj V_1
1.3	$S_i\ V_1$ + Sj V_2	→	$S_i\ V_1$-*ku* / Sj V_2
~2.1	$O_i\ V_1 + O_i\ V_2$	→	$O_i\ V_1$-*ro* / V_2
~2.2	$O_i\ V_1 + O_j\ V_1$	→	O_i & $O_j\ V_1$
2.3	$O_i\ V_1 + O_j\ V_2$	→	$O_i\ V_1$-*ro* / $O_j\ V_2$
~3.1.a	$S_i\ V_1 + O_i\ V_2$	→	$S_i\ V_1$-*ku* / V_2
~3.1.b	$O_i\ V_1 + S_i\ V_2$	→	$O_i\ V_1$-*ku* / V_2
3.2.a	$S_i\ V_1 + O_j\ V_1$	→	$S_i\ V_1$-*ku* / $O_j\ V_1$-*to*
3.2.b	$O_i\ V_1$ + Sj V_1	→	$O_i\ V_1$-*to-ku* / Sj V_1
3.3.a	$S_i\ V_1 + O_j\ V_2$	→	$S_i\ V_1$-*ku* / $O_j\ V_2$
3.3.b	$O_i\ V_1$ + Sj V_2	→	$O_i\ V_1$-*ku* / Sj V_2
~4.1	$A_iO_pV_1 + A_iO_qV_1$	→	$A_i\ O_p$ & $O_q\ V_1$
~4.2	$A_iO_pV_1 + A_jO_pV_1$	→	A_i & $A_j\ O_p\ V_1$
~4.3	$A_iO_jV_1 + A_iO_jV_2$	→	$A_iO_j\ V_1$-*ro* / V_2
~4.4	$A_iO_pV_1 + A_iO_qV_2$	→	$A_i\ O_p\ V_1$-*ro* / $O_q\ V_2$
4.5	$A_iO_pV_1 + A_jO_qV_1$	→	$A_i\ O_p\ V_1$-*ku* / $A_j\ O_q\ V_1$
~4.6	$A_iO_pV_1 + A_jO_pV_2$	→	$A_i\ O_p\ V_1$-*ku* / A_j-*ki* V_2
4.7	$A_iO_pV_1 + A_jO_qV_2$	→	$A_i\ O_p\ V_1$-*ku* / $A_j\ O_q\ V_2$
4.8	$A_iO_jV_1 + A_jO_iV_1$	→	$A_i\ O_j\ V_1$-*ku* / $A_j\ O_i\ V_1$
4.9	$A_iO_jV_1 + A_jO_iV_2$	→	$A_i\ O_j\ V_1$-*ku* / $A_j\ O_i\ V_2$
~4.10	$A_iO_pV_1 + A_{p(?)}O_qV_1$	→	$A_i\ O_p\ V_1$-*ku* / $O_q\ V_1$
~4.11	$A_iO_pV_1 + A_{p(?)}O_qV_2$	→	$A_i\ O_p\ V_1$-*ku* / U $O_q\ V_2$
~5.1.a	$A_iO_jV_1 + S_i\ V_2$	→	$A_i\ O_j\ V_1$-*ro* / V_2
~5.1.b	$S_i\ V_1 + A_iO_jV_2$	→	$S_i\ V_1$-*ro* / $O_j\ V_2$
~5.2.a	$A_iO_jV_1 + S_j\ V_2$	→	$A_i\ O_j\ V_1$-*ku* / V_2
~5.2.b	$S_i\ V_1 + A_jO_iV_2$	→	$S_i\ V_1$-*ku* / $A_j\ V_2$
~6.1.a	$A_iO_jV_1 + O_jV_2$	→	$A_i\ O_j\ V_1$-*ku* / V_2
~6.1.b	$O_iV_1 + A_iO_jV_2$	→	$O_i\ V_1$-*ku* / $O_j\ V_2$
~6.2.a	$A_iO_jV_1 + O_jV_2$	→	$A_i\ O_j\ V_1$-*ku* / V_2 ; $O_j\ A_i$-*ki* V_1 / V_2
*6.2.b	$O_iV_1 + A_jO_iV_2$	→	$O_i\ V_1$-*ku* / A_j-*ki* V_2

在第5、6组中，两个动词互不相同。否则，其中一个应是不及物动词，另一个应是使役动词。

在类型表的［3.2.a］［3.2.b］中，第一个动词是不及物性的，第二个动词是使役性的且由第一个动词派生而来。严格来说，这两个动词是不同的。这就是为什么笔者认为第5、6组中的两个动词类型是不同的。

（二）删除规则

句子表层结构中被删除的类型共有21种，可以被分为以下4组。标记法与表达式均来自Dixon（1997a）。序列aV表示由动词形式决定的SV或OV：正常的动词表示其前面的名词短语为当事（S），带有复数/少量数标志的动词表示其前面的名词短语为受事（O）。CR表示同指（coreferential），SF表示处于相同功能（same function），DF表示处于不同功能（different function）。SA:O(a,b) 表示a和b在相同的语法范畴内：同为当事（S）或施事（A），或者同为受事（O）。nSA:O(a,b) 表示如果a为当事（S）或施事（A），那么b应为受事（O），反之亦然。由此来看，较之施格语言，莫图纳语更像是受格语言。

第一组：

1. 1　［aV］,［bV］　　(<-［SV］,［SV］)

4. 3　［XaV］,［WbV］

4. 4　［aYV］,［bZV］

删除规则1：如［...］,［...］的情况为［(X)a(Y)V-ro］^{i},［(W)b(Z)V］^{j}，其中CR(a,b)，SF(a,b)，且i≠j，那么，b可以被删除。

第二组：

5. 1.a　［aYV］,［bV］　　(<-［aYV］,［SV］)

5. 1.b　［aV］,［bZV］　　(<-［SV］,［bZV］)

删除规则2：如［...］,［...］的情况为［a(Y)V-ro］^{i},［b(Z)V］^{j}，其中CR(a,b)，DF(a,b) 且SA:O(a,b)，那么b可被删除。

第三组：

3. 1.a　［aV］,［bV］　　(<-［SV］,［OV］)

3. 1.b　［aV］,［bV］　　(<-［OV］,［SV］)

5. 2.a　［XaV］,［bV］　　(<-［XaV］,［SV］)

5. 2.b　［aV］,［WbV］　　(<-［SV］,［WbV］)

6. 1.a　［aYV］,［bV］　　(<-［aYV］,［OV］)

6. 1.b　［aV］,［bZV］　　(<-［OV］,［bZV］)

6. 2.a　［XaV］,［bV］　　(<-［XaV］,［OV］)

6. 2.b　［aV］,［WbV］　　(<-［OV］,［WbV］)

4. 10　［XaV］,［bZV］

4. 11　［XaV］,［bZV］

删除规则3：如［...］,［...］的情况为［(X)a(Y)V-ku］^{i},［(W)b(Z)V］^{j}，其中CR(a,b)，nSA:O(a,b)，那么b可被删除。

第四组：

4.6 ［XaV］,［WbV］

删除规则4：如［…］,［…］的情况为［XaV-ku］[i],［bYV］[j]，其中CR(a,b)，SF(a,b)，那么b可被删除。

动词删除

1.2　Si V1 + Sj V1 → S1 & Sj V1

2.2　OiV1 + Ojv1 → Oi & Oj V1

4.1　AiOpV1 + Ai0qV1 → Ai Op & Oq V1

4.2　AiOpV1 + Aj0qV1 → Ai & Aj Op V1

当且仅当如下情况时，第一个小句中的动词可被删除：

(i) 两个小句有着相同的模式，即SV+SV，或（A）OV+（A）OV；

(ii) 在第一个小句中至少有一个名词短语与第二个小句中处于相同功能的名词短语同指；

(iii) 两个小句中的V's是相同的。

删除规则1与2可以合并成一个，删除规则1-2: 如［…］,［…］的情况为［(X)a(Y)V-ku］i,［(W)b(Z)V］j，其中CR(a,b),SA:0(a,b) 且i≠j，那么b可被删除。

删除规则3和4可以合并成一个，删除规则3-4：如［…］,［…］的情况为［(X)a(Y)V-ku］i,［(W)b(Z)V］j，其中CR(a,b)，nSA:O(a,b) 且i≠j，那么b可被删除。

最后，删除规则1-2和删除规则3-4也可以合并为一个，即所有删除情况都遵循一条总规则：

如［…］,［…］的情况为［(X)a(Y)V-x］[i],［(W)b(Z)V］[j]，其中CR(a,b)，i≠j，若SA:O(a,b)，那么x=ro，若nSA:O(a,b)，那么x=ku，两种情况下b均可以被删除。

(三) 不同类型的评述

1. 无被动形式

OV语序是AOV中的一个特殊情况，在莫图纳语中并不常见。OV序列实际上包含了用作动词词缀的作事者（doer），如例㊹和㊼b。

㊹	Kangku	ko	to-ha-ro	impa	tuh-ra-rong
			hit-PL/A-SER		wound-PL/A-PAST,M/O

K was hit and (he was) wounded (by other people). K被（他人）击中了并且（他）被打伤了。

㊼b. so	pehkita	pa-ka-ku	impa	kumarung
x		feed-PL/A-DD		laughed

The baby was fed（by other people）and he laughed. 婴儿被（其他人）喂饱了，并且他笑了。

莫图纳语的动词无被动形式。严格来讲，该语言不存在被动式。发音人对不同的两个英语句子给出了同一个莫图纳语译句：

㊶b. Kangku　kuma'-ku impa Anih-ki　monong

K laughed and A saw him. K笑了，并且A看见了他。

K laughed and was seen by A. K笑了，并且被A看见了。

但动词可以分为两类——及物动词与不及物动词，参见第三章第三节的“及物性差异”。

2. 关于话题化

在［6.2.a］中，句式的变化表明了句法功能的改变：作受事（O）的名词短语占据了句首位置，并成为了由两个小句评述的话题。笔者将在第三章第七节“话题化”中对此进行详细讨论。

3. 不作为并列标志

有时impa不是用作并列标志。再比较例⑭a、⑭b、⑯a、⑯b，在例⑭b和⑯b中，限定性动词与并列连接词impa可以同现。

⑭a. Kangku ti Anih {mono-ku} impa Dora so Maawo mononong

⑭b. {mono-i-na}

see-REC-F

K saw A and D saw M. K看见了A，并且D看见了M。

⑯a. Kangku ti Anih {mono-ku} impa Maawo ti Dora tuurana

⑯b. {mono-ra-na}

see-PAST-F

K saw A and M hit D. K看见了A，并且M打了D。

类型（2）是并列句还是两个相连的句子取决于语调。“第一个小句的限定动词可与impa同现”的情况似乎与我们提出的并列句标准2相矛盾。发音人认为这两种类型表达的语义不同。类型（1）蕴含了两个动作行为是紧密关联的，或许“K看见了A”与“D看见了M”发生在同一时间或同一地点，或K和D之前一直在寻找A和M等。简而言之，两个动作行为具有某种相关性。而类型（2）中小句间的连接松散，仅表示各自独立的动作行为。

4. ki的适用域

施格标志ki的适用范围包括其后的所有的动词及其论元，除非句子有转指标志ku。因此，在$A_iO_jV+S_iV$序列中，ki不被允许出现在A_i之后，否则，这表明第二个动作者（actor）也是施事（A）而非当事（S），例如：

⑭ {so/*soi} pehkoro so kangoroo mono-ro impa oruhurong

boy see-SER frightened

A boy saw a kangaroo and he was frightened.

一个男孩看见了袋鼠，并且他感到害怕。(Ai→)

但是，

⑮{so/soi} pehkoro so kangoroo mono-ku impa oruhurong

boy see frightened

A boy saw a kangoroo and it was frightened.

一个男孩看见了袋鼠，并且它感到害怕。(Ai→Sj)

同时，

⑯ Kangku kumangno impa (soi) ti Anih monoina

Kangku laughed and he saw Anih. Kangku笑了并且他看见了Anih。(Ai→)

三、并列的相关问题

（一）时序标志ro

莫图纳语中有一个时序标志ro，用以表示两个连续的动作。基于不同的条件、语音或句法，ro有3种变体。

［to］/［ DUAL ］
/ro/ →［no］/［ ng ］
［ro］/［elsewhere］

1. ro → to/DUAL

⑥⑦—⑦⑩可根据使用ro或to分为两组：

⑥⑦so	tutu	ka-woro	impa	po'te	parong
	baby	born		loudly	cried

A baby was born and he cried loudly. 一个婴儿出生了并且他哭得很大声。

⑥⑧pehkita	nungamongngaro	ka-we-to	impa pukutimo	pa-te
baby	male	two	born-REF-DD	and loudly	cried

Two male children were born and cried loudly. 两个男孩出生了并且哭得很大声。

⑥⑨so nongmai kumaruro impa pirong

The man laughed and went. 那男人笑了并且走了。

⑦⑩ti nongmai kiuruko kumaruto impa pite

Two men laughed and then went. 那两个男人笑了并且走了。

⑦①Mawo-ki	monoo-to	tanguhu-te ti	Kangku-ngno	Anih-singno
	saw-DL	slap-DL	-and	-and

M saw K and A, and slapped them. M看见了K和A，并且打了他们。

to往往与te搭配使用，te是表双数的动词中缀。to是一个有趣的标志。我们将在第三章第六节“及物性差异”再次对其进行讨论。

例⑥⑦的kaworo中有两个ro。一是作为自发标志woro的一部分；一是作为时序标志ro。两个ro合并为一个。关于woro，可参看第四章第六节。

2. ro → no/ng

⑦②K kumaruro impa mapurong

K laughed and sat down. K笑了并且坐了下来。

⑦③K kumangno impa ti A tanguhurana

K laughed and slapped A. K笑了并且打了A一巴掌。

⑦④ni kumarongno impa ming

I laughed and went. 我笑了并且走了。

（二）指称转换标志ku/ju

1. 不同的功能

莫图纳语有一对指称转换标志：ku和ju。ku表示一个动作紧接在另一动作之后，而ju表示动作间有时间间隔。ju似乎表示完整体，并且只能用于过去时或近过去时；而ku既可用于过去时也可用于将来时。

“直接承续”是个模糊的概念。两个直接承续的动作可以发生在交叉的时间段，甚至可以同时。所以，ku可与mo连用表示两个动作由不同的作事者产生，且在同一时间发生。例如：

⑮Kangku kumang-mo-tu-ku ana Anih omoruna

laughed-SIM-n1ST-DD DEM ran

While K laughing, A ran away. 当K笑起来时，A跑开了。

指称转换标志ku用于标记两个并列小句中不同的作事者，即它指涉两个名词短语是施事（A）或当事（S），而非受事（O），例如：

⑯Kangku-ki ti Anih tanguhu-ku omoruina

K slapped A and A ran away.

K打了A一巴掌并且A跑开了。(Ai→swt→Sj)

⑰so pehkita ka-woro-ku impa u-ha-ng

baby born-REF-DD wash-PL/A-SG/O.PAST

A baby was born and (he-Oi was) washed (by many people).

一个婴儿出生了并且（他被很多人）洗了。(Si→swt→Aj)

⑱Kangku tangu-ha-ju impa parong

slap-PL/A-DD cried

K (Oi) was slapped (by many people) and (he) cried.

K被（很多人）扇了巴掌并且他哭了。(Ai→swt→Si)

例⑰中，尽管baby和he是同指的，但因为he位于受事（O）且行为washing的作事者是其他人，所以需要使用转指标志ku。与之相似，在例⑳中，尽管Kangku和he是同指的，但由于Kangku位于受事（O），故ju附于其后。

例⑱中，尽管many people和he这两个作事者没有出现在表层结构中，但he的先行词（即Kangku）出现在了第一个小句中，因此转换过程得以实现。如果两个作事者都不出现，且都是不定指的，就不需要给非限定动词附加ku，例如：

㊻Kangku ko to-ha-ro impa tiko ko Anih tangu-ha-rana

K hit-PL/A-SER slap-PL/A-PAST,F

K (O_i) was hit (by sb_1) and A (O_j) was slapped. (by sb_2)

A1 A2

除非第二个子句的表层结构中有另一个作事者，否则，转指标志ku总是意味着第二个作事者（doer）就是第一个小句中的受事（O）/受动者（undergoer），例如：

㊷b. so pehkoro u-ha-ku impa so koringi nongu teurong

boy wash-PL/A-DD fish some ate

The boy was washed and he ate some fish.

那男孩被洗了，并且他吃了点鱼。

因为第二个小句中没有作事者，所以第一个小句中的受动者pehkoro“男孩”是第二个小句中的作事者。

⑥3 b. so koringi u-ha-ku impa soi pehkoro tewung

fish wash-PL/A-SER boy ate

The fish was washed and the boy ate it. 那鱼被洗了，并且那男孩吃了它。

因为在第二个小句中有另一个作事者soi pehokor“男孩”，所以koringi“鱼”在第二个子句中仍然是受动者（undergoer）。如果“鱼”由“鳄鱼”所替代，那么该词依旧是受动者。

2. ku的省略条件

在条件—评述句中，ku不再出现：

⑦9 ni mi-kui ti-ngi ho tangungkuung

go-SBJ COM slapped me

If I had gone there, she could have slapped me. 如果我去了，她可能会打我一巴掌。

以上存在两种可能的解释：转换标志ku可能融入了条件标志kui，或者，因为两个动作都是虚拟或未实现的，所以两个作事者都是虚拟的。由于不存在现实的作事者，不需要使用作事者转换标志。

3. ku的变体

在第一章第二节的第“2. 非限定动词后缀作并列标志”曾提及，V-ku在数范畴和人称范畴上都产生屈折变化。如例⑦5所示，kumangmotuku中的tu表非第一人称。在表第一人称时，tu会变为nu，可以用两种方式处理：

（1）塞音 → 鼻音 /ni/ne___（我/我们）

[t]→[n]

[p]→[m]

[k]→[m]

例如：

⑧0 Kangku paukoring K吃了。

⑧1 ni paumoring 我吃了。

建立这种环境的原因相当简单——塞音被ni/ne所吸收。但因为代词ni/ne有不出现在表层结构的可能性，采用如下处理方式会更好。

（2）塞音（STOP）→ 鼻音（NASAL）/ 1PS_

由此我们可以说条件就是，代词无论是否在表层结构有语音实现，它在底层结构中是第一人称。

其他反映V-ku形式有数的屈折变化的例子有：

⑧2 kuma'-ti-ku ni omorosing langh-DL-DD Ran

When they two laughed I ran away. 当他们俩笑了，我跑开了。

⑧3 kuma-ra-ku ni omorosing laugh-PL/PC-DD

When some/all of them laughed I ran away.

当他们中的一些人/他们所有人笑了的时候，我跑开了。

（三）双数标志to

1. 修饰语的屈折变化：to和te

我们在第三章第一节曾提到在双数的条件下，时序标志ro有个变体to。to往往和表双数的动词后缀te搭配使用，te可表当事（S）为双数，见例⑥⑧⑦⑩，也可以表受事（O）为双数。

对比例⑥⑧⑧④：

⑥⑧pehkita	nungamongngaro	ka-we-to	impa	<u>pukutimo</u>	pa-<u>te</u>
baby	male	two	born-REF-DD	loudly	cried

Two male children were born and cried loudly.

两个男孩出生了并且哭得很大声。

⑧④pehkita	nungamongnouru	pukumo	parong
	one	loudly	cried

A male baby cried loudly.

一个男孩哭得很大声。

由此看来，修饰语[1]同样会因数范畴而发生屈折变化。表单数时，修饰语为无标记形式pukumo；表双数时，插入中缀，为puku<u>ti</u>mo；表复数或少量数时，ti改为wa：

⑧⑤pehkita	ngung	pu'<u>wa</u>mo	paranong
	many	loudly	

Many babies cried loudly. 许多婴儿哭得很大声。

ti同样还能出现在以下情况中：

⑧⑥ne tupiti-mo-nu-ti-ku　我们/DL打了某人（并且他……）

⑧⑦de toiti -mo-tu-ti-ku　你们/DL打了某人（并且他……）

⑨⑩tipe tuti-mo-tu-ti-ku　他们/DL打了某人（并且他……）

2. 与施事（A）相关的双数标志

在下面句子中，有下划线的to表示作事者或施事是双数：

⑧⑨ti kuraisa mapuro, i'ro…

The woman (S) sat down, and stood up.

那女人坐下又站起来。

⑨⑩ti kuraisa so nongmai papo<u>to</u>ro, ito<u>to</u>ro…

The woman made the man sit down, and got him up.

那女人让那男人坐下，又让他站起来。

有趣的是，例⑨⑩中的itoto-ro的前3个语素与例⑨①中的itoto-hna相同。为什么此处有双数标志，如itoto-ro的第2个to？莫图纳语的使用者会认为使役动作是由施事成分（A）和受事成分（O）二者共同完成的，而非单由施事，抑或这只是巧合。

---

① 此处“修饰语”可以指形容词或副词。

⑨①Maawo	songno	Kangku ti Anih	i-to-to-h-na
	and		stand-CAU-DL/A-REC-F

M and K made A get up. M和K让A站起来。

⑨②Maawo	songno	Kangku ti Anih	i-to-to-ta-na
	and		-PAST-F

M and K made A get up. M和K让A站起来。

3. 基本形式

到目前为止，我们已有双数标志的若干变体：

{te} → {te} /[finite form]

{to} /[non-finite form]

{to} →[to]/[i]

[ti]/[u,o]

笔者设想双数语素的基本形式应为{te}。保持/t/不变，/e/可以变为[e,i,o,u]，但不能变为表其他标志的[a]（见第三章第四节）。保持/e/不变，/t/可以变为[k,w,(h)]。受资料限制，以上规律只是初步的归纳。

4. 与施事（A）或当事（S）相关的少量数/复数标志ca

在OV序列中，与施事（A）或当事（S）相关的动词带有少量数/复数标志，如例⑨③⑨④及④④、④⑦a、⑧③：

⑨③tipe-ngi	ti	Anih	i-to-ta-wa-i-na
	they-ERG		stand-CAU-PL,PC/A-3SP/O-REC-F/O

They made A get up. 他们让A起来。

⑨④Anih ko tawarana

A was hit(by many people). A被很多人打了。

④④Kangku	ko	to-ha-ro	impa	tuh-ra-rong
		hit-PL/A-SER		wound-PL/A-PAST,M/O

K was hit and he was wounded. K被打了并且他受伤了。

④⑦a. so	pehkita	pa-ku	impa	pau-ka-ng
	baby	cry-DD		feed-PL/A-PAST,MAS/O

The baby cried and he was fed. 一个婴儿哭了并且他被喂了。

⑧③kuma-ra-ku	ni	omorosing
laugh-PL.PC/S-DD		

When some/all of them laughed I ran away. 当他们中的一些人/他们所有人笑了的时候，我跑开了。

发音人表示，因为她不知道谁是作事者/动作者（doer/actor），所以需要专门添加标志ha来表示动作者为双数或少量数（dual/paucal）。这一解释支持了第二章第三节的观点，即在莫图纳语中没有真正的被动式。在表层结构中，及物动词必须有动作者（actor）。这也可以作为一条证据来支持我们的观点，即时间概念在莫图纳语中极其重要。因为动作者位于动作行为的开头，所以不能只提及受动者（undergoer）而不提动作者（actor）。

这一标志有许多变体：/ca/ >[ha, wa, ta, ra, ka]，辅音会随未知条件发生变化，元音[a]不变。

（四）使役标志co

co有将不及物动词变为使役动词的功能，例如：

㊽a. Kangku　i'-ku　impa　Anih　ko　i-to-ta-wa-na

stand-DD　stand-CAU-PL/A-3RD/O-F

K stood up and A was made get up. K站了起来并且A被要求站起来。

㊽b. Kangku　i-to-ta-wa-ku　impa ti Anih i-tuu-na

stand-CAU-PL/A-3SG/O-DD

K was made get up and A stood up. K被要求站起来并且A站了起来。

co也几乎与ca有着相同的变体，例如：

表1　使役标志词

不及物词根	使役标志	释义
teu	tewotong	made him eat“使他吃”
pai	pawotong	made him cry“使他哭”
koro	korokorowotosing	made him talk“使他说”
pau	paukotong	made him eat“使他吃”
kongkong	kongkongnotosing	made him walk“使他走”
kuma	kumarotosing	made him laugh“使他笑”
i'	itotorong	made him stand up“使他站起来”
mapu	mapotong	made him sit down“使他坐下”

（五）及物性差异

再来看例⑰：

⑰ so　pehkita　ka-woro-ku　impa　u-ha-ng

baby　born-REF-DD　wash-PL/A-SG/O.PAST

A baby was born and (he-O_i was) washed (by many people)

(Si→swt→Aj)

有人或许会好奇：为什么例⑰中的baby是当事（S）而非受事（O）？答案在于这句话是不及物句，而非被动及物句。换言之，动词kaworoku是不及物动词。莫图纳语的及物动词并不一定对应于英语的及物动词。一些语义相当的成分，在英语中是及物动词，而在莫图纳语中可能是不及物的。除了例⑰中的ka“出生”以外，还有oru“（被）吓”也是不及物动词，见下文例⑰。

我们用3种初步的标准来区分及物动词和不及物动词：

1. 在主动句中，是否存在宾语？

及物动词需要宾语。因此，例⑯因tuurong“打”是及物动词而不被接受。

⑮kuraisa(-ki) Kangku tuurong　A woman hit K“一个女人打了K”

⑯*kuraisa tuurong

若一个动词有两个论元A和O，且动词不能仅与其中一个单用，则该动词为及物动词。

2. 在语义为被动的句子中，动词是否可以插入复数、少量数/施事标志ha?

有时会出现OV序列的特殊情况，此时ha或其他与施事（A）相关的标志需插入到动词中。换言之，在“NP+V”序列中，如果ha可以附于动词，那么该动词是及物动词且序列为OV；反之，该动词为不及物动词，序列为SV。

⑰so	kangoroo	nowoi	so-i	pehkoro	monoku	oruhung
	kangaroo	one	-ERG	boy	saw	be frightened

The boy saw a kangaroo and it was frightened. 那男孩看见了一只袋鼠，并且它很害怕。

因为其中没有ha，所以oruhung是一个不及物动词。

3. 在两个具有不同作事者的并列小句间，是否存在转指标志ku?

⑱so	pehkoro	so	kangoroo	monoro	oruhurong
	boy		kangoroo	saw	be frightened

A boy (A_i) saw a kangaroo (O_j) and he$_i$ was frightened. 一个男孩看见了一只袋鼠，并且他很害怕。

如果oruhurong是及物动词，he应为受事（O），那么saw的形式是monoku而非monoro。因为作事者（即施事A）在第一个小句中是pehkoro (boy)，而在第二个小句中不是pehkoro而是kangoroo或其他。

如果oruhurong是不及物动词，he应为作事者/动作者（doer/actor）和当事（S）。因为第一个小句中的施事（A_i）和第二个小句中的当事（S）是同指的（“boy”），所以不需要在mono-后用ku来替换ro。

（六）话题链

在这一方面，莫图纳语更像迪尔巴尔语（Dyirbal），而非伊迪尼语（Yidin）。在迪尔巴尔语中，“一连串的十几个小句可能有一个共同的名词短语，在表层结构中作每个小句的当事（S）或受事（O）。该‘话题’通常只在链条的首个小句中出现一次，然后由随后的每个小句加以评述”（Dixon，1977a：388）。莫图纳语的情况也是如此，例如：

⑲ti kuraisa mapuro, monuro, kumaruro,kingkingngoro, (impa) i'iro, (impa) koruro, (impa) kopingnana

The woman (S) sat (there), looked, laughed, thought, (and) stood up, (and) talked, (and) walked. 那女人坐（在那里），看，笑，想，（然后）站起来，（然后）说，（然后）走。

此外，该“共同的名词短语”也可以在表层结构中作每个小句的施事（A），例如：

⑳ti kuraisa so nongmai papotoro, kumareuro, (impa) itotoro, (impa) mangni tanguhung

The woman made the man sit down, laughed at him, (and) got him up, (and) slapped him 女人让男人坐下，嘲笑他，（然后）把他扶起来，（然后）扇了他一巴掌。

“女人”（施事A）和“男人”（受事O）都只陈述了一次，且在后续的小句中被删除了。

（七）话题化

在英语中，被动化实际上是把常用于动词后的宾语转化到句首并加以评述的过程。因为莫图纳语没有被动式，所以用另一种过程来评述或话题化宾语。我们认为，莫图纳语的话题化与英语的被动化有着相同的功能。例如：

⑩ti kuraisa　so　po'k　mukoro　impa uhung

　　woman　baby　give birth　washed

The woman bore a baby and she washed him.

那女人生了一个孩子并且她洗了他。

如果想要评述受事（O）po'ki（baby）并表达"A baby was born by the woman and was washed by her"的意思，那么就需要使用话题化的过程：

⑩so　po'ki　ti-ngi　kuraisa　muko-ku　impa　uhung

　baby　she-ERG　woman　bear-DD　and　washed

因此，例55和61a都可以相应地被话题化为例⑩⑩：

⑩ti Anih soi Kangku monoku impa maawo-ki tuurana

A was saw by K and hit by M. A被K看见了，并且被M打了。

⑩ti Anih Kangku-ki monoku impa kumaruna

A was saw by K and (she) laughed. A被K看见了，并且她笑了。

下列句子中，一个是一般句，另一个是受事（O）被话题化的句子：

⑩so pehkoro　so　kangoroo nowori　monoku　oruhung

　baby　one　see　frightened

The boy saw a kangaroo and it was frightened.

那男孩看见了一只袋鼠并且它很害怕。

⑩so kangoroo nowori soi pehkoro monoku impa oruhung

The kangoroo was saw by the boy and frightened.

那袋鼠被男孩看见了，并且它很害怕。

四、其他相关问题

（一）语序和语义焦点

尽管莫图纳语的语序相对自由，但AOV是更优势且无标记的语序。

1. A位于O之前

在没有施格标志ki的及物句中，第一个名词性短语作施事（A），第二个名词短语作受事（O）。在AOV序列中，施格标志ki的使用是可选择的，而在OAV序列中，ki则是强制使用的。因此，A-O是无标记语序。

2. O位于V之前

在（A）OV序列中，动词位于句末并反映了语义焦点。动词要么与施事（A），要么与受事（O）保持一致关系，这取决于二者何为语义焦点或说话者所要强调的。

相反，在（A）VO序列中，受事（O）是句末焦点。（一般来说，句首的名词性短语往往是已知的，即旧信息，而句末的名词性短语一般是新信息。）并且，（A）VO有更多的句法限制，动词仅与受事（O）保持一致关系。

因此，AOV是无标记且更基本的语序，句法限制较少，语用选择更多。

AVO：

(107)a. Anih tuurong so Kangku　A hit K“A打了K”

(107)b. *Anih tuurana so Kangku

(108)a. Kangku tuurana ti Anih　K hit A“K打了A”

(108)b. *Kangku tuurong ti Anih

在上述的AVO序列中，只有a类是可接受的，其中动词的一致关系将语义焦点投射至受事（O）。

如果例(108)a中的专有名词Kangku被普通名词kuraisa（女人）替代：

(108)c. Kuraisa tuurana ti Anih　a woman hit A“一个女人打了A”

(108)d. #Kuraisa tuurana Anih　a woman hit A“一个女人打了A”

那么，尽管两个句子在语法上都是正确的，但(108)c比(108)d更好且更容易接受。定冠词ti在语法上并不强制使用，但由于该词适应于动词一致关系所反映的语义焦点的方向，所以它实际上是必须的。

相反，在AOV序列中，两种类型都能接受。AOV：

(109)a. Anih（so）Kangku tuurong　K是焦点

(109)b. Anih（so）Kangku tuurana　A是焦点

(109)a. Kangku（ti）Anih tuurong　K是焦点

(109)b. Kangku（ti）Anih tuurana　A是焦点

由此我们得出一个语用假设：不同的动词一致关系反映不同的语义焦点。

（二）逆被动化和语义焦点

例(109)(110)表明逆被动化是语义焦点的功能，反映了强调重点的转移。例如：

（A→）S-S

(111) so　mahkata ti　Anih　kokirirong　awu'kong[1]

dog　bit　barked

The dog that bit Anih barked. 咬了Anih的狗叫了。

（O→）S-S

(112)so　nongmai ti-ngi　Anih　monoorong　harokuung[2]

man　saw　fell down

The man Anih saw fell down. Anih看见的那个男人摔倒了。

显然核心名词是语义焦点。这也是为什么在关系小句中，修饰核心名词的动词需逆被动化，即与核心名词具有一致关系。

这也同样解释了，为什么在关系小句和主句中，作为施事—施事（A—A）的两个名词性短语都需要逆被动化为当事—施事（S—A）。

（A→）S-A

(113)（so）nongmai　ti　Anih　ruurong（soi）Ruth　monoorana

man　hit　fell down

The man who hit Anih saw Ruth. 打了Anih的那个男人看见了Ruth。

① Dixon的评语：这可能是逆被动（This could be anti-passive）。

② Dixon的评语：这可能是被动（This could be passive）。

(114) nongmai　ti　Ruth　kinaa　monoorong　ti　Anih　tuu rana
Man　　yesterday　saw　　hit
The man who saw Ruth yesterday hit Anih. 昨天看见Ruth的那个男人打了Anih。

本章第（一）节提出的语用假设也同样适用于关系小句。以下例(115)—(118)关系小句的所有四种结构在语法上都是正确的，但只有例(115)（等同于例(113)）是实际使用的。例(115)关系小句中的动词tuurong与焦点nongmai一致，且受事（O）Anih位于动词之前。

(115) nongmai Anih tuurong monoorana ti Ruth
(116) #nongmai tuurong Anih monoorana ti Ruth
(117) #nongmai Anih tuurana monoorana ti Ruth
(118) #nongmai tuurana Anih monoorana ti Ruth

这一假设也适用于并列句：

(119) Kangku　ti　Anih　monoku　impa　Maawo　tuurana
K saw A and A hit M. K看见了A并且A打了M。

(120) Kangku　ti　Anih　monoku　impa　Maawo　tuurong（=119）
K saw A and A hit M. K看见了A并且A打了M。

这两句话意思相同，只有焦点不同。如果我们想要表达“Kangku saw Anih and Maawo hit Anih”（K看见了A并且M打了A），那么必须使用施格标志ki：

(121) Kangku ti Anih monoku impa Maawo-ki tuurana

这种情况下，动词tuurana必须与受事（O）Anih保持一致。

（三）语序、动词一致关系和语义角色

当反映语义角色时，语序优先于动词一致关系，因为：

1. 在没有动词一致关系的句子中，如

{Kangku, Anih} tuure（hit）.

毫无疑问，语序决定语义角色。

2. 在有动词一致关系但不知动词与哪个名词短语相一致的句子中，如

{Kangku, Maawo} tuurong.

语序同样也决定语义角色。

3. 在有动词一致关系的句子中，如

{Kangku, Anih} {tuurana} / {tuurong}

其中所有4种组合关系都可接受，语序也同样决定语义角色。

在其他巴布亚（Papuan）语言中，语序可能不影响句子意思的解释。Foley（1985：171）指出，在Fore语中，当其他都无效时，第一个潜在的动作者被设想为动作者，这只是听话人约定俗成的解读。而以下句子可以进一步证明，这确实只是解读习惯而非严格的句法规则：

(121) jaga:　wa　a-egu-i-e
pig　man　3SG U-hit-3SG A-DECL
The man hits the pig. 那男人打了那只猪。

尽管jaga:（pig）在wa（man）之前，该句子仍然把wa解释为动作者。与猪相比，人类的生命度等级

更高，更有可能被视为动作者。如果Fore语的句法规则规定动作者必须前置于受动者（undergoer），那么jaga:（pig）或许就可以被解释为动作者。但这是不可能的。

可这在莫图纳语中是可能的。如果句中没有格标志，那么语序决定语义角色：

⑫so nongmai so horo tuurong
man pig hit
The man hit the pig. 那男人打了那只猪。

⑫so horo so nongmai tuurong
The pig hit/attacked the man. 那猪打了/攻击了那男人。

⑫so mahkata so nongmai tuurong
dog man bit
The dog bit the man. 那狗咬了那男人。

⑫so nongmai so mahkata kokirirong
The man bit the dog. 那男人咬了那只狗。

（四）否定标志wo

中缀wo和否定小词toku（no、not）同义。在例⑫中仅有wo，而例⑫中只有toku。二者意义相同。

⑫so dong hu-<u>wo</u>-kui

⑫so dong <u>toku</u> hu-Ø-kui

⑫so dong_____<u>toku</u> hu-<u>wo</u>-ku
if your son had/does not come 如果你儿子没来/不来

⑫so dong hu-Ø-kui
if your son had come/comes 如果你儿子来了

例⑫中的双重否定等同于例⑫⑫中的单个否定，在其他语言中也有相同的现象。以下例子取自英语和汉语：

⑬I can eat <u>no</u>thing

⑬I can'<u>t</u> eat anything

⑬I can't eat nothing（P. Trudgill, *Sociolinguistics*. Penguin Books, 1984：46）

⑬CR: Didn't you ever hit somebody? Leon: Nope.

⑬CR: [incredulous] You never hit nobody?（W. Labov 1969 "The logic of nonstandard English"）

⑬这事儿在意料之外。

⑬这事儿出乎意料。

⑬这事儿出乎意料之外。

关于这个问题的解释需要另文讨论。当人类使用否定时，似乎比他们使用肯定更不确定。当我们使用双重否定（NO*NO①）时，我们对自己所说的并不确定。这也许源于自然语言的歧义。如果用负号来代替NO，那么这个运算至少会得到两个结果：

负负相加为负，如（-1）+（-1）=-2。

① 此处星号*代表一个任意的运算符号。

负负相乘得正，如 (-1)×(-1)=1。

通常我们总是将NO与NO相乘，但有时（如例(128)(132)(137)），尤其是例(134)将NO与NO相加，以得到强调的NO[①]。

（五）自发标志woro/moro/mara

莫图纳语使用者认为某些事情是自发的：自发的自然现象，如下雨或干旱；婴儿自发地来到这个世界；舞者自发的舞蹈。这些自发的事情有一个标志woro或其变体moro/maro，解读时用W表示。

⑰nanah　pati　ja　ihkita　rungi　ngo-woro
perhaps　time　maybe　long　drought　happened-W
Perhaps the drought has lasted too long. 可能干旱持续太久了。

㊲so　ingina　toku　ngo-woro-wo-kui　ho　ti　maketi　kori umire
rain　happen-W-NEG-SUB　COM　market　to go-PC
If it had not rained we would have been to the market. 如果不是下雨的话，我们就去市场了。

(77)so　pehkita　ka-woro-ku　impa　u-ha-ng
baby　born-W-DD　wash-PL/A-3SG.PAST
A baby was born and he was washed.
一个婴儿出生了，并且他被洗了澡。

㊱roruki　ni　ti　mi-kui,　ho　mih-moro-mo　so　ji
but　I　go-SUB　COM　dance-W-SIM　also
siro　noruma　sirongung　soi Motuna
song　one　sing-PAST
But if I were to go there, I would dance and sing a song in Motuna.
但是如果我去了那里，我会在莫图纳跳舞唱歌。

（六）祈使标志ce

标志ce与ca、co一样，也有许多变体：

(138)do poko　nongpanongpa　kongne
you　better　quick-quick　walk
Walk quickly! 快走！

(139)po'te korihe
Talk loudly! 说响点！

(139)pongna neje

---

① 其他来自汉语的例子表明，还存在第三种运算方式，负数→正数：
a. 我非去不可　NO×NO　我坚持要去
b. 我非去　　NO→0　我坚持要去
据Chao（1976），"非"来自于"非……不可"。这只是从来源作了解释。然而，为什么单独的否定可以代表双重否定，这个问题依旧未能得到解答。

Eat more! 多吃点!

⑭Koto ite/itihe

Stand up! 站起来!

⑭komirorohe impa / impa komirorohe

Stop now! 停下来!

Impa在此处另有含义，impa，我得结束全文了。

表2　术语缩写表

SER	serial 序列/时序	SIM	simultaneous 同时
SD	same doer同一作事（者）	DD	different doers 不同的作事（者）
D	doer 作事（者）	swt	switch to 转换
NEAR	near demonstrative 近指指示词	FAR	far demonstrative（3PS）远指（第三人称）
STA	statement 陈述	COM	comment 评述
CNT	continuous 连续	HAB	habitual 惯常
DL	dual 双数	PC	paucal 少数
SBJ	subjunctive 虚拟语气	CND	condition 条件
IMP	imperative 祈使语气	NEG	negative 否定
REF	reflexive 反身	INTR	intransitive verb 不及物动词
nSG	non-singular 非单数	n1ST	non-1st person 非第一人称
F	feminine 阴性	M	masculine 阳性
#	较为不可接受（尽管语法上是正确的）		

参考文献

[1] Chao Yuenren.1976. Formal and semantic discrepancies between different levels of Chinese structure [M]// Aspects of Chinese Sociolinguistics.Stanford University Press：384–398.

[2] Dixon R.M.W. 1963. Linguistic Science and Logic [M].Mouton：The Hague.

[3] Dixon R.M.W.1965. What is Language? A New Approach to Linguistic Description [M].London：Longmans.

[4] Dixon R.M.W. 1977. A Grammar of Yidin [M].Cambridge：Cambridge University Press.

[5] Dixon R.M.W. 1977. The syntactic development of Australian language [M]// C. N. Li (ed.).Mechanisms of Syntactic Change.Austin：University of Texas Press：365–425.

[6] Foley, William. 1986. The Papuan Language of New Guinea [M].Cambridge：Cambridge University Press.

从珠三角广府片粤语古全浊塞音的存古层次看粤语与平话的关系

麦 耘

（中国社会科学院语言研究所 北京 100732）

【提 要】粤语与平话的主要区别是古全浊塞音今读在送气与否上的类型差异。本文指出，在粤语核心地区的珠三角广府片部分方言中，存在古全浊塞音的存古层次，属于平话类型。本文假设，在唐末，“粤—平方言”从通语中分化出来，其古全浊塞音的读法为平话类型；至南宋末，通语的影响使东部粤—平方言出现古全浊塞音的粤语类型读法，而西部粤—平方言未受此影响。粤—平方言内部因此发生二次分化，形成粤语和平话。珠三角有些粤语方言在这方面的存古层次是早期粤—平方言的残留。粤语和平话可以处理为属于同一个大方言区，也可以处理为属于同一个方言群的两个方言。

【关键词】莫古全浊塞音今读 存古层次 粤—平方言 二次分化 方言群

一、古全浊塞音[①]在粤语中的两个层次

（一）古全浊塞音声母在粤语中的表现

古全浊塞音声母在粤语多数方言中的表现，一般而言，是很清楚的：在平声和上声中为送气清声母，在去声和入声中是不送气清声母；其中“上声”仅指古全浊上声字中在现代粤语没变去声而读阳上的那一部分（在广州话中约占古全浊上声字的三分之一，属白读层次），而“去声”则包括了在现代粤语中已变为去声（阳去）的那一部分古全浊上声字（在广州话中约占古全浊上声字的将近三分之二，属文读层次）。

这个规则在广州话中相当严整，至少在阳平和阳上中没有不送气字、在阳去中没有送气字（阳入有个别送气字）。

不过，这个规则对勾漏片和吴化片不适用，前者是一律不送气，后者多数字读送气（但並、定母每读不送气）；除此两片外，粤语其余各片（以广府片为代表）基本相同。

（二）南海沙头话中的存古层次

但是，并非所有广府片方言都这样严整。据彭小川（1987，2004），在属于广府片粤语的广东省南

① “塞音”包括爆发音和塞擦音。

海县沙头区的方言中，古全浊塞音声母的读法基本上跟广州话一样，但也有一批口语词中的阳平字是读不送气塞音声母的（包括一些本字未明的词）：

婆袍pɔ^{44} | 扒~艇：划艇耙牌~坊pa^{44} | 皮猪~pɐi^{44} | 刨pɛu^{44} | 浮~头：漂浮起pou^{44} | 棚paŋ^{44} | 平便宜pɛŋ^{44} | 盘pɔŋ^{44} | 盆pyn^{44} | □~lɐm44：匆忙，手忙脚乱pɐn^{44} ‖ 头tau^{44} | 条跳~过来tiu^{44} | 甜tim^{44} | 同~埋：和，与铜筒toŋ^{44} | 藤tɐn^{44} | 台ȶɔ^{44} | 蹄马~：荸荠ȶɐi^{44} | 田填ȶiŋ^{44} | 糖塘□量词：一~镜ȶɔŋ^{44} ‖ 佢他ky^{44} | 裙kwɐn^{44} | □置水不动，让它澄清keŋ^{44} ‖ 裁材棺~槽①嘈吵□气味tɔ^{44} | 齐tɐi^{44} | 脐ty^{44} | 蚕tam^{44} | 藏埋~tɔŋ^{44} | 钱前~口tiŋ^{44} ‖ 茶搽柴tsa^{44} | 匙锁~：钥匙迟tsi^{44} | 蛇畲tsɛ^{44} | 锄tsœ^{44} | 锤tsɔ^{44} | 船tsyn^{44} | 唇tsœn^{44} | 肠tsœŋ^{44} | 床tsɔŋ^{44} | 虫tsoŋ^{44} | 薯蜍除~衫：脱衣tsy^{44} | 绳②埕坛子tseŋ^{44}③

“浮”的白读在粤语各方言里读双唇爆发音很常见，广州话送气，沙头话不送气。第三人称“佢”是方言字，古籍中写作“渠”，《集韵》作“倮”，群母平声。此字在广州话为阳上，是受“我、你”的同化，而沙头话读阳平，与古音更对应。“枱桌子”也是方言字，本字即“台”字，广州话读高升变调，沙头话仍读阳平。“跳”在《广韵》有徒聊切一音，定母平声，沙头话与之对应。“蛇畲船唇绳”在广州话读擦音，沙头话读不送气塞擦音。

彭小川（2004：181）取阳平读不送气声母与送气声母的字一一作了比较之后，说：“显然，在时间上，当地人民使用不送气这组字要比使用送气这组字早得多，在使用频率上，前者亦高得多。”由此得出结论：“由不送气的代表较古的一层，送气的代表较晚的一层。”（彭小川，2004：184）

彭小川（2004：183）又指出：“在沙头区的附近，即珠江三角洲北江干流东平水道及西江两江之间的地带均有这种现象。其中包括三水县青岐、金本、白坭三个区，南海县南部丹灶、西樵等几个区及南庄区南部的几个乡，顺德县，中山县东风、上沙、南头等七八个区。只不过古全浊平声现念不送气音的那批字在上述各地数量不等。”

（三）南海西樵话中的存古层次

陈卫强（2019）描写的南海县西樵话，就在彭小川所提到的区域之内。此地古全浊塞音声母的读法与广州话大多相同，“但也有不少塞音口语常用字虽为平、上声，却念为不送气音，当为早期层次。”今从中辑出阳平、阳上不送气塞音字如下：

阳平：耙扒鸡~地pa^{31} | □爬上pan^{31} | 棚paŋ^{31} | 刨藻浮~：微形漂浮植物pɛu^{31} | 平便宜pɛŋ^{31} | 皮pi^{31} | 婆pɔ^{31} | 盘pɔn^{31} | 篷船~poŋ^{31} | 浮pu^{31} | 赔pui^{31} | 盆pun^{31} ‖ 燂熏烤tam^{31} | 蹄啼tɐi^{31} | 头tɐu^{31} | 藤tɐŋ^{31} | 条tiu^{31} | 甜tim^{31} | 田填tin^{31} | □传染tɔ^{31} | 台抬tɔi^{31} | 塘糖tɔŋ^{31} | 铜桐同茼~蒿toŋ^{31} | 苔青~砣秤~tœ^{31} | 淘~米绹拴住tu^{31}

阳上：棒paŋ^{13} | 抱泡~沫妇新~：新娘pu^{13} | 被被子pi^{13} ‖ 淡tam^{13} | 舵tai^{13} | 凼土坑，穴tɐm^{13} | 艇tɛŋ^{13} | 肚tu^{13} | 断tyn^{13} | 祀巳tsy^{13}

“妇新~”白读在粤语各方言里读双唇爆发音很常见，广州话送气，西樵话不送气。“刨”即《广韵》薄交切之“鉋”字。“舵”广州话读阳平，不见于韵书；西樵话则是阳上，对应《广韵》徒可切（韵母属更古的层次）。“泡泡沫”与“抱”同音，粤语诸方言常然。“祀、巳”《广韵》详里切，广州话读阳去不送气，西樵话则读阳上，亦不送气。

---

① 彭小川（2004: 217）作“糟”，今依彭小川（2004: 179）。

② 彭小川（2004:236）作“蝇”，今依彭小川（2004: 179）。

③ 彭小川（2004）还提到“赔”字，但笔者在同音字汇中未查到此字的不送气读法。又，彭小川（2004: 217）认为有“铊tœ^{44}”，疑为“砣”之讹。

（四）珠三角地区其他粤语广府片方言中的存古层次

实际上，存在这种情况的粤语方言不止上述两地。我们从詹伯慧、张日升主编（1987）辑出粤语广府片方言在珠江三角洲地区的5个点阳平读不送气声母的材料：①

顺德大良 皮pei^{42}｜盘$_{\text{又}}$盆$_{\text{又}}$pun^{42}‖头tɐu^{42}｜条tiu^{42}｜甜tim^{42}｜田$_{\text{又}}$填$_{\text{又}}$tin^{42}｜糖塘tɔŋ^{42}｜藤tɐŋ^{42}｜同$_{\text{又}}$铜$_{\text{又}}$toŋ^{42}‖佢$_{\text{第三人称}}$ky^{42}‖钱$_{\text{又}}$前$_{\text{又}}$tsin^{42}‖搽tsa^{42}｜柴tsai^{42}｜船$_{\text{又}}$tsyn^{42}｜唇$_{\text{又}}$tsœn^{42}②

香港新界锦田 其棋期旗祈沂kei^{21}｜拳权颧kyŋ^{21}‖徐tsy^{21}‖槌锤tsøy^{21}

从化城内 匙$_{\text{汤匙}}$tsi^{22}

东莞莞城 便$_{\text{~宜}}$pin^{21}

中山石岐 平$_{\text{又}}$piaŋ^{51}

这些字大致上是口语较常用的，个别非口语词可能是类推发音。

这些材料与沙头话一样，限于阳平，而不及阳上③；不过西樵话是有一批阳上字的。

暂时撇开这个疑问，大致可为上述方言的古全浊塞音声母定两个层次：一个层次与广州话一样；另一个应是存古的层次，平、上声与去、入声表现相同，都读不送气清声母。

在更多的粤语方言中可以发现类似的现象。不过，为了避免"受平话/勾漏片影响"这类的质疑，本文只取粤语的核心地区——珠江三角洲的广府片方言来作讨论的材料。

二、古全浊塞音一律不送气是早期粤语的层次

（一）粤语与平话在古全浊塞音今读上的区别

粤语与平话的关系，是汉语方言学界里一个有争议的问题。

按丁邦新（1998），古全浊塞音声母的今读是划分汉语方言时首先要考虑的条件。平话最重要的特点，正是古全浊塞音声母一律读不送气清声母，与粤语不同，所以一些学者力主平话要作为一个大方言区独立于粤语之外（如李连进，2000；李小凡，2012）。

一向被归为粤语的勾漏片方言，也具有古全浊塞音声母今一律读不送气的特点。李连进（2002）认为，根据这一点，应将勾漏片从粤语划出来，归到平话。他这个观点很有道理。本文以下提到"平话"，均指桂南平话④加上勾漏片。在地理范围上，勾漏片也正好与桂南平话相毗邻或相重迭，分布在桂南、粤西一带。依调整后的划分，古全浊塞音声母在平话不论声调条件，概读不送气清声母，而粤语则主要是平、上声读送气，去、入声读不送气⑤。换言之，用古全浊塞音声母今读的不同，可以把平话与粤语区分开来。

---

① 分片依《中国语言地图集》(1987)。

② 又有"绳tsen^{25}"，亦应属此，其声调应系高升变调。

③ 沙头话有一个字有点可疑："柿ty^{35}"(彭小川，2004：220)，阴上调，与"紫子梓"同音。按，"柿"《广韵》鉏里切，《集韵》上史切，止韵崇母，对应今音当为阳上［13］或阳去［22］，而不当为阴上。此字广州话音tsʰi$^{23\text{-}25}$，本调阳上而以读高升变调为常；珠江三角洲的粤语一般也读阳上（见詹伯慧、张日升，1987：106）。沙头话此字也有高升变调［-35］(彭小川，2004：135)，笔者怀疑该字的声调之读同阴上实为高升变调，所以它有可能是阳上而声母不送气的例字。

④ 桂南平话除古全浊塞音声母表现独特外，整个音韵系统与粤语差别很小；而桂北平话在韵母系统上与桂南平话和粤语相去较远，故本文对桂北平话暂置不论。

⑤ 粤语吴化片的古全浊声母读音情况比较复杂，暂置之。以下论粤语时凡涉及古全浊塞音声母今音者，均不包括吴化片。

（二）粤语—平话方言简史

现代粤语和平话是否可以视为两个比肩的大方言区，可以另作讨论；而麦耘（2012）认为，至少在历史上，粤语和平话曾经属于同一个方言。它们的历史可分三个阶段：

（1）从南越时代开始，一直到唐代，岭南地区的汉语可能都并非独立性很强的方言，而是长期作为中原汉语的一个地域变体或“次方言”，不断地接受中原汉语的辐射影响或“推平”①，总是紧随中原汉语的发展而发展。今称“早期岭南汉语”。

（2）估计在唐、宋之交，早期岭南汉语脱离了中原汉语的直接影响，正式演变成一个独立性较强的方言，可称为“早期粤语”，或者叫“早期粤—平方言”。

这个判断的依据是：现代粤语—平话反映很多唐晚期通语的音韵特点；唐亡，五代十国之一的南汉政权使岭南地区出现超过半个世纪与中原相隔离的时期。从社会、文化的角度说，这种隔离状态能强化方言对通语的离心力，成为早期粤语形成的社会背景。就实际语言内容说，早期粤语背离中原汉语的自身演化只占较少部分，更主要的是早期粤语没跟上中原汉语在唐宋之际发生的演变（最明显的是入声韵尾消变），从而拉开了彼此的距离。

（3）大约到了南宋，早期粤—平方言区的东部地区接受了一波来自当时通语的影响，以致内部再次发生分化，形成后来居于岭南东部的粤语和居于西部的平话②。我们暂且把两者的前身分别叫“东部粤—平方言”和“西部粤—平方言”③。

（三）南宋通语中的古全浊声母

南宋通语对粤语的影响中非常重要的内容是古全浊塞音声母字的读法。

在汉语通语里，全浊上声变去声的现象于中唐已能见到（如韩愈《讳辨》之混“杜”“度”为同音），但无法知道有多少字出现了变化。至今北京话里，古全浊上声字保留上声读法者，仍有“强勉～丨艇丨挑～战”等数字，而且这些字今读送气声母（麦耘，1991）。可见这不是一个一下子全音类覆盖的音变，而是词汇扩散式的演化（王士元，2000）。在南宋所刊《韵镜》卷首条例之“上声去音字”一节可知，此一演化结果在当时已见大体，但目前不能确定其完成面达到多大。在元代《中原音韵》中，没变去声的古全浊上声字比今天北京话和各官话方言都略多（见下文）。由此可推断，南宋通语中应还有一部分全浊上声字保持读上声。

在广州话里，古全浊上声字今读阳上而声母为塞音者，概为送气清音。上列北京话的几个字也送气，所以北京话其实与广州话一样是“平上送气，去入不送气”，只是北京话里保持读上声的古全浊上声字极少；一般讲语音史只将这些字视为例外，故大体算是“平送仄不送”。

《中原音韵》亦基本如此。依宁继福（1985）的构拟，古全浊上声字在《中原音韵》里仍读上声、且声母读塞音的字有29个，其中送气音19个（星号表示构拟音）：$*p^h$痞否圮牝谝殍｜$*t^h$袒殄挑窕艇挺誕禫

① “推平”指强势方言对弱势方言的强制性覆盖、替代。此概念请参看王洪君（2009）。

② 此观点部分采用了李连进（2000）和刘镇发（2001）的观点。不过，刘镇发认为现代粤语来自宋代讲客赣方言的移民，这一点笔者不同意。现代客赣方言的多个重要特点，如古全浊塞音声母一律读送气、古次浊上声归阴平、古假摄二三等韵主要元音不分化等，均为现代粤语所无，所以笔者认为宋代粤语所接受的影响，应来自当时的通语；而且现代粤语与南宋通语不同之处很明显，是南宋通语对粤语也应限于有所影响，而非整体式的语言替代或推平。麦耘（2012）对南宋通语与现代粤语作了音系比较，可以参看。

③ “西部粤—平方言”不包括粤语邕浔片，这个方言片虽然现代分布在广西境内，即岭南西部，但它是明代以后才从广东迁移过去的，源头上属于“东部粤—平方言”。

倓萏窞 | $^*k^h$强 | $^*tʂ^h$杼；不送气音10个：*p 牑 | *t 诒绐① | *k 窘噤 | *ts 吮歠② | *tʂ 墅僫酎。

北宋邵雍《声音唱和图》所表现的音系还有全浊音，其中的塞音已分为送气和不送气两类，大致上是“平送仄不送”（周祖谟，1966），成为后代清化而分归全清、次清的基础。亦见全浊上声变去声现象，如“象”字列于去声中，而上声例字中不出现全浊声母字。不过这份材料很粗略，不能显示细节，从中无法看出有没有不变去声的古全浊上声字，以及这些字送气与否。与今北京话和《中原音韵》比较，可以认为当时会有，且当以读送气为主。

由北宋和元代一上一下推断南宋时代的通语，估计全浊声母可能已经清化（这对于本研究来说不重要），其中的塞音分化为二，平声和保持读上声者送气，去声（包括从上声变来者）和入声不送气。

（四）南宋通语古全浊塞音送气与否两分影响粤语

我们的假设是：在南宋以前的早期粤语中，古全浊塞音声母是一律不送气的；当南宋之时，通语向岭南输送影响，造成粤语中“阳平阳上送气，阳去阳入不送气”的文读层次。尽管目前没有证据证明，古全浊上声字在宋代通语中变或不变去声的字与粤语是否有出入，但笔者认为这并不重要，因为通语的影响可以是按音类对应规则进入方言，而非依具体的字/词汇逐一对音③。

我们可以推测这一影响的具体过程：通语先影响岭南核心城市广州的方言，再由作为粤语中心方言的广州话影响周边方言，然后一步步在岭南东部蔓延（麦耘，2017）。所以这对广州话影响得非常彻底，而对周边方言就不够彻底，以致漏下了一小批没被这个影响所覆盖的字，形成一个存古的层次（或者说一种较古老的白读层次），不管什么声调都不送气，而跟“阳平阳上送气，阳去阳入不送气”的规则不合。④

至于南宋通语影响岭南的社会因素，只能大致猜一猜。南宋末的“珠玑巷之难”也许是个重要因素。关于笔者对这个传说的认识，可参看麦耘（2009）。

（五）南宋通语的影响造成粤语与平话分化

回到粤语与平话的关系问题。如前所假设：早期粤—平方言从中原汉语分化出来以后，清化了的古全浊塞音声母一概读为不送气，这个时候粤—平方言内部是一致的，并无后代粤语与平话的分别。到了南宋或其以后，通语的影响使“东部粤—平方言”向通语趋同，而有种种原因使这一影响未能改变“西部粤—平方言”。

在汉代的大部分时间里，岭南的重心略偏西；随着三国时广州（地域大致相当于今之广东，非后世之广州）建立，重心逐渐东移；大庾岭“梅关新道”在盛唐开凿以后，岭南的政治、文化、经济、交通中心终于确立在今广州（参看蔡良军，1992；麦耘，2009）。是故南宋之时，通语对粤—平方言的影响集

① 原“逮诒绐”3字1小韵，宁继福（1985：555）为首字注古去声代韵，后2字上声海韵；而《集韵》3字皆在海韵。此处无送气与否对立，实亦可拟为送气音。

② 另有“趱”字，宁继福（1985：73）拟*ts声母。此字《广韵》藏旱切，而《集韵》又音子罕切，清声母，故可不视为古全浊声母字。

③ 强势方言进入弱势方言可不以词汇为单位，而以音类为单位，此问题请参看王洪君（1992）。

④ 广东怀集方言属勾漏片粤语，据杨璧菀（2012）的描写，古全浊塞音声母概读不送气（发音人当时六十多岁）。但詹伯慧、张日升（1998）所记怀集方言，却有不少非口语常用的阳平、阳上字读送气（调查时第一发音人四十多岁，第二发音人虽七十多岁，但年轻时居住广州）。显然，詹、张所记的音是受了粤语中心方言广州话的影响。不妨悬想，数十年后再调查怀集方言，或许就会接近今天的南海方言了。这提供了一面活的镜子，让我们可以从中观照南宋以后广州周边方言的变化历程。

中在东部，是必然的。这就使粤—平方言的东部和西部在古全浊塞音声母的表现上出现不同，从而造成后代粤语与平话的界划。换言之，今天西部的平话保持了早期粤—平方言的读法，而在受南宋通语影响的东部则形成了现代粤语的主流层次，只在一些粤语方言的存古层次之中残留有早期的读法。

综上所述，现代粤语与平话的主要区别——古全浊塞音声母今读的不同，并不是“粤—平方言”在唐宋之际从通语分化出来之初就存在的，而是后来才出现，因而引起其内部的二次分化，并且，这是起于南宋通语的影响。

三、余论：方言分区的意义何在?

方言分区是方言研究中很重要的一项工作，几代方言学者做了大量的努力，取得了很多成果。但是，方言分区的意义究竟是什么？这个问题讨论得却不多。

在粤语与平话的关系上，主张分两个大方言区和主张合为一个的两派学者热烈争论，都摆出大量理由，但很少人明确谈及分或合的意义何在。

朱德熙（1986）指出：“方言区实质上是方言亲缘关系在地理上的分布。划分方言区是给现代方言分类，可是分出来的类要能反映亲缘关系的远近。”方言分区依据的首先当然是现代方言的共时特点，但学者们会希望这些特点能反映方言的历史，包括谱系传承的历史和接触演变的历史，而不仅仅把分区做成纯共时的、静态的类型划分工作。

所以，方言分区应被看作是对方言的历史进行研究的一种手段，而非研究的目的；这项工作的意义不在于分区本身，而在于通过分区来观察和表现方言形成的历史。只要研究者把造成有关方言今天的共时状态的初始源头、发展过程及演变机制等弄清楚了，如何分区、分几个区等反倒不是最重要的事情。

就粤语与平话而言，完全可以有不同的分区方案，至少可以有两种：第一种是把粤语和平话合并为“粤平方言”，内部分粤语片和平话片，以下再分小片。第二种是让粤语、平话各自立为大方言区，但特别说明它们的关系密切。第二种还可以有个补充方案：在它们的上位加一个分类层次，或许可以叫做“粤平方言群/组”。

哪种方案能安排得更妥当，属于技术层面的操作①，并不是太重要。唯有与方言历史有关的本质性的问题，例如说，它们是不是由古代的一个方言分化为二，分化的过程如何，分化在哪个时代，分化的动力是否来自通语的影响，把阳平、阳上不送气看作存古层次合适与否，等等，这些才是更需要研究者去关注、去探索、去证明的。

参考文献

[1] 蔡良军. 1992. 唐宋岭南联系内地交通线路的变迁与该地区经济重心的转移［J］. 中国社会经济史研究（3）.

[2] 陈卫强. 2019. 广东南海西樵方言同音字汇［J］. 方言（1）.

[3] 丁邦新. 1998. 汉语方言区分的条件［M］// 丁邦新语言学论文集. 北京：商务印书馆.

[4] 李连进. 2000. 平话音韵研究［M］. 南宁：广西人民出版社.

[5] 李小凡. 2012. 平话的归属和汉语方言分类［J］. 语言科学，11（5）.

[6] 刘镇发. 2001. 现代粤语源于宋末移民说［A］. 第七届国际粤方言研讨会论文集［C］. 北京：商务印

① 这还涉及其他汉语方言的分区工作，如怎样处理官话与晋语、客家话与赣话、吴语与徽语、湘语与乡话等的关系。

书馆.
[7] 麦耘. 1991. 古全浊声母清化规则补议［J］. 中国语文（4）.
[8] 麦耘. 2009. 从粤语的产生和发展看汉语方言形成的模式［J］. 方言（3）.
[9] 麦耘. 2012. 粤语的形成、发展看粤语和平话的关系［M］//著名中年语言学家自选集·麦耘卷. 上海：上海教育出版社.
[10] 麦耘. 2017. 对用统一标准划分方言的反思：以"浊音标准"为切入点［J］. 中国语文（3）.
[11] 宁继福. 1985. 中原音韵表稿［M］. 长春：吉林文史出版社.
[12] 彭小川. 2004a. 沙头话同音字汇［M］//粤语论稿. 广州：暨南大学出版社.
[13] 彭小川. 2004b. 南海沙头方言音系［M］//粤语论稿. 广州：暨南大学出版社.
[14] 彭小川. 2004c. 沙头话古全浊平声字读音的历史层次［M］//粤语论稿. 广州：暨南大学出版社.
[15] 王洪君. 1992. 文白异读与迭置式音变：从山西闻喜方言的文白异读谈起［M］//语言学论丛（第17辑）. 北京：商务印书馆.
[16] 王洪君. 2009. 兼顾演变、推平和层次的汉语方言历史关系模型［J］. 方言（3）.
[17] 王士元. 2000. 语言的变异及语言的关系［M］//语言的探索：王士元语言学论文选译. 北京：北京语言文化大学出版社.
[18] 杨璧菀. 2012. 广东怀集下坊话同音字汇［J］. 方言（4）.
[19] 詹伯慧，张日升. 1987. 珠江三角洲方言字音对照［M］. 广州：广东人民出版社.
[20] 詹伯慧，张日升. 1998. 粤西十县市粤方言调查报告［M］. 广州：暨南大学出版社.
[21] 中国社会科学院，澳大利亚人文科学院. 1987. 中国语言地图集［M］. 香港：朗文出版公司.
[22] 周祖谟. 1966. 宋代汴洛语音考［M］//问学集：下册. 北京：中华书局.
[23] 朱德熙. 1986. 在中国语言和方言学术讨论会上的发言［J］. 中国语文（4）.

论广东粤方言的声调格局[①]

甘于恩　陈敏华

（暨南大学中文系　广东广州　510632）

【提　要】粤方言研究成果不少，但对粤语声调的综合研究却仍然显得薄弱。本文在显示广东粤语各片声调大势的基础上，讨论各片格局的基本特点，为粤语的下位分区提供语料支撑，同时对粤语声调的总体特征进行一些理论思考。我们认为，必须提倡在方言分区（片）时引入声调要素，做更细致的分类和研究，使分区（片）研究建立在详实的语料基础上，从而具有更强的理论说服力。

【关键词】广东粤语　声调格局　类型研究

一、绪言

粤语研究的历史并不算短，从最早的莫里森《广东省土话字汇》（1828）至今，有将近两百年的历史；而用现代语言学的方法来研究粤语语音，较早的是王力的《两粤音说》（1928），迄今也有近百年历史了。但我们对于粤语的内涵、粤语的详细分布、粤语的下位分片，仍然知之不多。对于粤语语音特点的概括与探讨，学术界也做得不够充分，比较多的是从声、韵两方面入手，鲜见全貌式的声调归纳。其实，如果我们从声调角度来认识粤语的话，倒是可以从中窥探某些奥妙。

本文以广东粤语为研究对象，讨论广府片、四邑片、两阳片、勾漏片以及吴化片粤语的声调格局，为进一步了解粤语的本质特征提供一些依据。

二、广府片的声调格局

（一）广府片的声调格局

广府片又称“粤海片”，分布面相当广，包括以广州为中心的珠江三角洲、粤中、粤北（韶关）、粤西（湛江）部分地区以及香港、澳门，一般认为以广州话为代表（袁家骅等，1989；詹伯慧等，2002）。以下列出广府片各点的调类与调值：

---

① 本文原题《粤方言声调类型与形态变调的类型》，在“2013汉语方言类型研讨会”（中国人民大学，2013.8.22-24）上宣读，承蒙麦耘、吴永焕等先生指正，收获良多。此次只发表论文的上半部分，将题目改为《论广东粤方言的声调格局》；下半部分讨论粤语的形态变调，另行发表。文中尚存问题，由作者负责。

［基金项目］2013年度国家社会科学基金重点项目“粤、闽、客诸方言地理信息系统建设与研究”（项目号13AYY001），2019年度国家社会科学基金重点项目“基于大数据的广东粤语方言语音综合研究”（项目号19AYY005），2004年度国家社科基金项目“广东粤方言地图集”（项目号04BYY032）。

表1　广府片调类及声调情况表

方言点	调类及调值								
	阴平	阳平	阴上	阳上	阴去	阳去	阴入	中入	阳入
广州海珠	53 55	21	35	13	33	22	5	3	2
广州黄埔	53 55	21	35	13	33	22	5	3	2
香港市区	55	21	35	13	33	22	5	3	2
澳门	55	21	13（上声）		33	22	5	3	2
番禺市桥	53	31	35	13	33	22	5	3	2
花都花山	53	12	35	13	33	22	5	3	2
花都北兴	33 55	22	35	33	31	5	3 34	3 34	2
从化城内	55	22	35	13	23	21	5	3	2
从化神岗	55 23（少）	22	35	23		31	5	23	1
增城荔城	55	11	35	13	33	22	5	3	2
清远横荷	55	11	35	33		22	5	3	1
佛冈汤塘	23 54	22	35	23 （35）	23	21	5	35	2
佛冈石角	33	22	35（上声）		33	21	5	3	2
清新龙颈	55	11	35	33		22	5	3	1
清新太和	55	11	35	33		22	5	3	1
连州市区	55	21	35（上声）		33	22	5	3	2
佛山市区	53	42	35	13	33	22	5	3	2
佛山澜石	52 55	32	35	13	33	22	5	3	1
南海沙头	55	44	35	13	33	22	5	3	2
南海九江	53	34	35		44	23	5	3	1
南海桂城	53 55	31	35	13	33	22	5	3	2
顺德大良	53	42	35	13	32	21	5	3	2
顺德陈村	51 55	33	35	13	32	11	5	32	1
三水西南	53 55	21	35	13	33	22	5	3	2
韶关市区	55	21	24		33	21 （同阳平）	5	3	
湛江赤坎	55	11	35	13	33	21	5	3	1

续表

方言点	调类及调值								
	阴平	阳平	阴上	阳上	阴去	阳去	阴入	中入	阳入
吴川梅菉	55	31	35	13	33	31（同阳平）	5	3	1
遂溪遂城	55（33）	11	35	13	33	22	5	3	2
云浮云城	53	21	35	13	33	22	5	3	2
高明明城	455	21	35		33		5	3	2
高明西安	44	55	35	13	33	22	5	3	2
中山石岐	55	51	213（上声）		33（去声）		5（阴入）		2（阳入）
珠海前山	55	21	13（上声）		33（去声）		5（阴入）		3（阳入）
东莞常平	33	21	55	13	33	42	5	13	3
东莞莞城	23	11	35	13	33		5	3	1
宝安沙井	55 35	22	11		24	33	4	35	2
宝安新安	55	22	35	33	33	22	5	3	1

说明：从化神岗阴平少数读23调（同阴去），如“猪”、“西”（西门）、“灰”（石灰）。

（二）广府片声调格局的特点

从以上的广府片声调数据我们可以得出以下几点认识：

1. 广府片的声调数目一般较多，为8—10个，普遍多于8个，少数少于8个（如韶关市区7个、高明明城7个、珠海前山和中山石岐6个），则可能与不同区域的方言接触有关（如粤客的接触）。

2. 从阴阳调类的关系来看，多数点普遍遵循“阴高阳低”的模式，这一特点在阴平与阳平的对比上反映得尤其明显，只有高明西安阴平为44，阳平为55，可视为例外。

3. 阴平读高降（53或52）的，可能保留了粤语比较早期的阴平调值；有部分读55的音节则是早期粤语的形态变调（表名词性成分或小称）。我们从方言点分布可以看出端倪：城市或县城方言阴平较多读55调，如香港、澳门、从化城内、增城荔城、连州市区、韶关市区、湛江赤坎、吴川梅菉、宝安新安等；其他点则读53或有两读。因此可以推测，阴平只读55调的方言，早期应该也有高降的读法，阴平高降读法后来被55调所覆盖，55调的来源应有两个：一是粤语自身高平形态变调的扩散（这点下文还将论及），一是官话方言阴平的高平读法的影响。

4. 早期三邑（南海、番禺、顺德）在行政上联系密切，声调方面亦有诸多类同性。以这一区域阳平的调值为例，其调值起点偏高（在中域或之上），如佛山市区42、顺德大良42、顺德陈村33、番禺市区31、南海桂城31；甚至有偏向高域的读法，如南海沙头44等，中山石岐阳平读51调，也可以视为此区域声调特征的延伸。可考虑以阴、阳平的读法，在广府片下划出三邑小片，其余部分划为两片：广州小片、莞宝小片（莞宝小片的阴平以中域3为起点，有两种形式——中平和中升）。

5. 由于阴上与阳上、阴去与阳去的调型相当接近（多数点阴上为高升、阳上为低升，阴去为中平、阳去为低平），调型的近似导致不少点阴阳上、阴阳去产生合并，如澳门、珠海前山的上声13（有人记为24），佛冈石角、连州、南海九江、高明明城的上声35，韶关市区的24，中山石岐、珠海前山、高明明城去声读33。阴阳去的混同目前在澳门、香港和广州也不同程度地发生。这种合并也出现在两个调值比较接近的入声（中入、阳入）上，使得中山（石岐）、珠海（前山）的声调显得特别少（6个）。

6. 在广州北部（花都北兴）与清远佛冈（石角、汤塘）交界的一小块地带，阴平的读法偏向中域33（23），但有的点叠置了高平（北兴）或高降（汤塘）的层次，这些层次可能是后来进入的。这一带阴平的特殊表现可能有不同的来源或与异方言的接触有关。

三、四邑片的声调格局

（一）四邑片的声调格局

"四邑"字面上原指台山、开平、新会、恩平4个县（现改为县级市、区），但四邑话的分布不限于这四处（邵慧君、甘于恩，1999）。

四邑话声调格局亦属"阴高阳低型"，光从这点来看，四邑话具有广府片的声调特征（四邑一带早期属广州府）。四邑话与广府片的重大区别，是它的调值以及变调格局与广府片明显不同，这点后文会谈到。以下是四邑话各点的本调情况：

表2　四邑片调类及声调情况表

<table>
<tr><th rowspan="2">方言点</th><th colspan="10">调类及调值</th></tr>
<tr><th>阴平去</th><th>阳平</th><th colspan="2">阴上</th><th>阳上</th><th colspan="2">阳去</th><th>阴入</th><th>中入</th><th>阳入</th></tr>
<tr><td>台山台城</td><td>33</td><td>22</td><td colspan="2">55</td><td>11</td><td colspan="2">31</td><td>5</td><td>3</td><td>2</td></tr>
<tr><td>台山四九</td><td>33</td><td>22</td><td colspan="2">55</td><td>11</td><td colspan="2">31</td><td>5</td><td>3</td><td>2</td></tr>
<tr><td>台山深井</td><td>33</td><td>22</td><td colspan="2">45</td><td>21</td><td colspan="2">41</td><td>5</td><td>3</td><td>2</td></tr>
<tr><td>开平赤坎</td><td>33</td><td>22</td><td colspan="2">55</td><td>11</td><td colspan="2">31</td><td>5</td><td>3</td><td>2</td></tr>
<tr><td>开平月山</td><td>33</td><td>22</td><td colspan="2">45</td><td>11</td><td colspan="2">44</td><td>45</td><td>3</td><td>4</td></tr>
<tr><td>江门杜阮</td><td>34</td><td>22</td><td colspan="2">55</td><td>11</td><td colspan="2">31</td><td>45</td><td>34</td><td>1</td></tr>
<tr><td>江门江海</td><td>23</td><td>11</td><td colspan="2">55</td><td>23</td><td>34</td><td>31</td><td>5</td><td>3</td><td>1</td></tr>
<tr><td>新会会城</td><td>33</td><td>22</td><td colspan="2">55</td><td>11</td><td colspan="2">31</td><td>5</td><td>3</td><td>2</td></tr>
<tr><td>新会荷塘</td><td>23</td><td>21</td><td colspan="2">55</td><td>33</td><td>33
（阴去）</td><td>22
（阳去）</td><td>5</td><td>3</td><td>2</td></tr>
<tr><td>新会司前</td><td>32</td><td>45</td><td colspan="2">13</td><td>53</td><td colspan="2">22</td><td>13</td><td>32</td><td>2</td></tr>
<tr><td>新会三江</td><td>33</td><td>22</td><td>45</td><td>35
（中上）</td><td>21</td><td colspan="2">41</td><td>45</td><td>3</td><td>41</td></tr>
<tr><td>斗门井岸</td><td>34</td><td>22</td><td colspan="2">45</td><td>21</td><td colspan="2">31</td><td>5</td><td>34</td><td>2</td></tr>
<tr><td>斗门莲洲</td><td>34</td><td>22</td><td colspan="2">45</td><td>11</td><td colspan="2">31</td><td>5</td><td>34</td><td>2</td></tr>
<tr><td>中山古镇</td><td>33</td><td>31</td><td colspan="2">55</td><td>33</td><td colspan="2">22</td><td>5</td><td>3</td><td>2</td></tr>
<tr><td>恩平沙湖</td><td>455</td><td>22</td><td colspan="2">35</td><td>11
33</td><td colspan="2">53</td><td>5</td><td>3</td><td>53</td></tr>
<tr><td>恩平江洲</td><td>33</td><td>22</td><td colspan="2">55</td><td colspan="3">21</td><td>5</td><td>3</td><td>2</td></tr>
</table>

续表

方言点	调类及调值							
	阴平去	阳平	阴上	阳上	阳去	阴入	中入	阳入
电白马兰	33	21	55	31	442	5（阴入）		2
香港新界（锦田）	232 55	21	35		32	5（阴入）		2

（二）四邑片声调格局的特点

通过观察上表，我们发现以下几点：

1. 典型四邑话的声调格局，除了去声仅1个外，其余似乎与广州话差别不大，总计为8个，分别为：阴平（33）、阳平（22）、阴上（55）、阳上（11）、去声（31）、阴入（5）、中入（3）、阳入（2）。

2. 四邑话声调的典型表现，是阴平与阴去合流为阴平去，且阴平去的调值一般为中域33（少数方言略有上升，如江门、斗门的34，江门江海、新会荷塘的23），恩平沙湖的阴平去类别上为四邑型（合流），但调值却趋向广府片的高域（455）。

3. 四邑话阴阳调类的分界也是以3作为界线，阴调类≥中域3（阴平33，阴上55，阴去33），阳调类则≤3（阳平22，阳上11，阳去31）。略有不同的是，四邑话由于阴平读33，故与阴去33合流为阴平去，阴上和阳上四邑话都可以归入平调型，去声（阳去）则是中降型，这是其调值上与广府片的明显差异。但阴阳高低的基本格局却无太大的区别。

4. 入声三分是粤语的普遍特点，但在四邑话里，却反映了入声二分（只分阴阳）的事实，某些广府片读为中入的音节，在四邑片中却读阴入，如“法”“国”等，电白马兰话的入声，应该反映出早期四邑话入声二分的情形。

5. 四邑片的某些边缘区域，表现出过渡演变的趋势，如江门江海、新会荷塘，尽管调值接近中域，但调类的分合却体现广府片的特点，即阴平与阴去不合流，且荷塘话阴去与阳去的调值与广州话毫无二致。

6. 四邑片方言在地理上与佛山接壤，故而某些特点与佛山方言的声调表现有近似之处，如中山古镇的阳平读法，与广府片三邑小片一致，皆为中降（–低）。

四、两阳片的声调格局

（一）两阳片的声调格局

“两阳”系习惯称说，原指阳江、阳春两县，阳东、阳西两县迟至20世纪80年代末、90年代初方建置，故本文所指的“两阳粤语”即是阳江（地级市）一带的粤方言。以下用表格形式列出这一带粤语的声调情况。

表3　两阳片调类及声调情况表

<table>
<tr><th rowspan="2">方言点</th><th colspan="9">调类及调值</th></tr>
<tr><th>阴平</th><th>阳平</th><th colspan="2">上声</th><th>阴去</th><th>阳去</th><th>上阴入</th><th>下阴入（中入）</th><th>阳入</th></tr>
<tr><td>阳江市区</td><td>33</td><td>42</td><td colspan="2">21</td><td>25</td><td>54</td><td>25</td><td>21</td><td>54</td></tr>
<tr><td>阳东东城</td><td>33</td><td>42</td><td colspan="2">21</td><td>24</td><td>54</td><td>24</td><td>21</td><td>54</td></tr>
<tr><td>阳东雅韶</td><td>33</td><td>42</td><td colspan="2">21</td><td>24</td><td>54</td><td>24</td><td>21</td><td>54</td></tr>
<tr><td>阳春春城</td><td>335</td><td>31</td><td colspan="2">212</td><td>33</td><td>53</td><td>5</td><td>3</td><td>53</td></tr>
<tr><td>阳春潭水</td><td>35</td><td>42</td><td colspan="2">21</td><td>33</td><td>54</td><td>5</td><td>3</td><td>42</td></tr>
<tr><td>阳春春湾</td><td>45</td><td>21</td><td>24（阴上）</td><td>12（阳上）</td><td>33</td><td>53</td><td colspan="2">5（阴入）</td><td>53</td></tr>
<tr><td>阳西织篢</td><td>33</td><td>42</td><td colspan="2">21</td><td>24</td><td>554</td><td>24</td><td>21</td><td>54</td></tr>
<tr><td>阳西儒洞淡水</td><td>44</td><td>31</td><td colspan="2">21</td><td>32</td><td>554</td><td>35</td><td>32</td><td>54</td></tr>
</table>

（二）两阳片声调格局的特点

在声调方面，两阳与广州、四邑同异互存：

1. 两阳的阴平调是个非高平调，阳江、阳东、阳西一带以中平调为常（阳西淡水为略高的44调），似四邑，只有阳春各点略有升势（35、335、45）。不过两阳与四邑最大的不同是分化方向的差异，两阳阴去独立为一调，而四邑话古清去与阴平合流。

2. 阳平在两阳多为中降调（仅春湾为低降21），这与广州话的21、四邑话的22皆有区别。

3. 上声读为低降21（仅春湾为上扬的24），与广州阴上35、阳上13，调型不同，与四邑的阴上55亦显相异。

4. 两个去声分别读25/24（阴去）、54/554/53（阳去），最能体现两阳方言的特色，只有阳春各点的阴去，同于广州话。

5. 阳春春湾的声调格局和特点比较接近广州话，上声分阴阳，而且阴平与阳平、阴上与阳上的关系都属“阴高阳低”的模式。阴入的读法是个高促调，这些都与广州话基本一致。但在阴去与阳去的关系上，却保留两阳片“阴低阳高”的特色。最为奇特的是，阴入和阳入的格局是“阴高阳高”，只不过阳入是高降，这反映了春湾的入声糅合了两阳片阴入与阳入的读法。

6. 两阳除春湾外的7个点，“刺”皆读入声 $ts^{h}ek$，在粤语中甚罕见，入声读法保留的是《广韵》的七迹切。这点可作为两阳方言的典型特征，与广州、四邑读舒声皆不同。只有春湾“刺”读舒声（七赐切），其音韵地位在止开三支韵去声清母，同多数粤语。

五、勾漏片的声调格局

（一）勾漏片的声调格局

在《现代汉语方言》（詹伯慧，1981）中，广东粤语的分片只有“粤海系”“四邑系”“高雷系”，无勾漏片。勾漏片的析出，首见于《中国语言地图集》（1987），但分片的标准是“古全浊声母字今读塞音塞擦音时的送气情况”，与声调没有太大关涉。

表4　勾漏片调类及声调情况表

方言点	阴平	阳平	阴上	阳上	阴去	阳去	上阴入	下阴入	阳入
封开罗董	55	24	35	13	53（43）	22	5	43	2
封开南丰	55	24	52	342	433	21	5	43、3	2
怀集甘洒	42	231	53	13	334	214	5	334	214
怀集马宁	53	342、21	35	342	33	342、22	5	3	2
德庆德城	55	243	35	13	433	22	5	43	2
德庆高良	55	24	35	13	52	21	5	43	2
广宁南街	42	21	55	24	33	24	5	3	2
广宁石咀	53	21	55	24	33	24	5	3	2
郁南千官	55/53	21	35	13	33	22	5	3	2
罗定素龙	55、53	24	35	13	33	22	5	3	2
罗定船步	55	21	35	13	53	22	5	53	2
新兴天堂	55	22	35	22	44	51	5	4	31
新兴新城	45	22	35	22	44	51	5	4	31

注：郁志千官话属广府片。

（二）勾漏片声调格局的特点

1. 勾漏片调类的大局与广府片一致，为9个，但有的点阳上与阳去合并（如广宁2点），仅余8个，但这种合并同样发生在广府片或其他方言片中，并非勾漏片的调类特点。

2. 勾漏片的阳平和阳去比较有特色，或者阳平为上扬调（有的点上扬后有降势），或者阳去为上扬调，郁南（千官）这两方面皆不具备，整个声调格局与广府片无异。

3. 与阳调类的表现对应，勾漏片的阴上和阴去也有特色，广府的阴上为–降/–平调（一般为35），阴去为+平调，而勾漏片的阴上为+降/+平型，阴去为–平调型。刚好跟广府相反。当然，也有的点与广州话一样，体现出较强的广府片特征。

4. 除了平、降、升三种调型外，勾漏片不少点有较为复杂的调型（曲折调），在封开、怀集、德庆诸点，皆有发现。

六、吴化片的声调格局

（一）吴化片的声调格局

吴化片的划分在学术界比较有争议，《广东粤方言概要》只有“高雷片”（“高”指高州，“雷”指雷州半岛，即湛江市所辖区域），《广东的方言》则称为“高廉片”（“高”指高州，“廉”指廉江）。这两片皆涵盖本文的“吴化片”。“吴化片”的分出，见于《中国语言地图集》（1987），标准是“古全浊声母字今读塞音塞擦音时的送气情况”“吴化片一般都送气”。《中国语言地图集》的“吴化片”包括吴川、化州、湛江3个县市。

但是，从前面第二章第一、二节的论述可知，吴川、湛江的粤语并非皆属吴化片，梅菉白话、湛江市区（赤坎）都应归广府片，主要是与这2点古浊音声母的读法同于广州话有关，还有重要的一点即它们的声调格局与广府片方言相同。

以下是吴化片各点的本调情况：

表5　吴化片调类及声调情况表

方言点	调类及调值								
	阴平	阳平	阴上	阳上	阴去	阳去	上阴入	下阴入（中入）	阳入
吴川吴阳	55	44	24	33	11	22	5	1	2
湛江坡头	55	44	24	33	11	22	5	1	2
化州城里	53	13（+阳上）	35	（13）	33	31	5	3	2
化州河西	53	23（+阳上）	35	（23）	33	31	5	3	2
化州合江	55	23（+阳上）	24	（23）	33	21	5	3	1
化州那务	53	13（+阳上）	24	（13）	33	21	5	3	21

（二）吴化片声调格局的特点

1. 吴化片比较突出的特点在阳平，与广府片低平或低降相比，吴化片的阳平表现为－低平或－低降的特征，吴阳、坡头是中高平，化州各点则为低升。

2. 化州各点的古浊上与阳平合流，这在粤语中甚罕见，但吴川、湛江坡头无此特点，也许可以据此在吴化片中分出“化州小片”，不符合的吴川、坡头可称为“吴坡小片”。

3. 吴坡小片的声调格局是部分“阴高阳低”、部分“阴低阳高”，具体是：平、上为“阴高阳低”，去、入则是“阴低阳高”（阴去11、阳去22；中入1、阳入2），原因待查；化州小片的声调格局是“阴高阳低”，同于广府片。

七、讨论

总结以上6个部分，这里进行一些讨论。我们发现：

1. 整个粤语的声调格局以8—9个为多，一般是按声母清浊分为阴、阳两类，不少方言点还分出中入，中入一般属于阴调类。如果不考虑入声韵尾的不同，广州话阴入的音高相当于阴平，中入的音高相当于阴去，阳入的音高相当于阳去，则实际上只有6个调位，多数粤语亦有这种对应关系，但对应的调类有所差别，如台山话阴入对应于阴上，中入对应阴平去，阳入对应阳平。尽管对应的类有所差别，但这种阴—阴、阳—阳的对应格局是基本一样的。

2. 粤语的声调（本调）格局有两大类：一是如广府、四邑、勾漏的阴高阳低型；另一是如两阳的阴低阳高型（四邑话的新会司前方言亦如此）。吴化片大致与广府片一致，但吴坡小片的声调格局部分是“阴高阳低”，部分是“阴低阳高”，可能有其他因素影响。

3. 广府片不少粤语的阴平有2个调值，一个为高降，另一个为高平，有学者（李新魁、黄家教、施其生等，1995）倾向于分为2个声调：上阴平（高降）和下阴平（高平）。但从演化语言学角度看，上阴平是本调，下阴平则是形态变调（粤语的形态变调拟另文讨论），其突出功能为表词性差别（名词）或小称，如广州话的“蚊”、“(二）奶”、“包”（名词）。在上下阴平的竞争中，下阴平接近胜出，这种趋势在城市方言或新派方言中表现得尤其突出，如香港、澳门、韶关、连州以及不少县城粤语只有高平调的阴平，而乡镇粤语的阴平更多读为高降调。

4. 一旦下阴平（高平调）从形态变调扩散到本来为上阴平的“地盘”，也就是说，某些本应读为上阴平的音节，在下阴平的带动下读成下阴平，这时调类合并与分化便同步进行。从音节数来说，为下阴平侵入上阴平的读法，部分上阴平字合并到下阴平了。但是，这种合并并未完成，还有部分上阴平（高降）仍然保留原来的调值。因此，假如合并停止，或者上阴平的调读可以抗拒下阴平的同化，使得两种调值凝固为两个调类，在这种情况下，我们就必须承认阴平已经分化为两类。这就是目前我们在顺德陈村话看到的情景（甘于恩、吴芳，2007），估计珠三角不少方言有类似陈村话的情形，但具体数目有多少，到底以哪种趋势（合并抑或分化）为主，尚待研究。

5. 广府片中的东莞2点基本遵循“阴高阳低”的声调格局，但东莞常平阴去为33，阳去为42，中入为13，阳入为3，似与此有点扞格。类似情况我们在吴坡小片中亦可见到，也许从方言接触的角度可以解读之。

6. 浊上是一个容易跑掉的类别，粤语的浊上亦如此，其走向有四：一是与阴上合并，如澳门市区、中山石岐、珠海前山、连州、韶关市区、南海九江、佛冈石角等点，两阳各点亦如此，阴阳上合流是粤语的大势；二是与阳去合流，如恩平江洲；三是与阳平合流，吴化片有多点表现为这一特点；四是与阴平合流，主要反映在四邑片的一些点，如江门江海、中山古镇皆如此，四邑片不少点（如台山、开平）的浊上字也有部分与阴平合流，如“染”、“你”（单数）等。但总体来说，粤语浊上跑到阴调类（阴上、阴平）占据多数，跑到阳调类的为少数。

7. 从阴去、阳去的分合关系看，多数粤语从分、从合（即只有一个去声，阴阳去合流）的点有：东莞莞城、高明明城、中山石岐、珠海前山，都集中在广府片。四邑片虽然只有一个去声，但阴去与阴平合为阴平去，去声调为阳去类，实际上还是二分的。

8. 粤语的所谓“本调”中可能叠置一些变调形式，如广州话的55(阴平)、35(阴上)，四邑话的11(阳上)、55(阴上)，需要予以细心剥离。

9. 声调往往是大区方言、方言片之间重要的区别特征，其重要性丝毫不亚于声母和韵母。但由于声调的区别性特征不易提取，故在方言分区时常被忽略。必须提倡在方言分区时引入声调要素，做更详细的分类和研究，使分区研究建立在详实的语料基础上，从而具有更强的理论说服力。

参考文献

[1]陈卫强. 2012. 广州地区粤方言语音研究［M］. 广州：暨南大学出版社.
[2]陈云龙. 2012. 粤西濒危方言马兰话研究［M］. 广州：暨南大学出版社.
[3]甘于恩，容慧华. 2008. 广东两阳粤语语音特点概说［J］. 桂林师范高等专科学校学报，22(2).
[4]甘于恩，吴芳. 2007. 广东顺德（陈村）话调查纪略［J］. 粤语研究（2）.
[5]李新魁，黄家教，施其生，等. 1995. 广州方言研究［M］. 广州：广东人民出版社.
[6]邵慧君. 2005. 广东茂名粤语小称综论［J］. 方言（4）.
[7]邵慧君，甘于恩. 1999. 广东四邑方言语音特点［J］. 方言（2）.
[8]汤翠兰. 2004. 广东新会司前话的音韵研究［D］. 暨南大学博士学位论文.

[9]姚玉敏．2010．也谈早期粤语中的变调现象［J］．方言（1）．
[10]袁家骅，等．1989．汉语方言概要［M］．2版．北京：文字改革出版社．
[11]詹伯慧，张日升．1987．珠江三角洲方言字音对照［M］．广州：广东人民出版社．
[12]詹伯慧．1981．现代汉语方言［M］．武汉：湖北人民出版社．
[13]詹伯慧．2002．广东粤方言概要［M］．广州：暨南大学出版社．
[14]中国社会科学院，澳大利亚人文科学院．1987．中国语言地图集［M］．香港：朗文出版有限公司．

客家方言声调调类地理分布的总体格局

李　菲[①]

（广州体育学院体育传媒学院　广东广州　510500）

【提　要】对于客家方言的声调特征，前贤已有不少研究，取得重要的成果。但是，基于规模田野调查的总结，则较为少见。本研究调查了梅州27个客家方言点的声调数据，运用地理语言学对梅州客家方言内部的声调异同特点进行细致比较，初步总结出这一带客家方言的声调格局及地理分布总体趋势，并结合前贤对客家方言的研究成果探讨梅州地区客家方言声调格局的形成原因，为进一步研究客家方言声调的宏观特点，奠定了较好的基础。

【关键词】客家方言　声调　调类　格局　地理语言学

梅州市位于广东省东北部，地处北纬23°23′至24°56′，东经115°18′至116°56′之间。东部与福建省相连，南部与潮州市、揭阳市、汕尾市接壤，西部与河源市毗邻，北部与江西省交界，即处闽、粤、赣三省交界处，总面积15876.06平方千米。[②]梅州市现辖梅江区、梅县区、平远县、蕉岭县、大埔县、丰顺县、五华县，代管兴宁市，即五县一市二区；旧辖兴宁、平远、五华及蕉岭四县，大埔和丰顺原隶属潮州府。

就方言情况，梅州市基本上是纯客区，境内除丰顺县的汤坑镇、汤南镇、留隍镇，以及大埔县的光德镇约十余万人使用闽南话外，绝大部分使用客家方言。客家人来梅州“多在宋末元初，由汀来者十之八，由赣来者十之二”[③]。在客民迁入粤东前，嘉应州原属畲民居住地，客民移入后有过一段客畲杂居历史，即，客家方言与畲语间曾有过强烈的相互作用。近年来，交通发达来往密集，也不断接受粤语、闽语的影响。

本文调查点主要选择各县现县城与旧县城，同时结合当地村民对本地区语言差别的理解，适当删补调查点。单字音的调查主要根据中国社会科学语言研究所《方言调查字表》（2004）再加以修改制定的3743个字音的调查字表，调查地点为梅州地区27个地点，调查对象共35人。

一、梅州各县区客家方言声调格局

“声调格局是由该语言中全部单字调所构成的格局，是声调系统的共时初始状态，是各种声调变化的基本判别标准。声调格局就是声调的规格和布局。规格是指声调的高低升降等，布局是调型曲线在调域空间中的分布关系”[④]（石锋，1992）。本文立足于三千余字音的全面调查与描写，并结合实验手段为客

① 本文得到教育部人文社会科学研究项目“社会地理语言学视野下粤港澳大湾区客家方言研究”（20YJC740020）及广州体育学院2020年度青年博士资助类科研项目“梅州客家方言语音研究”（5200080571）的资助。

② 详见梅州市人民政府网：http://www.meizhou.gov.cn/

③ 林语堂：《闽粤方言之来源》，载厦门大学国学研究院：《厦门大学国学研究院集刊》（第一辑），中华书局，2008年。

④ 石锋：《吴江方言声调格局的分析》，《方言》1992年第3期，第189页。

家方言声调的地理语言学研究奠定结实基础。

图1　梅州五县一市二区语言使用情况

（一）梅县及梅江区声调格局

梅县区位于梅州市中部，东界大埔，西邻兴宁，南接丰顺，北连蕉岭。东北与福建省上杭县、永定县毗连，西北与平远县接壤，其中部连接梅州市梅江区。梅江区位于梅州市中部地区，辖城北、三角、长沙3个镇及江南、金山、西郊3个街道，一般认为客家方言应以梅县方言为代表，以下是梅县及梅江区的调类与调值：

表1　梅县及梅江区声调情况汇总

方言点	古声调											
	平			上			去			入		
	清	次浊	浊	清	次浊	浊	清	次浊	浊	清	次浊	浊
梅江区三角镇	阴平33	阳平21		上声（阴）31	阴平	去声51				阴入31	阳入5	
梅县区梅西镇	阴平33	阳平31		上声（阴）51	阴平	去声554				阴入31	阳入5	
梅县区畲江镇	阴平33	阳平21		上声（阴）31	阴平	去声51				阴入31	阳入5	
梅县区松口镇	阴平33	阳平22		上声（阴）41	阴平	去声51				阴入41	阳入45	

梅县及梅江区声调演变情况及格局特点：

1. 作为客家方言代表点的梅县及梅江区表现为典型的客家方言声调格局。
2. 古平、入依清浊分阴阳，平声次浊声母部分读阴平；入声次浊声母部分读阴入。

3. 古浊上归去，次浊上约一半归清上构成上声，一半归阴平；浊上亦有部分归阴平但数目不及次浊上。

4. 古去声不论清浊均并为一类去声。

5. 从调值上看，均为6个声调，阴平都是中平调，仅有梅西阴平存在213及24变体；阳平多是低降调，畲江阳平有24和214变体；上声（阴上）均为降调型；去声除梅西表现为平降并有高平变体外，均是高降调；入声都呈阴低阳高格局，并且调值相近。

6. 梅县及梅江区的某些边缘区域，表现出过渡演变的趋势，如与平远、兴宁接壤的梅西阴平除了大势的平调外还有曲折调变体，去声高降的同时存在高平的调型。

（二）兴宁市声调格局

兴宁市位于梅州市西部，属梅州市代管县级市，南界丰顺，西邻五华、龙川，东接梅县，北连平远、江西寻邬，属纯客区，以下是兴宁市各点的单字调情况：

表2　兴宁市声调情况汇总

方言点	古声调											
	平			上			去			入		
	清	次浊	浊	清	次浊	浊	清	次浊	浊	清	次浊	浊
兴宁市兴田街道	阴平33	阳平212		上声（阴）41	阴平	去声52				阴入31	阳入54	
兴宁市黄槐镇	阴平33	阳平21		上声（阴）31	阴平	去声52				阴入42	阳入4	
兴宁市石马镇	阴平34	阳平22		上声（阴）31	阴平	去声51				阴入32	阳入54	
兴宁市罗浮镇	阴平34	阳平33		上声（阴）41	阴平	去声51				阴入42	阳入45	
兴宁市水口镇	阴平33	阳平22		上声（阴）41	阴平	去声51				阴入41	阳入5	
兴宁市大坪镇	阴平24	阳平22		上声（阴）31	阴平	去声51				阴入31	阳入3	
兴宁市刁坊镇	阴平33	阳平214		上声（阴）41	阴平	去声51				阴入41	阳入5	

兴宁市声调演变情况及格局特点：

1. 兴宁市区域内客家方言声调格局可以说与梅县及梅江区客家方言声调格局没有根本性的差别。

2. 古平、入依清浊分阴阳，平声次浊声母部分读阴平；入声次浊声母部分读阴入。

3. 古浊上归去，次浊上约一半归清上构成上声，一半归阴平；浊上亦有部分归阴平但数目不及次浊上。

4. 古去声不论清浊均并为一类去声。

5. 从调值上看，均为6个声调，阴平表现为平调与略升调型，且调值接近，处于中域偏高；阳平调域处在中下区，平升降类型均有，但实质听感差异不大，并伴随有市内一致性的变体；上声去声均是降调；入声除接近河源地区的大坪镇阳入中平调外，都呈阴低阳高格局，并且调值相近。

（三）平远县声调格局

平远位于梅州市东北部，与福建武平、江西寻乌两县接壤，是由赣入粤的重要关口。大柘镇现为县城所在地，界域面积154.51平方千米。仁居镇为旧县城，位于平远县西北部，北毗江西省吉潭镇项山乡，距县城36千米。

表3　平远县声调情况汇总

方言点	古声调												
	平			上				去			入		
	清	次浊	浊	清	次浊		浊	清	次浊	浊	清	次浊	浊
平远县大柘镇	阴平214	阳平31		上声（阴）51		阴平	去声45				阴入52	阳入45	
平远县仁居镇	阴平214	阳平31		上声（阴）51		阴平	去声45、451				阴入43	阳入45	

平远县声调演变情况及格局特点：

1. 平远县内客家方言声调格局可以说与梅县及梅江区客家方言声调格局没有根本性的差别。

2. 古平、入依清浊分阴阳，平声次浊声母部分读阴平；入声次浊声母部分读阴入。

3. 古浊上归去，次浊上约一半归清上构成上声，一半归阴平；浊上亦有部分归阴平但数目不及次浊上。

4. 古去声不论清浊均并为一类去声。

5. 平远县阴平为低曲折调（与梅西阴平趋近），阴上高降。

（四）蕉岭县声调格局

蕉岭县位于梅州市东北部，韩江上游。西接平远县，东南与梅县相连，北与福建省武平县、上杭县接壤。蕉城镇位于蕉岭中部，为县城所在地，镇辖面积57.68平方千米。南礤镇位于蕉岭东北部，北与福建省的武平、上杭两县为邻，东与梅县的松源、隆文两镇相接，总面积173.9平方千米。

表4　蕉岭县声调情况汇总

方言点	古声调												
	平			上				去			入		
	清	次浊	浊	清	次浊		浊	清	次浊	浊	清	次浊	浊
蕉岭县蕉城镇	阴平34	阳平21		上声（阴）41		阴平	去声551				阴入41	阳入4	
蕉岭县南礤镇	阴平33	阳平31		上声（阴）41		阴平	去声55				阴入41	阳入43	

蕉岭县声调演变情况及格局特点：

1. 蕉岭县内客家方言声调格局同样与梅县及梅江区客家方言声调格局没有根本性的差别。

2. 古平、入依清浊分阴阳，平声次浊声母部分读阴平；入声次浊声母部分读阴入。

3. 古浊上归去，次浊上约一半归清上构成上声，一半归阴平；浊上亦有部分归阴平但数目不及次浊上。

4. 古去声不论清浊均并为一类去声。

5. 蕉岭县阴平为中平调（梅州大势同），阴上为中降。

（五）大埔县声调格局

大埔县位于梅州市东北部、韩江中上游，东北与福建省平和县、永定县相接，东南与潮州市饶平县毗邻，西连梅县，南邻丰顺县。

表5　大埔县①声调情况汇总

方言点	古声调								
	平		上			去		入	
	清	次浊　浊	清	次浊	浊	清	次浊　浊	清	次浊　浊
大埔县湖寮镇	阴平33	阳平212	阴上31	阴平	去声51			阴入21	阳入5
大埔县三河镇	阴平33	阳平22	阴上31	阴平	去声51			阴入31	阳入3
大埔县百侯镇	阴平45	阳平13	阴上31	阴平	去声52			阴入31	阳入5
大埔县银江镇	阴平44	阳平13	阴上31	阴平	去声52			阴入32	阳入5
大埔县高陂镇	阴平44	阳平224	阴上31	阴平	去声52			阴入32	阳入5
大埔县桃源镇	阴平44	阳平113	阴上31	阴平	去声52			阴入21	阳入5
大埔县光德镇	阴平21	阳平44	阴上去51	阴平	阳去上34	阴上去51	阳去上34	阴入34	阳入54
大埔县枫朗镇	阴平13	阳平52	阴上去21	阴平	阳上去33	阴上去21	阳上去33	阴入32	阳入52
大埔县大东镇	阴平24	阳平554	阴上去21	阴平	阳上去33	阴上去21	阳上去33	阴入4	阳入5
大埔县［高陂镇（平原）］	阴平34	阳平55	阴上去31	阴平	阳上去44	阴上去31	阳上去44	阴入3	阳入54
大埔县茶阳镇	阴平445	阳平223	上声31	阴平	去声52		＝上声31	阴入42	阳入4
大埔县西河镇	阴平44	阳平11	上声31	阴平	去声52		＝上声31	阴入31	阳入4

大埔县声调演变情况及格局特点：

1. 古平、入依清浊分阴阳，平声次浊声母部分读阴平；入声次浊声母部分读阴入。

2. 大埔县在中华人民共和国成立前属潮州管辖，根据上去演变规律可将其客家方言声调格局分为三类，表现为北部茶阳镇、西河镇上声不论清浊均归并为一类上声，古浊去归上；中部湖寮镇、三河镇、百侯镇、银江镇、高陂镇古浊上归去；东南部大东镇、枫朗镇、光德镇、高陂镇（平原）清上、次浊上与清去归为阴上去一类，即阴上去，浊上与次浊去、浊去归为阳去上一类，即阳去上。共同点表现为：次浊上约一半归清上构成上声，一半归阴平；浊上亦有部分归阴平但数目不及次浊上。

3. 从调值上看，中部、北部阴平调型与阳入调型大多与梅州大势一致，为平调，东南部地区则表现为非平调型；阳平大多属低类，东南部地区除外。综合比较今平上去入调值调型，大埔县境内湖寮镇、三河镇、百侯镇、银江镇、高陂镇与梅县/梅江区声调情况相似，但光德镇、枫朗镇、大东镇、高陂镇（平原）则各有千秋。

4. 光德镇属双言区，除客家方言外还有漳州方言，且不少光德镇居民通晓两种方言，故光德镇声调调值的差别或许与漳州方言影响有关。

---

① 其中大埔县百侯镇、桃源镇的材料均来自古川雅之：《大埔县客家话语音特点简介》。古川雅之：《大埔县客家话语音特点简介》，《客家方言研究——第二届客家方言研讨会论文集》，暨南大学出版社，1998年，第168页。大埔县银江镇、高陂镇、大东镇、茶阳镇、西河镇的材料均来自《广东省志·方言志》。广东省地方史志编纂委员会：《广东省·方言志》，广东人民出版社，2004年。

（六）丰顺县声调格局

丰顺县位于梅州市南部。东南部与潮州市、揭阳市毗邻，东北部与大埔县接壤，西北部与梅县区相连，西南面与兴宁市、五华县相接。

表6 丰顺县声调情况汇总

方言点	古声调											
	平			上			去			入		
	清	次浊	浊	清	次浊	浊	清	次浊	浊	清	次浊	浊
丰顺县汤坑镇	阴平33	阳平324		阴上去52	阴平	阳去上31	阴上去51	阳去上31		阴入32	阳入5	
丰顺县丰良镇	阴平33	阳平214		阴上31	阴平	去声51				阴入21	阳入4	
丰顺县潘田镇	阴平21	阳平212		阴上324	阴平	去声51				阴入4	阳入31	
丰顺县留隍镇	阴平33	阳平24		阴上31	阴平	去声51				阴入4	阳入3	
丰顺县[①]茶背镇	阴平33	阳平24		阴上55	阴平	去声31				阴入5	阳入3	
丰顺县[②]八乡山镇	阴平55	阳平24		上声31	阴平	上声31	去声53	=上声31		阴入1	阳入5	

丰顺县声调演变情况及格局特点：

1. 古平、入依清浊分阴阳，平声次浊声母部分读阴平；入声次浊声母部分读阴入。

2. 县城汤坑与县内其他调查点有本质差异，主要体现在：汤坑镇清上、次浊上与清去归为阴上去一类，即阴上去；浊上与次浊去、浊去归为阳去上一类，即阳去上。而丰良镇、潘田镇、留隍镇则为古浊上归去。共同点表现为：次浊上约一半归清上构成上声，一半归阴平；浊上亦有部分归阴平但数目不及次浊上。

3. 与五华县接壤的丰顺县八乡山镇的声调则表现为古次浊去、浊去归上的声调特征。

4. 从调值上看，均为6个声调，调值调型比较难找到一个共同点，大致表现为，声调起点阴高对应阳低、阴低对应阳高。其中，尤以潘田、留隍入声调值较特殊，客家方言入声调的格局普遍是阴低阳高，这里，双言区丰顺县表现出客闽接触的痕迹。

5. 对于丰顺境内的调类差别，问题体现在，双言区留隍镇类同梅县及梅江区，纯客镇汤坑却异于梅县及梅江区类型，或许可以解释为汤坑镇的变化是作为县城而交流密集出现的结果。

（七）五华县声调格局

五华县位于梅州市西南部，东南部与丰顺县毗邻，南部与揭西、陆河相连，西部与河源东源、紫金、龙川三县接壤，东北部与兴宁市相接。

① 高然：《语言与方言论稿》，暨南大学出版社，1999年，第71页。

② 侯小英：《龙川客家话语音的内部差异》，载《第六居客家方言国际学术研讨会论文集》，2005年。

表7　五华县声调情况汇总

<table>
<tr><th rowspan="3">方言点</th><th colspan="13">古声调</th></tr>
<tr><th colspan="3">平</th><th colspan="4">上</th><th colspan="3">去</th><th colspan="3">入</th></tr>
<tr><th>清</th><th>次浊</th><th>浊</th><th>清</th><th colspan="2">次浊</th><th>浊</th><th>清</th><th>次浊</th><th>浊</th><th>清</th><th>次浊</th><th>浊</th></tr>
<tr><td>五华县水寨镇</td><td>阴平44</td><td colspan="2">阳平324</td><td colspan="2">上声31</td><td>阴平</td><td>上声</td><td>阴去51</td><td colspan="2">=上声31</td><td>阴入<u>32</u></td><td colspan="2">阳入<u>45</u></td></tr>
<tr><td>五华县华城镇</td><td>阴平33</td><td colspan="2">阳平324</td><td colspan="2">上声31</td><td>阴平</td><td>上声</td><td>阴去51</td><td colspan="2">=上声31</td><td>阴入<u>32</u></td><td colspan="2">阳入5</td></tr>
<tr><td>五华县棉洋镇</td><td>阴平33</td><td colspan="2">阳平24</td><td colspan="2">上声31</td><td>阴平</td><td>上声</td><td>阴去51</td><td colspan="2">=上声31</td><td>阴入<u>21</u>、<u>213</u></td><td colspan="2">阳入3</td></tr>
<tr><td>五华县[①]安流镇</td><td>阴平44</td><td colspan="2">阳平23</td><td colspan="2">上声21</td><td>阴平</td><td>上声</td><td>阴去52</td><td colspan="2">=上声21</td><td>阴入2</td><td colspan="2">阳入5</td></tr>
<tr><td>五华县[②]横陂镇</td><td>阴平44</td><td colspan="2">阳平13</td><td colspan="2">上声31</td><td>阴平</td><td>上声</td><td>阴去53</td><td colspan="2">=上声31</td><td>阴入1</td><td colspan="2">阳入5</td></tr>
</table>

五华县声调演变情况及格局特点：

1. 水寨镇、华城镇、棉洋镇加之资料搜罗的安流镇、横陂镇5个方言点的声调演变类型相同且与梅州其他调查县域不同。

2. 古平、入依清浊分阴阳，平声次浊声母部分读阴平；入声次浊声母部分读阴入。

3. 古上声不论清浊均归并为一类上声，次浊上约一半归清上构成上声，一半归阴平；浊上亦有部分归阴平但数目不及次浊上。

4. 古次浊去、浊去归上，形成独特的浊去归上演变规律。

5. 从调值上看，均为6个声调，调值调型相对一致，仅有个别调查点阳平、阴入调值有变体。

6. 五华县境内的高度一致性及与梅州市内其他调查点的明显差别性，或许与先民来源不同，以及地理因素、语言演变的特殊性有关。

共时现象反映历时演变，我们现在所看到的梅州各县区声调系统情况是其历时演变的结果，根据方言语音的共时系统挖掘不同历史时期的语音特点是正确理解方言的现状与历史的必要步骤。

二、梅州各县客家方言声调调类分区

根据上文对梅州各县区客家方言声调格局的全面描写，我们综合概括梅州各县区古今声调演变的以下共同特点及差异性。

（一）梅州各县区客家方言声调演变的共同特点

1. 梅州各县区的客家方言均有6个声调。

2. 古平、入依清浊分阴阳，平声次浊声母部分读阴平且多为常用字，如“马毛研蚊笼”；入声次浊声母部分读阴入，如“日木肉”。

3. 古次浊上约一半归清上构成上声，一半归阴平；浊上亦有部分归阴平但数目不及次浊上。此特征可在黄雪贞（1988：41）中得到印证“古上声浊声母字有一部分今读阴平，其中次浊声母比全浊声母读阴平的字数多”、蓝小玲（1997：87）认为“客语中浊上，浊去合流是承唐宋方言体系……次浊上声与全浊上声读阴平是语言演变的剩余形式。”同时清上也有部分读作阴平。严修鸿（1998：274）以坪畲客

① 李惠昌：《五华话古次浊声母字的声调演变》，《汕头大学学报》1996年第6期，第84页。

② 魏宇文：《五华方言同音字汇》，《方言》1997年第3期，第206–207页。

家话为例，通过计量统计分析得出“古浊上字归阴平者多数出现在常用词中……当是比较早期的历史层次”的推论。

（二）梅州客家方言声调调类分区

梅州各县区古今声调演变的差异性主要表现为古上声及去声演变规律的不同，现根据古上声及去声的走向特征将梅州客家方言声调分为3种类型：

1. 第一类——浊上归去型

浊上归去型指的是古平、入依清浊分阴阳，古去声不论清浊一并归为去声，其中，除部分浊上归阴平外，大部分古浊上归去，清上、次浊上独立构成上声。第一类声调类型的主要特征是阴去阳去合流。

这一声调类型覆盖了梅州各县区的大部分调查点，在笔者调查及搜集的27个调查点中有24个调查点属于这种类型。有如下方言点：梅江区（三角镇）、梅县区（梅西镇、畲江镇、松口镇）、兴宁市（兴田街道、黄槐镇、石马镇、罗浮镇、水口镇、大坪镇、刁坊镇）、平远县（大柘镇、仁居镇）、蕉岭县（蕉城镇、南礤镇）、大埔县（湖寮镇、三河镇、百侯镇、银江镇、高陂镇）、丰顺县（丰良镇、潘田镇、留隍镇、茶背镇）。这些调查点虽然中古浊上分化情况基本一致，但其调值并不完全相同。

这个类型的大部分地区调值都是阴平33、阳平21、上声31、去声51、阴入31、阳入51。但其中也有不少其他调值，例如：毗邻平远县、兴宁市的梅西阴平有曲折调213变体，平远县大柘镇、仁居镇的阴平读曲折调214且去声为曲折调45、451；与双言区留隍相接的潘田镇阴平为降调21；与丰顺县、兴宁市相连的梅州畲江镇、丰顺汤坑镇、大埔湖寮镇阳平为曲折调212、324；丰顺县双言区留隍及与之毗邻的潘田镇入声格局阴高阳低。

2. 第二类——阴上去、阳去上型

“阴上去、阳去上”指的是清上、次浊上与清去归为阴上去一类，浊上与次浊去、浊去归为阳去上一类。称之为“阴上去”是因为这一调类中阴上的字数多于阴去的字数，“阳去上”则是阳去字数多于阳上字数。这种声调类型在梅州的分布表现出明显的地理特征，有如下调查点：大埔县［大东镇、枫朗镇、光德镇、高陂镇（平原）］、丰顺县（汤坑镇）。

虽然此类声调类型的中古平上去入演变到现在方言的声调归类基本一致，但调值调型相差较大。大埔县舒声阴类为平调、升调、降调均有，阳类为平调、高降调；丰顺汤坑舒声表现为阴高阳低，入声均表现为阴低阳高。

3. 第三类——浊去归上型

“浊去归上”与汉语方言演变的大势似乎有所相逆，但实质为“浊上归去”后的另一演变步骤，即指的是古平、入依清浊分阴阳，古浊上声归浊去，清上、次浊上随浊上，古次浊去随浊去的的声调类型。之所以称为“浊去归上”是因为阴阳上的字数比例远远多于与之合流的阳去字比例，且在客家方言声调的整体格局中，上声31调是主体调值。

此声调类型在梅州的分布相当集中，即大部分在五华县境内，包括五华县水寨镇、华城镇、棉洋镇、安流镇、横陂镇。另外，大埔县茶阳镇、西河镇及与五华县接壤的丰顺县八乡山镇也归属此类。而五华县与大埔县的这种声调类型主要区别在阳平调值上，五华县、丰顺县八乡山镇均是低升调，而大埔则是低平。

综上所述，梅州市各县区出现的3种声调类型的共同特点是浊上浊去合流，不同点则表现在浊上浊去合流后的走向。对于“浊上归浊去”的语音特征，辛世彪（2004）认为是中古《切韵》以来声调

最早发生的变化，并得力于文教或移民等因素向南方扩展（周法高，1948；周祖谟，1958；尉迟治平，1985），为此，客家方言声调的这一特征可以说是保留唐宋以来中原汉语语音特征的体现，即客家方言原始声调格局应该是在四声八调的基础上实现了浊上浊去合一，表现为7个声调。也就是说现有七个声调（仅浊上浊去合流）的方言点存在保留早期客粗方言特征的可能性。对于梅州市内声调的浊上浊去合流的问题，结合客家人移民史可知，“最迟在南宋时期闽西赣南的客家人向广东梅州迁徙以前，客家方言全浊上字已经大多归去声了。”①所以，梅州各县客家方言声调的演变情况可以总结为：在南下之前便完成了浊上、浊去的合流，随后，一部分浊上浊去与去声合一、一部分浊上浊去与上声合一、一部分则是清音上、去合一。

于是，笔者提出几点疑问，1. 为什么会出现这3种类型？2. 这3种类型的出现孰先孰后？3. 这3种类型的形成机制？为解决这些问题，我们将用地图展示梅州客家方言声调调类的分布，试图从地理语言学视角研究声调调类情况。

三、客家方言声调调类的地理分布研究

索绪尔指出“语言的分化正是由时间因素引起的，地理差异应该叫时间差异”。②辛世彪（1999：80）则认为“方言声调的结构类型反映出方言在声调上的区域特征。”

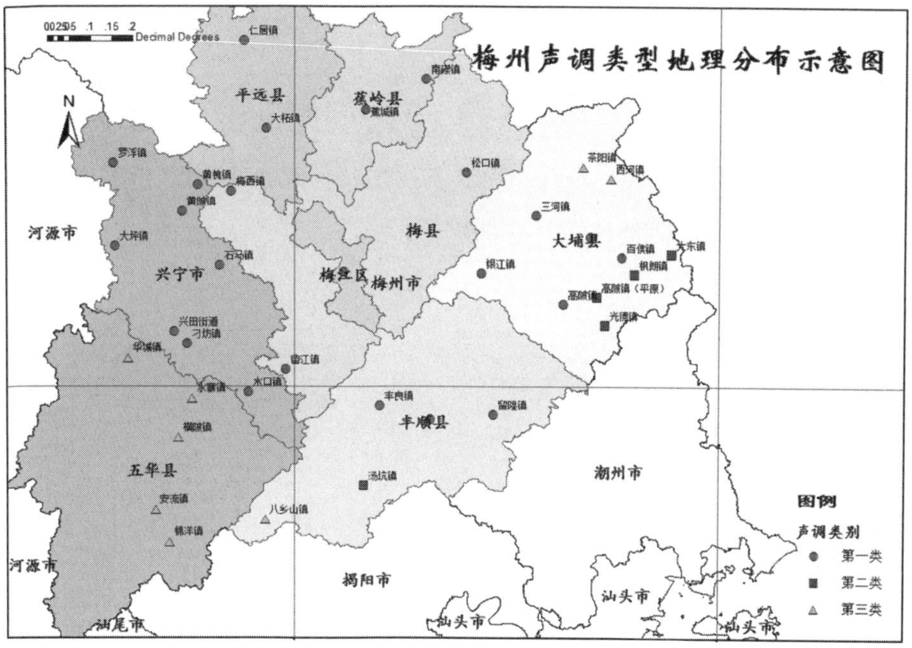

图2　梅州声调类型地理分布示意图

由图2可知，梅州声调类型以第一类为主，第二类主要集中在梅州东南面，以大埔县为多，第三类主要分布在五华县域，另有零星散布于大埔县及丰顺县，形似一条紧挨梅州中心地带向强势声调类型（第一类）靠近的一条东西走廊。

方言声调异同主要通过渊源关系及渗透作用实现。通过罗香林（1989：23-24）之“南宋客家各氏迁移表”，可大致窥视客人入迁梅州的轨迹：

① 辛世彪：《东南方言声调比较研究》，上海教育出版社，2004年，第121-122页。

② 索绪尔：《普通语言学教程》，江苏出版社，2001年，第227页。

魏氏，由江西石城经福建宁化、长汀、上杭至广东平远、兴宁达五华、龙川。（宋末）

曾氏，由江西南慧经江西广昌、石城至福建宁化、长汀、上杭、广东平远、兴宁而达五华。（政和二年，宋末）

徐氏，江西宁都经石城至宁化、长汀、上杭、达连城至平远、五华。（元初宋末）

谢氏，江西永丰，随文信国起师劝王，收复梅州，遂家其地。（景炎二年）

饶氏，江西永丰，经上杭永定达广东大埔。（宋末）

丘氏，由福建宁化石壁村经长汀，至上杭，入广东蕉岭、梅县、兴宁、五华、龙川、河源。（宋代）

邓氏，由福建宁化经长汀上杭至广东蕉岭、梅县。（庆元二年）

刘氏，由福建宁化石壁乡，经长汀、上杭至广东平远、兴宁，更散居各县（兴宁、梅县、五华、紫金、龙川、河源、惠阳、大埔、平远、蕉岭）。（宋嘉定后）

巫氏，由福建宁化经长汀、上杭，入广东平远、蕉岭、梅县、兴宁等县。（宋末）

何氏，由福建武平入广东蕉岭、大埔、梅县再分布各县（海陆、河源、翁源、大埔、梅县、揭阳、惠阳、龙川、兴宁、蕉岭）。（宋末元初）

张氏，由福建宁化石壁村，自长汀、上杭入广东蕉岭、梅县、兴宁。（宋末）

温氏，由福建宁化经长汀至上杭分两支：入广东蕉岭至梅县、大埔；入广东兴宁至河源。（宋末）

吴氏，由福建宁化经长汀、上杭至永定，入广东大埔、丰顺、梅县、平远、兴宁、五华、龙川。（宋末）

罗氏，福建宁化经长汀、上杭入广东平远至兴宁、五华，再至梅县。（宋末）

黄氏，由福建建宁至宁化、长汀、上杭分两支：一支经江西寻乌、安远、龙南至广东南雄、始兴；一支入广东大埔。（宋末）

廖氏，江西宁都经石城入福建宁化、长汀、上杭至永定，入广东大埔、梅县、兴宁五华。（宋末）

陈氏，安徽阜阳由颍川渡长江至江西湖口，溯赣江，折东至宁都、石城，入福建宁化，经长汀、上杭至广东梅县、大埔、兴宁、五华、龙川。（宋末）

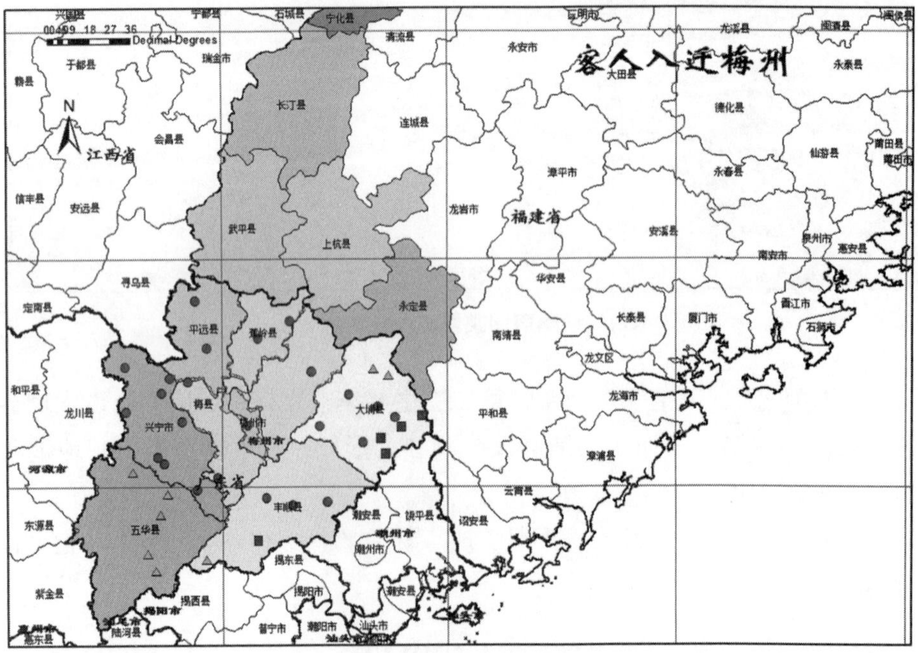

图3　客人入迁梅州（主要源头）

从各姓氏的迁移轨迹，梅州客家话的源头大多可以追溯到福建省，从闽西向梅州地区迁徙的时间主要在南宋—元—明期间，迁出路径可以归结为3条路线：1. 宁化—长汀—上杭—梅州；2. 宁化/江西永丰—长汀—上杭—永定—梅州；3. 武平—梅州。

所以，可以简单地说梅州大部分地区的上一级源头分别有上杭、永定和武平。又上文可知，梅州声调三大类型，除第一类是大势类型外，第二类及第三类均处在梅州地区东南片，为更清楚地探讨梅州各县客家方言声调格局，现根据地理距离自远及近、自北向南列出福建省主要入迁梅州的几个地区的声调情况：

表8　福建省主要入迁梅州的几个地区的声调情况

方言点	调类及调值							
	阴平	阳平	阴上	阳上	阴去	阳去	阴入	阳入
宁化[①]	33	35	31	2	112	2	5	2
长汀[②]	33	24	42	21	54	21	24（归阳平）	21（归阳上）
武平岩前	45	22	31	31	452	31	2	5
上杭蓝溪[③]	35	22	31	31	53	31	1	4
上杭城关[④]	44	22	41	41	352	41	51	45
永定下洋[⑤]	55	11	53	33	53	33	2	5
永定城关[⑥]	45	22	51	51	53	51	3	5

由上图表可知，宁化处于闽西与闽中的交界地带，可以认为宁化是闽西到梅州的主要源头。因为声调合并通常是以调值的相同或相近为条件的。宁化的声调平声分阴阳，阴上调值为31、阳上2、阴去112、阳去2，其中浊上归去、阴入归浊去已是事实，就舒声调而言，阴上31与阳上去2均为中低调，阴去112与阳上去调值亦相近。所以我们可以猜测，宁化声调可能有以下3种分化类型：1. 平入分阴阳，浊上归去；2. 平入分阴阳，阴上去合流、阳上去合流；3. 平入分阴阳，浊去归上。

再看长汀的声调情况，平分阴阳、浊上归去，古入声清声母今读阳平、全浊声母读阳去。阴上42与阳上去21均为降调，且均是下降两个度；阴上42与阴去54均为高降调；阴去54与阳去21都是降调，且都下降一个度。于是，我们推测，长汀声调可能也有以下3种分化类型：1. 平分阴阳，浊上归去；2. 平分阴阳，阴上去合流、阳上去合流；3. 平分阴阳，浊去归上。

下面讨论梅州大部分地区的上一级源头：武平、上杭和永定。武平岩前、上杭蓝溪、上杭城关、永定城关声调平入分阴阳、阳去归上，与上文第三类声调类型一致；永定下洋声调平入分阴阳、阴上去合流、阳上去合流，与上文第二类声调类型一致。即梅州地区第二、第三类声调类型可能早在闽西就已成形（李如龙，1996；蓝小玲，1997：90）。

梅州大部分地区的上一级源头分别有武平、上杭和永定，而以上分析显示武平岩前、上杭蓝溪、上杭城关、永定城关、永定下洋分属第二、第三类型，对于梅州声调的第一类源自上杭但不属于第三或

---

① 李如龙、张双庆：《客赣方言调查报告》，厦门大学出版社，1992年，第5-7页。

② 长汀话和武平岩前话的声调都参考了《客家研究导论》。罗香林：《客家研究导论》，上海文艺出版社，1992年。

③ 邱锡凤：《上杭客家话研究》，福建师范大学学位论文，2007年，第101页。

④ 辛世彪：《客家方言声调的演变类型》，《海南大学学报》（人文社会科学版）2000年第3期，第41-43页。

⑤ 黄雪贞：《永定下洋方言形容词的子尾》，《方言》1982年第3期，第190页。

⑥ 谢留文、黄雪贞：《客家方言的分区》，《方言》2007年第3期。

第二声调类型的情况，张双庆、练春招（2008：219）认为“是客家从闽西迁出到达广东之后发生的演变”。

为更全面地从地理语言学角度透视梅州客家方言声调调类的地理分布，现结合前贤对客家方言声调的研究成果展示以广东省为主，兼顾江西省、福建省及广西省的客家方言声调情况：

从图4可以看到，第一类声调类型是梅州市的主要声调类型，且在赣南、闽西和平县均有出现；第二类声调类型主要分布在梅州市东南面，与闽西、潮州、揭阳接壤之地；第三类声调类型在梅州市的地理位置上呈片状分布，以五华县为主，其中大埔县西北部亦有。从地理语言学的视角来看，第二、第三类声调类型是一条紧挨梅州中心地带强势声调类型的一条东西走廊。

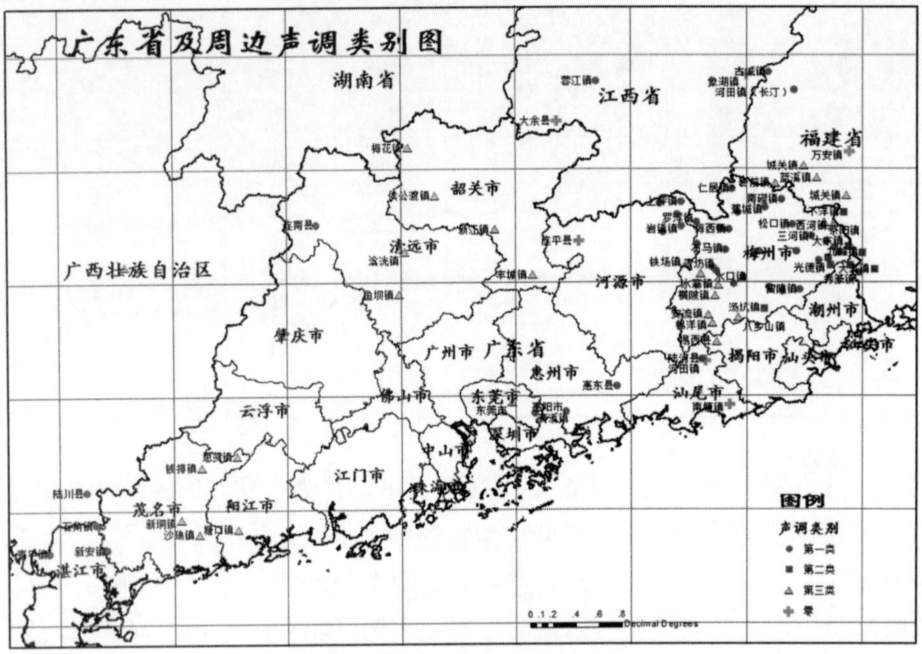

图4　广东省及周边声调类型图

另外，有“零”类声调类型，即四声八调中仅浊上浊去合流。理论上说，7个声调演变为6个声调乃至5个声调是相当容易的，但6个声调或5个声调系统分化出7个声调的可能性相当低，即声调的系统合并易于声调的系统分化。那么，“零”类声调类型很有可能是梅州客家方言声调类型的底层形式，梅州客家方言3种声调类型有可能在闽西入迁前已定势或部分定势，也可能是自身演变结果，也就是梅州与闽西声调上的一致性可能表现为调值、调型的相近使调类合并的，即平行演变。

从汉语语音史的角度看，保留阴阳分调的历史层次应该是比较早的，又辛世彪在考虑东南方言声调的总体特征后概括东南方言声调演变的规律，认为“东南方言声调变化的次序是先上声，后去声，最后入声。在每一个调类里面，一般是阳调类先变”。[①]而且“浊上归浊去”是声调最早演变形式，据此，我们推断客家方言的前身是阴上、阳上、阴去、阳去四调分开的，就上声而言，阴上、阳上分开的有第一和第二类型；就去声而言，阴去、阳去分开的有第二和第三类型。也就是说第二类型可能是三种类型中最早出现，第三类型其次，第一类型最迟。

作为梅州市的主要声调类型，在赣南、赣西北、邻近县平和县大溪镇、粤西湛江市、广西等地亦有出现，从地理语言学视角可以首先推测平和县大溪镇的声调类型情况是受梅州市强势方言声调类型影响

① 辛世彪：《东南方言声调比较研究》，上海教育出版社，2004年，第160页。

而成，但对与梅州相距较远，且又是梅州市客家人主要迁出地的江西省赣南县而言，其地理作用并不明显，若从地理因素分析，其沿途应有第一类声调类型的方言点。

"明末清初，正当客家人口骤增之时，四川广西等荒废地区招人垦殖，促成了客家人的西向迁移。同时，还有一些广东东江和北江的客家人向赣南闽西回流，远的到达赣西、湘南。"①即梅州客家人在明清时曾出现一批"回流客"，赣南和赣西北出现的第一类声调类型很有可能是"回流客"带过去的，这点可以在辛世彪（2004：132）得到印证："赣南、赣西北阴阳去合并的客语是明清以后从梅州迁移过去的，客语梅州型不能在赣南找到来源。"

又因为第一类声调类型几乎不出现于闽西，而迁入梅州的客家人有百分之八十直接来自闽西，为此，这里推测梅州第一类声调类型形成于客家人迁入梅州市后。再看粤西出现的第一类声调类型，根据《粤西客家方言调查报告》可知，粤西客家民系的形成得力于客家第五次因土客械斗引起的大迁徙，始于清同治六年。故梅州市第一类声调类型形成于清同治前。

第二类声调类型，阴上去、阳上去的合流问题，李如龙（1996：39）论及福建省平和县九峰镇上坪村的客家话时说"这种分化可能是早先分为阴上阳去和阳上阳去，也可能是在上、去声以清浊为纲而不以四声为纲。"并认为"古清上清去合为一调，次浊上多跟清上走，全浊上或归阳去或归阴平（像闽西客家话那样）"。庄初升、严修鸿（1994：91）对平和九峰曾姓、朱姓等族谱的考证，认为"闽南各县客家各大姓氏的开基祖宗多是元末明初躲避战乱从旧汀州府的长汀、宁化、上杭等地陆续南迁的"。而今长汀、宁化、上杭并没有第二类声调类型。从图4可知，第二类声调处在闽语客语交界处，是带有闽客混合性质的调类，为此，本文推断第二类声调类型形成于客人入迁闽西粤东阶段，是闽客接触作用的结果。

第三类声调类型，浊去归上型主要分布在梅州市五华县，"据五华县姓氏族谱记载，客家先民是在北宋末年开始迁入长乐（五华），明朝初年开始逐渐增多。"②"邹姓于宋末德祐二年（1276）由福建泰宁县经大埔，后迁入五华华阳。其余多于元末、明初或明代中期先后入粤。"③对于大埔县和五华县共有的第三种声调类型，可能是大埔县已形成后迁往五华县再扩散到粤西北各个地区。但由于邹性并不是五华县的大姓，五华县的大部分客家人也并不直接来自大埔县东北角，为此我们认为并没有直接的传承关系，更可能是在客家方言声调的早期类型的基础上平行演变的结果。

四、余论

梅州人对客家方言有一种感性的认识方法，将客家方言分成软声和硬声，认为与普通话较接近的是软声，与普通话相去较远的是硬声。综观客家方言语音系统，我们发现各地客家方言声母韵母系统相差不远，部分差异不会牵涉到所有例字，但声调类型的差异可以说贯穿于例字的首尾，再者，据客家人感性认识，即便没有听清对方的话语表达，仅从语调上便判断对方的客家方言是硬声还是软声。为此，我们更坚定以声调类型作为客家方言的分区片标准，并认为本文论及的分布最广的第一类声调类型便是老百姓认定的"软声"。

① 罗香林：《客家源流考》，中国华侨出版公司，1989年。

② 朱炳玉：《五华客家话研究》，华南理工大学出版社，2010年。

③ 曾秋贤：《五华客家源流及其居民族属演变》，载《长乐风采》，1999年，第380页。

参考文献

[1] 高然.1999.语言与方言论稿［M］.广州：暨南大学出版社.

[2] 广东省地方史志编纂委员会.2004.广东省志·方言志［M］.广州：广东人民出版社.

[3] 侯小英.2005.龙川客家话语音的内部差异［A］.第六届客家方言国际学术研讨会论文集［C］.

[4] 侯小英.2008.粤中客家方言的声调研究［A］.第七届国际客家方言研讨会论文集［C］.香港：香港中文大学中国文化研究所吴多泰中国语文研究中心：133-142.

[5] 黄雪贞.1987.客家话的分布与内部异同［J］.方言（2）.（4）.

[6] 黄雪贞.1988.客家方言声调的特点［J］.方言

[7] 黄雪贞.1995.梅县方言词典［M］.江苏：江苏教育出版社.

[8] 吉川雅之.1998.大埔县客家话语音特点简介［A］.客家方言研究第二届客家方言研讨会论文集［C］.广州：暨南大学出版社.

[9] 蓝小玲.1997.客家方言声调的性质［J］.厦门大学学报（3）.

[10] 李惠昌.1996.五华话古次浊声母字的声调演变［J］.汕头大学学报（人文科学版）.

[11] 李如龙，张双庆.1992.客赣方言调查报告［M］.厦门：厦门大学出版社.

[12] 李如龙.1996.福建方言声调分化的模式［A］.方言与音韵论集［C］.香港：香港中文大学中国文化研究所多泰中国语文研究中心.

[13] 李如龙.1992.两种少见的声调演变模式［J］.语文研究.

[14] 刘纶鑫.1999.客赣方言比较研究［M］.北京：中国社会科学出版社.

[15] 刘涛.2003.梅州客话音韵比较研究［D］.暨南大学硕士学位论文.

[16] 罗香林.1992.客家研究导论［M］.上海：上海文艺出版社.

[17]《梅县志》编纂委员会编.2010.梅县志［M］.广州：广东人民出版社.

[18] 温昌衍.2008.罗香林以来的客家方言研究简介［A］.肖文评.罗香林研究［C］.广州：华南理工大学出版社.

[19] 谢留文，黄雪贞.2007.客家方言的分区（稿）［J］.方言（3）.

[20] 谢留文.2003.客家方言语音研究［M］.北京：中国社会科学出版社.

[21] 辛世彪.1999.东南方言声调比较研究［M］.广州：暨南大学.

[22] 辛世彪.2000.客家方言声调的演变类型［J］.海南大学学报（人文社会科学版）.

[23] 严修鸿.2004.客赣方言浊上字调类演变的历史过程［A］.中国语学研究［C］.日本：早稻田大学古屋研究室出版.

[24] 严修鸿.1998.坪畲客家话古浊上字的调类分化［A］.客家方言研究：第二届客家方言研讨会论文集［C］.广州：暨南大学出版社.

[25] 严修鸿.2009.声调演变中的推链与挤压：粤东客家话原阴上、阴去调交替现象析［C］.广州：演化音法学讨论会.

[26] 杨时逢.1971.江西方言声调的调类［J］.中央研究院历史语言研究所集刊.

[27] 袁家骅.1983.汉语方言概要［M］.北京：文字改革出版社.

[28] 张双庆，练春招.2008.客家方言古去声字的演变考察［A］.客语纵横：第七届国际客家方言研讨会论文集［C］.

[29] 朱炳玉.2010.五华客家话研究［M］.广州：华南理工大学出版社.

[30] 朱晓农.2010.语音学［M］.北京：商务印书馆.

江淮官话黄孝片武穴方言的去声三分成因探讨

姜迎春

（暨南大学汉语方言研究中心/中文系　广东广州　510632）

【提　要】武穴方言在《中国语言地图集》中划归为江淮官话黄孝片，前人研究发现武穴方言存在去声三分型现象。本文借助实验语音学手段，通过实验数据确认武穴方言确实存在去声三分，即存在阴去两分和阳去的现象，其中阴去二与入声合流，并在此基础上进一步论证阴去二产生的原因。本文认为阴去二的形成是受两字组连读变调的影响，促使阴去部分向入声转化，造成读本调的阴去一和读如入声调的阴去二各占阴去古调类的半壁江山，从而形成现今阴去两分的格局。

【关键词】武穴方言　阴去两分　实验语音学

一、引言

武穴市原名广济县，于1987年改县为市。武穴市位于大别山南麓、长江中下游北岸、湖北省东部。现今全市行政区划为4个街道办事处、8个镇，分别为武穴街道办事处、刊江街道办事处、田家镇街道办事处、万丈湖街道办事处、梅川镇、余川镇、花桥镇、大金镇、四望镇、石佛寺镇、大法寺镇、龙坪镇，共有23个委员会，315个村委会。《广济县志》（1994）指出武穴境内有东边腔和西边腔两种口音，并且根据语音特点将广济方言分为“东边音区”和“西边音区”，两个音区的各自范围如下：

（1）东边音区包括余川镇、花桥镇、龙坪镇、石佛寺镇；

（2）西边音区包括梅川镇、四望镇、大金镇、武穴街道办事处、刊江街道办事处、田家镇街道办事处、万丈湖街道办。

《中国语言地图集》（2012）将武穴方言划归为江淮官话黄孝片。《湖北方言调查报告》（1948）对武穴方言做了调查，具体方言点是西边音区武穴镇（今武穴市主城区），认为武穴方言的调类为阴平、阳平、上声、阴去、阳去和入声，并说明全浊入声大部分并入阳去。刘博平（刘赜）在《广济方言之调类与调值》（1958）一文中专门考察了广济方言的调类与调值。刘博平的调查点为家乡大金镇，确定广济方音为9个调类，共7个调值，即阴平、阳平、阴上、阳上（同阳去）、阴去一、阴去二、阳去、入声、阳入（同阳去）。詹伯慧在《广济方音与北京语音的比较》（1959）一文中列出了广济方言的声韵调系统，调查点为大金镇，确定广济方言的声调系统为7类，分别是阴平、阳平、上声、上去、中去、下去、入声7个声调。卢源斌等编著的《广济方言志》（1985）所调查的方言点主要是梅川镇、武穴镇，副点是余川区（今余川镇），确定了广济方言的声调系统，分别是阴平、阳平、上声、阴去、阳去、入声6个声调。《广济县志》（1994）在卷二十七中介绍了武穴市的方言，调查点主要是梅川镇、武穴镇，副点是余川区，因编者也是《广济方言志》的编者，故县志和方言志所记录的声调系统除入声有出入外，二者的声韵调系统几乎一致。《广济县志》确定的声调系统为6个声调，分别为阴平、阳平、上声、阴去、阳去、入声。汪化云在《鄂东方言研究》（2004）一书中，确定武穴话声调系统为6个，分别是阴平、阳平、上声、阴去、阳去、入声。陈姗姗在《湖北省武穴市花桥话语音研究》（2012）一文中，主要调查了东边音区的花桥话，确定花桥话声调系统为6个，分别是阴平、阳平、上声、阴去、阳去、入声。现将前人对武穴方言的声调归并分类列表如表1。

表1　武穴方言声调归并分类表

<table>
<tr><th></th><th>阴平</th><th>阳平</th><th>上声</th><th colspan="2">阴去</th><th>阳去</th><th>入声</th><th>声调个数</th><th>调查点</th></tr>
<tr><td>赵元任
吴宗济
（1948）</td><td>半低平
（22）</td><td>低降（31）</td><td>半高平
（44）</td><td colspan="2">高升调（35）</td><td>低平
（11）</td><td>低升
（13）</td><td>6个</td><td>武穴镇
（今武穴市主城区）</td></tr>
<tr><td rowspan="2">刘博平
（1958）</td><td rowspan="2">32</td><td rowspan="2">21</td><td rowspan="2">44</td><td>阴去一</td><td>阴去二</td><td rowspan="2">11</td><td rowspan="2">23</td><td rowspan="2">7个</td><td rowspan="2">大金镇</td></tr>
<tr><td>213</td><td>45</td></tr>
<tr><td rowspan="2">詹伯慧
（1959）</td><td rowspan="2">32</td><td rowspan="2">21</td><td rowspan="2">44</td><td>上去</td><td>中去</td><td>下去</td><td rowspan="2">23</td><td rowspan="2">7个</td><td rowspan="2">大金镇</td></tr>
<tr><td>213</td><td>45</td><td>11</td></tr>
<tr><td>卢源斌
（1985）</td><td>44</td><td>31</td><td>33</td><td colspan="2">35</td><td>22</td><td>21</td><td>6个</td><td>梅川镇</td></tr>
<tr><td>《广济县志》
（1994）</td><td>44</td><td>31</td><td>33</td><td colspan="2">35</td><td>22</td><td>13</td><td>6个</td><td>梅川镇、
武穴镇</td></tr>
<tr><td>汪化云
（2004）</td><td>22</td><td>31</td><td>44</td><td colspan="2">25</td><td>11</td><td>213</td><td>6个</td><td>武穴市区</td></tr>
<tr><td>陈姗姗
（2012）</td><td>445</td><td>54</td><td>33</td><td colspan="2">35</td><td>31</td><td>51</td><td>6个</td><td>花桥镇</td></tr>
</table>

从表1可知，前人对武穴方言的调查点既包括东边音区的花桥镇、余川镇，也有西边音区的武穴镇（今武穴主城区）、梅川镇和大金镇。武穴方言的声调系统中，6个声调最为常见，一般为阴平、阳平、上声、阴去、阳去、入声，但在大金镇方言的调查中两位学者都认为出现了3个去声，刘赜称之为阴去一、阴去二和阳去，詹伯慧称之为上去、中去和下去。两人所描写的调值完全相同，詹伯慧在《广济方音与北京语音的比较》（1959）一文中就指出，“更特殊的是去声在广济话中竟多至3个，这就不但在‘西南官话’这一系统中不可多见，就是从整个北方话系统来说，甚至整个汉语来说，也都是罕见的”。笔者家乡为武穴市大金镇，在笔者的语感中也确实存在3个去声，现凭借实验语音学手段来验证武穴方言是否存在三个去声。

二、关于武穴方言声调的基于实验语音学的声学数据及分析

发音人一共10人，分别为大金镇的老男2名，中男、中女各1名，青女1名，武穴城区发音人1名，梅川镇1人、四望镇1人、花桥镇1名、余川镇1名。大金镇虽然是西边音区，但在地理位置上属于东边音区和西边音区的交界地带，东西音区的差异都会在大金话的声调系统中有所体现，且前人在大金话语音调查中已发现3个去声，故在本实验中大金镇的数据样本要多于其他乡镇，另属于西边音区的武穴城区、梅川镇、四望镇以及属于东边音区的花桥镇、余川镇的发音人的语音数据均用来比较。

（一）实验方法及过程

1. 本研究按照中国社科院语言研究所编的《方言调查字表》录制单字音材料，除去不常用的单字，共采用3081个有效单字调，其中古平声字1416个（全清平539个、次清平171个、次浊平324个，全浊平382个），古上声字691个（全清上296个、次清上95个、次浊上163个，全浊上137个），古去声字390个（全清去98个、次清去99个、次浊去96个，全浊去97个），古入声字584个（全清入231个、次清入85个、次浊入131个，全浊入137个）。

2. 依据汉字的古调类型（包括平、上、去、入四种类型）和古声母清浊类型（包括全清、次清、全浊、次浊四种类型），采用Praat软件及相关脚本程序来提取音高和时长等语音数据。

3. 统计分析各类汉字的音高均值数据，并进行归一化，制作相应的音高曲线图。

（二）实验结果

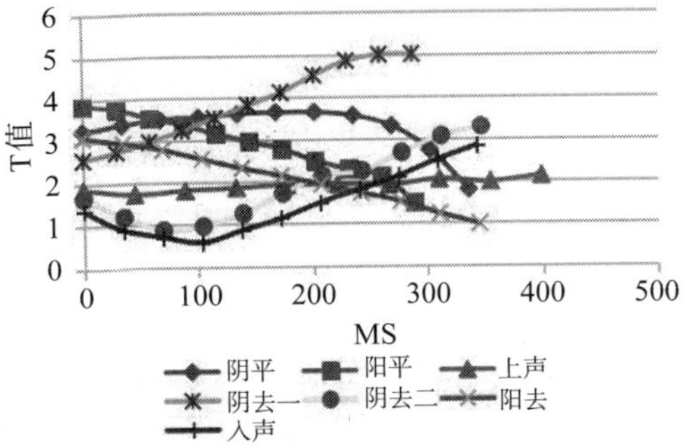

图1　武穴大金话声调图（老男1）

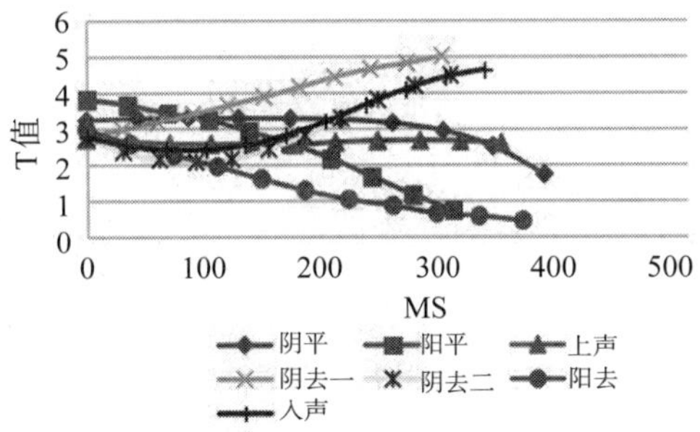

图2　武穴大金话声调图（老男2）

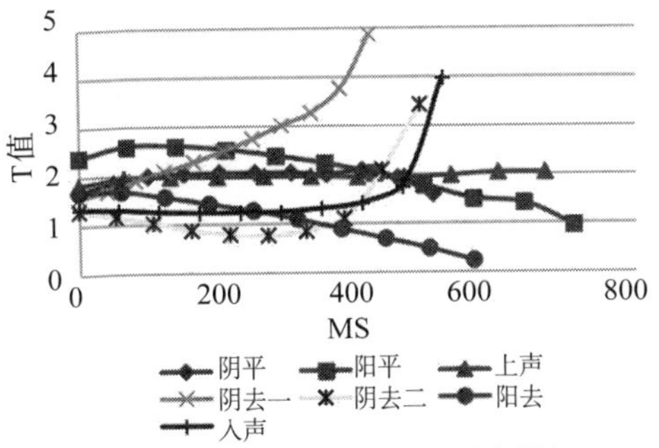

图3　武穴大金话声调图（中男）

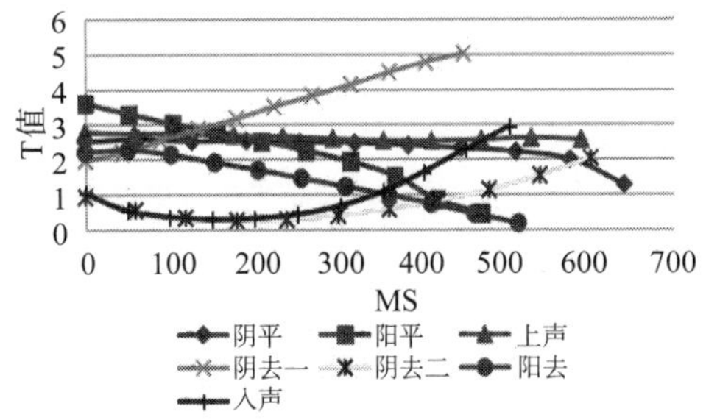

图4　武穴大金话声调（中女）

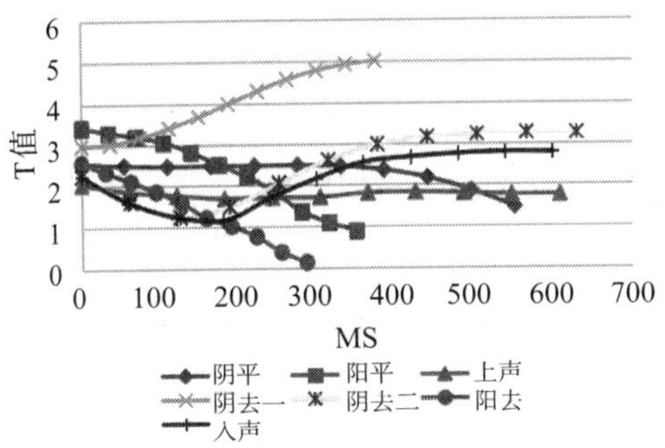

图5　武穴大金话声调图（青女）

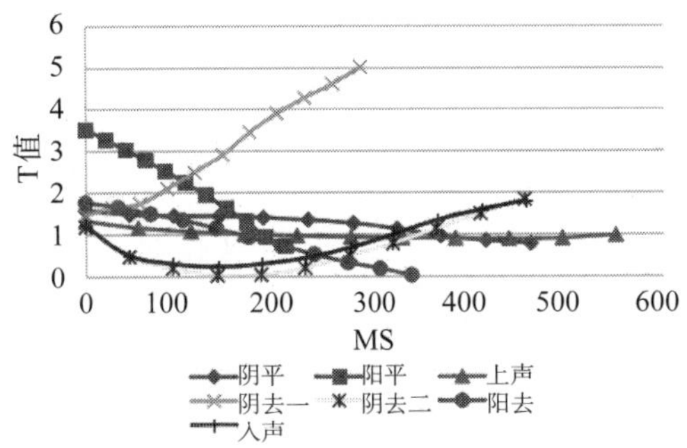

图6　武穴城区话声调图（青女）

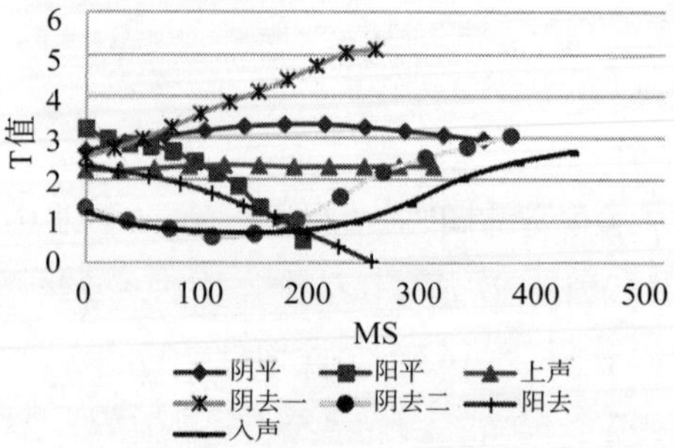

图7　武穴梅川话声调图（老女）

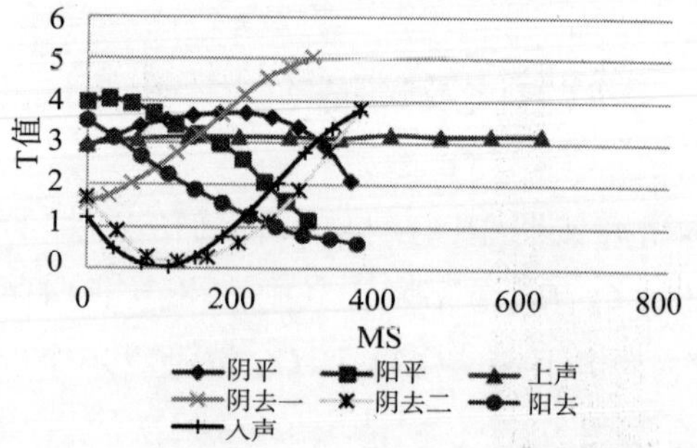

图8　武穴四望话声调图（老男）

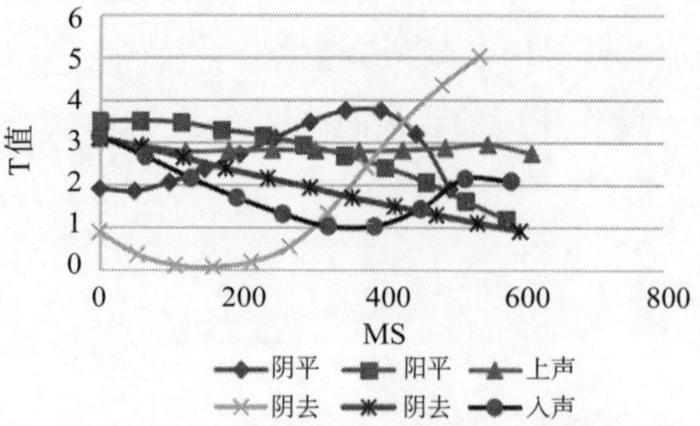

图9　武穴花桥话声调图（老男）

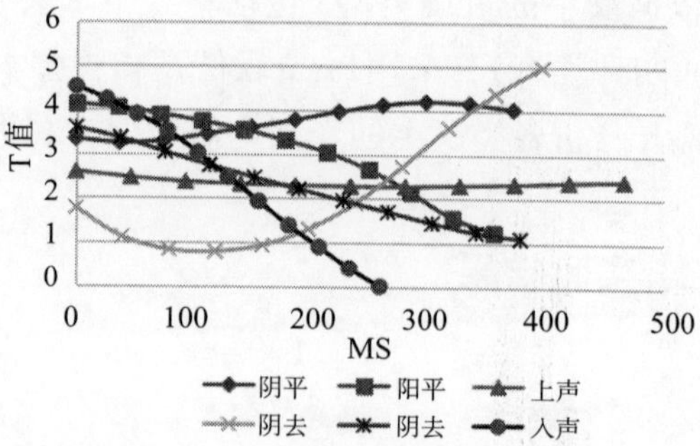

图10　武穴余川话声调图（老女）

根据以上声调数据，暂拟定以上方言点的声调调类和调值如表2。

表2　武穴各方言点的声调调类和调值

		阴平	阳平	上声	阴去一	阴去二	阳去	入声	声调个数
大金镇	老男1	442	42	33	35	213	31	213	6
	老男2	332	41	33	35	324	31	324	6
	中男	332	31	33	25	214	21	214	6
	中女	332	41	33	35	213	31	213	6
	青女	332	41	22	35	324	31	324	6
武穴城区		221	41	22	25	212	21	212	6
梅川镇		443	41	22	35	213	31	213	6
四望镇		443	42	44	25	214	41	214	6
花桥镇		242	42	44	215		31	323	6
余川镇		334	52	33	215		42	51	6

通过以上声调图可知，不管是武穴西边音区，包括大金镇、武穴城区、梅川镇和四望镇，还是东边音区，包括花桥镇和余川镇，都有阴去和阳去，且都有入声。但是只有西边音区，包括大金镇、武穴城区、梅川镇和四望镇等方言中都存在3个去声，其中阴去两分，阴去一调值为中升调35，阴去二调值为低降升调，调值折中为213/324，这和刘博平及詹伯慧观点一致。不同的是，今西边音区方言中入声和阴去二的读音完全相同，那在调类归并上，是将阴去二归为入声还是将入声归为阴去二，是一个需要继续探讨的问题。

三、关于阴去二和入声的归并问题

在武穴大金镇方言中，阴去两分，一个为中升调（35），一个为曲折调（213），这在詹伯慧（1959）描述中就存在，这是毋庸置疑的事实。在其他地区方言中也总是或多或少的出现今调值与古调类的错配问题，如赣语阳新城关方言中一小部分古去声字今读如入声调类（今读45），这一小部分字数量很少，调类归并时几乎不考虑，且阳新城关方言古去声字绝大部分读如阴平调类，在调类归并时我们说阳新城关方言古去声调今读为阴平调（今读33）。在武穴方言中的阴去两分不是指个别字的阴去两分，而是阴去两分的阴去字各占古阴去调类的半壁江山。现从两方面来探讨武穴方言中古阴去二和入声的归并问题。

（一）古去入声的清浊分化声调图

现将武穴大金镇话古去入声声调按古声母清浊类型（包括全清、次清、全浊、次浊）分化制作声调图，见图11、12。

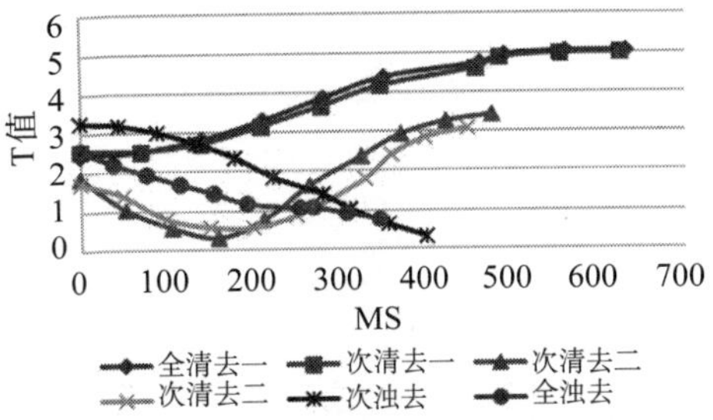

图11　古去声清浊分化图

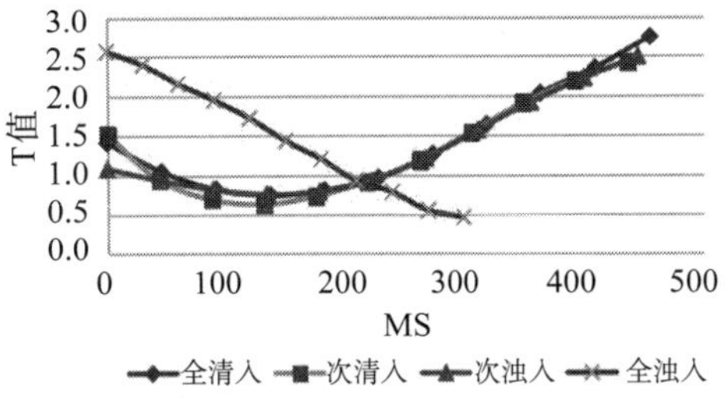

图12　古入声清浊分化图

从图11可知，古去声调类中全清去和次清去都分化为两类，其中全清去一和次清去一归为一类，读为35；全清去二和次清去二归为另一类，读为213；全浊去和次浊去为一类，读为31。从图12可知，古入声调类分化为两大类，全清入、次清入和次浊入为一类，读为213；全浊入为一类，读为31。综上可知，古入声调内部相当团结统一，而古去声调内部反而出现全清去和次清去的分化，并且全清去二和次清去二的分化调值与全清入、次清入和次浊入相同。如果语言内部某系统成分统一性很强，那么它产生分化并产生裂变的概率就很小，由此可推断，全清入、次清入和次浊入读为213应该是自身保留的调值，而全清去二和次清去二读如213应该是分化为入声后的调值。

（二）古去入声的今调类分化百分比

现将武穴大金方言古去入声调按照古声母清浊类型（包括全清、次清、全浊、次浊）制作古去入声今调类分化百分比图，见表3、4。古去声字390个（全清去 98个、次清去 99个、次浊去 96个，全浊去97个），古入声字584个（全清入231个、次清入 85个、次浊入131个，全浊入137个）。

表3　武穴大金方言古去声今调类分化百分比

古去声调今调类分化百分比								
	全清去		次清去		次浊去		全浊去	
	字数（个）	总数百分比（%）	字数（个）	总数百分比（%）	字数（个）	总数百分比（%）	字数（个）	总数百分比（%）
读入声213	46	46.9%	52	52.5%	1	1%	0	0%
读阴去35	41	41.8%	40	40.5%	2	2%	13	13.5%
读阳去31	11	11.3%	3	3%	87	90.7%	82	84.5%
读阴平332	0	0%	4	4%	6	6.3%	2	2%
字总数（个）	98		99		96		97	
总百分比		100%		100%		100%		100%

表4　武穴大金方言古入声今调类分化百分比

古入声调今调类分化百分比								
	全清入		次清入		次浊入		全浊入	
	字数（个）	总数百分比（%）	字数（个）	总数百分比（%）	字数（个）	总数百分比（%）	字数（个）	总数百分比（%）
读入声213	196	84.8%	62	73%	115	87.9%	55	40.1%
读阴去35	12	5.2%	13	15.3%	1	0.7%	22	16%
读阳去31	8	3.5%	4	4.7%	10	7.6%	56	40.9%
读阴平332	15	6.5%	6	7%	5	3.8%	4	3%
字总数（个）	231		85		131		137	
总百分比		100%		100%		100%		100%

从表3数据可知，全清去和次清去确实分化为两类，一部分为高升35，一部分和入声读音相同，为213。由表4数据可知，全清入读213占比84.8%，读高升调35只占5.2%；次清入读213的占比73%，读高升调35只占比15.3%；次浊入读213占比达87.9%，读35只占比0.7%；全浊入读213占比40.1%，读31占比40.9%。从表4可知，古入声调在分化过程中内部比较统一，尤其是全清入、次清入和次浊入，读曲折调213的占比分别为84.8%、73%、87.9%。由此可知，在武穴方言声调体系中，古入声调类内部统一性很强，入声调产生分化并裂变的概率很小。因此，全清入、次清入和次浊入读为213应该是自身保留的调值。

反之，全清去读原调35占比41.8%，读213占比46.9%；次清去读原调35占比40.5%，读213占比52.5%；次浊去和全浊去主要读阳去31，分别占比90.7%和84.5%，可见古阴去调内部分化显著，全清去和次清去读原调35占比都不到50%，而读如213占比分别高达46.4%和52.5%。关于武穴方言阴去二和入声的归并问题，到底是将阴去二归并到入声，还是将入声归并到阴去二，结论是清晰可见的。综上可知，可断定入声调类还保留，武穴西边音区方言不是阴去调影响入声调，而是入声调影响阴去调，使阴去调产生分化，一部分读古阴去调35，一部分受到入声调影响读213。故最终确定武穴西边音区（包括大金方言）的调类和调值应如下：

阴平332　阳平41　上声33　阴去35　阳去 31　入声213

四、讨论阴去读如入声的原因

那么，阴去调为何会混进入声，读同入声调，而不是如周边官话方言，入声进一步虚化，派到阳平（武汉方言）、阳去（一部分黄州方言）等。这种现象可以从武穴方言两字组的连读变调中考察。武穴方言的两字组变调，仅限于入声调与其他调类连读时发生变调，且前字变调后字不变。在两字组连读变调中，入声调都会变读为阴去调35，因为入声调213为曲折调，曲折调在连读中容易发生变化，这在其他方言中都很常见。现将武穴大金镇方言的阴去一、阴去二和入声与其他调类两字组的拼合情况作图如下，见图13组图：

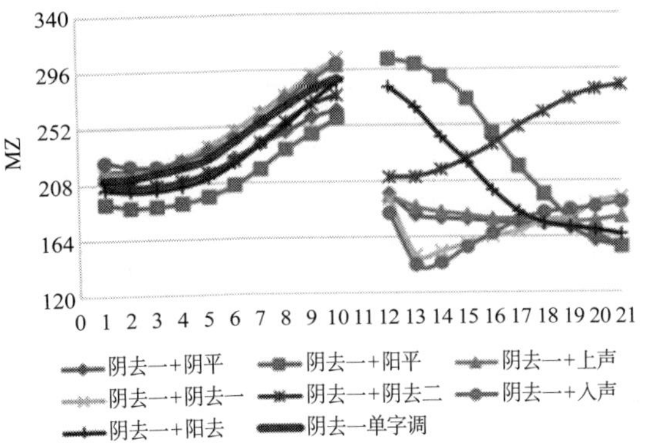

组图1　阴去一+其他调类

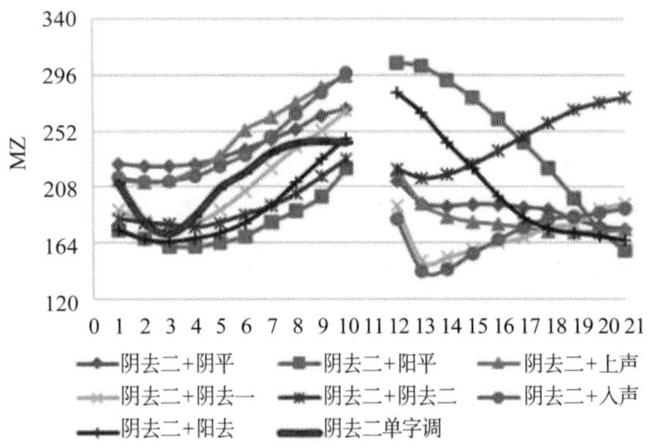

组图2　阴去二+其他调类

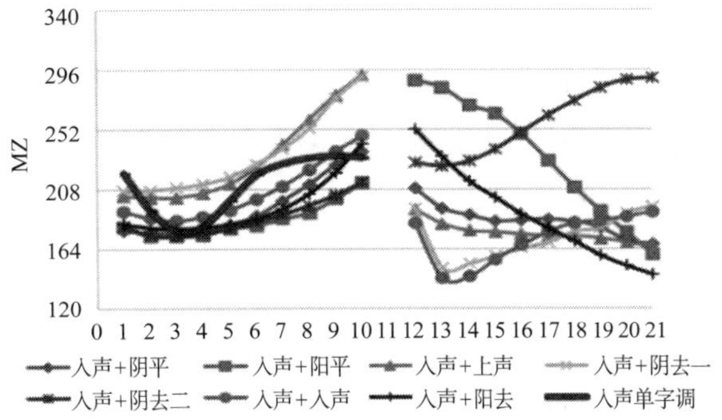

组图3　入声+其他调类

图13　武穴大金方言阴去一、阴去二和入声与其他调类两字组的拼合情况组图

从图13可知，武穴大金镇方言的入声与其他调类相拼合时，其调213会变成高升调35，而阴去调35调与其他调类相拼，没有发生变调现象，也读为35。在语言运用中，一些两字组词语反复使用，使用频率很高，可能会将两字组中的单字读音固定下来，成为单字调新的读音。武穴西边音区的阴去二读音很可能就是由于入声213与其他调类拼合变读为35，阴去调与其他调类拼合也读原调35，两字组词语的读音可能以变调词语的读音形式固定下来，如魄力、覆盖、触摸等。“魄力、覆盖、触摸”三组词语前字为入声调，应读为213，但是实际读音读为阴去一35；同时还有一些词语的读音未固定下来，前字35调还原但出现分化，一部分前字读35的原阴去调还原为原阴去35，如四寸、半票、细小、汽车、戏台、斗争等；但有一部分前字读35的阴去调还原成入声调213，如跳板、政府、痛苦、放手、教师、菜单、信封等。这造成今阴去两分，阴去一读35调，阴去二读213调，且各占半壁江山的情况，同时也形成现今古全清去、次清去读如阴去35调各占比46.9%、52.5%，古全清去、次清去读如入声213各占比42.3%、

40.5%的局面。这一过程可用图14表示。

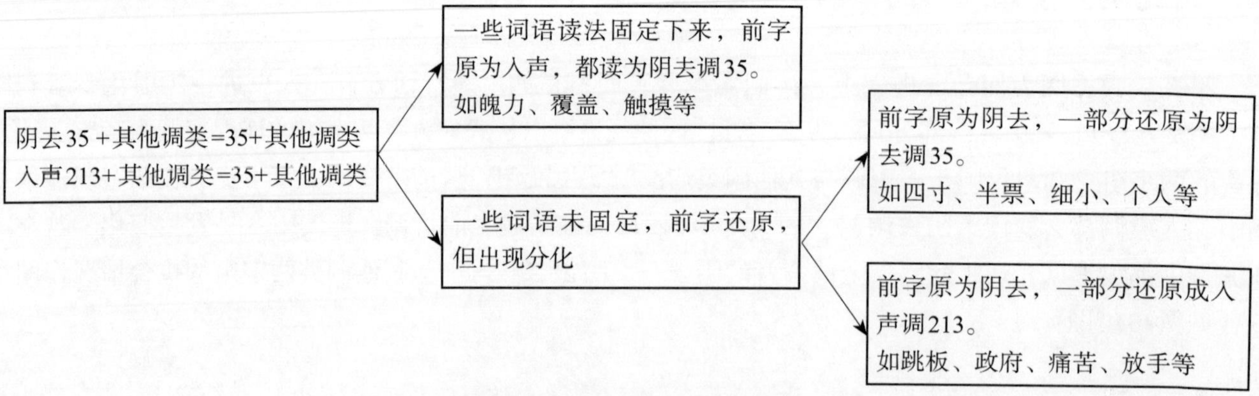

图14　阴去读如入声的过程图

参考文献

[1]陈姗姗. 2012. 湖北省武穴市花桥话语音研究［D］. 南京大学硕士学位论文.

[2]湖北省广济县县志编纂委员会办公室. 1985. 广济方言志［M］. 黄冈：湖北省黄冈县新华印刷厂.

[3]湖北省武穴市地方志编纂委员会. 1994. 广济县志［M］. 上海：汉语大词典出版社.

[4]刘赜. 1958. 广济方言之调类与调值［J］. 武汉大学（人文科学学报）.

[5]汪化云. 1990. 鄂东方言入声记略［J］. 黄冈师专学报（1）.

[6]汪化云. 2004. 鄂东方言研究［M］. 成都：巴蜀书社.

[7]詹伯慧. 1959. 广济方音与北京语音的比较［J］. 武汉大学（人文科学学报）.

[8]詹伯慧. 1991. 汉语方言及方言调查［M］. 武汉：湖北教育出版社.

[9]赵元任，丁声树，杨时逢，等. 1948. 湖北方言调查报告［M］. 北京：商务印书馆.

[10]中国社会科学院语言研究所. 1981. 方言调查字表［M］. 北京：商务印书馆.

[11]中国社会科学院，澳大利亚人文科学院. 1987. 中国语言地图集［M］. 香港：香港朗文出版有限公司.

[12]朱建颂. 1988. 武汉方言的演变［J］. 方言（2）.

附录：本论文两字组连读变调的原始表格

前字	后字						
	阴平	阳平	上声	阴去一	阴去二	阳去	入声
阴平	天空	今年	工厂	山货	车票	公路	山谷
	清官	安排	科长	花布	相信	山路	生铁
	伤疤	高楼	东海	天气	青菜	轻重	初级
	飞机	天桥	千米	仓库	轻快	生病	书桌
	乌龟	昆明	风雨	通气	霜降	医院	中国

续表

前字	后字						
	阴平	阳平	上声	阴去一	阴去二	阳去	入声
阳平	来宾	来源	存款	粮店	来信	零件	来客
	梅花	羊毛	红枣	棉裤	咸菜	来路	常识
	床单	门前	鞋底	瓷器	流放	年画	毛笔
上声	火星	火炉	小姐	火箭	解放	改造	火速
	酒杯	海洋	厂长	板凳	狗叫	草帽	粉笔
	水车	口粮	稿纸	好意	广告	苦命	宝塔
	长官	改良	水土	小气	韭菜	火焰	广阔
	苦干	打雷	胆小	考试	解放	体面	请客
阴去一	汽车	戏台	气体	破布	四寸	退步	货色
	化妆	化肥	半碗	变化	世界	炸弹	顾客
	斗争	继承	驾驶	过错	半票	四害	宪法
	半天	半年	细小	半日	寄信	半夜	退出
	战争	透明	半岛	日记	背痛	冒汗	建筑
阴去二	教师	报酬	跳板	唱片	教训	教会	教室
	菜单	菜园	政府	正气	芥菜	见面	庆祝
	信封	太平	痛苦	兴趣	蘸酱	笑话	爱国
	报刊	看齐	放手	百货	放账	性命	送客
阳去	调兵	苗条	调遣	内战	饭菜	外貌	大雪
	外甥	外行	外省	饭店	病痛	梦话	字帖
	点灯	乱来	字典	办案	赠送	地洞	外国
	白天	白糖	白纸	备战	地震	大树	地质
	学生	习题	罚款	学费	达到	实话	问答
入声	菊花	国强	吃苦	客气	急性	竹席	铁塔
	北方	作文	屋顶	百货	国庆	哲学	法国
	八仙	职员	作品	折扣	发票	铁路	八百
	国家	一齐	结果	铁器	恶棍	法院	插曲
	必须	结冰	出丑	出嫁	必要	出洞	发黑

湖北郧西“西乡语”的语音特征与归属

李　旭　刘新中

（暨南大学中文系/汉语方言研究中心　广东广州　510630）

【提　要】《湖北方言调查报告》词汇表中称湖北郧西地区第三人称代词用“[k'eʎ]ʎ(渠)”的汉语方言为“西乡语”，与“城语”对举。本文先根据笔者田野调查的材料概括郧西“西乡语”区别于城关话的语音特征，再根据移民史确定其源方言，最后通过与源方言及郧西城关话语音特征的比较来探讨其性质与归属。文章的结论是：“西乡语”属于赣语怀岳片和大通片在鄂西北接触融合后形成的赣方言变体。

【关键词】湖北郧西“西乡语”语音特征　归属　赣方言变体

一、引　言

据《湖北方言调查报告》词汇表记载，郧西“城语”第三人称代词用“他”，“西乡语”用“[k'eʎ](渠)”①。本文题目中的“西乡语”由此得名。遗憾的是，因为条件所限，当时并没有对郧西“西乡语”语音做调研。此后，不少学者都对鄂西北方言有所研究，如李蓝（2009）、柯西钢（2010）、丁沾沾（2015）等，但都未提及这种“西乡语”。两版《中国语言地图集》②也都将整个郧西县的方言统一归为西南官话。我们在2015—2018年对郧西县方言状况做了比较全面的调查，其中就调查到了这种“西乡语”。本文将利用这些第一手材料，为大家揭开郧西“西乡语”的面纱。

郧西县位于鄂西北边陲，为十堰市所辖。该县北依秦岭，南临汉江，地势西北高、东南低。“西乡语”就分布在县境西部和西北部的高山地带，主要是县内金钱河流域及其以西的高山地区。包括湖北口、关防、店子三乡镇的大部分村落，以及上津、六郎、景阳、槐树林特场等乡镇林场的部分村落。本文郧西“西乡语”的代表方言点即从这些乡镇中选取。其中，由于“西乡语”的声调系统有内部差异，包括“5调型”和“4调型”两类，下文将选择两个方言点讨论其声调特征；而“西乡语”声母、韵母系统的内部一致性很强，故我们仅选择一个方言点进行讨论即可。

二、湖北郧西“西乡语”的语音特征

特征总是与特定的对象相比较而言的，如果没有这个比较就无所谓特征。而在郧西，“西乡语”的比较对象自然是城关话（即赵元任所说的郧西“城语”）。因此，本节讨论郧西“西乡语”的语音特征，

① 赵元任、丁声树、杨时逢等：《湖北方言调查报告》，商务印书馆，1948年，第1510页。

② 中国社会科学院：《中国语言地图集》，香港朗文出版有限公司，1987年，第B6页。
中国社会科学院语言研究所：《中国语言地图集》(第2版)，商务印书馆，2012年，第B1-10页。

也就是讨论它和城关话相区别的语音特征。下文举例时也将给出城关话的相关语料供参照。

1. 声调特征

郧西“西乡语”区别于城关话的声调特征主要有两项，其一是古清去字和浊去字（包括全浊上）派入不同调类，其二是入声独立；而郧西城关话古去声字和全浊上声字都同读去声调，入声不独立。详见表1：

表1　湖北郧西“西乡语”与城关话的声调系统

方言点		音韵条件							
		平		上		去		入	
		清	浊	清、次浊	全浊	浊	清	清、次浊	全浊
郧西“西乡语”	槐树	阴平 31	阳平 44	上声 35	归阴平		去声 53	入声 214	归阴平/阳平
	关防	阴平 41	阳平 44	上声 35	归阴平		归阳平	入声 324	归阴平/入声
郧西城关话		阴平 213	阳平 44	上声 35	去声 53			归阴平/阳平	归阳平

由表1可知，郧西关防和槐树这两个“西乡语”代表性方言点都存在入声调，古清、次浊入声字今读多归入声，全浊入多归阴平；而郧西城关话无独立的入声调，古清、次浊入声字半归阴平半归阳平，全浊入声字归阳平。此外，两个“西乡语”代表性方言点的古清去字和浊去字（包括全浊上）都派入不同调类，其中古浊去字和全浊上声字二者大多都派入阴平，清去字郧西槐树独立成调，郧西关防则派入阳平；而郧西城关古去声字和全浊上声字都同读去声调。

2. 声母、韵母特征

郧西“西乡语”与城关话有别的声韵特征较多，其中较为系统而显著的共有六条，下面分别叙述。

（1）古全浊塞（擦）音声母平仄都送气

郧西“西乡语”与城关话最为显著的区别特征之一是：“西乡语”古全浊塞音、塞擦音声母今白读不论平仄多数送气；城关话和多数官话方言一样，平声送气、仄声不送气，如表2：

表2　郧西“西乡语”与城关话古全浊塞（探）音声母今读情况

	平	团	迟	赵	邓	轿	白	毒
郧西“西乡语”	꜁pʰin	꜁tʰan	꜁tʂʰʅ	꜀tʂʰau	꜀tʰən	꜀tɕʰiau	꜀pʰɛ	꜀tʰəu
郧西城关话	꜁pʰin	꜁tʰan	꜁tʂʰʅ	tʂau꜄	tən꜄	tɕiau꜄	꜁pɛ	꜁təu

（2）泥来母洪混细分

古泥来母字在郧西“西乡语”与城关话中的今读都有一定程度的混同，但分混方式不同。“西乡语”属于洪混细分型，城关话则属于全混型。

表3　郧西“西乡语”与城关话泥来母今读情况

	南	蓝	农	路	年	莲	泥	犁	女
郧西“西乡语”	꜁lan	꜁lan	꜁ləŋ	꜀ləu	꜁ȵiau	꜁lian	꜁ȵi	꜁li	꜂ɳʯ
郧西城关话	꜁lan	꜁lan	꜁ləŋ	ləu꜄	꜁ȵiau	꜁ȵian	꜁ȵi	꜁ȵi	꜂ȵy

（3）见系二等白读层不少字不腭化

在郧西“西乡语”与城关话中，古见系二等字都是既有腭化的，也有不腭化的。但“西乡语”不腭化的字分布的韵摄更广泛，包括蟹摄字及假效山梗摄白读层字；城关话不腭化的字则主要分布在蟹摄及梗摄白读层。

表4　郧西“西乡语”与城关话见系二等字的腭化情况

	牙	解	矮	窖	咬	眼	瞎	硬	杏
郧西“西乡语”	꜁ŋa	꜂kai	꜂ŋai	꜁kau	꜂ŋau	꜂ŋan	xa꜄	꜀ŋən	꜀xən
郧西城关话	꜁ia	꜂kai	꜂ŋai	tɕiau꜄	꜂ȵiau	꜂ian	꜀ɕia	ŋən꜄	xən꜄

（4）通摄阳声韵合口介音脱落现象明显

郧西“西乡语”与城关话通摄阳声韵都存在合口介音脱落现象，但“西乡语”合口介音脱落的字涉及到的声母更多，包括帮端系字、知章见组及晓组一等白读以及日晓影组三等字。城关话这种现象主要发生在帮端系字里。

表5　郧西“西乡语”与城关话古通摄阳声韵合口介音脱落现象

	朋	洞	红	恭	虫	众	荣	胸	用
郧西“西乡语”	꜁pʰəŋ	꜀tʰəŋ	꜁xəŋ	꜀kuəŋ	꜁tʂʰəŋ	꜀tʂuəŋ	꜁iəŋ	꜀ɕiəŋ	꜀iəŋ
郧西城关话	꜁pʰəŋ	tʰəŋ꜄	꜁xuəŋ	꜀kuəŋ	꜁tʂʰuəŋ	tʂuəŋ꜄	꜁yəŋ	꜀ɕyəŋ	yəŋ꜄

（5）果遇山$_{合一入}$通$_{入}$明母字今读韵母合流

果摄和山摄入声合口一等以及遇摄一等和通摄一三等入声明母字的韵母，在郧西“西乡语”中合流，都读韵母o；城关话前者韵母为o，后者为u。

表6　郧西“西乡语”与城关话果摄山$_{合一入}$通明母字韵母今读情况

	魔	磨	末	沫	暮	募	木	目
郧西“西乡语”	꜁mo	꜁mo	mo꜆	mo꜆	꜀mo	꜀mo	mo꜆	mo꜆
郧西城关话	꜁mo	꜁mo	꜀mo	꜀mo	mu꜄	mu꜄	꜀mu	꜁mu

（6）无撮口呼韵母

郧西“西乡语”与城关话另一显著的区别特征是：“西乡语”无城关话中的撮口呼韵母。“西乡语”古见系合口细音字，除通摄以外，多与古知章组及日母合口字合流，读tʂʮ-类声韵；通摄三等字合口介音丢失，读iəŋ韵母。精组合口细音白读层合口介音也丢失，读tɕi-类声韵；文读层与见系混同，读tʂʮ-类声韵。

表7　郧西“西乡语”与城关话知见系合口三四等字韵母今读

	柱	锯	船	权	顺	训	用	绝
郧西“西乡语”	꜀tʂʰʮ	꜁tʂʮ	꜁tʂʰʮan	꜁tʂʰʮan	꜀ʂʮən	꜁ʂʮən	꜀iəŋ	꜀tɕʰie/꜁tʂʰʮe
郧西城关话	tʂʮ꜄①	tɕy꜄	꜁tʂʰʮan	꜁tɕʰyan	ʂʮən꜄	ɕyən꜄	yəŋ꜄	꜀tɕʰie/꜁tɕʰye

以上我们总结了郧西“西乡语”的语音特征，从中可以看到，“西乡语”与城关话在语音系统上确实存在较为显著的区别。在区别的特征中，全浊塞（擦）音平仄都送气、入声独立、清次浊去派入不同

声调、知见系及精组文读层合口细音读ɥ类韵母等几项最为值得注意，因为它们在鄂西北方言中不多见，却在皖西南、鄂东南一带的方言中较为常见。但鄂西北与皖西南及鄂东南无论是在自然地理还是方言地理上并不相连：从自然地理上讲，二者之间隔着江汉平原；从方言分布上讲，二者之间隔着西南官话湖广片鄂中小片及江淮官话黄孝片。为什么郧西"西乡语"会与相隔甚远的皖西南方言和鄂东南方言有这么多的一致性呢？这就需要联系郧西清代的移民史。

三、湖北郧西地区的清代移民

鄂西北由于宋元战乱人口大量减少，明代虽有荆襄流民大量涌入，但主要集中在沿汉水及其支流的一连串小盆地中，广大的秦巴山地则荒无人烟。从明末崇祯六年（1633）到清康熙十八年（1679）的47年里，今鄂西北地区一直处于战乱之中，人口又再次大量耗减。①

清初，出于恢复人口和经济的需要，政府鼓励外地移民到鄂西北垦荒，因此此时的郧西地区已有移民陆陆续续迁入，但规模不大。乾隆以后规模才逐渐增大，到了乾隆中叶，人口已有所恢复。乾隆二十二年（1757）郧西知县王必昌称："我国家休养生息百十余年，近而秦、豫，远而江、浙，襁负来归，既庶且繁，东街西市，已复旧观。"②清朝史志文献记载的郧西康乾年间人丁的增长情况也反映了这一趋势③，详见下表。

表8　清朝康乾年间郧西县丁口数的增长情况

年份（年）	1721	1726	1731	1736	1741	1746	1751	1756	1761	1766	1771
增丁（人）	22	27	31	34	48	72	120	71	96	86	97

由表8可知，1736年（乾隆元年）以前郧西人口增长幅度很小，乾隆元年以后涨幅逐渐增大，到1751年（乾隆十六年）前后人口增长幅度到达峰值。这之后，虽然增幅有所下降，但仍然长期保持了较高的增长幅度。因此，到1757年（乾隆二十二年），由于大量移民的持续涌入，郧西的人口确实应该"已复旧观"。

至于鄂西北清朝移民的来源，宋传银（1999：109）认为来源于长江流域，尤其是长江中下游地区。鲁西奇（1999：417）则进一步将移民的原籍圈定在皖西南和鄂东南。据其研究，早在乾隆初年，就有一批以皖、赣为主的流民率先进入鄂西北山区。而新编《郧西县志》也有类似的记载，县西北部店子、关防等乡镇操"楚语"的居民，祖籍地大多在安徽省安庆市以西的地区。④此外，笔者在调查郧西西北部乡镇的方言时，多地发音人也都称自己祖上为"江南人"或"武昌人"，称自己所讲的方言为"江南话"或"武昌话"⑤。这也可与上述历史移民文献相印证。

结合各方研究，我们不难得出这样的一个结论，郧西县清朝迁来的移民很多祖籍都在皖西南和鄂东南，他们聚居在县境西部的山区。因此西部山区的方言，即郧西"西乡语"，至今仍有很多语音特征与

①②③晏昌贵：《丹江口水库区域历史地理研究》，科学出版社，2007年，第80、81、82页。

④《郧西县志》中所说的店子、关防一带的"楚语"，其实就是本文所说的"西乡语"。参见曾宪武：《郧西县志》，武汉测绘科技大学出版社，1995年，第782页。

⑤清代皖西南曾归江南省管辖，可参见《泛称与特指：明清时期的江南与江南省》。段伟：《泛称与特指：明清时期的江南与江南省》，《历史地理》2008年第23卷第109期，第76-87页。鄂东南长期归武昌府管辖，可参见《中国历史地图集第八册：清时期》。谭其骧：《中国历史地图集第八册：清时期》，中国地图出版社，1996年，第35-36页。

皖西南和鄂东南地区的赣方言保持一致。其源方言就为这一带的赣方言。

四、湖北郧西“西乡语”的性质和归属

上一节中，我们将郧西“西乡语”分布区的居民祖籍定在皖西南和鄂东南地区，因此其源方言应该为这一带的赣方言。下面我们把“西乡语”的语音特征与源方言赣语怀岳片（皖西南潜山梅城话[①]）、赣语大通片（鄂东南咸宁话[②]）及鄂西北的西南官话（郧西城关话）进行比较，来进一步讨论其性质与归属。

1. 湖北郧西“西乡语”与源方言的声调特征的比较

郧西“西乡语”古清去字和浊去字今读派入不同声调，这与鄂西北西南官话存在十分明显的差异，而与源方言赣语大通片和怀岳片一致。槐树林特场方言和关防镇方言清、次浊入声字独立成调，这也与鄂西北的主流方言（西南官话）有所不同，而与源方言赣语大通片一致，详见下表：

表9　湖北郧西“西乡语”与源方言声调特征的比较

<table>
<tr><th colspan="3" rowspan="3">方言点</th><th colspan="8">音韵条件</th></tr>
<tr><th colspan="2">平</th><th colspan="2">上</th><th colspan="2">去</th><th colspan="2">入</th></tr>
<tr><th>清</th><th>浊</th><th>清、次浊</th><th>全浊</th><th>浊</th><th>清</th><th>清、次浊</th><th>全浊</th></tr>
<tr><td colspan="2" rowspan="2">郧西“西乡语”</td><td>郧西槐树</td><td>阴平</td><td>阳平</td><td>上声</td><td colspan="2">阴平</td><td>阴去</td><td>入声</td><td>阴平/阳平</td></tr>
<tr><td>郧西关防</td><td>阴平</td><td>阳平</td><td>上声</td><td colspan="2">阴平</td><td>阳平</td><td>入声</td><td>阴平/入声</td></tr>
<tr><td rowspan="2">赣语</td><td>大通片</td><td>湖北大冶</td><td>阴平</td><td>阳平</td><td>上声</td><td colspan="2">阴平</td><td>阴去</td><td>入声</td><td>入声/阴平</td></tr>
<tr><td>怀岳片</td><td>潜山梅城</td><td>阴平</td><td>阳平</td><td>上声</td><td colspan="2">阳去</td><td>阳平/阴去</td><td>阴去</td><td>阳去</td></tr>
<tr><td colspan="2">西南官话</td><td>郧西城关</td><td>阴平</td><td>阳平</td><td>上声</td><td colspan="3">去声</td><td>阴平/阳平</td><td>阳平</td></tr>
</table>

由上表可知，郧西“西乡语”的调类系统与赣语大通片和怀岳片的都不完全一样，但与二者又都有一些相同的地方，是二者接触融合后简化的结果。赣语大通片的大冶话浊去（含全浊上）和清平合流[③]，赣语怀岳片的潜山梅城话浊入归阳去[④]，融合成“西乡语”后，三者都合为一调，即郧西“西乡语”浊去、全浊上、清平和多数全浊入声字声调合流。此外，关防话清去归阳平，这一现象在赣方言中比较常见，据刘纶鑫（2000）等人研究，赣方言中的新余、分宜、万年、宜春、万载、宜丰、吉安、万安、峡江、永丰、吉水等方言点均与之同；据唐乐燕等人（2013）研究，赣语怀岳片的潜山梅城话也有类似现象，其方言中的清去字中，所有i韵尾字、70%的无韵尾字及不送气的u韵尾字都归入阳平调。郧西槐树方言这一现象较为少见。

2. 湖北郧西“西乡语”与源方言的声韵特征的比较

① 潜山梅城的方言材料引自唐乐燕《安徽潜山梅城方言语音研究》。唐乐燕：《安徽潜山梅城方言语音研究》，安徽大学硕士学位论文，2013年，第7–33页。

② 湖北大冶的方言材料引自《湖北方言调查报告》。赵元任、丁声树、杨时逢等：《湖北方言调查报告》，商务印书馆，1948年，第1133–1153页。

③ 大通片很多方言点阴平和阳去的调型、调值也相当接近。赵元任、丁声树、杨时逢等：《湖北方言调查报告》，商务印书馆，1948年，第1133–1323页。

④ 浊入归阳去是怀岳片的典型特征之一。谢留文：《赣语的分区（稿）》，《方言》2006年第3期。

郧西“西乡语”还存在很多与赣语怀岳片及大通片一致的声母、韵母特征，却与鄂西北的西南官话差异明显。详见下表。

表10　湖北郧西“西乡语”与源方言声韵特征的比较

音韵条件	方言点			
	郧西“西乡语”	赣语大通片	赣语怀岳片	鄂西北西南官
	郧西关防	湖北大冶	潜山梅城	郧西城关
①并、从等全浊声母	清化，且平仄均送气			清化，但平送仄收
②泥来母	洪混细分		全分	全混
③见系二等字声母	白读层常用字不腭化	白读层大多不腭化		蟹梗摄部分不腭化
④遇蟹止山臻摄端系一等合口字	合口介音丢失，读开口			
⑤遇山臻摄知章组日母及见系合口三四等字	合流，读tʂʯ-	合流，读tsʮ-	合流，读tʂʯ-	知章系tʂʯ-，见系及日母tɕy-
⑥果遇山$_{合一入}$通$_{入}$明母字韵母	合流都读o		果山$_{合一入}$读o；遇通$_{入}$读u	
⑦咸山摄一二等韵母	合流	区分	合流	
⑧深臻及曾梗通摄阳声韵	开混合分			
⑨通摄阳声韵合口介音	帮端无，知见很多也无	全无	全有	帮端无，其余有

在上表所列的9项声韵特征中，郧西“西乡语”与赣语怀岳片或大通片相一致的达8项，下面分别叙述。①③④⑧这4项，郧西“西乡语”与赣语怀岳片及大通片都一致。特征②和特征⑥郧西“西乡语”与赣语大通片一致，与赣语怀岳片不同。这是因为从音类分合上讲，大通片更简洁，而语言接触融合之后总是要向简单的系统发展。特征⑤从音类分合上讲与赣语怀岳片及大通片都一致，但郧西“西乡语”与赣语怀岳片遇山臻摄知章组日母及见系合口三四等字都读tʂʯ-类声韵组合，大通片却读tsʮ-类声韵组合。即细论音值大通片与前二者有所不同。特征⑨的情况比较复杂，郧西“西乡语”通摄阳声韵帮端系字、知章见组及晓组一等白读层部分字、日晓影组三等字合口介音脱落，与赣语大通片一致，但知章见组及晓组一等字也有很多保留了合口介音，这又与赣语大通片相一致。可以说在郧西“西乡语”声韵特征形成的过程中，赣语怀岳片和大通片都发挥了重要作用，应该是二者在郧西县西部山区接触融合后进一步演变的结果。

在这8项与赣语怀岳片或大通片相一致的特征中，①③⑤⑥⑨这5项是鄂西北多数西南官话所不具备的。其中特征①古全浊塞音、塞擦音的清化方式这一条最值得注意，因为该项特征历来被看作赣方言与官话方言最为重要的区别性特征。而郧西“西乡语”在这一项上很好地保留了源方言的特征，即古全浊塞音、塞擦音声母今读不论平仄，白读多数送气。因此从方言系属上讲，郧西“西乡话”应该归入赣方言，而不是西南官话。

当然，郧西“西乡语”在与源方言分隔许久后，也发生了一些变异。如上表特征⑦所示，古咸山摄一二等字的韵母，在源方言赣语怀岳片与大通片中都是区分的，但郧西“西乡语”却合流。这应当是周围强势方言影响所致，因为鄂西北强势方言（西南官话）正呈现出这样的特征。此外，郧西“西乡语”和源方言的古见系二等字虽然在各摄都有不腭化的情况，但“西乡语”不腭化的字数量较少，这也是受强势方言影响的结果。因为郧西“西乡语”早已成为弱势方言，到今天甚至已经变成濒危方言，在周围强势方言的影响下，口语中使用频率较低的字也就难以保持源方言的特征了。

综上所述，郧西“西乡语”为赣语怀岳片和赣语大通片接触融合后形成的一种赣方言变体。至今在古全浊塞（擦）音声母白读平仄都送气，古清浊去声字今读派入不同调类，古知章组、日母及见系三四等合口字今读合流等重要音韵特征上仍和源方言高度一致。但据我们的观察，近年来，郧西“西乡语”受普通话和周围西南官话的影响日益加深，年青人古全浊声母的清化方式慢慢向官话方言靠拢，阴阳去也越来越不分明。这些新变化属于社会语言学的研究范畴，可留待今后做更为深入的研究。

参考文献

[1]曹志耘.1998.汉语方言声调演变的两种类型[J].语言研究（1）.

[2]丁沾沾.2014.鄂豫陕交界区域汉语方言音韵比较研究[D].中山大学博士学位论文.

[3]段伟.2008.泛称与特指：明清时期的江南与江南省[J].历史地理（23）.

[4]甘于恩，吴芳.2005.平话系属争论中的逻辑问题[J].广西社会科学（7）.

[5]郭沈青.2008.陕南赣方言岛[J].方言（1）.

[6]侯兴泉.2013.汉语方言区片划分语音标准的层级和主次[J].暨南学报（哲学社会科学版)(9).

[7]柯西钢.2010.汉江上游鄂北片方言的地理格局及混合性特征[J].方言（1）.

[8]匡裕从.2010.十堰移民史[M].武汉：长江出版社.

[9]刘纶鑫.2000.客赣方言的声调系统综述[J].南昌大学学报（人社版)(4).

[10]刘新中.2016.汉语方言元音特征调查手册[M].北京：科学出版社.

[11]李蓝.2009.西南官话的分区（稿)[J].方言（1）.

[12]李旭.2018.十堰地区方言的性质与归属研究[D].宝鸡文理学院硕士学位论文.

[13]鲁西奇.1999.汉水流域区域历史地理研究：对象与方法[M].南宁：广西人民出版社.

[14]宋传银.2013.秦至清代湖北人口迁移特征析论[J].武汉大学学报（人文科学版)(5).

[15]谭其骧.1996.中国历史地图集第八册：清时期[M].北京：中国地图出版社.

[16]唐乐燕.2013.安徽潜山梅城方言语音研究[D].安徽大学硕士学位论文.

[17]王平夷.2020.论湖北竹溪方言的归属[J].方言（3）.

[18]伍巍.2001.论桂南平话的粤语系属[J].方言（2）.

[19]谢留文.2006.赣语的分区（稿)[J].方言（3）.

[20]晏昌贵.2007.丹江口水库区域历史地理研究[M].北京：科学出版社.

[21]余鹏.2018.论江淮官话黄孝片与赣语怀岳片的历史关系[J].语言科学（4）.

[22]曾宪武.1995.郧西县志[M].武汉：武汉测绘科技大学出版社.

[23]赵元任，丁声树，杨时逢，等.1948.湖北方言调查报告[M].北京：商务印书馆.

[24]詹伯慧.1981.现代汉语方言[M].武汉：湖北教育出版社.

[25]中国社会科学院，澳大利亚人文学院.1987.中国语言地图集[M].香港：香港朗文出版有限公司.

[26]中国社会科学院语言研究所.2012.中国语言地图集[M].2版.北京：商务印书馆.

云南玉溪春和镇西南官话名词词缀

李春红　曾毅平

（暨南大学华文学院　广东广州　510510）

【提　要】西南官话春和镇方言名词词缀分为前缀、中缀和后缀共3大类25小类，本文采用国际音标对词缀名词一一标注，力图还原该方言的语言面貌，所构成的名词呈现出以下特点：带词缀的词语存在三种儿化现象、词根古调类决定词缀调值、存在重叠词缀构词和词缀叠加构词现象。

【关键词】名词　词缀　特点　古调类　调值

一、引言

春和镇位于云南省玉溪市红塔区以北，东邻李棋、南连大营街镇、北接北城镇及晋宁县宝峰镇，人口总数约5.1万，少数民族主要是彝族、白族（主要居住在山区）和回族，人口约7千多，西南官话是春和镇坝区主要通行的语言①。赵元任、杨时逢、罗常培等都曾对红塔区的西南官话做过研究。②本文采用国际音标对名词词缀一一标注③，还原该方言名词词缀的原始面貌，主要分析春和镇西南官话名词词缀的构成类型、构成特点和词缀变调规律。

二、名词词缀构成

1. 前缀

“老”“大”“小”“□ɕie^{42}”“□儿□儿mər^{55}mər^{55}”“□儿□儿miɛr^{21}miɛr^{21}”等。

（1）老+A

老祖lau^{42}ʦʉ^{42}［曾祖父（母）］、老爹lau^{42}tiɛ^{55}（爷爷）、老爸lau^{42}ba^{21}（父亲）、老奶lau^{42}nai^{42}（年纪较大的女性，不礼貌）；老大哥lau^{42}ta^{21}ʔo^{55}、老表lau^{42}piau^{42}（表哥）、老姊妹lau^{42}ʦɿ^{42}mɛi^{21}、老大姐lau^{42}ta^{21}ʨiɛ^{42}、老大嫂lau^{42}ta^{21}sau^{42}、老大嬷lau^{42}ta^{21}mɔ^{55}（比自己年纪大很多的女性前辈）；老□匠lau^{42}p^{h}i^{31}ʨiãn^{21}（动作慢的人）、老牛逼lau^{42}niu^{31}pi^{55}（爱说假大空话的人或者爱唠嗑的人，贬义）；老哇lau^{42}ʉa^{55}（乌鸦）、老□lau^{42}io^{34}（蚂蚱的一种）、老趚lau^{42}so^{34}（蛇）、老虎lau^{42}hʉ^{42}、老鹰lau^{42}ĩn^{55}；老烟□lau^{42}ian^{55}ʔo^{55}（水烟筒）、老水鞋lau^{42}ʃui^{42}hai^{32}（雨鞋）。

（2）大+A

大爹ta^{21}tiɛ^{55}（伯伯）、大嬷ta^{21}mo^{55}（伯母）、大嫂ta^{21}sau^{42}、大姐ta^{21}ʨiɛ^{42}、大哥ta^{21}ʔo^{55}。

---

① 春和镇共有12个社区（春和、王大户、中所、孙井、团山、龙池、飞井、马井、刘总旗、黑村、黄草坝和波衣），本次调查的方言区域主要是居住地集中的坝区，不包括黄草坝和波衣民族语山区。

② 张弗、罗常培：《〈玉溪方言〉考补》，《云南师范大学学报》（哲学社会版）1987年第2期，第97–100页。

③ 本文对于不确定的汉字，采用“□+国际音标”进行标注；释义方面，和普通话意思一样的则不在国际音标后进行标注。

（3）小+A

小婆娘çiau^{42}pʰo^{31}niãŋ^{31}（年轻的媳妇）、小工çiau^{42}ʔoŋ^{55}（干活的帮工）、小儿子çiau^{42}ɛr^{31}tsɿ^{55}（小男孩）、小姑娘çiau^{42}ʔʉ^{55}niãn^{31}（小女孩或表示称呼年轻的服务员）、小呢çiau^{42}nɛ^{55}（小辈）、小雀çiau^{42}tɕʰo^{21}（泛指小鸟）、小狗çiau^{42}ʔəu^{42}。

（4）□çiɛ^{42}+A

□çiɛ^{42}+名字（直呼时表示将要展开对话，表亲昵；用于转述时，表对该人的责备和埋怨）、□狗çiɛ^{42}ʔəu^{42}（对孩子的爱称）、□çiɛ^{42}+排行数（二和三，如：□二çiɛ^{42}ɛr^{21}，称呼排行第二的人）。

（5）老+A

老倌儿lau^{42}ʔʉɛr^{34}（称年纪大的男性，不礼貌）、老倌儿lau^{42}ʔʉɛr^{55}（老公）、老东帽儿lau^{42}toŋ^{55}mor^{21}（称老而令人讨厌的男人，詈语）；老磨豆儿lau^{42}mo^{31}tər^{21}（磨磨蹭蹭的人）、老□豆儿lau^{42}pʰi^{31}tər^{21}（动作超级慢的人）；老埂儿lau^{42}ʔər^{55}（特别高的田埂）。

（6）小+A儿

小伴儿çiau^{42}pər^{21}（朋友间的称呼）、小东帽儿çiau^{42}toŋ^{55}mor^{21}（年龄小但令人讨厌的孩子）、小鸡儿çiau^{42}tɕiɛr^{55}（专门指小鸡仔）。

（7）□□mər^{55}mər^{55}+A

用于表示某物体积小或者数量少，重叠的词缀"□□mər^{55}mər^{55}"有修饰词根量小或者形态小的作用，这与董秀芳（2005：13–18）提到的"很多重叠形式也有类似表达性词缀的功能，具有表示指小和表达喜爱的评价功能"相符合。该镇这种词缀数量不多，□□鱼mər^{55}mər^{55}i^{31}也可以后缀为鱼□□i^{31}mər^{55}mər^{55}（非常小的鱼），□□血mər^{55}mər^{55}çiɛ^{42}也可以后缀为血□□çiɛ^{42}mər^{55}mər^{55}（非常少量的血），□□蛆mər^{55}mər^{55}tɕi^{55}也可以后缀为蛆□□tɕi^{55}mər^{55}mər^{55}（非常小的蛆）。

（8）□□miɛr^{21}miɛr^{21}+A

用于表示东西呈细小的粉末状，结构形式同上，但是该形式不像第（7）类可以把词缀放在词根后面。□□辣miɛr^{21}miɛr^{21}la^{21}（辣椒粉）、□□糖miɛr^{21}miɛr^{21}tʰãn^{31}（糖末）、□□灰miɛr^{21}miɛr^{21}hʉi^{55}（像粉尘一样的灰）。

（9）小+咪咪+A

"咪咪"这个叠音词不能单用，放在表体积小或量小的名词前，不能与表体积大或量大的名词结合。词缀"小"进一步修饰"咪咪+N"。小咪咪指çiau^{42}mi^{55}mi^{55}ʧʅ^{42}（小指）、小咪咪眼çiau^{42}mi^{55}mi^{55}iɛr^{42}（小眼睛）、小咪咪拃çiau^{42}mi^{55}mi^{55}tʂa^{42}（一小拃）。

（10）□çiɛ^{42}+老+排行数

□çiɛ^{42}老二lau^{42}ɛr^{21}（表示家里排行第二的那个人）。

2. 中缀"巴"

A+巴+B

牙巴骨ia^{31}pa^{55}ʔʉ^{42}（牙龈或牙根）、肋巴骨lo^{21}pa^{55}ʔʉ^{42}（肋骨）。

3. 后缀

"子""巴""头""首""包儿""头儿""尖儿""子儿""巴撒""□□ti^{42}tuo^{21}"和少量不规则的词缀。

（1）A+子[1]

花子hʉa^{34}tsɿ^{42}（乞丐）、苗子miau^{31}tsɿ^{55}（性格执拗不听劝的人）、二流子ɛr^{21}liʉ^{31}tsɿ^{5}（不务正业的人）、妹子mɛi^{21}tsɿ^{42}（亲属称谓指妹妹，社会称谓表女服务员）、胖子p^{h}ãn^{21}tsɿ^{42}、骗子p^{h}ian^{21}tsɿ^{42}、个子ʔʉo^{21}tsɿ^{42}、脖子po^{31}tsɿ^{55}、脚脖子tɕio^{42}po^{31}tsɿ^{55}（脚踝）、鼻子pi^{31}tsɿ^{55}（既指器官鼻子又指鼻涕）、手拐子ʂəu^{42}ʔʉai^{42}tsɿ^{55}（手肘）、卵子lʉan^{42}tsɿ^{55}（男性生殖器）、卵子lʉan^{42}tsɿ^{42}（雌性动物的生殖细胞）、麻子ma^{31}tsɿ^{55}、肚子tʉ^{21}tsɿ^{42}（腹部）、肚子tʉ^{21}tsɿ^{55}（动物的胃）、谷子ʔʉ^{42}tsɿ^{55}（稻谷）、瘪子piɛ^{42}tsɿ^{55}（不饱满的稻谷）、麦子mok^{21}tsɿ^{55}、辣子la^{21}tsɿ^{55}、笋子sʉãn^{42}tsɿ^{55}、松子soŋ^{34}tsɿ^{42}、明子mĩn^{31}tsɿ^{55}（含有干松脂的专门用来点火用的木柴）、李子li^{42}tsɿ^{55}、桔子tɕi^{31}tsɿ^{55}；耗子hau^{21}tsɿ^{42}（老鼠）、肘子ʧou^{42}tsɿ^{55}、□子so^{34}tsɿ^{55}（跳蚤）、□子tɕi^{42}tsɿ^{55}（虱子）、索子sʉo^{42}tsɿ^{55}（绳子）、□子hʉãn^{21}tsɿ^{42}（血旺）、擦子ts^{h}a^{34}tsɿ^{55}（板擦或者橡皮擦）、垡子fa^{31}tsɿ^{55}（田地被耕或挖出来的土块）、甑子ʧẽn^{21}tsɿ^{42}（蒸饭的器皿）、柜子ʔʉɛi^{21}tsɿ^{42}、箱子ɕiãn^{34}tsɿ^{42}、桌子tsʉo^{34}tsɿ^{55}、椅子i^{42}tsɿ^{55}、料子liau^{21}tsɿ^{42}、帐子tʃãn^{21}tsɿ^{42}、窗子ʧ^{h}ʉãn^{34}tsɿ^{42}、钉子tĩn^{34}tsɿ^{42}、袜子va^{21}tsɿ^{55}、笛子ti^{31}tsɿ^{55}、锯子tɕi^{21}tsɿ^{42}、椽子ʧ^{h}ʉãn^{31}tsɿ^{55}、海子hai^{42}tsɿ^{55}（湖泊）、坝子pa^{21}tsɿ^{42}（相对高原来说的平地或者平原）、窝子ʉo^{34}tsɿ^{42}（坏人集中藏匿的地方）、烟子iɛn^{55}tsɿ^{42}（锅灰）、呤子lən^{21}tsɿ^{42}（冰雹）、口子həu^{42}tsɿ^{55}（伤口或者裂缝）、铺子p^{h}ʉ^{21}tsɿ^{42}、摊子t^{h}an^{34}tsɿ^{42}、馆子ʔʉan^{42}tsɿ^{55}、街子ʔai^{34}tsɿ^{42}（街道）、饺子tɕiau^{42}tsɿ^{55}、粽子tsoŋ^{21}tsɿ^{42}、茄子tɕ^{h}iɛ^{31}tsɿ^{55}、包子pau^{34}tsɿ^{42}。

（2）A+巴

个巴ʔʉo^{21}pa^{42}（身高）、下巴ɕia^{21}pa^{42}、丫巴ia^{55}pa^{55}（缝）、结巴tɕiɛ^{31}pa^{55}、哑巴ia^{42}pa^{55}、峈峈巴lʉo^{21}lʉo^{21}pa^{55}（既指坝子的汉人对山区少数民族的称呼，还指性格执拗不听劝的人）、箍巴ʔʉ^{55}pa^{55}（脸上皲裂起皮或者指锅巴）、泥巴ni^{31}pa^{55}、补巴pʉ^{42}pa^{55}（补丁）、盐巴iɛn^{31}pa^{55}、干巴ʔan^{55}pa^{55}（肉干）。

（3）A+头

骨头ʔʉ^{42}t^{h}ou^{55}、芋头i^{21}t^{h}ou^{55}（土豆和芋头）。

（4）A儿+头

块儿头hʉɛr^{21}t^{ɦ}əu^{31}（指人的高矮胖瘦）、筷儿头hʉɛr^{21}t^{ɦ}əu^{31}。

（5）A儿+巴

节儿巴tɕiɛr^{31}pa^{55}（树木的节）。

（6）A+包儿

对一类人的称呼，常作詈语，偶尔也用于正话反说，表亲昵。怂包儿soŋ^{31}por^{55}（胆小怯懦的人）、憨包儿han^{55}por^{55}（傻乎乎的人，常带有可爱的色彩）、日脓包儿zʅ^{21}noŋ^{31}por^{55}（又傻又笨又蠢的人）。

（7）A+头儿

个头儿ʔʉo^{21}t^{h}ər^{31}（身高）、手拐头儿ʃəu^{42}ʔʉai^{42}t^{h}ər^{55}（手肘）、趾头儿tʃʅ^{42}t^{h}ər^{55}、肩头儿tɕiɛn^{55}t^{h}ər^{55}、指头儿tʃʅ^{42}t^{h}ər^{55}、捶头儿tʃ^{h}ʉi^{21}t^{h}ər^{55}（拳头）；墙头儿tɕ^{h}iãŋ^{31}t^{h}ər^{31}、灶头儿tsau^{21}t^{h}ər^{31}、砖头儿ʧʉãn^{34}t^{h}ər^{55}、镯头儿tʃʉo^{31}t^{h}ər^{31}（手镯）、菜头儿ts^{h}ai^{21}t^{h}ər^{31}（菜梗、菜根）、烟头儿ian^{34}t^{h}ər^{31}、布头儿pʉ^{21}t^{h}ər^{31}（碎布料）。

（8）A+子儿

石子儿ʃʅ^{31}tsɿr^{42}、沙子儿ʃa^{34}tsɿr^{42}。

（9）A+点儿[2]

辣麻点儿la^{21}ma^{31}tiɛr^{42}（毛毛虫）、秏点儿hau^{21}tiɛr^{55}（筑巢在秧田里的体型非常小的一种鸟）、筛点儿ʃai^{34}tiɛr^{42}（小筛子）。

① 云南省汉语方言志编写组：《云南汉语方言词汇的构成和特点》，《云南师范大学学报》（哲学社会版）1989年第2期，第93-101页。

② 丁崇明：《昆明方言的儿化》，《中国方言学报》2006年第1期，第59-67页。

（10）A儿+点儿

碗儿点儿ʉɐr^{42}tiɐr^{42}（泛指一切的碗）、碟儿点儿tiɐr^{31}tiɐr^{55}（既可以指碟子也可以指盘子）。

（11）A+B+巴撒pa^{55}sa^{55}

“巴撒”跟在名词后面，表示量很大，如：眼泪巴撒iɛn^{42}lʉɐi^{21}pa^{55}sa^{55}（眼泪很多）、眼屎巴撒iɛn^{42}ʃʅ^{42}pa^{55}sa^{55}（眼屎很多）等。

（12）A+B+□□ti^{42}tʉo^{21}

□□ti^{42}tʉo^{21}用于名词后面，表示像名词所表示的那类人，如：花子□□hʉa^{34}tsʅ^{42}ti^{42}tʉo^{21}（像叫花子一样的人）、憨包儿□□han^{55}por^{55}ti^{42}tʉo^{21}（像憨包一样的人）、愣鬼□□lẽn^{21}ʔʉ^{i42}ti^{42}tʉo^{21}（像傻瓜一样的人）。

（13）A+BCD（不规则类）

血呼哩啦ɕiɛ^{42}hʉ^{55}li^{55}la^{55}（大量的血）。

4. 方位名词的后缀

方位名词只有后缀形式，即“A+首”的形式。

上首ʃaŋ^{21}ʃəu^{42}（上面）、下首ɕia^{21}ʃəu^{42}（下面）、外首ʉai^{21}ʃəu^{42}（外面）、前首tɕiɛn^{31}ʃəu^{42}（前面）、后首həu^{21}ʃəu^{42}（后面）、以首i^{42}ʃəu$^{42/55}$（里面）。

三、名词词缀的类型

1. 按照词根的词性进行分类

词根的词性种类以名词最多①，如：老埂儿lau^{42}ʔər^{55}、牙巴骨ia^{31}pa^{55}ʔʉ^{42}（牙龈或牙根）、海子hai^{42}tsʅ^{55}（湖泊）等；其次为动词和形容词，如：老趖lau^{42}so^{34}（蛇）、骗子pʰian^{21}tsʅ^{42}、干巴ʔan^{55}pa^{55}（肉干）等；量词和拟声词少量，如：个巴ʔʉo^{21}pa^{42}、老哇lau^{42}ʉa^{55}（乌鸦）；最后还有一个助词，小呢ɕiau^{42}nɛ^{55}（小辈）。

2. 从语义学上进行分类

无论是前缀还是后缀，都属于具体名词，没有抽象名词。

（1）前缀名词

【+生命】语义特征的数量远远多于具有【-生命】语义特征的，除了：□□辣、□□糖、□□灰、老烟□lau^{42}ian^{55}ʔo^{55}（水烟筒）、老水鞋lau^{42}ʃui^{42}hai^{32}（雨鞋）、老埂儿lau^{42}ʔər^{55}，其他的都是【+生命】语义特征，如：小婆娘ɕiau^{42}pʰo^{31}niãŋ^{31}、大嬷ta^{21}mo^{55}等。

（2）后缀名词

【-生命】语义特征的数量略多于【+生命】语义特征的，【-生命】语义特征的名词，如：摊子tʰan^{34}tsʅ^{42}、丫巴ia^{55}pa^{55}（缝）等；【+生命】语义特征的名词，如：耗子hau^{21}tsʅ^{42}、花子hʉa^{34}tsʅ^{42}（乞丐）等。

3. 受数量词的修饰

无论是前缀还是后缀，都能受数量词的修饰。如：一双老水鞋lau^{42}ʃui^{42}hai^{32}（雨鞋）、一根儿肋巴骨lo^{21}pa^{55}ʔʉ^{42}（肋骨）、一斤牛干巴ʔan^{55}pa^{55}等。

4. 在句子中常做动词的主语或者宾语

除了“结巴”可以做谓语以外，其他的名词都不具备这样的语法功能，如：他**结巴**得厉害（谓语）。

① 张弗：《玉溪方言概述》，《玉溪师专学报》（社会科学版）1991年第4期，第32–62页。

据盛丽春（2007：80–84）的考证，“V+巴”在东北方言里主要是用作动词做句子谓语，如：剁巴、洗巴、叠巴等。

四、名词词缀构成的特点和词缀变调

与普通话的名词词缀相比，春和镇的名词词缀还具有以下特点：

1. 儿化和词缀相结合组成的名词占比高的主要形式

（1）词根儿化后带词缀式

如小伴儿ɕiau^{42}pər^{21}（朋友间的称呼）、块儿头hʉɛr^{21}tʱəu^{31}（指人的高矮胖瘦）、节儿巴tɕiɛr^{31}pa^{55}（树木的节）。

（2）词根带儿化词缀式

如镯头儿tʃʉo^{31}tʰər^{31}（手镯）、沙子儿ʃa^{34}tsʅr^{42}、筛点儿ʃai^{34}tiɛr^{42}（小筛子）。

（3）词根儿化后带儿化词缀式

如碗儿点儿ʉɛr^{42}tiɛr^{42}（泛指一切的碗）、碟儿点儿tiɛr^{31}tiɛr^{55}（既可以指碟子也可以指盘子）等。

陈保亚（1999）认为玉溪的儿化是典型的儿化片断现象，即汉语中的两个字挤在一个音节中出现，他总结了玉溪儿化具有3个特点：①“–r”不可以随便增减，它就像一个音位一样，紧紧黏贴在词的语音形式上，成为音节的一个组成部分。②没有小称功能。③可以重叠，如边儿边儿/罐儿罐儿/盖儿盖儿/尾儿尾儿/奶儿奶儿，在名词可以重叠的西南官话中，只有单字可以重叠，玉溪儿化可以重叠，证明该儿化音节代表一个单字而不两个字。儿化片断现象使得春和镇方言里儿化和词缀相结合组成的名词占比很高。

2. 名词词缀里的音变现象

（1）同一个词，词根调值不同，表达含义也不同

如老倌儿lau^{42}ʔʉɛr$^{34/55}$，词根“倌儿”ʔʉɛr^{34}，表示对年纪较高的男性的不礼貌的称呼；ʔʉɛr^{55}，表示老公的意思。

（2）同一个词，词缀读音调值不同，表达的含义也不同

如卵子lʉan^{42}tsʅ$^{42/55}$，词根“子”tsʅ^{55}，表示男性生殖器；tsʅ^{42}，表示雌性动物的生殖细胞。

（3）同一个词缀，词根所属古调类不同，后头的词缀调值会发生变化

①“子”缀

原调单读时为上声调42，即“tsʅ^{42}”，但“子”缀调值会根据词根的古调类不同而发生改变，如：花子hʉa^{34}tsʅ^{42}（乞丐），前字（词根）是阴平调，后头的“子”缀得读上声42；前字是去声，“子缀”也读42，如铺子“pʰʉ^{21}tsʅ^{42}”。但前字（词根）是阳平调，如明子，后头的“子”缀得读55，读“mĩn^{31}tsʅ^{55}”；读55的还有词根为上声字和古入声字的，如肘（上声）子ʧou^{42}tsʅ^{55}、谷（古入声）子ʔʉ^{42}tsʅ^{55}稻谷。

②“头儿”缀

原调单读时为阳平调31，即“tʰər^{31}”，但“头儿”缀调值会根据词根的古调类不同而发生改变，如墙头儿tɕʰiãn^{31}tʰər^{31}，前字（词根）是阳平调，后头的“头儿”缀得读阳平31；前字是去声，“头儿缀”也读31，如灶头儿“tsau^{21}tʰər^{31}。但前字（词根）是阴平调，后头的“头儿”缀得读55，如肩头儿tɕiɛn^{55}tʰər^{55}；读55的还有词根为上声字和词根为古入声字的，如指（上声）头儿tʃʅ^{42}tʰər^{55}、镯（古入声）头儿tʃʉo^{31}tʰər^{31}。

③“点儿”缀

原调单读时为上声调42，即“tiɛr^{42}”，但“点儿”缀调值会根据词根的古调类不同而发生改变，如：

筛点儿ʃai³⁴tiɛr⁴²，前字（词根）是阴平调，后头的“点儿”缀得读上声42；前字是阳平调，“点儿”缀读42，如辣麻点儿（毛毛虫）la²¹ma³¹tiɛr⁴²；前字是上声，“点儿”缀也读42，如碗儿点儿ʉɛr⁴²tiɛr⁴²。但前字（词根）是去声，后头的“点儿”缀得读55调，如秏点儿“hau²¹tiɛr⁵⁵”；读55的还有词根为古入声字的，如碟（古入声）儿点儿tiɛr³¹tiɛr⁵⁵。

详见下表：

表1　名词词缀的音变

不同缀的词根 词根调类和词缀调值	词根所属古调类	词缀的调值	例字
“子”缀的词根	阴平、去声	42	花子、街子、料子、铺子等
	阳平、上声、古入声字	55	明子、肘子、桌子、谷子等
“头儿”缀的词根	阳平、去声	31	菜头儿、墙头儿、灶头儿等
	阴平、上声、古入声字	55	肩头儿、指头儿、镯头儿等
“点儿”缀的词根	阴平、阳平、上声	42	筛点儿、辣麻点儿、碗儿点儿
	去声、古入声	55	秏点儿、碟儿点儿

3. 名词词缀里存在少量重叠词缀和词缀叠加现象

（1）重叠前缀

如mər⁵⁵mər⁵⁵鱼、mər⁵⁵mər⁵⁵血、miɛr²¹miɛr²¹辣、miɛr²¹miɛr²¹糖等。

（2）词缀叠加的前缀

曾毅平（2003：177–186）提到过龙岗方言中部分词缀所粘附的成分又是带词缀的，如“老妹嘚”是前缀“老”后面又带了后缀“嘚”构成的。与这种方式不同的是，该镇方言里的词缀构成层次是“词缀+词缀+词根”的形式，如表称呼的“□ɕiɛ⁴²老三”，是词缀“老”再加前缀“□ɕiɛ⁴²”；“小咪咪指、小咪咪眼、小咪咪拃”，是“小”和“咪咪”叠加共同成为三音节前缀再修饰中心名词，重叠词缀“咪咪”本身就是非常小的意思，再用“小”修饰，表达小的功能更加强烈。

（3）词缀叠加的后缀

如“嘴巴子”，是词根“嘴”带上词缀“巴”后再带“子”缀叠加构词。

参考文献

[1] 陈保亚. 1999. 20世纪中国语言学方法论（1898—1998）[M]. 济南：山东教育出版社：372.

[2] 丁崇明. 2006. 昆明方言的儿化[J]. 中国方言学报（1）：59–67.

[3] 董秀芳. 2005. 汉语词缀的性质与汉语词法特点[J]. 汉语学习（6）：13–18.

[4] 盛丽春，韩梅，俞咏梅. 2007. 东北方言的语义分类：以东北方言中带后缀“巴”的词语为例[J]. 长春师范学院学报（人文社会科学版)(5)：80–84.

[5] 云南省汉语方言志编写组. 1989. 云南汉语方言词汇的构成和特点[J]. 云南师范大学学报（哲社版）(2)：93–101.

[6] 曾毅平. 2003. 石城（龙岗）客话常见名词词缀[J]. 方言（2）：177–186.

[7] 张茀，罗常培. 1987.《玉溪方言》考补[J]. 云南师范大学学报（哲社版)(2)：97–100.

[8] 张茀. 1991. 玉溪方言概述[J]. 玉溪师专学报（社会科学版)(4)：32–62.

河南新乡的语言资源

董一博

（暨南大学文学院　广东广州　510632）

【提　要】河南省新乡市主要通行晋语和中原官话，其中6个县（区）以及新乡市区通行晋语，3个县（区）通行中原官话。本文从新乡的方言分布，新乡方言的语音、词汇、语法等方面对新乡方言的研究进行介绍。希望通过对新乡方言的概说，呈现出新乡方言的基本情况。

【关键词】新乡方言　晋语　中原官话　分布情况　概说

一、新乡文化地理以及历史沿革述略

新乡一词来源于西汉为获嘉县的新中乡，在《太平寰宇记》卷56中记载道：新乡县“取新中乡以为名”。西晋太和五年（370）在今新乡市建新乐城。《史记志疑》记载道：“乐者村落之谓，古字通用。”新乐也就是新乡的意思。

新乡市是河南省的地级市之一，位于华北平原，地处河南省的北部、太行山的南部、黄河北岸，紧邻省会郑州，中心位于北纬35°18′，东经113°54′，与郑州市、开封市隔河相望；北依太行，与鹤壁市、安阳市毗邻；西连焦作市，与晋东南接壤；东接油城濮阳市与鲁西相连，总面积8249平方千米。新乡市属于华北板块，地处黄河、海河两大流域，地势北高南低，北部主要是太行山山地和丘陵岗地，南部为黄河冲积扇平原。

新乡市在新中国成立初期为平原省省会，1952年，平原省撤销，新乡、安阳、濮阳专区改属河南省。新乡归河南省直辖。同时新乡专署迁驻新乡，所辖除封丘、长垣归濮阳专区外，其他各县均归属新乡专区。1958年，新乡、安阳两专区合并为新乡专区，全境属之。1967年，新乡专区改名新乡地区。1974年，新乡改为省地双重领导；1978年1月，又改归新乡地区领导。1986年2月，撤销新乡地区，新乡辖新乡县、汲县、获嘉、辉县、原阳、延津、封丘、长垣8县。1988年11月，汲县改为卫辉市，辉县改为辉县市，隶属关系未变至今。

图1　新乡市行政区划示意图①

现在，新乡市辖6县（新乡县、获嘉县、原阳县、延津县、封丘县、长垣县）、4区（卫滨区、红旗区、牧野区、凤泉区），代管2个县级市（辉县市、卫辉市）。2016年，新乡市总人口610.82万人，常住人口574.30万人。

明代时期，大量移民来到新乡，新乡方言也深受晋语的影响，保留了晋语鲜明的入声特征。近代的新乡是豫北的交通中心，在经济、文化的交流中语言不可避免地相融，再加上近代各地的人员迁入，以及普通话的推广和普及，新乡方言又有了很大的变化。

二、新乡市的方言分布

新乡市主要通行两种方言：晋语和中原官话。晋语所通行的县（区）占比例较大，而中原官话所通行占比例较少，所以晋语是新乡市的强势方言。但值得我们注意的是，两种方言共存于新乡市，不同方言区的都以各自的母语为主，但是会存在一些词汇和语法的不同，相互理解的程度也会受到语速等原因的影响。据《中华人民共和国行政区划简册》统计，全国使用晋语的人口约为6305万，其中山西约2370万，河北约1198万，河南约1104万，陕西约437万，内蒙古自治区约1061万。②下面将两种方言的分布情况作出介绍。

图2　新乡市方言分布图③

① 图片来自新乡市人民政府网www.xinsiang.gov.cn。

② 2017年新乡市国民经济和社会发展统计公报，河南省统计局。

③ 图片来自《中国语言地图集》。中国社会科学院语言研究所、中国社会科学院民族学与人类学研究所、香港城市大学语言资讯科学研究中心：《中国语言地图集》，第2版，商务印书馆，2012年。

（一）新乡市的晋语

在2012年版的《中国语言地图集》中将新乡市的新乡、获嘉、凤泉、辉县、延津、卫辉（原汲县）等6个县（区）划归为晋语邯新片获济小片。以上6县（区）的方言在语音、词汇和语法等方面都与官话区有所不一致，比如：入声收喉塞尾及入舒同调型、通摄的合口一等和合口三等入声精组字今读音有区别等。由于新乡西北部的晋语获济小片交通比较便利，内部往来比较密切，其内部的差异较小，会出现个别的词汇和语法运用的不一致，但不影响交流。获嘉县的晋语比较有特色，高本汉、贺巍等学者都对其进行了较为细致的调查和研究，但相对其他县（区）则调查和研究的结论较少，还有较大的挖掘空间。

上述6个县（区）为晋语区，但是们没有处于晋语的腹地，而是处在晋语的边缘地带，晋语的核心区入声调类有两个，可以分阴入和阳入，边缘区只有一个，且有不同程度的舒化，总的来看，方言里固有的、口语里常说的、土语词里用的古入声字今读大多会保留入声。

（二）新乡市的中原官话

在2012年版的《中国语言地图集》中将新乡市的原阳、长垣、封丘等3个县（区）划归为中原官话郑开片。以上的3县（区）的方言主要与晋语不一致的地方还是在入声，但也会存在一定的共性。几个县（区）都不同程度地存在子尾变韵、儿化变韵，以及新乡晋语部分入声舒化的方式与中原官话一致等特点，但是具体的类型、方式以及保留程度还存在着不小的差异。

在侯精一的《现代晋语的研究》《晋语与官话方言研究》中将晋语的分区、归属以及晋语与官话方言比较等问题进行了较为细致的阐述，还将晋语与官话进行了简单比较，也让我们大致了解到晋语与官话的一致性和差异性，对今后晋语和官话的相关研究提供了理论思路。

总之，新乡方言的使用人口不断减少、适用范围逐步萎缩、方言功能日渐弱化、普通话冲击力度较大、语言感情日渐淡薄等原因的影响下，方言的特征在普通话的影响下正逐渐被侵蚀。

三、有关新乡方言的相关研究

关于新乡方言的研究，不同的时期都有不同的学者从不同的视角作过研究，但语言本体的研究以及传统的研究较多，交叉学科的研究较少，如方言地理学、实验语音学等新兴的学科。以下主要从新乡方言研究的语音、词汇、语法以及其他方面来进行介绍。

（一）新乡语音研究

国外对晋语的研究还相对较少，桥本万太郎、野村正良、仓石武四郎、贺登崧、高本汉等都有涉及，但相对于其他方言区，尤其是东南区的方言则是相对较少，且关于新乡或者其他豫北地区的晋语几乎没有涉及，在高本汉《中国音韵学研究》中对当时获嘉的语音有较为全面的描写。20世纪 60 到 80 年代贺巍先生关于获嘉方言的一系列研究成果是研究新乡方言中的经典之作。20世纪90年代则出现了断层，不过近年来，不少博士、硕士加入到新乡周边方言的调查与研究。除此之外，对新乡市方言语音做过专门描写探讨的有董洁茹《新乡方言语音词汇研究》（2007），李德敏《新乡方言的声韵调》（2014），于上官《河南新乡古固寨方言单字调声学实验研究》（2016），李淑君《新乡县方言语音研究》（2017），支建刚《河南延津方言的入声今读及归属》（2018），甘于恩、董一博《河南新乡方言子变韵的语音类型》等。有关新乡方言的论著相对来说还是较少，无论是晋语还是中原官话都还有很大的挖掘空间。

（二）新乡词汇研究

最早出现有关新乡词汇记录的多出现在市、县、区志之中，其中的方言篇部分对新乡方言有着或详或略的记录。关于新乡方言中词汇方面的研究成果还不是太多，目前主要有论著、学位论文、地方志等。20世纪中叶之后，对新乡词汇的研究还比较少，但近些年来随着年轻学者的加入，有关新乡词汇的研究开始增多，有谢云静《新乡县方言合音词研究》（2006）、荆文华《新乡方言语气副词"情""敢""管""高低"研究》（2011）、张美玲《新乡方言词语考》（2013）、王雪锦《新乡市公务员语言使用情况调查》（2015）、李淑君《新乡方言的副词重叠——"情情"》（2016）、郭艺丁与吴早生《河南新乡方言句末语气词"不咋"的主观义及其句法语用制约机制》（2020）等。以上的学位论文或是期刊论文，相对细致的对新乡部分词汇进行了分析和研究。但是总体有关新乡方言词汇的研究还较少，还需要进一步的增加研究力度。

（三）新乡语法研究

对新乡方言的语法研究则非常之少，有关新乡语法的研究在刘雪霞《河南方言语音的演变与层次》（2006）、史艳锋《豫北晋语单字音与变音现象研究》（2013）等一些整体研究的学位论文及其他相关研究中有所涉及，目前新乡方言中的词汇、语法研究多数只限于描述性的论文，进行深入探讨的相对较少，已有的成果中研究面相对较窄。词汇研究中的词义差异研究、特征词研究、古语词、历时的方言词汇使用中的变化及代际差异研究相对较少或未有涉及。语法中时制、体貌、助词、语法化研究等有待加强。所以，在语法方面，新乡方言还可以进行深入挖掘。

（四）整体文献研究及其他

有关新乡方言整体文献的研究有《河南方言概况》（1960）、《河南省志·方言志》（1995）、《新乡市志》（1994）、《红旗区志》（1992）、《新乡县志》（1991）、《新乡市郊区志》（1993）等相关的研究。在高本汉《中国音韵学研究》中对新乡获嘉方言的描写和涉及，对当时获嘉的语音各个方面都有一个较为全面的描写。涉及新乡方言的整体研究还有陈鹏飞、石锋《豫北晋语语音演变研究》（2008）、史艳锋《豫北晋语单字音与变音现象研究》（2013）、卢海《豫北晋语入声的调查与比较》（2015）、支建刚《豫北晋语擦音与塞擦音的非同步发展》（2017）、史艳锋《豫北晋语的儿化》（2017）、支建刚《豫北晋语语音研究》（2020）等，在这些整体研究中也有涉及新乡方言的篇目。上述学位论文或是论著大多都是以整个豫北为切入点，有关新乡（除获嘉）地区的方言挖掘的论著还较少，大多都是一语带过，所以新乡方言还有较大的挖掘空间。

国内对晋语的研究中，山西、陕西呈现一片繁荣的景象，山西形成以侯精一、温端政、乔全生、王临惠、张光明、李小平、沈慧云、吴建生等为主的研究群体；陕西形成以邢向东、刘勋宁、张崇、刘育林、黑维强、李建校等为主的研究群体。

总而言之，对新乡方言研究的论著相对于山西、陕西的还相对较弱。在今后很长的一段时期内，深入地进行单点挖掘和大面积系统调查仍然是工作的重点，且要与比较新的研究方法的进行交叉研究，如方言地理学、实验语音学等，在此基础之上对新乡方言进行方言间的共时、历时比较和对新乡方言发展史、新乡方言演变理论进行系统地探讨乃是研究的必然趋势。

四、新乡市方言的使用情况

（一）新乡本地的方言使用

在朋友交谈、家庭语言等一系列非官方的场合则大多使用本地方言，也有一些年龄较大的工作人员不会说或者普通话说得不标准，他们就继续使用方言，包括教师、医生、警察等。因为新乡方言（官话部分）与普通话之间还是比较接近，虽然有不同，但是北方地区的人们基本上都能听懂，除了个别词语的特殊说法。现如今，年青一代方言掌握的程度不一，很多时候会出现方音，而不是地地道道的方言，把普通话中的说法，用方言的语音讲出来。

在家庭语言中，很多家庭存在长辈在生活的方方面面都使用方言的情况下，孩子也会使用方言，所以说家庭语言的使用也就是方言的最后防线。社会、经济、政治等很多因素都影响着家庭语言政策，而家长的受教育程度、人口迁移等多个方面都会起到一定的影响。方言的使用中，如果词语和句法“普通话化”现象日益明显，方言在社会的传播中逐渐失去基础，方言文化也慢慢地失去根基，则导致年青一代失去母语的意识，最终这种现象会对本地传统文化的保护与传承造成一定的消极影响。

（二）普通话的使用

新乡和全国大多数城市一样，普通话作为官方用语，在校园、媒体等正式场合使用得更多，掌握普通话的人们占大多数，但是在非官方的场合使用的语言就各有不同，大体来说，新乡地区的语言以中原官话和晋语为主，而社会语言生活实际上包含了语言使用的各方各面。

在会议、演讲、校园、媒体、交通工具等一系列的官方场合都在使用普通话，也随着普通话的推广，在新一代的年轻人中会说方言的则越来越少。这些在很大程度上都反映出语言政策的导向，而校园语言则更是对语言政策的一种折射。而在家庭语言中，有一部分家庭会使用方言，这部分主要出现在，爷爷奶奶辈带孙子孙女的情况下，老一辈的普通话掌握的程度相对来说就弱一点。但如今，父母以及爷爷奶奶辈的都会尽可能地和孩子讲普通话，他们互相交流时使用方言，与孩子交流时则使用普通话。这种现象从大城市向小城市和城镇慢慢发展。

五、结语

如今，随着外来人口的增加，靠近太行山和黄河的特殊地形，以及便利的交通（位于陇海线和京广线），新乡各县（区）的方言都受到了外来方言不同程度的影响。也随着普通话推广的不断深入，可以说人们在生活、工作、学习中都会大量运用普通话，这也使方言受到了巨大冲击，在各种语言接触、叠加后也发生了很大的变化。而方言作为地方文化的重要载体，对地方文化的传承与保护起着至关重要的作用，国家为科学保护各民族语言文字，于2015年启动了中国语言资源保护工程，用现代的信息技术对语言的相关数据进行采录，经过转写、标记等一系列加工程序将相关的文本文件、视频文件以及音频文件整理入库，通过数据库、互联网、博物馆和语言实验室等方式向学界以及社会进行展现。也希望各方人士都参与到方言的保护和传承的工作中来。

参考文献

[1] 甘于恩，董一博. 2020. 河南新乡方言子变韵的语音类型［J］. 方言（2）：207–215.

[2] 侯精一. 1986. 晋语的分区（稿）［J］. 方言（4）：253–261.

[3] 乔全生. 2005. 晋方言研究综述［J］. 山西大学学报（哲学社会科学版）（1）：84–89.

[4] 王福堂. 1999. 汉语方言语音的演变和层次［M］. 北京：语文出版社.

[5] 王洪君. 2013. 历史语言学方法论与汉语方言音韵史个案研究［M］. 北京：商务印书馆.

[6] 詹伯慧，张振兴，甘于恩，等. 2017. 汉语方言学大词典［M］. 广东：广东教育出版社.

昆曲小花旦情感念白声学特征分析①

董 理[1] 林 扬[2]

（1. 深圳大学人文学院 广东深圳 518060；2. 深圳大学数学与统计学院 广东深圳 518060）

【提 要】通过统计句子音高、声压的均值、标准差和斜率等特征，分析了愤怒、高兴、悲伤和中性4种情感下昆曲小花旦念白的声学特征及情感间的差异，检验了声学参数区分语音情感的有效性。结果发现：（1）从参数均值和变化率（绝对值）来看，悲伤<中性<愤怒<高兴，从参数四分位距来看，悲伤<高兴<中性<愤怒；（2）愤怒和中性、高兴存在显著差异的参数最少，悲伤与愤怒、高兴存在显著差异的参数最多；（3）各参数区分情感的效度不同，音高标准差和声压均值区分效度最高，音高斜率和声压斜率区分效度最低；（4）参数间具有共变特征，共变程度在情感间不同，是区分语音情感的一项重要补充；（5）可以通过多元回归方程来计算念白情感类型。本研究为艺术语音情感特征研究提供了借鉴。

【关键词】昆曲小花旦 情感念白 音高 声压

一、引言

语言中不仅包含语义信息，还包含性别、年龄、情感、态度等信息。语音的情感表达和感知会受到性别、年龄及个体特征的影响。相比于日常口语，戏剧中语音的有效情感特征被放大化，使得情感表现更加鲜明，更容易得到较为统一的感知。因此，从戏剧入手研究语音的情感特征，更易得到较为鲜明的结论。

昆曲念白是诠释角色特征与感情色彩的重要语言手段，情感表现既有角色程式又有个人特征。小花旦是昆曲女性行当中的一类，多饰演年轻活泼但地位比较卑微的女子，据Dong L、Sundberg J、Kong J（2014）和Dong L、Sundbeng J、Kong J（2014）的研究可知，其语音特征和情感表现策略与其他女性角色不同。

自1935年Skinner（1935）使用实验手段对情感语音的声学特征进行研究后，基频、声强、时长和嗓音音质等声学线索被发现与语音的情感表达有关［如Scherer Y K（1986），Cowie R、Douglas-Cowie E、Tsapatsoulis N等（2001），Juslin P N、Laukka P（2003）的研究］。一方面，据Murray I R、Arnott J L（1993）与Schröder M、Cowie R、Douglas-Cowie E等（2001）的研究发现，各参数的平均情况在情感间会表现出明显的差异，愤怒和高兴均表现为基频均值、变化范围较高、音强较强，而悲伤则表现为基频均值和变化范围较小，音强较弱。另一方面，据Paeschke A、Sendlemeier W F（2000）的研究可知，声学参数随时间的变化曲线也负载了一定的情感信息，如愤怒与高兴相比，基频曲线在句末下倾得更为剧

① 国家社会科学基金（16CYY047）资助。

烈。此外，实际语言中的情感更为复杂，具备不同性别、年龄、身份等特征的人在情感表达上会存在一定的程度差异，也提示我们在分析情感时综合考虑各种变量。

汉语是声调语言，字调与语调共同影响着句子的基频特征。因此，仅依赖基频来分析汉语的语音情感存在一定的局限［如Rose E D、Edmondson J A、Seibert G B（1986）研究］，需要同时考虑多个维度的声学特征［如Yuan J、Shen L、Chen F（2002）与蒋丹宁、蔡莲红（2006）研究］。据此，本文将从音高和音强两个维度探讨昆曲小花旦念白语音的情感特征。

本文将从以下角度入手，对昆曲小花旦愤怒、高兴、中性和悲伤念白进行研究：（1）昆曲小花旦各情感念白的声学特征如何；（2）凭借音高和声压参数是否足以将4种情感念白有效区分；（3）两两情感间的差异程度是否相似；（4）各类型参数在区分情感时效度是否相同；（5）参数间是否存在共变特征及其对区分情感的贡献。

二、方法

（一）实验材料

录音材料由演员根据情感要求自行选择，选自以下剧目：《牡丹亭》《西厢记》《孽海记》《钗钏记》《浣纱记》和《小放牛》等。愤怒、高兴、中性和悲伤每种情感各选了4个段落，每个演员16段。两位演员选择的段落大部分相同。录音结束后，将念白段落按句切分，由9名普通听众（8女1男）听录音判断念白情感。5名以上听众认定为某种情感的句子则被认定为具有该情感特征的念白。各演员、情感最终筛选出的句子数量不同，最少的22句，最多的50句。选出的句子经过了演员和半数以上听众的双重认定，情感特征鲜明。

（二）发音人和数据采集

研究选用了两名国家级专业女演员，均来自江苏省演艺集团。录音时年龄分别为50岁和49岁，专业从业生涯均为32年。录音时，要求她们按照台上表演的方式念白。

录音在安静的起居室完成。语音信号由索尼电容式传声器采录，录音时传声器挂在演员的胸前，距离唇部15cm。采样频率为40kHz，分辨率16bit。每段录音后都包含了一段用于校准的1000Hz的声音，以及该声音在相同距离下用TES-52型声级计测量出的声压数值。

（三）数据处理

使用了两种语音分析软件提取参数。一种是WaveSurfer，用于提取基频和能量参数，0.01s为一帧；另一种是Soundswell Core Signal Workstation 4.0，用于计算等效声级。

基频被转换为与感知匹配的半音形式，公式参考自Dong L、Sundberg J、Kong J（2014），如下：

$$P_i=39.86\times\lg(F0_i/F0_{ref}),\ i=1,2,3,\ldots,n \tag{1}$$

其中，P_i为i帧的音高，n为帧数，$F0_i$为i帧的基频测量值，$F0_{ref}$为基频参考值，本文设为55Hz，220Hz对应24半音。软件提取的声功率被校准为绝对声压级（单位dB），公式如下：

$$SPL_i=Power_i+\Delta SPL,\ i=1,2,3,\ldots,n \tag{2}$$

其中SPL_i为i帧的绝对声压，$Power_i$为i帧的声功率测量值，ΔSPL为校准音的声功率测量值与声压计的实测声压的差值。

参数的统计特征由Python软件计算得出。分析时，首先以句为单位，计算音高或声压的均值、标准差和斜率，以这些参数作为各句的代表特征。其中斜率为以音高或声压为因变量、时间（以s为单位）为自变量进行线性拟合得出的斜率。

两位演员的音高均值和声压均值存在较大差异，中性的平均值分别为39.3半音、36半音和95.6分贝、80.4分贝。为了减少不同演员间数据的离散度，将两位演员各句的音高（声压）均值均下调（上调）中性均值差异的一半，即1.65半音和7.6分贝，随后将两位演员念白的各统计特征按情感合并，作为该情感的分析样本，进行样本间的差异检验和相关分析。

三、结果

（一）声学参数统计特征

为了反映出各情感念白句子层面的声学参数统计特征的差异，计算了各统计特征的均值和百分位点，以反映句子的平均情况和句间变异幅度，结果见图1。

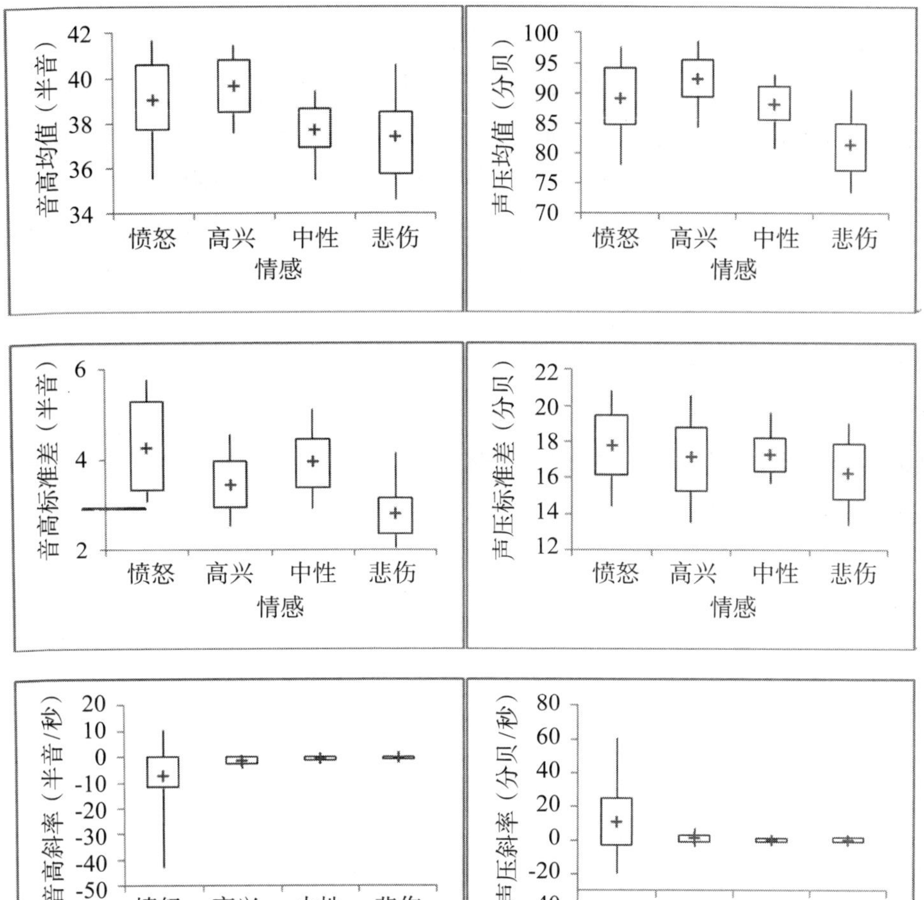

图1　各情感念白音高、声压的句统计特征分布情况

注：箱线图中“+”表示均值，箱上下边界表示75%和25%位点，线的上下端表示90%和10%位点。

正态性检验结果显示，一半以上数据不符合正态分布，为了比较各情感相应参数的差异是否显著，对各参数集合进行了曼惠特尼U检验，结果见表1。当p<0.05时，两组数据具有显著差异，下文提及的“显著”均以此检验结果为依据。

表1　情感间各参数曼惠特尼U检验渐近显著性（双侧）

情感间	音高均值	音高标准差	音高斜率	声压均值	声压标准差	声压斜率
悲伤与中性	0.173	0.000*	0.117	0.000*	0.005*	0.600
高兴与中性	0.000*	0.000*	0.036*	0.000*	0.897	0.209
愤怒与中性	0.000*	0.151	0.196	0.290	0.132	0.006*
悲伤与高兴	0.000*	0.000*	0.002*	0.000*	0.025*	0.098
悲伤与愤怒	0.000*	0.000*	0.064	0.000*	0.000*	0.008*
高兴与愤怒	0.105	0.000*	0.650	0.004*	0.168	0.063
* p<0.05						

综合图1和表1的结果可以发现，小花旦各参数在情感间的表现不同。句音高均值将情感分为两组，中性和悲伤一组，高兴和愤怒一组，组间差异显著，组内差异不显著，前一组比后一组低1.7个半音；变异程度上，中性四分位距最小、数据最集中，悲伤和愤怒则较大、数据较分散。句音高标准差整体上中性、愤怒>高兴>悲伤，其中除愤怒和中性外差异均显著（符号含义下同）；变异程度上，愤怒的四分位距明显大于其他情感。高兴的句音高斜率绝对值显著大于中性和悲伤；愤怒的句音高斜率均值和四分位距与其他情感的差异很大，但组间差异不显著。句声压均值整体上高兴>中性、愤怒>悲伤，悲伤与中性/愤怒的差异（7dB）大于高兴与中性/愤怒的差异（4dB），四分位距从大到小依次为愤怒、悲伤、高兴、中性。句声压标准差中性、愤怒、高兴>悲伤，愤怒、高兴和悲伤的四分位距明显大于中性。愤怒句声压斜率显著大于中性和悲伤，其他情感间差异均不显著；愤怒的四分位距明显大于其他情感。

各参数区分情感的效度不同，音高标准差和声压均值可以区分的情感数量最多，其次是音高均值和声压标准差，最少的是音高斜率和声压斜率。情感都可以通过部分参数加以区分，但存在显著差异的参数个数不同，结果见表2。其中，悲伤与愤怒、高兴存在显著差异的个数最多，愤怒与中性、高兴的最少。从表2中显著差异参数特点描述可以发现，从声学参数均值和变化率（绝对值）来看，悲伤<中性<愤怒<高兴，从声学参数标准差来看，悲伤<高兴<中性<愤怒。

表2　情感间差异汇总

情感对	显著差异参数个数	显著差异参数特点描述
中性、悲伤	3	各参数中性大于悲伤
中性、高兴	4	除音高标准差外，各参数中性小于高兴
中性、愤怒	2	各参数中性小于愤怒
悲伤、高兴	5	各参数悲伤小于高兴
悲伤、愤怒	5	各参数悲伤小于愤怒
高兴、愤怒	2	声压均值高兴大于愤怒，标准差相反

（二）参数相关性分析

音高和声压参数可能存在一定的相关关系，为了验证其相关程度，以句为单位对各情感的多参数间进行了Spearman线性相关分析，所有呈现显著相关的相关系数见表3。

表3　各情感参数间Spearman相关系数

高兴	愤怒					
	音高均值	音高标准差	音高斜率	声压均值	声压标准差	声压斜率
	—			0.67	0.61	-0.25
音高标准差		—			0.47	
音高斜率	0.25		—		-0.32	
声压均值	0.41		0.25	—	0.32	-0.23
声压标准差	0.35	0.24			—	
声压斜率						—
悲伤	**中性**					
	音高均值	音高标准差	音高斜率	声压均值	声压标准差	声压斜率
音高均值	—	-0.35		0.61	0.36	
音高标准差		—				-0.30
音高斜率		0.27	—			0.38
声压均值	0.56			—		
声压标准差	0.82			0.51	—	
声压斜率	-0.42			-0.44	-0.42	—

注：仅标出$p<0.05$的相关系数。各子表格的右上部数据为某一情感对应分析结果，左下部数据为另一情感对应分析结果。

从表3可以发现，不同情感参数间的关系不同。以中性情感为参照：（1）当念白带有其他任意情感时，原存在的音高均值与音高标准差、声压斜率与音高标准差之间的显著负相关以及音高斜率与声压斜率之间的显著正相关都表现为不显著；（2）当念白带有悲伤、愤怒等消极情感时，音高均值和声压均值间的相关系数明显大于中性，音高均值与声压斜率、声压均值与声压斜率之间呈现显著负相关，声压均值与声压标准差之间呈现显著正相关，以上显著相关悲伤的相关系数均大于愤怒；（3）当念白带有高兴情感时，音高均值与声压均值的相关系数明显小于中性，音高均值与音高斜率、声压均值与音高斜率、音高标准差与声压标准差之间呈现显著正相关。从显著相关的数量来看，悲伤和愤怒呈显著线性相关的参数对最多，高兴和中性略少，愤怒和悲伤同时表现出显著相关的参数对数量明显多于其他情感间。从参数上看，音高均值与其他参数显著相关的数量最多。其次是声压标准差，音高标准差与其他参数显著相关的数量最少；参数间大部分表现为正相关，小部分表现为负相关，情感间线性相关的方向相同；音高均值和声压均值、声压标准差在各情感中都显著正相关，相关系数的最小值都出现在高兴情感中。

对比表1和表3的结果可以发现，当某些参数在情感间未表现出显著差异时，参数间的线性相关显著性在情感间不同。以悲伤和中性为例，音高均值和声压斜率均未表现出显著差异，中性念白中音高均值与声压斜率不显著相关，而悲伤念白中二者呈显著正相关，表明悲伤情感中两参数具有规律的共变特征，而在中性中二者的配合关系则规律性较弱。表1中差异参数较少的愤怒和中性情感、愤怒和高兴情感，其不具备显著差异的参数中，有3组参数是否显著相关在情感间的是不同的，即使参数都相关，其相关程度也不同。因此，参数间的线性关系是区分语音情感的一项重要补充。

（三）多元回归分析

情感间参数表现出统计学差异，但从图1中可以发现，数据的分布存在较大范围的交叉区域，大部分情况下不能依靠单一标准将念白归入某一情感类别，表3中的相关系数也并非离散指标。为了探索各参数与情感的定量关系，基于图1结果将愤怒、高兴、中性和悲伤分别赋值为4、3、2、1和3、4、2、1，采用进入法对数据进行了多元回归分析，结果发现，两种情况下声压标准差均被剔除（$p<0.05$），且在其他5个变量都进入模型时，R值达到最大，分别为0.639和0.578，回归方程均显著（$p<0.05$）。前一种赋值R值更大，其对应的回归方程为：

$$E=-8.474+0.033\times SPL_M+0.338\times P_{SD}+0.176\times P_M+0.013\times SPL_S-0.005\times P_S \tag{3}$$

其中E为情感，4、3、2、1分别代表典型的愤怒、高兴、中性和悲伤，SPL_M为句声压均值，P_{SD}为句音高标准差，P_M为句音高均值，SPL_S为句声压斜率，P_S为句音高斜率。

四、讨论

从图1可以发现，差异不仅体现在各参数的均值上，还体现在其四分位距等特征上，如两名演员愤怒情感对应的音高斜率和声压斜率，其四分位距都明显大于其他情感。四分位距的大小体现了数据内部一致性的程度，四分位距大，则数据内部一致性弱。仍以愤怒念白的音高、声压斜率为例，斜率值有正有负，即音高和声压可能在句中整体升高，也可能整体下降，且二者的差异比较明显。斜率与文本有一定关系，如在短句子中音高斜率大部分为负值，在长句子中则出现了较多正值。长句子中音高斜率为正时，整句并非音高持续上升，如图2所示，句子中有比较明显的停顿和音高变化，将全句分成了3个部分，每一部分中音高斜率均为负，而3个部分的平均音高则是不断上升的，导致了整句斜率为正。而对于比较短的句子，则只体现为音高的下降，斜率为负。这暗示着句子长度对情感的感知与表达是有影响的，一方面，局部特征（如音高下倾）就可能引发情感信息的感知；另一方面，长句中各部分的配合关系也可能影响情感的感知。这些假设还需要进一步的实验验证。从图2还可以发现，线性拟合结果同时受到声调和语调的影响，因此R值较小。据吴宗济（2004）和Li A、Fang Q、Dang J（2011）研究表明，情感语调的调阶与中性语调有较大差异。相比于自然语言，昆曲的字调不仅受到字本身调类的影响，还受到艺术语音的影响，因此很难用研究语言的五度标调法反映出移调变化。使用文中的音高斜率，虽然不能排除声调的影响，但可以在一定程度上反映出移调的趋势，也是对情感语调研究方法的一种探索，多元回归分析也验证了该参数的有效性。

小花旦情感念白的声学特征与自然语言有共性，也有差异。前人的多语言情感语音研究发现：愤怒一般具有较高的基频均值、基频方差和平均能量，并有下倾的基频轮廓；悲伤一般具有较低的基频均值、基频范围和平均能量以及下倾的基频轮廓；高兴通常具有较高的基频均值、基频范围、基频方差和平均能量，如Pittam J、Scherey K R（1993）与姜晓庆、田岗、崔国辉（2006）的研究所述。其中悲伤与各情感的区分度较高，而愤怒和高兴的区分度较低，甚至不能区分，如蒋丹定、蔡莲红（2003）与张锐锋（2016）的研究所述。小花旦念白的声学特征与自然语言存在部分差异。首先，念白中愤怒和高兴能

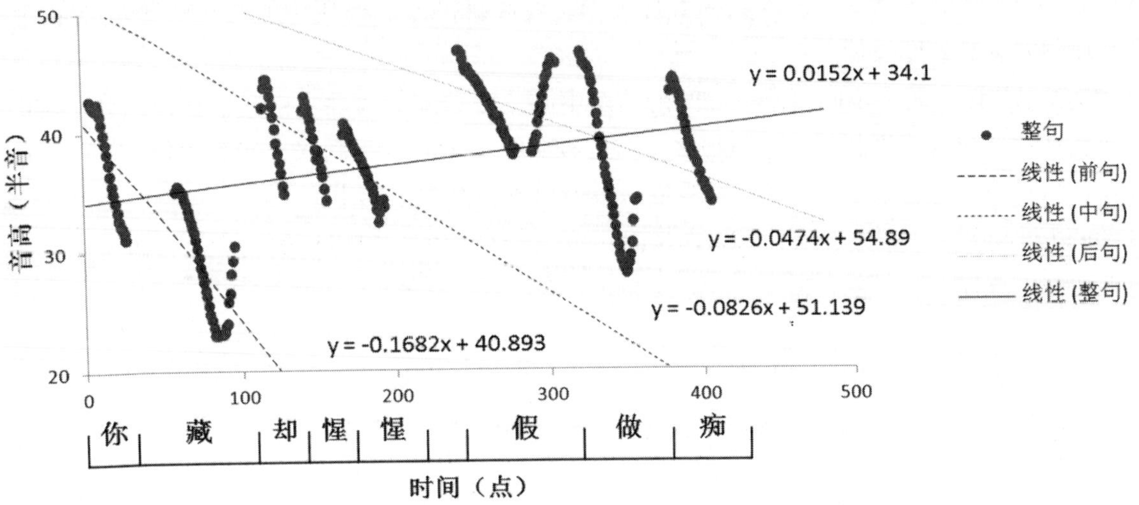

图2　愤怒情感下音高斜率为正的句子的音高曲线

够有效区分，一方面音高标准差和声压均值都具有显著差异（p<0.01），另一方面，参数的相关性在情感间差异较大，但这两种情感相比于其他情感的区分度仍较小。其次，中性和愤怒的区分度较小，与自然语言的差异较大。这可能由昆曲念白字音的特征决定，以音高为例，念白中多数字读为降调，如“春香”二字，在普通话中均为平调，但昆曲念白时，都用降调来读出，字的声调可能体现在字的平均音高上。因此，在进行数据分析时，使得主要表现为参数下降的愤怒念白与中性念白差异很小。从听辩实验结果来看，在中性念白中几乎没有被判别为愤怒情感的，暗示着在听感上二者的差异是比较大的。本研究未考虑句以下单位参数变化的速率，未来可以从此方向出发研究中性念白与愤怒念白的具体差异。

根据Cavie R、Eouglas-Cowie E、Tsapatsaulis N等（2001），蒋丹宁、蔡莲红（2006），姜晓庆、田岗、崔国辉（2006），吴洁敏、吕志楠（2011）等的研究表明，时长对情感的表达是有贡献的。本文没有采用时长参数是源于昆曲念白的特殊性及当前语料数量有限。在昆曲念白中，有时会将句中的一个或几个字拖长，很大程度上影响了时长的分析结果。拖长字音可以达到特殊的艺术效果，在各种情感念白中均有体现，与表现情感的关系尚不明确。当前语料数量较少，不足以按照句子长短、拖音出现的位置、停顿的位置等因素对句子进行分类，进而排除其他因素干扰、单独考察情感对语音的影响。未来可以搜集新的语料来验证昆曲念白中情感与时长的关系。

五、结论

本文分析了昆曲小花旦演员4种情感念白的音高和声压，发现各情感念白的声学参数表现出不同的统计特征，且其与自然语言中相同情感的声学表现有所不同，各声学参数统计特征在区分情感时效度不同。研究一方面呈现了戏曲中年轻活泼、地位较低女性的语音情感表现程式，一方面在昆曲等戏曲语音研究方法上进行了探索。主要得出以下结论：

（1）以中性念白各项参数为参照，悲伤念白所有参数均小于中性及其他情感念白；愤怒念白所有参数均大于中性念白，其音高、声压的均值和变化率（绝对值）小于高兴念白，参数四分位距则大于后者；高兴念白参数的均值和标准差整体大于其他情感念白，标准差介于悲伤和中性念白之间。

（2）情感间都可以通过部分参数加以区分，悲伤情感与愤怒、高兴存在显著差异的个数最多，愤怒与中性、高兴的最少。

（3）在区分情感的效度上，各参数的表现不同，音高标准差和声压均值可以区分的情感数量最多，音高和声压斜率区分效度最低。

（4）参数相关性方面，不同情感参数间的关系不同，参数间的线性关系是区分语音情感的一项重要补充；悲伤和愤怒显著线性相关的数量最多、共性较多，二者有别于高兴；音高均值和声压均值、声压标准差在各情感中都显著正相关，相关系数的最小值出现在高兴情感中。

（5）可以通过多元回归方程来计算念白情感类型，音高均值、声压均值、音高标准差、音高斜率和声压斜率均进入方程。

参考文献

[1]蒋丹宁，蔡莲红. 2003. 基于韵律特征的汉语情感语音分类［A］. 中国情感计算及智能交互学术会议论文集［C］.

[2]蒋丹宁，蔡莲红. 2006. 基于语音声学特征的情感信息识别［J］. 清华大学学报（自然科学版）(1)：86–89.

[3]姜晓庆，田岚，崔国辉. 2006. 多语种情感语音的韵律特征分析和情感识别研究［J］. 声学学报（3）：217–221.

[4]吴宗济. 2004. 吴宗济语言学论文集［C］. 北京：商务印书馆.

[5]吴洁敏，吕士楠. 2011. 试论感情语调的超常韵律特征［J］. 中国语文（6）：540–545.

[6]张锐锋. 2016. 普通话情感语句中的发声：一项预试性研究［J］. 语言学论丛（2）：305–322.

[7]Cowie R, Douglas-Cowie E, Tsapatsoulis N, et al. 2001.Emotion recognition in human-computer interaction[J].IEEE Signal Processing Magazine, 18(1): 32–80.

[8]Dong L, Kong J, Sundberg J. 2014.Long-term-average spectrum characteristics of Kunqu Opera singers' speaking, singing and stage speech[J].Logoped Phoniatr Vocol, 39(2): 72–80.

[9]Dong L, Sundberg J, Kong J. 2014,.Loudness and pitch of Kunqu opera[J].Journal of Voice, 28(1): 14–19.

[10]Juslin P N, Laukka P. 2003.Communication of emotions in vocal expression and music performance: Different channels, same code? [J]. Psychological Bulletin, 129(5): 770–814.

[11]Li A, Fang Q, Dang J. 2011.Emotional intonation in a tone language: Experimental evidence from Chinse [A]. Proceedings of ICPhS XVII[C].HongKong.

[12]Murray I R, Arnott J L. 1993. Toward the simulation of emotion in synthetic speech: A review of the literature on human vocal emotion[J].The Journal of the Acoustical Society of America, 93(2): 1097.

[13]Paeschke A, Sendlmeier W F. 2000. Prosodic characteristics of emotional speech: measurements of fundamental frequency movements[A]. Proceedings of the ISCA-Workshop on Speech and Emotion[C].

[14]Pittam J, Scherer K R.Vocal expression and communication of emotion[A]. Lewis M, Haviland J M(eds). Handbook of emotion[C]. New York: Guilford Press, 1993.

[15]Ross E D, Edmondson J A, Seibert G B.1986. The effect of affect on various acoustic measures of prosody in tone and non-tone languages: A comparison based on computer analysis of voice[J]. Journal of Phonetics, 14(2): 283–302.

[16]Scherer Y K.1986.Vocal affect expression: a review and a model for future research[J]. Psychological Bulletin, 99(2): 143–65.

[17] Schröder M, Cowie R, Douglas-Cowie E, et al. 2001.Acoustic correlates of emotion dimensions in view of speech synthesis [A].Proceedings of Eurospeech 2001 [C]. Aalborg.

[18] Skinner E R. 1935.A calibrated recording and analysis of the pitch, force and quality of vocal tones expressing happiness and sadness; and a determination of the pitch and force of the subjective concepts of ordinary, soft, and loud tones [J].Speech Monographs, 2 (1): 81–137.

[19] Yuan J, Shen L, Chen F. 2002. The acoustic realization of anger, fear, joy and sadness in Chinese [A]. Proceedings of ICSLP [C].Denver.

粤语吟诵七言近体诗的呼吸韵律研究

邓德崇　侯兴泉

（暨南大学中文系/暨南大学汉语方言研究中心　广东广州　510632）

【提　要】论文通过同步采集的呼吸及语音声学信号，对粤语吟诵七言近体诗的呼吸韵律进行研究，重点探讨其呼吸韵律与语音停延的关系。实验结果表明：七言诗粤语吟诵的胸呼腹吸信号均分为二级，一级呼吸重置出现在小句的开头或结束处；二级呼吸重置出现在小句内部，具体位置跟七言近体诗的平仄格式相关（除了平起平收式的二级呼吸重置会出现在第二个音节后面之外，其余平仄格式的七言近体诗的二级呼吸重置都出现在第四个音节后）。七言近体诗的呼吸韵律跟语音停延有较为一致的对应规律：一级呼吸重置跟小句后面的大停延有非常整齐的对应关系；二级呼吸重置跟小句内的较大停延也存在较好的对应关系。

【关键词】呼吸　韵律　七言近体诗　吟诵　粤语

一、引言

呼吸对人类生存和言语交流起着至关重要的作用。目前，言语生理的研究已成为语音学研究的一个重要方面。从言语产生相关的生理研究来看，嗓音、共鸣和唇形方面的研究成果较多，有关言语呼吸韵律方面的研究成果整体偏少。早期跟呼吸相关的研究主要关注呼吸的生理机制，诸如Ron J. Baken①等和Thomas J. Hixon②的相关研究。进入21世纪以后才出现较多跟言语呼吸相关的研究成果。Slifka J描述了韵律边界处言语产生的呼吸约束，以及言语的呼吸系统的起始和终止，并为这些韵律边界确定相关的生理指标与声学线索。③郑秋豫构建了一个“阶层式多短语语流韵律”（HPG）的系统，并且把“呼吸组”作为一级重要的韵律单位。④袁楚、李爱军主要研究了朗读语料、对语料中的非正常停顿现象，以及其对前后韵律短语声学特征的影响。⑤Shi等学者的研究发现，话语的呼吸节律与自然呼吸的节律不同，呼气和吸气曲线的各参数均与韵律单位等级有着密切的关系。⑥张锦玉、石锋、白学军在考察讲述状态下的呼吸曲线后认为，不同呼吸单位对应的韵律单位也是不同的。⑦张锦玉研究了人在平静呼吸、朗读呼吸、自述呼吸以及唱歌状态下的呼吸与韵律之间的关系。⑧张金爽对呼吸和韵律的关系的研究发现，韵律单元前静

---

① Ron J. Baken, et al, “Chest wall movements prior to phonation,” *Journal of Speech and Hearing Research*, 1979年第22期，第862–872页。

② Thomas J. Hixon, *Respiratory Function in Speech and Song*（San Diego：College-Hill Press, 1987）.

③ Slifka J, *Respiratory constraints on speech production at prosodic boundaries*（Cambridge：Harvard-MIT, 2000）.

④ 郑秋豫：《语篇韵律与上层讯息——兼论语音学研究方法与发现》，*Language and Linguistics*, 2008年第9期，第659–719页。

⑤ 袁楚、李爱军：《汉语自然口语中非正常停顿现象初探》，*NCMMSC*, 2007年，第195–201页。

⑥ Shi F、Zhang J、Bai X、et al, “Intonation and respiration: a preliminary analysis,” *Journal of Chinese Linguistics*, 2010年，第323–335页。

⑦ 张锦玉、石锋、白学军：《讲述与朗读状态下呼吸差异的初步分析》，《南开语言学刊》2011年第1期。

⑧ 张锦玉：《普通话言语韵律与呼吸节律的交互关系研究》，南开大学博士学位论文，2011年。

音段时长小于吸气时长，韵律短语前时长差比句子前小且稳定性好。①杨锋从节奏、嗓音、呼吸和方言4个角度对福州、温州、常州和江阴4个地区4位发音人的传统吟诵展开了较为全面的研究，并开发了相应的语音呼吸韵律分析平台。②这项工作从理论和方法上为本文的研究奠定了基础。

总的来看，前人的研究多集中于探究普通话朗读的呼吸韵律规律，对于不同方言呼吸韵律特点的研究还很少人涉及。杨锋主要关注传统方言吟诵的一般性规律，并没把重心放在不同方言吟诵特点的总结及吟诵时呼吸韵律与语音韵律的对应关系研究上。因此，本文以粤语吟诵七言近体诗为例，重点关注七言近体诗粤语吟诵的语音韵律和呼吸韵律之间的对应关系，并总结粤语吟诵七言近体诗在节奏韵律方面的特点。

吟诵是中国传统文化中人们对传统诗词的口头表达方式，它介于唱与读之间，是中国历代文人学子普遍采用的一种鉴赏古典文学作品的手段。在我国，吟诵的历史悠久，“吟诵”作为一个词语很早就已开始使用，《庾开府集笺注》就提到“莫不吟诵在心，撰成于手”。赵元任先生给吟诵下了一个定义：“中国的吟诵是大致根据字的声调来即兴地创一个曲调，而不是严格地照着声调来产生一个丝毫不变的曲调来。”③陈炳铮先生认为吟诵定义有狭义和广义的分别：广义的吟诵包括“朗吟”，接近于唱，是似唱而非唱的“半念半吟”，注重节奏和声调，旋律性较差，接近于朗诵。狭义的吟诵则专指“吟唱”，不仅注重声调、节奏和旋律，更讲究腔调的优美，是一首语言与音乐完美结合的声乐作品。同时它还有抑扬顿挫的节奏。④本文讨论的吟诵是广义上的传统吟诵，泛指用抑扬顿挫的声调去有节奏的诵读古诗词文的方式。

二、实验设计

（一）实验语料和发音人

本次实验选取七言近体诗作为语料；选择3人作为我们的吟诵发音人，因为熟悉传统粤语吟诵的先生已是凤毛麟角，能够满足录制要求的则更少，因此吟诵人挑选有一些难度。3名吟诵发音人均来自粤方言区，粤语方言使用流畅，身体比较健康，发音清晰，具有良好的吟诵风格和古典文化素养，其中gyx和xwg两位先生还有私塾教育背景。3位发音人的具体信息如表1所示。

表1　发音人信息及语料情况表

姓名拼音缩写	年龄层	出生地	七言诗
gyx	老年（70岁以上）	广州	9
xwg	老年（60岁以上）	广州	8
crz	老年（60岁以上）	湛江	10

① 张金爽：《藏语拉萨话新闻朗读呼吸和韵律研究》，西北民族大学硕士学位论文，2012年。

② 杨锋：《中国传统吟诵研究——从节奏、嗓音、呼吸和方言角度》，北京大学博士学位论文，2012年。

③ 赵元任：《赵元任音乐论文集》，中国文联出版社，1994年。

④ 陈炳铮：《读诵吟唱》，《中国音乐》1998年第3期，第54–55页。

（二）实验设备与信号采集

在本次实验中主要使用麦克风、调音台、电子声门仪（EGG）、呼吸带、十六通道采集器等设备，分别录制语音信号、嗓音信号、呼吸信号（胸呼吸和腹呼吸两路信号），通过澳大利亚埃德仪器公司（ADInstruments）生产的PowerLab 十六通道采集器和Chart7软件采集为*.adicht格式的四通道语音文件，最后使用Matlab软件上编写的言语呼吸韵律分析平台程序进行分析，并提取参数。录音时所使用的话筒为Sony公司所生产的Sony Electret Condenser Microphone（驻极体电容传声器），调音台是德国Behringer公司所生产的XENYX502型调音台，呼吸带传感器是澳大利亚埃德仪器公司（ADInstruments）所生产的MLT1132压电呼吸带传感器（MLT1132 Piezo Respiratory Belt Transducer）。

（三）信号标注及参数提取

通过实地考察采集语音信号、EGG信号、胸呼吸信号和腹呼吸信号之后，使用Matlab软件上编写的言语呼吸韵律分析平台程序进行分析，如图1所示：

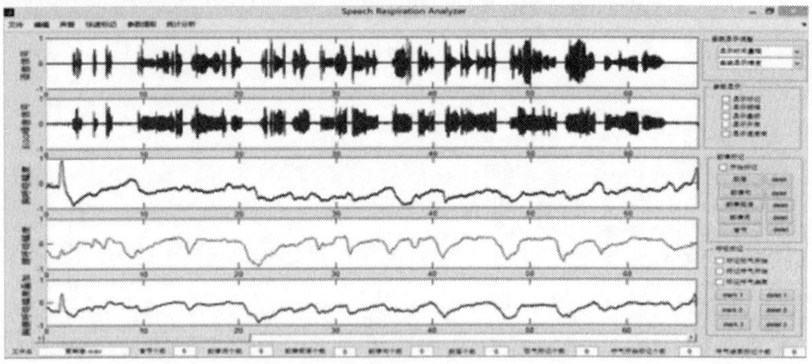

图1　言语呼吸韵律分析平台

语音信号、嗓音信号、胸呼吸信号、腹呼吸信号4路信号均可以在言语呼吸韵律这个平台上进行同步分析，提取出语音、嗓音、呼吸3类信号的参数。本文主要研究的是语音和呼吸信号，嗓音信号先不做讨论。首先对语音信号进行标记，主要根据音节时长和停顿时长相加得出的停延时长来划分韵律边界的层级，将语音信号分为韵律段、韵律句、韵律短语和音节等，并输出各个韵律单位的时长、韵律边界的时长、振幅等参数。然后使用程序标记出胸呼吸和腹呼吸每个周期的吸气开始和呼气开始结束的时间点，计算出胸腹呼吸的重置幅度、时长、斜率等参数数据。

（四）术语说明

呼吸重置时长：指从吸气开始到呼气开始时所经过的时间。

呼吸重置幅度：指一次呼吸过程中呼吸信号数值的变化幅度。我们可以根据呼吸重置幅度的大小从高到低分为一级呼吸重置、二级呼吸重置和三级呼吸重置等。

呼吸群：Lieberman提出了呼吸群（Breath Group）的概念，呼吸群是一个音系结构，是语调的基本单位，主要以感知、生理和言语方面的事实为依据的，主要是为了将语音信号切分成组块，所以一个长句通常被划分为多个呼吸群，呼吸群则是由一组词连接而成的。

呼吸抖动：信号在呼吸的过程中发生的细微的非重置性的抖动。

呼气相斜率：吸气开始到呼气开始之间呼吸曲线的斜率，为正值。

吸气相斜率：呼气开始到呼气结束之间呼吸曲线的斜率，为负值。

语音停延：音节时长和音节后停顿时长的总和。

三、粤语吟诵七言近体诗的呼吸韵律实验分析

七言诗吟诵的胸腹呼吸信号一般分两级，在每个七言小句开始前通常都存在一个一级呼吸重置，在小句的内部则会出现一个二级的呼吸重置。具体如图2和图3所示。

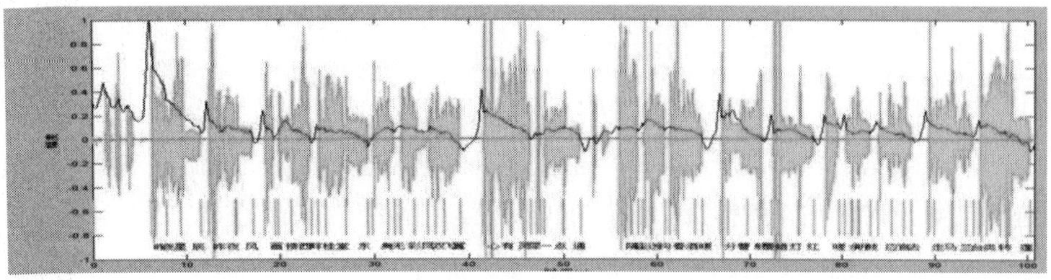

图2　七言诗《无题》粤语吟诵的胸呼吸与语音信号对比图

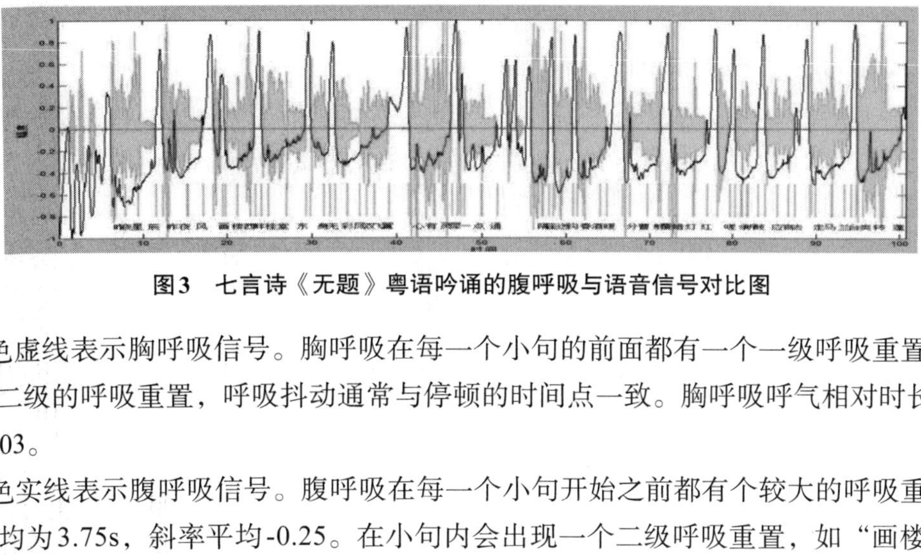

图3　七言诗《无题》粤语吟诵的腹呼吸与语音信号对比图

图2的黑色虚线表示胸呼吸信号。胸呼吸在每一个小句的前面都有一个一级呼吸重置。首句“昨夜星辰”后有个二级的呼吸重置，呼吸抖动通常与停顿的时间点一致。胸呼吸呼气相对时长平均为4.58s，斜率平均为-0.03。

图3的黑色实线表示腹呼吸信号。腹呼吸在每一个小句开始之前都有个较大的呼吸重置，腹呼吸呼气相对时长平均为3.75s，斜率平均-0.25。在小句内会出现一个二级呼吸重置，如“画楼西畔”对应的腹呼吸信号有一个二级的呼吸重置。胸腹呼吸重置开始的时间都要早于语音信号的时间，结束时间和语音信号结束时间基本一致。在这里我们还可以看到，腹呼吸重置开始的时间要早于胸呼吸重置开始的时间，早约0.36s。

四、粤语吟诵不同平仄关系的七言近体诗的呼吸韵律

当粤语吟诵不同平仄关系的七言诗时，呼吸韵律的相同之处是在小句开始前都存在一个胸、腹呼吸重置；在小句内会出现一个二级呼吸重置。二级呼吸重置的位置跟七言诗的平仄格式有密切的关系。下面我们着重分析七言诗不同平仄格式中的呼吸韵律表现。

(1) 平起仄收式（图4）。以七言《登金陵凤凰台》“三山半落青天外”一句为例，“三山半落”后对

应了一个二级腹呼吸重置和二级胸呼吸重置，呼气相重置幅度分别为0.38和0.34。而平起仄收式小句内较大的语音停延并不明显，难以确定韵律短语的位置。参考呼吸信号，我们便可以比较明确地确定韵律短语的位置，就在小句内第4个音节位置上，这说明呼吸信号更有利于我们判定韵律句和韵律短语的边界。

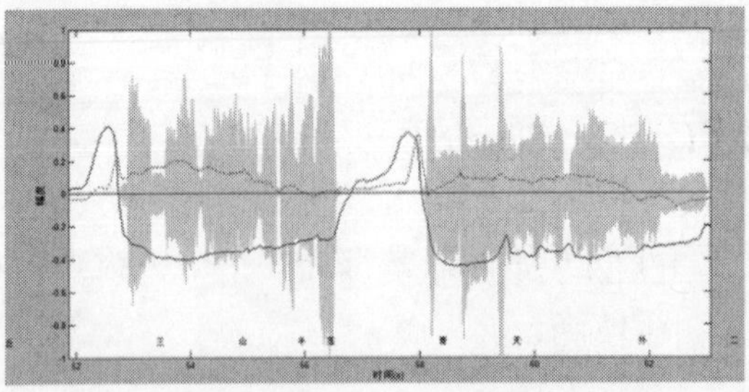

图4 平起仄收式胸腹呼吸与语音信号对比

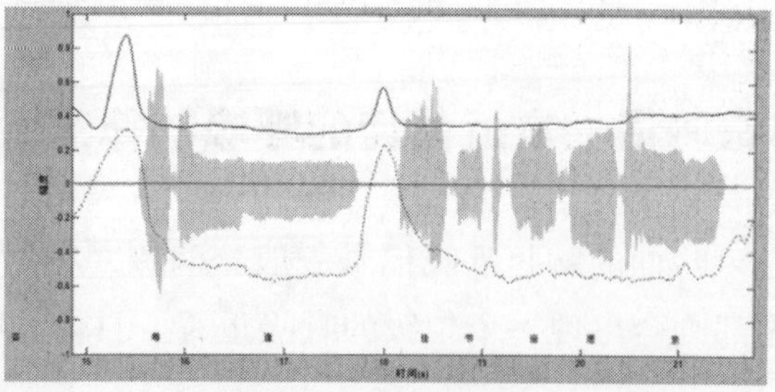

图5 平起平收式胸腹呼吸与语音信号对比

（2）平起平收式（图5）。以《九月九日忆山东兄弟》中“每逢佳节倍思亲”这句平起平收的小句为例，在“每逢”后面有一个二级的腹呼吸重置和一个二级胸呼吸重置，重置幅度分别为0.58和0.27。不过平起平收式在不同发音人中的表现略有区别，gyx和xwg的呼吸韵律表现如前所述。crz的平起平收式的呼吸韵律跟其他两位并不相同。crz在“分曹射覆”之后有着一个二级腹呼吸重置和二级胸呼吸重置，呼气相呼吸重置幅度分别为0.83和0.21，与其他两位明显不同。这是因为crz早年是学粤剧出身的，而粤剧、粤曲在唱诵七言诗句的时候其小句停顿通常要求落在第4个音节后面，形成4—3格的停顿模式。crz的七言诗吟诵应该是受到了粤剧和粤曲唱诵习惯的影响所致。

（3）仄起仄收式（图6）。以七言诗《蜀相》“三顾频烦天下计”为例，本句为仄起仄收式，在“三顾频烦”之后存在一个二级的腹呼吸重置，胸呼吸呼气相的重置幅度为0.4，腹呼吸呼气相重置幅度为0.71。

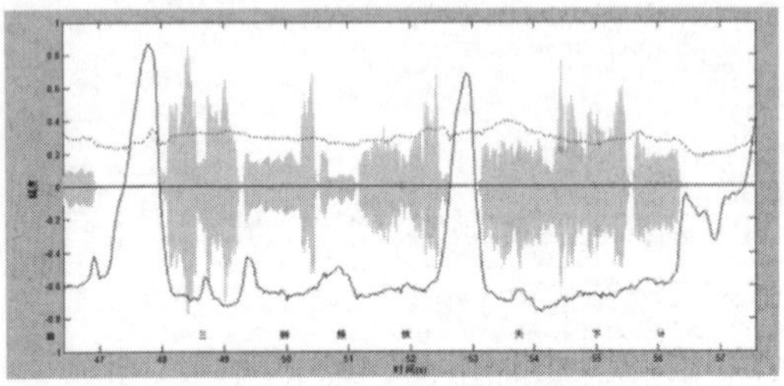

图6 仄起仄收式胸腹呼吸与语音信号对比

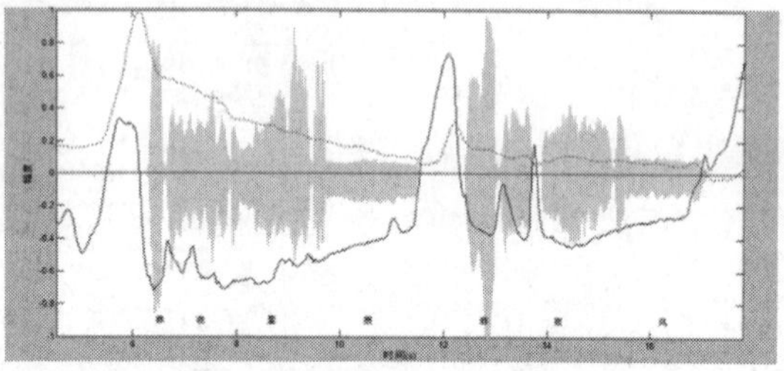

图7 仄起平收式胸腹呼吸与语音信号对比

（4）仄起平收式（图7）。以七言诗《无题》为例，“昨夜星辰昨夜风”为仄起平收式，在“昨夜星辰”之后有一个较长停延，这个停延对应了一个二级的胸呼吸重置，胸呼吸的呼气相重置幅度为0.31，腹呼吸呼气相的重置幅度为0.74。

五、粤语吟诵七言近体诗的语音停延

本文还同步录制了七言近体诗语音信号，这里主要想通过分析七言近体诗的语音停延来寻找呼吸韵律和语音停延之间的对应关系，从而找出七言近体诗的韵律边界。杨锋主要通过聚类语音的停顿时长来确定七言诗的韵律句及韵律短语边界。我们在做七言近体诗粤语吟诵的时候发现，用较大停顿作为韵律短语标记时并不理想，有时还会跟我们的认识相反。如图8所示，我们运用聚类分析的方法分析了平起平收式七言近体诗每一个音节后面的停顿时长，发现第4个音节后面的停顿时长是最长的，若以此作为韵律短语的边界，就会跟我们的一些主观认识相违背，跟呼吸韵律也对应不上。传统吟诵讲究一些基本的方法，譬如平长仄短、韵尾拖腔等。因此，本文主要运用停延（音节的时长+音节后的停顿时长）来确定语音的韵律边界。

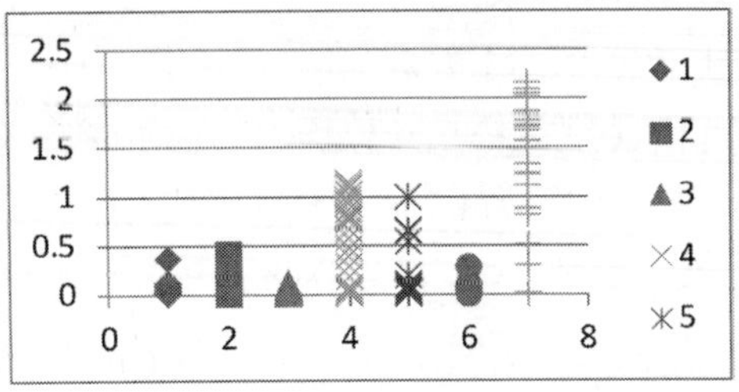

图8　七言诗平起平收式音节后停顿时长分析图

粤语吟诵七言近体诗最大的语音停延都出现在每个小句的最后一个音节上，偶句最后一个音节的停延时长比奇句最后一个音节的略长一点。由于律诗有8句而绝句只有4句，为了方便比较，我们只抽取了七言近体诗前4句的句末音节的停延时长，对其进行聚类分析，结果如表2所示。

表2　七言近体诗小句末字平均停延时长表

音节位置	第1句最末字	第2句最末字	第3句最末字	第4句最末字	末字均值
平均时长	1.03s	1.33s	1.21s	1.89s	1.37s

粤语吟诵七言近体诗时，小句内第2个比较大的停延位置并不完全一致：平起仄收式七言诗小句内较大的停延出现在第4个音节上，但与其他偶数音节的停延时长区别并不明显；平起平收式七言诗小句内较大的停延主要出现在第2个音节位置上；仄起仄收式小句内较大的停延主要出现在第4个音节位置上；仄起平收式小句内较大的停延也主要出现在第4个音节位置上，但是跟第6个音节的停延区分不是很明显。具体结果见图9—图12。

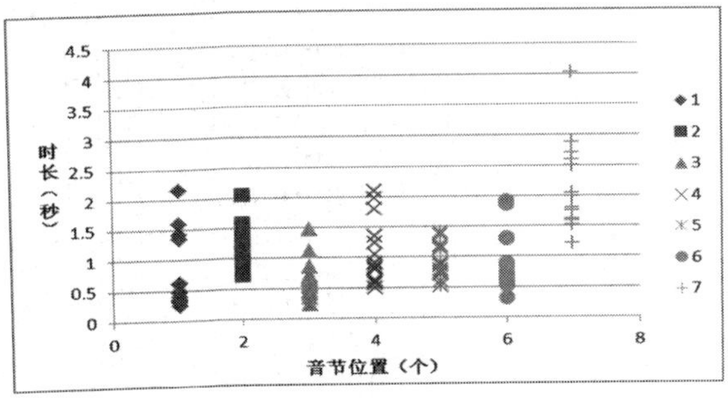

图9　七言诗平起仄收式音节停延时长图

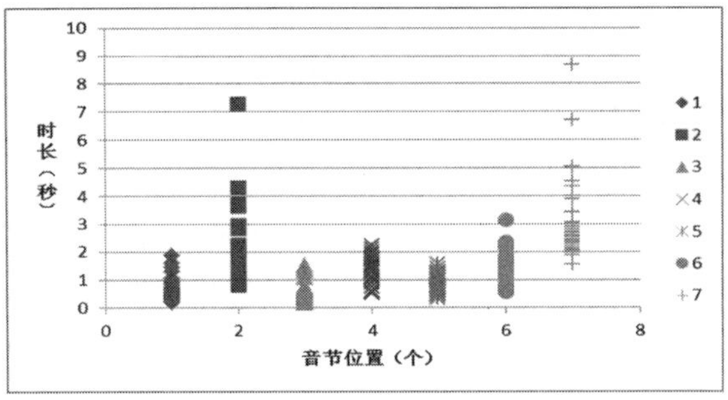

图10　七言诗平起平收式音节停延时长图

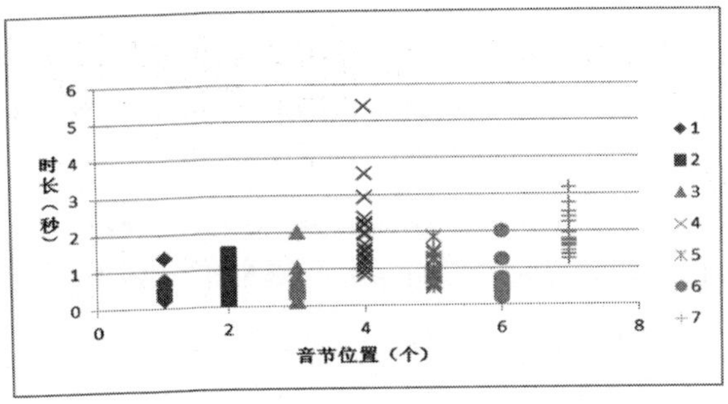

图11　七言诗仄起仄收式音节停延时长图

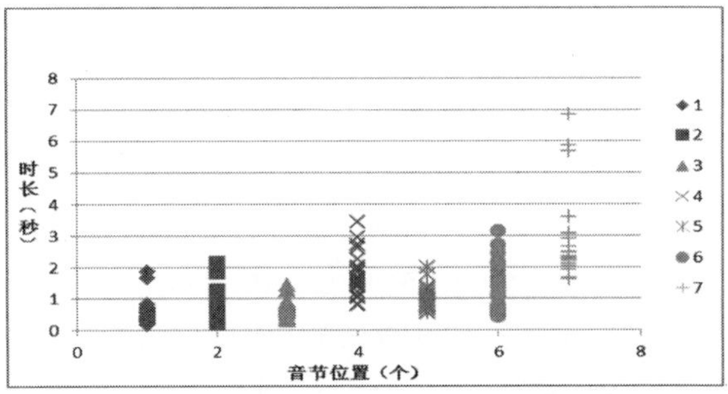

图12　七言诗仄起平收式音节停延时长图

（1）平起仄收式（图9）。七言诗平起仄收式音节的停延时长在第7字上表现最长，平均为2.09s；小句内部较大的语音停延出现在第4个音节上，但跟其他偶数音节的停延时长比较相近，区分不明显。

（2）平起平收式（图10）。七言诗平起平收式音节停延时长在第7字上表现为最长，平均为3.08s；小句内较大的语音停延主要出现在第2个音节位置上，平均为1.28s。

（3）仄起仄收式（图11）。七言诗仄起仄收式停延时长在第七字上表现为最长，平均为1.94s；小句内较大的语音停延主要出现在第4字上，平均为1.91s。

（4）仄起平收式（图12）。七言诗仄起平收式的停延时长在第7字上表现为最长，平均为2.81s；小句内较大的语音停延也主要出现在第4字上，平均为1.73s，不过跟第6音节的平均停延时长（1.23s）差别不大。

综上七言诗4种平仄格式可以看出，在粤语七言诗吟诵中，第7字上的停延时长表现为最长，可作为韵律句的划分依据。仄起仄收的第4字和平起平收式的第2字的停延时长都比较长，可作为韵律短语的边界；而平起仄收式小句内的较大停延规律不是特别明显，这对我们确定韵律短语的边界有一定的困难，这就需要我们利用呼吸韵律的规律来综合判断。

六、粤语吟诵七言近体诗的呼吸韵律和语音停延之间的对应规律

通过前文对不同平仄格式的七言近体诗粤语吟诵的呼吸韵律及语音停延的分析后，我们发现呼吸韵律跟语音停延之间存在比较明显的对应规律：一级呼吸重置跟七言诗小句的最大语音停延对应；二级呼吸重置跟小句内的较大语音停延对应。由于平仄格式的不同，二级呼吸重置跟小句内较大语音停延的对应又有以下规律：平起平收式七言诗的二级呼吸重置和较大语音停延都出现在第2个音节位置上；其他平仄七言诗的二级呼吸重置和较大语音停延都出现在第4个位置上。

综合利用呼吸韵律和语音停延两方面的数据我们可以较好地确定七言近体诗粤语吟诵的韵律边界：七言近体诗的小句句末是韵律句的边界，具体表现为存在一个明显的一级呼吸重置和大语音停延；七言近体诗小句内存在一个韵律短语边界，具体表现为存在一个二级呼吸重置和较大的语音停延。粤语吟诵平起平收式的七言近体诗其韵律短语边界一般出现在第2个音节后，粤语吟诵其他平仄格式的七言近体诗时，其韵律短语边界往往都出现在第4个音节后面。

七、结论

本文主要采用现代语音学的研究方法，通过对近体诗粤语吟诵的胸腹呼吸信号进行分析，重点探究了七言诗粤语吟诵的呼吸韵律和语音停延之间的关系，实验的结果表明：粤语吟诵七言近体诗的胸呼腹吸信号均分为二级，一级呼吸重置出现在小句的开头或结束处；二级呼吸重置出现在小句内部，具体位置跟七言近体诗的平仄格式相关（除了平起平收式的二级呼吸重置会出现在第2个音节后面之外，其余平仄格式的七言近体诗的二级呼吸重置都出现在第4个音节后）。七言近体诗的呼吸韵律跟语音停延存在较为一致的对应规律：一级呼吸重置跟小句后面的最大停延有非常整齐的对应关系；二级呼吸重置跟小句内的较大停延也存在较好的对应关系。

另外我们还发现用语音停延比单纯使用停顿来确定七言近体诗的韵律层级效果要明显，综合利用呼吸韵律和语音停延两方面的数据可以帮助我们较好地确定七言近体诗粤语吟诵的韵律边界。粤语吟诵七言近体诗时，其韵律句的边界出现在小句句末，具体表现为存在一个明显的一级呼吸重置和大语音停延；粤语吟诵七言近体诗的韵律短语边界一般会出现在小句内第4或第2个音节位置处，具体表现为存在一个二级呼吸重置和较大的语音停延。

基于声学数据的南昌话单字调和两字组连调[①]

吴艳芬　刘新中

（暨南大学中文系/暨南大学汉语方言研究中心　广东广州　510632）

【提　要】本文从语音数据出发，提取音节的音高和时长等相关声学数据，对南昌话的单字调和两字组连读调进行了较为全面的声学分析。先是通过对所有有效读音的单字的音高做统计、分析、归纳，总结南昌话的单字调系统，分析各类单字音数据来探讨南昌话声调的古今对照和演变情况；再以上声为主，分析两字组连读调的主要声学表现和规律。南昌话连读变调属语音音变，只有在上声位于前字时发生变调，其余调类不变。

【关键词】南昌话　音高数据　声调　两字组连读调

一、引言

南昌话有7个声调，其中平去入各分阴阳，上声不分。熊正辉先生《南昌方言词典》（1995）记录的南昌话的调类和调值为：阴平42，阳平24，上声213，阴去35，阳去11，阴入5，阳入2。《江西省方言志》（2005）记录南昌市声调为：阴平42，阳平24，上声213，阴去44，阳去21，阴入5，阳入1。《赣文化通典·方言卷》（2014）记录的南昌话声调为：阴平42，阳平24，上声213，阴去45，阳去21，阴入5，阳入2。调类一致，主要差异集中在去声的调值上。南昌话的连读调相对闽语、吴语而言不那么复杂，熊正辉先生（1979）提到："南昌话上声有连续变调，其余6个调都不变。"上声只在前字变调，分为两类型：在阴平、阳平、阴去、阴入前面变为13调；在上声、阳去、阳入前面变为24调。蒋平、谢留文先生（2001）对南昌县（蒋巷）方言的变调作了细致描写，同时也重点讨论了轻重音，探讨重音与声调的相互作用。

本文通过提取和分析实际的语音数据，探讨南昌话的声调系统和古今声调的演变规律，相对客观的反映南昌话的声调格局，对单字调、两字连调进行较为全面的声学分析。

二、数据采集和实验方法

录音采用M-AUDIO外置声卡及Superlux耳麦，录音软件为"斐风2.1.2"。文中所有单字音数据提取都使用中国社会科学院语言研究所熊子瑜先生研发的脚本，两字组连调数据提取采用阿姆斯特丹大学语音研究所David Weenink博士研发的脚本。单字音字表是以中国社会科学院语言研究所编的《方言调查字表》以及刘新中老师编著的《汉语方言语音特征调查手册》为基础设计制定的，其中包括单字音的音韵

① 基金项目：国家社会科学基金一般项目"粤方言语音特征的实验语音学研究"（14BYY038）；广东高校人文社科重点研究基地重大项目"广东粤方言的实验语音学研究"（2012JDXM_0007）；"中国语言资源保护工程濒危汉语方言调查·海南东方付马话项目"（YB1618A009）。

地位，添加与声韵调相关联的国际音标和发音特征数据等。两字组连调字表，覆盖所有调类的组合，共64组，每组4个词组，不涉及轻声变调。

主要过程分为单字调和连读调两个方面。

单字调的实验过程如下：（1）用Praat运行脚本自动生成和顺序修改TextGrid数据对象。（2）自动生成和顺序校验PitchTier数据对象，基于PitchTier数据对象提取音高特征点。（3）提取字音标注和音高时长数据。（4）分析声调音高曲线均值并作图，包括古调+古声清浊、推导调类、判别调类图。

两字组连调的实验过程如下：（1）用Praat软件对所选的字逐个标注，在标注的过程中，两字组语音第一层为汉字，第二层为声调，两字声调分别标出。（2）运行两字组连读调脚本，提取分析数据。（3）分析音高数据，对数据进行归一处理并作图。

声调图的制作，单字调是根据石锋老师的T值转换并对数据进行归一，做成五度制为基础的声调图。古声清浊分化图、两字连调图是根据所得声调赫兹值的均值直接成图。

发音人男性为老年，女性为老年和青年。

三、实验结果分析

（一）单字调

1. 声调系统

本文共分析了南昌市西湖区的老男、老女、青女3个样本数据，其中老男4165个有效单字录音，老女245个有效单字录音，青女3124个有效录音，通过音高数据分析，分别作出3个样本的单字调图。

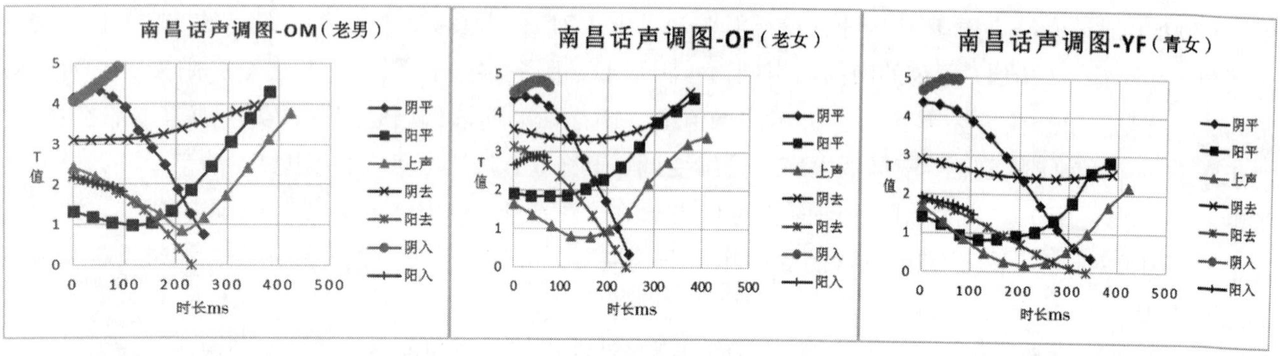

图1　南昌话声调曲线图

从图1可得出老男的声调系统是：阴平51，阳平25，上声214，阴去45，阳去31，阴入5，阳入2。老女的声调系统是：阴平51，阳平25，上声214，阴去45，阳去31，阴入5，阳入3。青女的声调系统是：阴平51，阳平23，上声213，阴去33，阳去21，阴入5，阳入2。

整体来看，3个样本数据的单字调格局基本相同，阴高阳低，南昌话共7个声调，调类相同，分别为阴平、阳平、上声、阴去、阳去、阴入、阳入，同时调型特点相同。其中老男和老女调值只在阴入调值上略有差异；老男、老女两个样本数据与青女的在调值上有差异。

从调型上看，3个样本数据显示的单字调格局基本相同，5个舒声调中阴平、阳去为降调，阴平起点比阳去高，斜率也大于阳去；青女的阴去略有下降趋势，但都在本格局的同一个调域内，视为平调。老男、老女的阳平和阴去为升调，都不是直升调，前100ms略平，阳平的拐点比阴去的靠后，阳平斜率大于阴去；青女的阳平略带曲折，和同格局的曲折调上声相比后定为升调。3个样本中的上声均为曲折调。两个入声调皆为短直调，3个样本中的阴入皆呈上升状，如在记录这阴入调值时是5，还是45，值得深思，本文且记为5。老男和青女的阳入呈下降状，老男、青女的阳入比老女的低。

从单字音高图中我们可以整理出南昌话的单字调格局（老年和青年分开）：

表1　南昌话的单字调格局

调类	老男	老女	综合	青女
阴平	51	51	51	51
阳平	25	25	25	23
上声	214	214	214	213
阴去	45	45	45	33
阳去	21	31	21	21
阴入	5	5	5	5
阳入	2	3	3	2

从表1可看出，老年与青年的单字调格局相同，其中阴去调，老年为升调，青年为平调略降。与熊正辉先生（1979）的对比可看出，调类相同，调值差异主要集中在两个方面：一是阳去调，熊先生记录的是阳去11，低平调，现所调查的3个样本数据显示的阳去调均为降调，然而21、11也皆处低调，所以从听感上差异微小，本地人也很难感觉不同。二是阴平调，熊先生记录的是中降调42，现记录的是全降调51，从图1可看出3个样中的阴平调头略低于最高调阴入的调头，调头未到顶，调尾低于阳去的调尾，调尾未到底，所以现记录的51调，其调头、调尾值从整个声调格局来可看与熊先生记录的42调是一致的。另在阳入问题上，阳入调呈现趋于高调状。

2. 古今声调对照与演变

我们将中古声母按全清、次清、全浊、次浊分为16类，共统计了4165个音节，按类提取老男相应的音高数据，做出古今声调对照的声调图，以此来观察中古16类声母单字在现代南昌话中的读音演变。见图2。

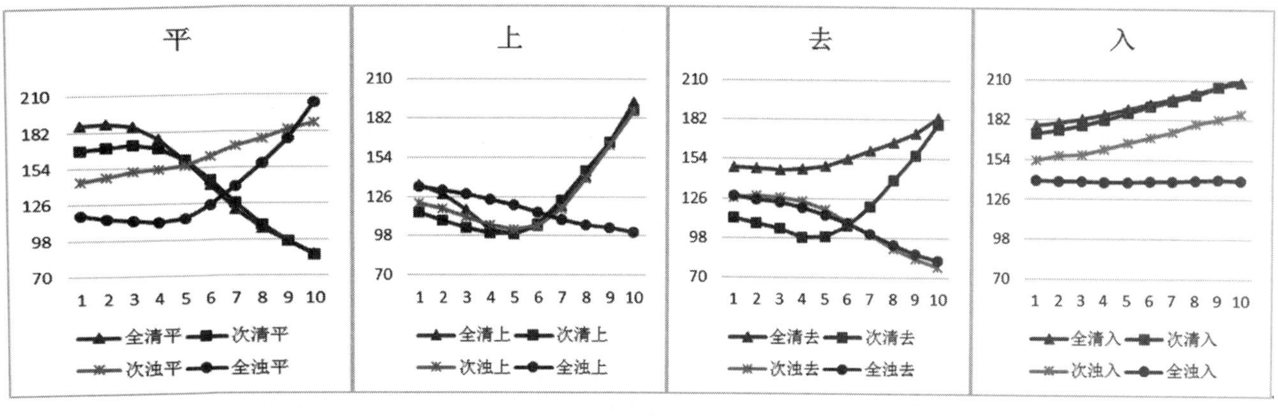

图2　古声清浊分化图

可以看出，南昌话的调类分化跟古声母清浊的关系是：

①古平声字，今分三类：古全清、次清的平声字归一类，今读阴平；古次浊平声字和全清去声字调型一致，今读阴去；古全浊平声字看起来与古上声的全清、次清、次浊字以及古去声的次清字相似，细

查拐点处，可发现平声的拐点前半段平直，而另两类的拐点前半段呈下降状，拐点是整个调型的低谷处，所以，古全浊平声字应另归一类。

②古上声字，今分两类，古全清、次清、次浊字归一类，今读上声；古全浊上声字与古全浊、次浊去声字归一类，今读阳去。

③古去声字，今分三类，古全清字今读阴去；古次清字与古上声的全清、次清、次浊字调型一致，今读上声；古全浊、次浊去声字今读阳去。

④古入声字，今分两类，古全清、次清声、次浊字今读阴入（古次浊入声字稍突出，但整体调域和古全清、次清入声字一致，视为阴入），古全浊字今读阳入。结合实际读音可以发现，古全浊入声字大部分今读阳入，小部分今读阴入。通过和图1的比较，可以解释为什么图4的古全浊入声字音高比图1的高；古次浊入声字今大部分读阴入，小部分读阳入，故次浊入声音高较清入偏低，但较全浊入声字又更高。

另全浊平声、清去字与今声母送气非送气又有调类上的分化，我们把古全浊平声字今读送气与非送气的分开提取数据，古清去声字今读送气与非送气的作同样处理。其中古全浊平声字今读送气的81个单字，今读非送气的245个单字；古清去声字今读送气的107个单字，今读非送气的275个单字，得到图3：

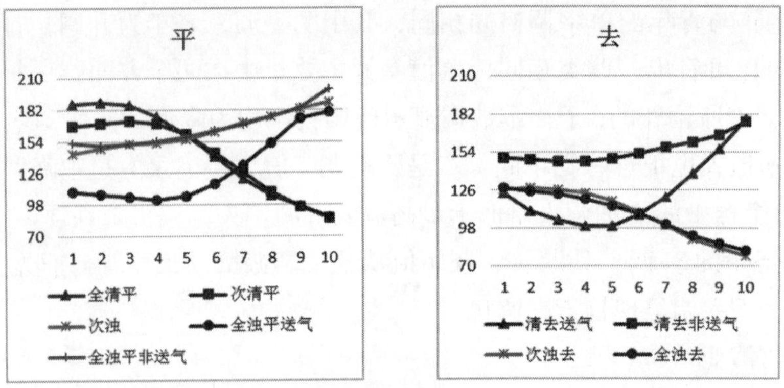

图3　平去送气分化图

从图3可以看出，全浊平声字今读送气非送气调类上分归两类，其中今读非送气的与古次浊平声字调型一致，归为一类，今为阴去；今读送气的为独立一类调，今为阳平。古清去声字今读送气非送气调类上也分归两类，其中今读送气的归为上声，今读非送气的归为阴去。

另外，我们分析老女、青女的数据，古声清浊分化情况和老男的基本一致。由此可见，南昌话调类分化受古声母清浊影响，同时也与今声母的送气非送气有关，且南昌话的送气分调属归并型[①]。

（二）两字组连读调

1. 上声连读调

从音系学角度看，汉语连读变调中的两种主要类型是同化和异化，大量语料证明，声调的连读变调多为异化。[②]南昌话中上声有连读变调，其余6个调不变，上声只在作为前字时变调。我们以老男的两字组为样本数据，通过不同调类的组合，共64组，每组4个词组，不涉及轻声变调。我们将阴平、阳平、上声、阴去、阳去、阴入、阳入作为前字，组合7个调类分别作图。

① 本文送气分调类型采用徐越（2013）的说法。

② Matthew Y、Chen, *Tone Sandhi*: *Patterns across Chinese Dialects*，外语教学与研究出版社，2001年，第79-84页。

以下各图中a代表阴调，b代表阳调，后字的1—4代表平上去入四声，其中2a代表的上声中包括古清声和次浊声母字。

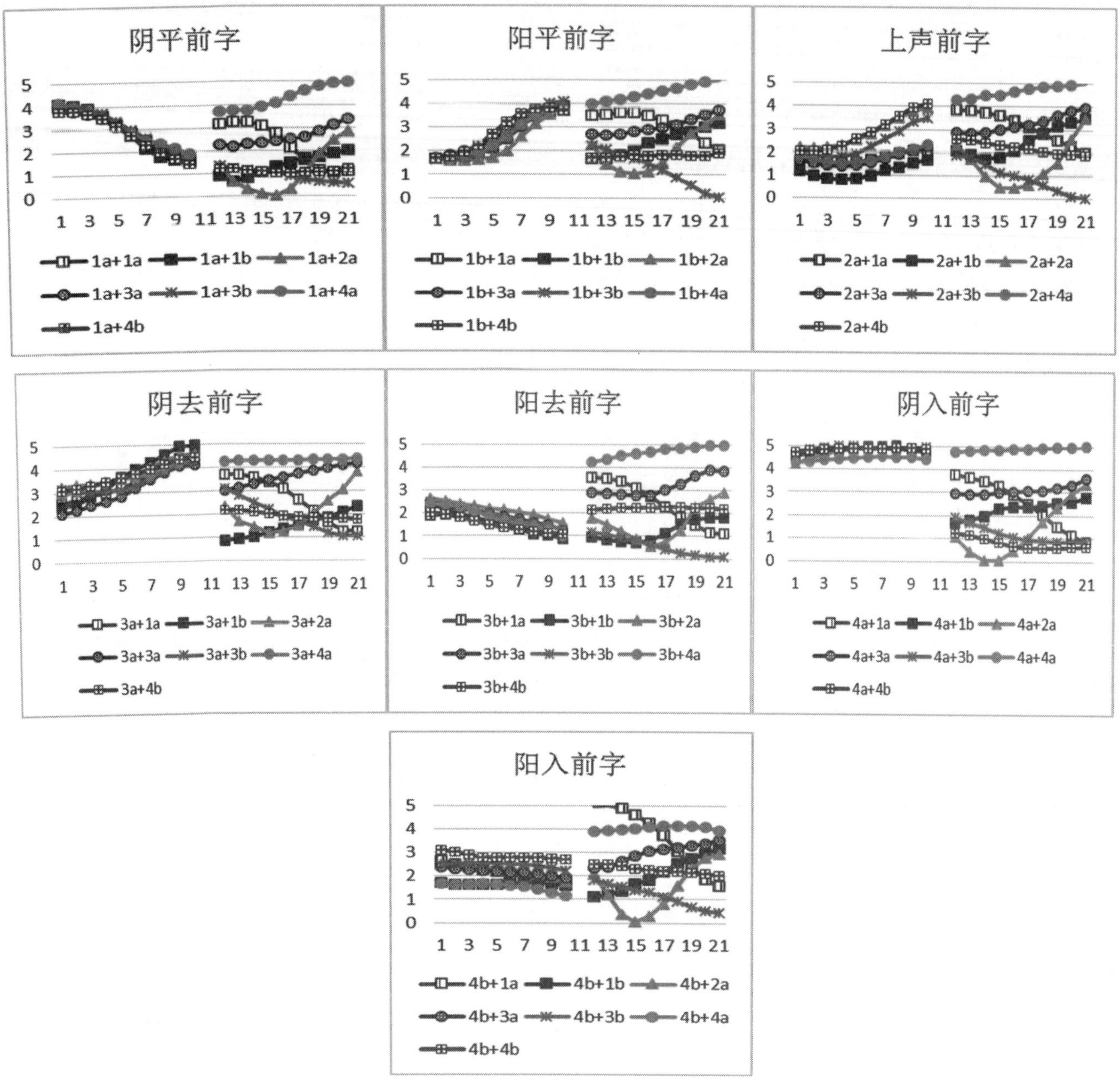

图4　两字组调类组合音高图

结合老男单字调模型图，从图4中可以清晰看出阴平、阳平、阴去、阳去、阴入、阳入，这六类调位于前字时，格局与单字调一致，阴平作为前字时，在调值上与单字调略有差异，单字调我们记为51，连读是为42，这正好同前面讨论的阴平“调头未到顶，调尾未到底”的现象一致，本地人通常也感觉不出51与42的不同，不视为变调。

七类调位于后字时，整体格局和单字调基本一致，仅在调值上略有变化，但是与上声前字变调性质有所不同，不涉及调类的变化，本地人通常感觉不到这种音值上的变化，因此也不把它们看成一种变调。

音值上的变化主要有以下两类：

①舒声调中的降调整体音高略降1度。降调阴平位于后字时，调头较原单字调低1度，调尾较高1

度，整体调值呈42调，其中阳入+阴平例外。

②降调阴平、阳去、阳入（前已讨论调型呈下降式）位于前字时，后字上声调尾较原单字调降1度，为213；后字阳去调头较原单字调降1度，为21；阴平+阴入中的阴入调头也较原单字调降1度，阳入+阴入中的阴入整体音高下降，靠近4调。

③升调阳平、阴去位于前字，与阳去组合，后字阳去的调头比与其他调类的组合更高，斜率也更大，与原单字调相同；升调阳平位于后字时，调尾都低于原单字调；升调阴去除阴去+阴去组合外，位于其他六类调前整体音高降1度，呈34调。

④入声调中，阳入+阴入，位于后字的阴入整体音高降1度，调头低于阴平的调头；阳去+阴入中的后字阴入音高稍偏低，但调头仍高于阴平的调头。

2. 上声连读调

从图4可以明显看出上声变调的分化情况，下面举例上声作为前字时的调类组合。

上声+阴平：火车$_{偏正}$　火山$_{偏正}$　打针$_{述宾}$　退休$_{并列}$
上声+阳平：检查$_{并列}$　码头$_{偏正}$　整齐$_{并列}$　水渠$_{偏正}$
上声+上声：手表$_{偏正}$　厂长$_{偏正}$　管理$_{并列}$　水库$_{偏正}$
上声+阴去：水池$_{偏正}$　倒霉$_{述宾}$　写信$_{述宾}$　比赛$_{并列}$
上声+阳去：水稻$_{偏正}$　远近$_{并列}$　准备$_{并列}$　写字$_{述宾}$
上声+阴入：粉笔$_{偏正}$　赌博$_{并列}$　洗脚$_{述宾}$　满足$_{述补}$
上声+阳入：草席$_{偏正}$　伙食$_{主谓}$　手镯$_{偏正}$　讨伐$_{并列}$

表2至表8是前字为上声调的双字调的基频值，按不同调类组合分成了 7个表格，其中表2为调式T3+T1①，表3为调式 T3+T2，表4为调式 T3+T3，表5为调式 T3+T4，表6为调式 T3+T5，表7为调式T3+T6，表8为调式 T3+T7。

表2　上声与阴平（T3+T1）双字调的基频值

T3+T1	前字						后字					
	0%	20%	40%	60%	80%	100%	0%	20%	40%	60%	80%	100%
火车	110	110	109	114	119	120	170	167	159	143	129	119
火山	109	109	108	113	118	119	168	166	157	142	128	118
打针	112	111	111	115	121	122	172	170	161	145	131	121
退休	108	107	106	111	116	117	166	163	155	140	126	116

表3　上声与阳平（T3+T2）双字调的基频值

T3+T2	前字						后字					
	0%	20%	40%	60%	80%	100%	0%	20%	40%	60%	80%	100%
检查	105	100	98	104	111	115	125	120	122	141	156	163
码头	100	94	93	98	105	109	119	113	115	133	148	154
整齐	97	92	91	96	102	107	116	111	113	130	144	150
水渠	103	97	96	101	108	113	122	117	119	138	153	159

① T1–T7依次代表南昌话的7个调类。

表4 上声与上声（T3+T3）双字调的基频值

T3+T3	前字						后字					
	0%	20%	40%	60%	80%	100%	0%	20%	40%	60%	80%	100%
手表	127	127	132	148	167	177	130	108	91	98	128	151
厂长	119	119	124	138	156	166	122	101	86	92	127	159
管理	121	121	127	141	160	170	124	103	87	94	125	158
水库	124	124	130	145	164	174	127	106	90	96	123	155

表5 上声与阴去（T3+T4）双字调的基频值

T3+T4	前字						后字					
	0%	20%	40%	60%	80%	100%	0%	20%	40%	60%	80%	100%
水池	111	108	107	112	120	126	141	141	147	153	166	173
倒霉	109	106	105	109	117	123	138	138	143	149	162	169
写信	111	108	107	111	120	125	141	140	146	153	165	173
比赛	109	106	105	109	118	123	139	138	144	150	163	170

表6 上声与阳去（T3+T5）双字调的基频值

T3+T5	前字						后字					
	0%	20%	40%	60%	80%	100%	0%	20%	40%	60%	80%	100%
水稻	117	115	117	129	148	159	117	112	100	94	85	82
远近	115	113	115	127	145	156	115	110	98	92	84	81
准备	111	110	111	123	141	151	111	107	95	89	81	78
写字	116	114	116	128	147	157	116	111	99	93	85	81

表7 上声与阴入（T3+T6）双字调的基频值

T3+T6	前字						后字					
	0%	20%	40%	60%	80%	100%	0%	20%	40%	60%	80%	100%
粉笔	117	111	110	113	121	127	185	189	195	205	209	212
赌博	114	108	107	111	118	124	181	185	191	200	204	207
洗脚	116	111	109	113	121	127	185	188	195	204	208	211
满足	114	109	108	111	119	125	182	185	191	201	204	208

表8 上声与阳入（T3+T7）双字调的基频值

T3+T7	前字						后字					
	0%	20%	40%	60%	80%	100%	0%	20%	40%	60%	80%	100%
草席	124	124	133	150	173	184	138	135	130	126	122	121
伙食	115	115	123	139	159	170	127	125	120	116	113	111
手镯	117	118	126	142	163	174	130	128	123	119	116	114
讨伐	121	122	130	147	169	180	134	132	127	123	119	118

观察、分析表2—7，上声为前字与不同调类组合，其中同一调类组合中涉及不同的词语结构类型，包括述宾、述补、偏正、并列等，但同一调类的不同词语之间的整体数值偏差不大，根据表2—7数据作图5，可以更为直观地观测。

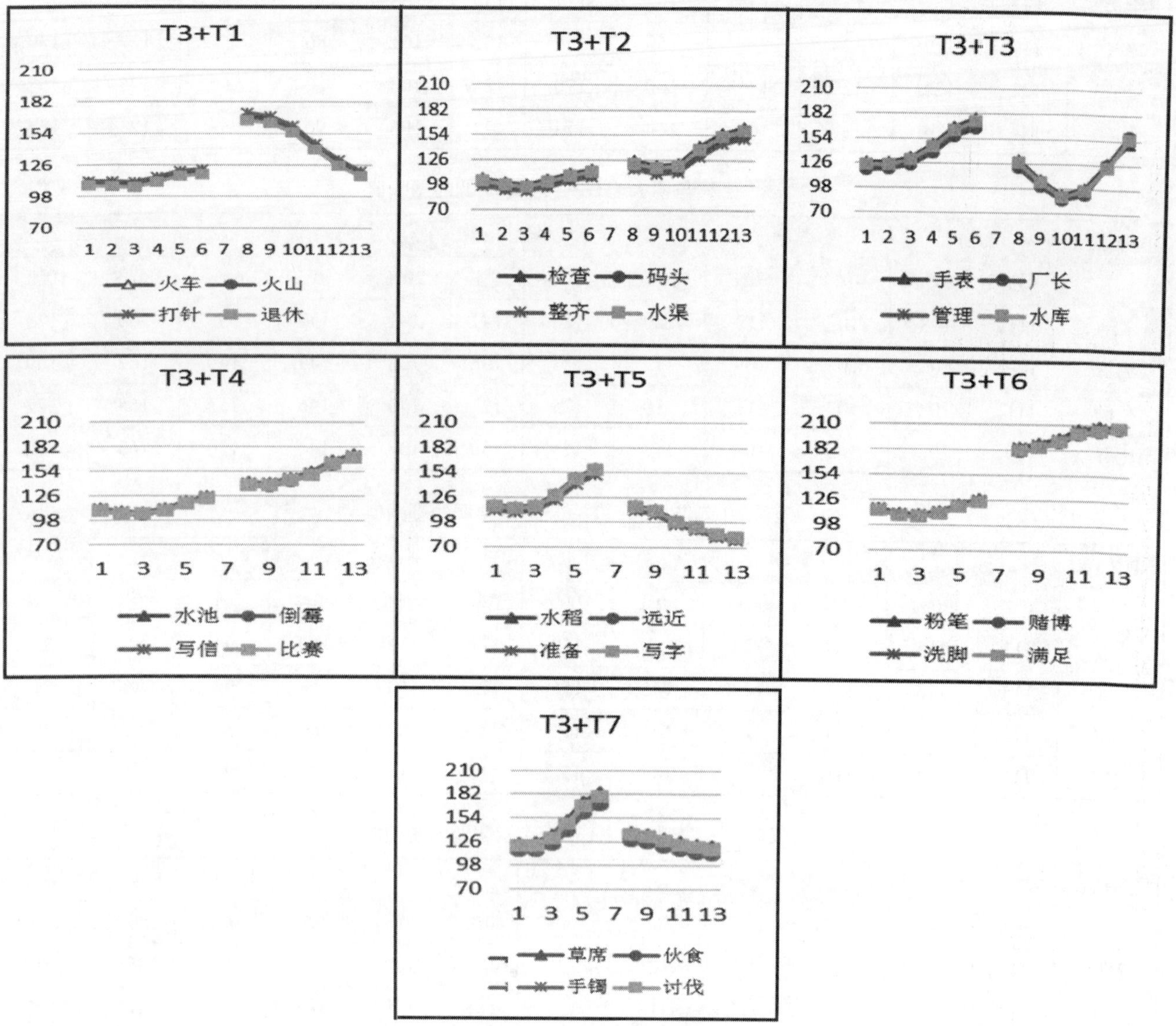

图5　上声前字组合音高图

接下来再对同一调类组合进行规整，分别提取前后字的音高数据和时长，列出各调类组合的基频、时长均值，所得上声连读数据如下：

表9　上声与各调类组合的基频值、时长均值表

T_3+T_n	前字							后字						
	0%	20%	40%	60%	80%	100%	时长（s）	0%	20%	40%	60%	80%	100%	时长（s）
T3+T1	110	109	109	113	119	120	187.0	169	167	158	142	128	118	147.1
T3+T2	101	96	94	100	107	111	191.8	120	115	117	135	150	157	183.5
T3+T3	123	123	128	143	162	172	157.2	126	105	89	95	114	130	299.9
T3+T4	110	107	106	110	119	124	188.3	140	139	145	151	164	171	259.2

续表

T_3+T_n	前字							后字						
	0%	20%	40%	60%	80%	100%	时长（s）	0%	20%	40%	60%	80%	100%	时长（s）
T3+T5	116	114	116	128	147	157	221.5	115	112	100	92	84	81	150.3
T3+T6	115	110	108	112	120	126	201.6	183	187	193	202	206	210	60.4
T3+T7	119	120	128	144	166	177	209.0	132	130	125	121	117	116	36.3

从表9中可以看出：（1）在音高数据上可分两大类，其一是T3+T3|T3+T5|T3+T7，其二是T3+T1|T3+T2|T3+T4|T3+T7，第一类中聚合在一起的上声搭配的3个调类音高比第二类的整体偏高。（2）在时长数据上前字一般比后字长，除上声+上声外，上声搭配的其他4个舒声调中，都是前字比后字时长更长。通过提取10等分得音节音高数据，我们作出直观的上声连读变调图。

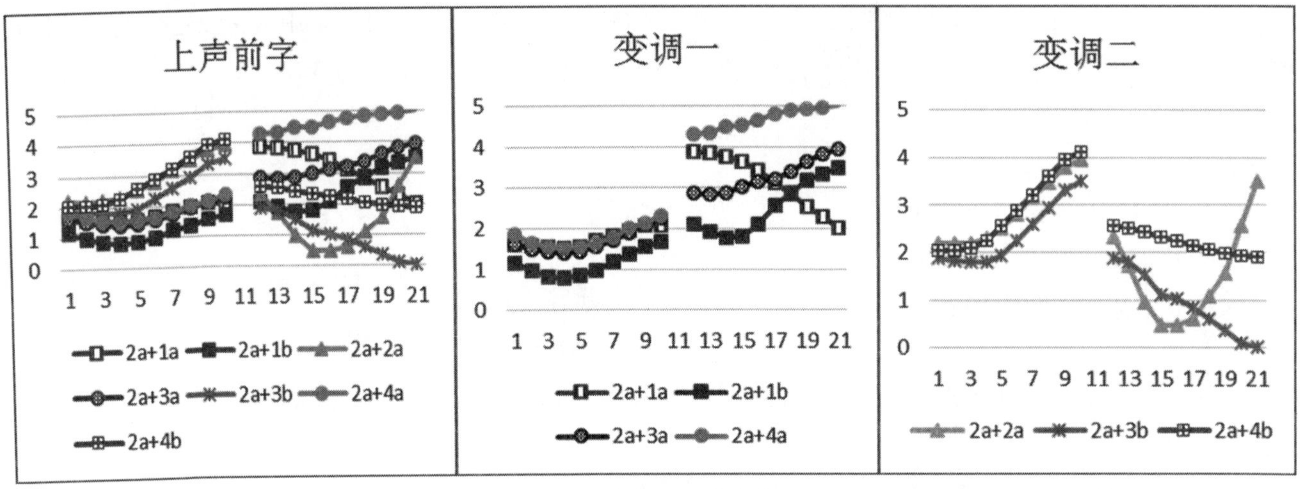

图6　上声前字连读音高图

图6显示的上声前字和表2—7数据显示的相对应，反映三方面内容：

①上声前字变调类型

“字组连读，如果只发生调型、调值等语音变化，不发生语法语义关系的变化，前字和后字就仍然是两个离散的单字，其性质就是纯粹的语流音变。”[①]结合上声作为前字时的调类组合与表2—7、图4，我们可以看出，南昌话的两字组连调的性质属语音音变，南昌话的上声连调组合中不同的结构组合，不同的语法关系在同一调类组合中音变相同。具体来说南昌话的上声前字变调类型是简化型连调中的曲折调的简化。

②上声前字体现的分化模式

上声前字的分化模式可分两类：第一类是上声+上声、上声+阳去、上声+阳入，读24调；第二类是上声+阴平、上声+阴平、上声+阴去、上声+阴入，读22调，但整体上调型上还是呈上升状，略靠近23调。

③上声前字分化模式与后字调类的关系

从图2可以看出，上声前字与后字的调类组合呈现尾高头低、尾低头高的规律。第一类组合，上声+阴平、上声+阳平、上声+阴去，上声+阴入，上声前字读24调，调尾高，紧接后字的调头低；第二类组合，上声+上声、上声+阳去、上声+阳入，上声前字读23调，调尾相比第一类更低，而紧接后字的调头高。

① 李小凡：《也谈吴语变调与北京话轻声的关系》，载《吴语研究》，上海教育出版社，2003年，第45页。

整体来看，上声搭配的7个调类与原单字调相对比，整体格局相似，调型一致。

四、小结

本文是一个基于相对大的数据的、兼顾现实和演化的声调实验研究，通过音高数据来分析南昌话的声调系统，探讨南昌话的古今声调对照情况及演变规律，南昌话调类分化受古声母清浊影响，同时也与今声母的送气非送气有关。通过分析与归并，客观展现南昌话的声调格局。本文得出的南昌单字调类青老年一致，调值上略有差异，具体如下：

老年：阴平51，阳平25，上声214，阴去45，阳去31，阴入5，阳入3

青年：阴平51，阳平23，上声213，阴去33，阳去21，阴入5，阳入2

两字组连读变调性质是语音音变，属简化型连调。主要是上声前字变调，曲折调变为两类，都为升调，分别是上声为前字在阴平、阳平、阴去、阴入前读23调，在上声、阳去、阳入前读24调；后字声调格局、调型与单字调基本一致，调值整体上比原单字调略有不同，但不视为变调。

参考文献

[1] 陈昌仪. 1991. 赣方言概要 [M]. 南昌：江西教育出版社.

[2] 胡松柏. 2014. 赣文化通典方言卷 [M]. 南昌：江西人民出版社.

[3] 蒋平，谢留文. 2001. 南昌县（蒋巷）方言的轻重音与变调 [J]. 方言（2）.

[4] 江西省地方志编纂委员会. 2005. 江西省方言志 [M]. 北京：方志出版社.

[5] 李军，陈昌芳. 2008. 19世纪中叶南昌话韵母与声调系统的特点 [J]. 广西师范大学学报（哲学社会科学版）(2).

[6] 李小凡. 2004. 汉语方言连读变调的层级和类型 [J]. 方言（1）.

[7] 刘纶鑫. 1999. 客赣方言比较研究 [M]. 北京：中国社会科学出版社.

[8] 刘新中. 2016. 汉语方言语音特征调查手册 [M]. 北京：科学出版社.

[9] 刘新中，梁嘉莹. 2017. 新疆木垒方言的单字调：一项基于声学数据的研究 [J]. 方言（3）.

[10] 刘新中，吴艳芬，梁嘉莹. 2017. 海南付马话的文白两套声调系统的实验研究 [J]. 中国语音学报（8）.

[11] 林佳颖，熊子瑜. 2012. 基于音高数据的天津塘沽话声调系统分析 [A]. 第10届中国语音学术会议论文集 [C].

[12] 石锋. 2006. 北京话单字音声调的统计分析 [J]. 中国语文（1）.

[13] 熊正辉. 1979. 南昌方言的声调及其演变 [J]. 方言（4）.

[14] 熊正辉. 1995. 南昌方言词典 [M]. 南京：江苏教育出版社.

[15] 熊子瑜. 2017. 语音库建设与分析教程 [M]. 西安：西安交通大学出版社.

[16] 徐越. 2013. 汉语方言中的气流分调现象 [J]. 中国语文（3）.

[17] Fromkin, Victoria A. 1987.Tone: A Linguistic Survey, New York, San Francisco [M].London: Academic Press.

[18] Matthew Y. 2001. Chen.Tone Sandhi: Patterns across Chinese Dialects [M]. 北京：外语教学与研究出版社：剑桥大学出版社.

[19] Wang, William S-Y. 1967. Phonological Features of Tone [J].International Journal of American Linguistics, 33(2).

[20] Weenink, David.Speech Signal Processing with Praat [P/OL]. 2011-03. http: / /www.fon.hum.uva.nl /praat /.

基于声学数据的博白地佬话韵母系统

李雯雯[1]　刘新中[2]

（1. 南宁三中初中部五象校区　广西南宁　530200；2. 暨南大学中文系　广东广州　510632）

【提　要】文章基于元音的声学数据，系统研究归纳了博白镇地佬话的韵母，分别提取男女发音人的600个韵母例字的声学数据，对博白地佬话的元音以及由这些元音充当主要成分的韵母组，做了较为全面的数据分析。通过各组元音的声学数据的比对分析，总结了以主要元音为纲的博白地佬话的韵母系统。

【关键词】粤语　博白地佬话　元音数据　韵母系统

一、引言

（一）已有的相关研究

对于粤语的实验研究，首推王力先生和岑麒祥先生。王力先生用实验语音学方法研究博白地佬话语音的《博白方音实验录》，发表于1932年，主要以腭位照相和浪纹计为实验手段，对博白镇岐山坡地佬话元音、辅音及声调进行实验研究，总结地佬话的声韵调系统为：22个声母，61个韵母，11个声调。近年来，也出现了一些对于博白地佬话的研究。冉启斌、张玉岩《博白水鸣粤语有多少个声调？——汉语方言极限声调清单声学实验分析之一》（2014），总结水鸣镇地佬话13个声调，归纳"送气分调"现象。

从方言学的角度对博白地佬话的研究，主要是语言区归属、词汇、语法、语音等方面的研究。《广西通志·汉语方言志》（1998）把地佬话划分到粤语勾漏片，伍巍《粤语》（2007）略有调整，将地佬话划分到粤语邕浔片，还是在粤语的体系内。李连进《勾漏片的方言系属》（2005）则认为包括博白地佬话在内的勾漏片方言与平话有不少的共同之处，主张整个勾漏片方言和平话及土话独立成为汉语方言的一种。在词汇方面，王小莘《博白地佬话双声叠韵连绵词》（1999），记录了博白镇岐山坡村的双声叠韵连绵词近百条。又如陈钰文《博白地佬话的特殊称谓》（2010），详细介绍了地佬话的亲属称谓词汇和一般的社会称谓词汇，进而探讨特殊称谓所折射的地方文化内涵。在语法方面，赵波《结构助词在博白地佬话中的用法》（2012），分析了地佬话结构助词"嘅""得"的语法意义。

还有一些较为系统研究博白地佬话音系的描写和归纳。梁忠东《博白地佬话同音字汇》（2011），将博白镇雷埠村地佬话音系归到24个声母、48个韵母、10个声调。梁曾娜《广西博白地佬话研究》（2008）将博白县城中心地佬话音系归为24个声母、41个韵母、10个声调。彭敏《广西博白地佬话比较研究》（2011）认为博白县水鸣镇地佬话有22个声母、61个韵母、12个声调。再者是对地佬话语音专题的研究。梁忠东《博白地佬话形容词重叠式》（2011），介绍了地佬话单音节与双音节形容词重叠式及各自音变特点。

上述已有的研究系统总结了博白地佬话音系，有不同程度的差别，但相同之处是未提供系统的声学数据，本文以实验所得声学数据为依据，以主要元音为观察点，对韵母中所有的主要元音数据进行归一化处理，在此基础上系统地总结博白镇地佬话的韵母系统。

（二）本文的研究方法

本文研究方法如下：（1）设计调查字表。参照地佬话音节全表，设计韵母系统调查字表，选出约600个代表字，这些字涵盖主要元音的数据，能够反映博白镇地佬话元音的基本面貌。（2）选择合适的发音人。参与调查的发音人有6位，本文所用数据主要来自其中2位发音人，男女各1位，两位发音人均是土生土长的博白镇人，其地佬话发音典型，且发音一致性较强，他们能够作为博白镇地佬话的合格发音人。下面统一用M和F表示男女发音人。（3）采集声音数据。在实验室或安静的环境下，用外置声卡采集6人的声音数据。录音设备是Superlux麦克风、M-Audio声卡，录音软件是“斐风”田野调查软件V 2.1.2版本。（4）标注采集的语音数据。第一层为汉字层；第二层为音节层，标注辅音、元音和过渡音段。第三层标注复合元音；第四层标注声调。在标注的过程中，确定这些音节中的主要元音主要依据第一、第二共振峰，即F1、F2的平稳段作为元音的范围。（5）运用praat脚本提取每个韵母中主要元音的共振峰数据以及时长数据，对这些数据做归一化处理。（6）根据提取所得的2位发音人的数据，同时参照其他发音人的数据，确定主要元音的共振峰类型，据此建立博白镇地佬话以主要元音声学数据为依据的韵母系统。

二、主要元音及其在不同韵母组中的声学特点

（一）博白地佬话主要元音的共振峰特点

这部分概括主要元音的共振峰特点。我们把一个韵母中在声学上有稳定共振峰的元音叫主要元音，即第一共振峰和第二共振峰具有平行、稳定的共振峰值，一个韵母一般有一个主要元音，复合元音有时包含两个主要元音。我们以单独做韵母的主要元音数据为主，建立主要元音参照系，为了对比，我们把不能单独做韵母的主要元音 a 、ɐ和ə也放在主要元音参照系中。对发音人数据进行归一化处理，将博白地佬话主要元音的共振峰数据总结如表1。

表1　博白地佬话主要元音的共振峰数据

主要元音	发音人	F1（Hz）	F2（Hz）	F3（Hz）	时长（ms）
i	M	291	2066	2794	284
	SD	16	89	91	92
	F	325	2752	3101	338
	SD	33	111	140	99
ɛ	M	475	2001	2558	387
	SD	37	146	104	78
	F	607	2370	2571	331
	SD	50	214	26	50

续表

主要元音	发音人	F1（Hz）	F2（Hz）	F3（Hz）	时长（ms）
a	M	752	1304	2415	80
	SD	62	139	218	38
	F	826	1435	2303	92
	SD	144	151	572	40
ɐ	M	591	1122	2763	80
	SD	48	101	153	27
	F	805	1512	2639	104
	SD	49	135	447	39
ɑ	M	679	963	2857	403
	SD	22	31	130	127
	F	897	1156	2963	278
	SD	22	25	124	96
ɔ	M	467	701	2821	447
	SD	34	45	157	37
	F	604	900	3030	443
	SD	18	22	375	72
ə	M	564	1196	2581	64
	SD	35	96	102	20
	F	701	1305	3031	114
	SD	40	88	317	30
u	M	403	721	2575	257
	SD	28	52	102	71
	F	383	775	2702	318
	SD	40	68	174	62

为直观说明博白地佬话的主要元音发音舌位情况，我们根据表1的数据，做出两位发音人主要元音声学元音图，如图1。

由图1可知两位发音人的主要元音系统较为一致，体现在数量和类型一致。元音系统中的数量均为8个主要元音，分别为a、ɐ、ɑ、i、u、ə、ɔ和ɛ。其中，圆唇元音为后元音，分别为u和ɔ。而展唇元音共有6个，主要为前元音i、ɛ，低元音a、ɐ，央元音ə和后元音ɑ。ɑ、i、u、ɔ和ɛ可以单独做韵母，a、ɐ、ə只能与其他元音组合出现，组成复合元音韵母或元辅结构韵母。两位发音人的i、u和a的3个顶点位置较为相近，形成倒三角。

两位发音人的u元音位置偏低，与前高元音i并不等高，而发音人M的ɔ元音位置相对偏高，就使得u和ɔ的声学空间较为接近。但实际上u元音与ɔ从听感上和音系分布上，二者都有严格的区分，是两个不同的音位。

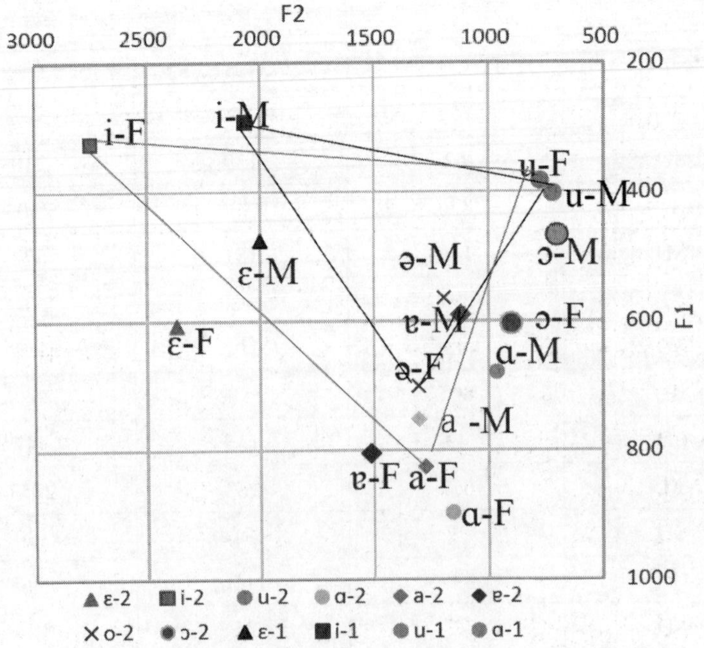

图1　博白地佬话两位发音人主要元音声学图

（二）主要元音及其在不同韵母组中的声学特征

我们对于一个方言的韵母的描写，重点问题是确定作为音节核心的主要元音。作为韵母中的主体，主要元音常单独做韵母，也可以与其他元音和辅音组合作为韵母组出现。在不同的组合中，它们的共振峰数据不同。下面我们就来讨论博白方言中不同韵母中的主要元音的声学特点。

1. 主要元音i及其韵母组

i韵母组的共振峰数据。

我们将主要元音i及其所组成的韵母组中，i的共振峰值提取出来，这些韵母主要是i–i、i–im、i–in、i–it、i–ui、i–ɐi、i–ai、i–ɔi、i–uɐi、i–uɔi、i–iu、i–iɛ、i–iau、i–ian、i–iɑm、i–iang 、i–iəng、i–iɑp、i–iat、i–iɛt、i–iək。

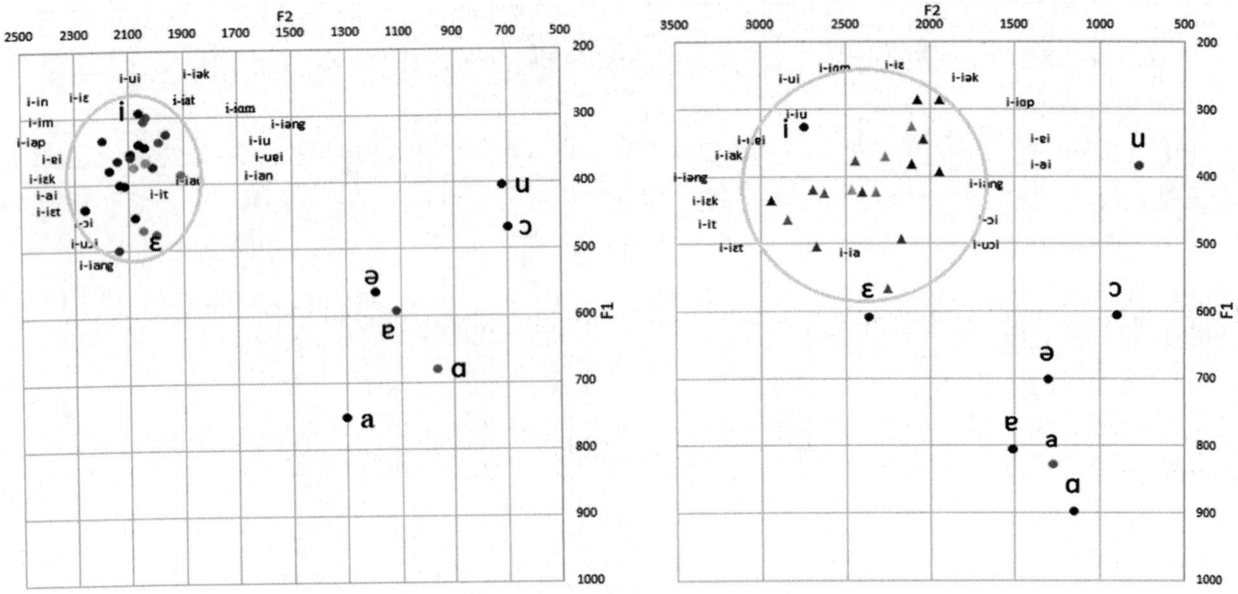

图2　主要元音i及其韵母组（左：男，右：女）

元音i除了单独做韵母外，还与其他元音或辅音组成韵母。i在im、in、it、iu、ui韵母中做主要元音，在ɐi、ai、ɔi、uɔi、uai中是韵尾，在iɛ、iau、ian、iɑm、iang、iəng、iɑp、iat、iɛt、iɛk、iək中做韵头。由图2可见，发音人M的i韵母组内聚性强，紧围绕i目标值。只有iang、ɔi、uɔi稍微偏离目标值。图2中除做主要元音的i外，其余做韵头或韵尾的i都会偏离目标值，这是因为元音i做韵头或韵尾时，原本就是具过渡性质的原因。就语音结构功能而言，博白地佬话的韵母系统更为复杂，韵母种类也更多，分布的范围也较大。

2. 主要元音ɛ及其韵母组

表2　ɛ韵母组的共振峰数据

发音人		M				F			
主要元音	主要元音及其韵母组	F1（Hz）	F2（Hz）	F3（Hz）	时长（ms）	F1（Hz）	F2（Hz）	F3（Hz）	时长（ms）
	ɛ–ɛ	475	2001	2558	387	607	2370	2571	331
	SD	37	146	104	78	50	214	26	50
	ɛ–ɛu	643	1569	2492	94	690	1642	2650	117
	SD	46	57	72	28	66	551	356	34
	ɛ–iɛ	452	2017	2523	379	598	2586	2690	316
	SD	32	123	143	80	23	120	19	48
	ɛ–ɛng	632	1848	2547	80	693	1872	2841	91
	SD	38	102	102	29	82	644	298	27
ɛ	ɛ–uɛng	555	2125	2436	58	808	1959	2897	82
	SD	74	96	43	17	0	0	0	0
	ɛ–ɛk	584	1656	2527	55	755	1938	2787	75
	SD	45	117	123	17	63	560	280	17
	ɛ–iɛk	621	1649	2360	30				
	SD	90	171	84	13	0	0	0	0
	ɛ–iɛt	598	1839	2302	39	869	1801	2758	42
	SD	67	73	197	31	20	52	27	4

根据表2的数据，制作主要元音为ɛ的声学元音图如下。

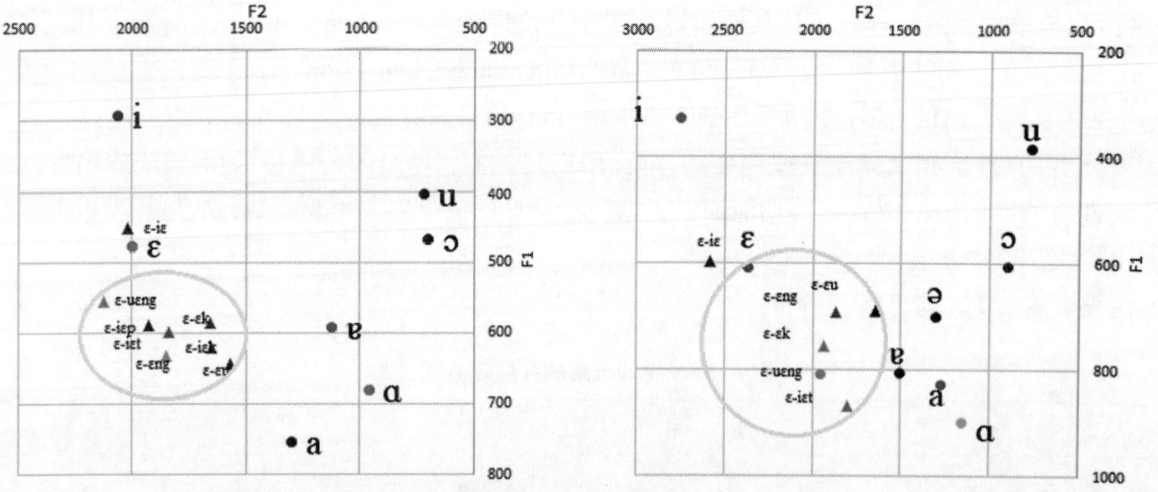

图3　主要元音ɛ及其韵母组（左：男，右：女）

由图3可见，发音人M的主要元音ɛ的F1在450—640Hz，F2在1600—2100Hz。发音人F的主要元音ɛ的F1在600—850Hz，F2在1600—2500Hz。除韵母iɛ中的主要元音接近目标值外，其余韵母组ɛu、ɛng、uɛng、ɛk、iɛt中的主要元音舌位偏低，其实质音值接近æ。ɛ韵来自假开三麻韵喻母，ɛu韵母来自效开一豪韵、效开二肴韵，ɛng韵来自曾开三燕韵、梗摄开口三等与四等韵。uɛng韵来自梗摄合口三等韵。

3. 主要元音a及其韵母组

表3　a韵母组的共振峰数据

发音人		M				F			
主要元音	主要元音及其韵母组	F1（Hz）	F2（Hz）	F3（Hz）	时长（ms）	F1（Hz）	F2（Hz）	F3（Hz）	时长（ms）
a	a–ai	698	1172	2573	112	935	1543	2874	107
	SD	48	35	221	53	151	135	431	34
	a–au	754	1312	2376	84	720	1124	2409	87
	SD	39	119	73	25	66	551	356	34
	a–an	770	1283	2425	100	922	1646	2885	138
	SD	69	86	301	29	136	127	464	31
	a–ang	802	1481	2386	69	843	1758	2646	86
	SD	29	148	79	13	39	492	421	17
	a–ian	813	1269	2468	139	1021	1666	2883	62
	SD	58	39	156	26	81	7	91	15
	a–iang	672	1543	2273	39	753	1640	3079	89
	SD	33	143	78	13	105	135	549	24
	a–uan	795	1240	2762	99	951	1286	2970	130
	SD	38	51	141	36	74	110	232	29
	a–uang	790	1413	2324	167	916	2017	2798	137
	SD	28	137	46	15	0	0	0	0

续表

发音人		M				F			
主要元音	主要元音及其韵母组	F1(Hz)	F2(Hz)	F3(Hz)	时长(ms)	F1(Hz)	F2(Hz)	F3(Hz)	时长(ms)
	a–at	725	1220	2390	105	913	1435	2086	94
	SD	49	70	191	37	144	210	451	19
	a–iat	831	1350	2269	61	1084	1719	2904	60
	SD	0	0	0	0	0	0	0	0
	a–uat	722	1133	2391	36	942	1453	2500	63
	SD	0	0	0	0	68	88	678	17
	a–ak	833	1561	2375	182	771	1605	2242	96
	SD	30	108	95	56	110	582	402	25
	a–uak	828	1365	2398	103	914	2001	2641	90
	SD	47	68	94	42	22	34	33	7

主要元音为a的韵母组多数元音集中在央低、半低的位置。具体见图4。

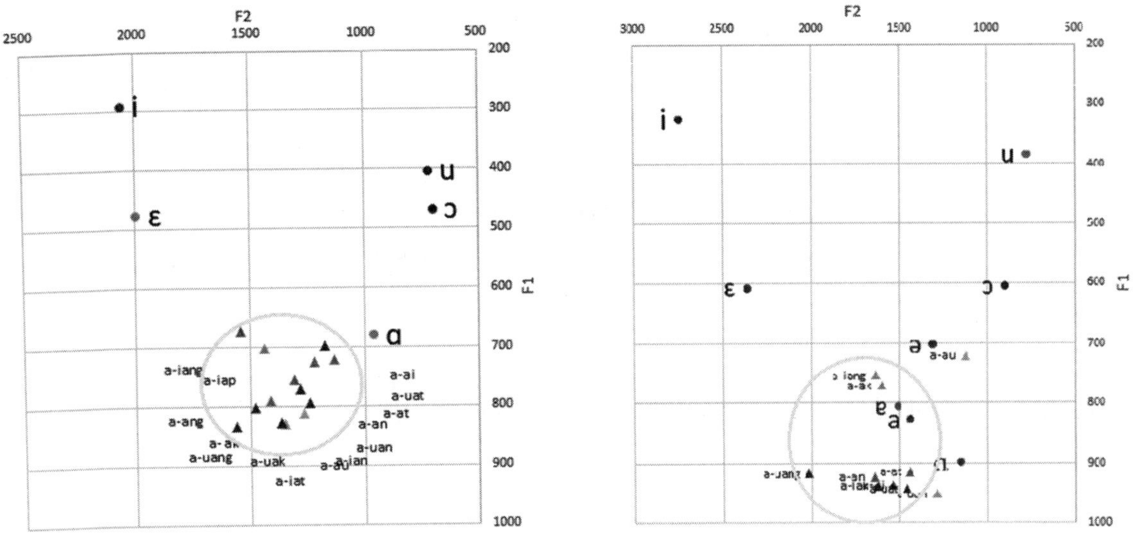

图4　主要元音a及其韵母组（左：男，右：女）

由图4可知，发音人M的主要元音a的F1在670—830Hz，F2在1100—1500Hz。发音人F的主要元音a的F1在700—1000Hz，F2在1100—1700Hz。主要元音a在舌位中低的位置，分部范围大致集中。韵母组iang、ak、uang中的a舌位偏前、偏高，其实际音值接近æ。

4. 主要元音ɐ及其韵母组

长短a的对立是粤语的语音特色之一，但是到粤西和两广，这种对立区域弱化和消失，博白地佬话的a–ɐ对立，只出现在ai–ɐi中间，没有uai韵母，只有uɐi韵母。博白地佬话的a–ɐ对立虽然有，但是正在弱化而消失的阶段。ɐ的声学数据见表4。

表4 ɐ韵母组的共振峰数据

发音人		M				F			
主要元音	主要元音及其韵母组	F1（Hz）	F2（Hz）	F3（Hz）	时长（ms）	F1（Hz）	F2（Hz）	F3（Hz）	时长（ms）
ɐ	ɐ–ɐi	596	1135	2771	83	788	1418	2339	137
	SD	47	88	92	26	64	114	551	38
	ɐ–uɐi	586	1108	2755	78	822	1607	2940	71
	SD	49	88	113	21	17	71	57	21

我们把表4的数据绘成声学元音图如图5。

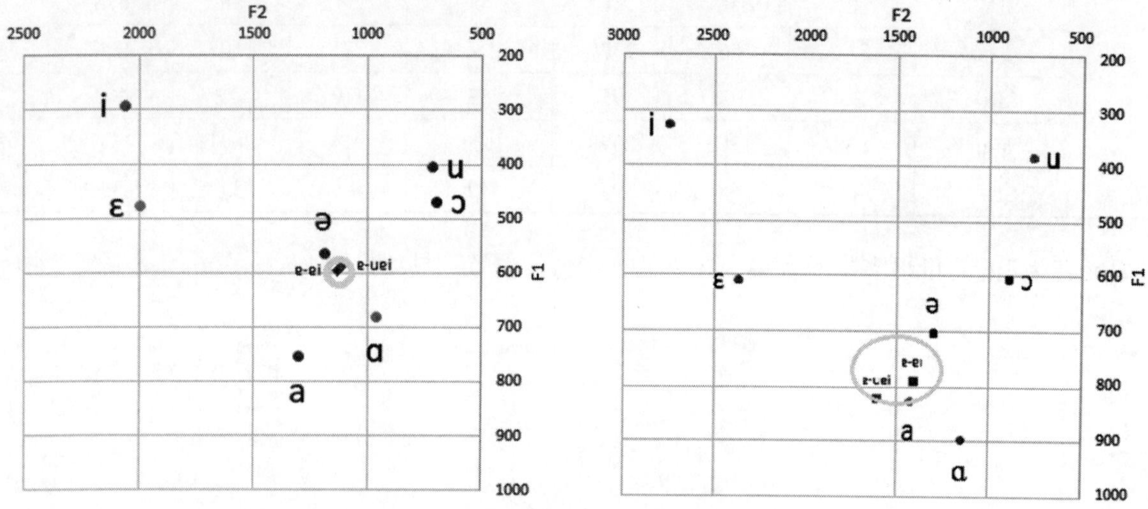

图5 主要元音ɐ及其韵母组（左：男，右：女）

图5所反映的ɐ的声学分布，大体分布在a和ɑ的上面、ə的下面，这与通常所见的粤语ɐ的声学空间分布差不多。

5. 主要元音ə及其韵母组

博白地佬话的ə和ɐ似乎是互补的分布，但是在声学数据上，他们有明显的区分，表5是ə为主要元音的韵母组中ə的数据。

表5 ə韵母组的共振峰数据

发音人		M				F			
主要元音	主要元音及其韵母组	F1（Hz）	F2（Hz）	F3（Hz）	时长（ms）	F1（Hz）	F2（Hz）	F3（Hz）	时长（ms）
ə	ə–əng	578	1228	2599	71	695	1252	3064	134
	SD	40	102	92	16	49	86	190	27
	ə–ək	568	1245	2575	71	700	1249	2958	113
	SD	24	74	73	24	37	80	444	21
	ə–iəng	561	1124	2618	64	678	1240	3128	154
	SD	52	89	164	22	10	79	17	33
	ə–iək	548	1185	2533	51	730	1480	2975	55
	SD	4	39	83	7	0	0	0	0

我们根据表5的数据绘制声学元音图如图6。

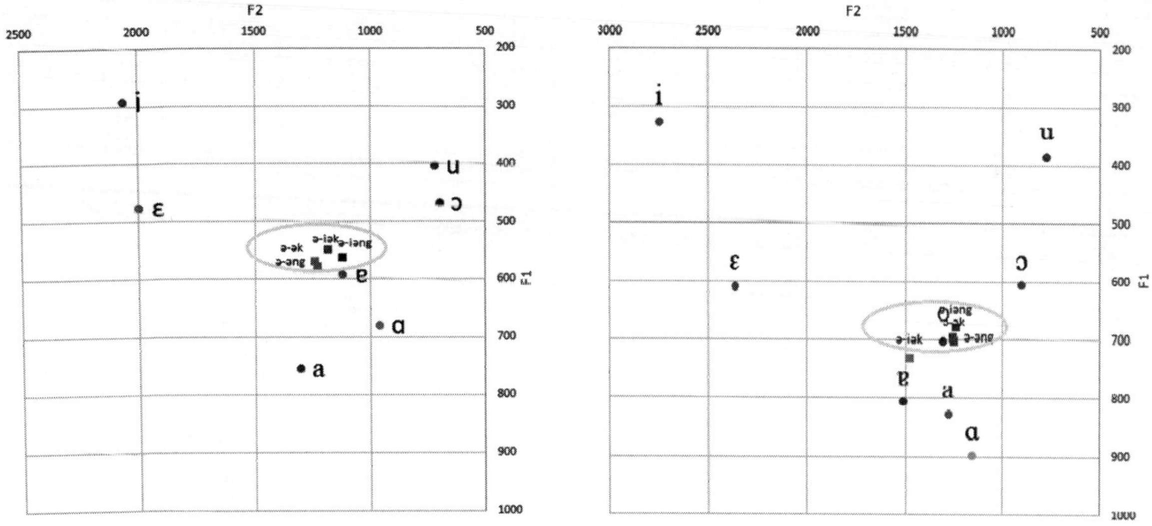

图6　主要元音ə及其韵母组（左：男，右：女）

图6所反映的ə的声学空间分布，央稍偏后的元音，主要的部分还是在半低、央的位置。它们的位置比a和ɑ要高很多。

6. 主要元音ɑ及其韵母组

博白地佬话的a没有像广州话这样宽的组合范围，有一部分a在地佬话中对应于ɑ，它们在博白地佬话中的共振峰数据见表7。

表6　ɑ韵母组的共振峰数据

发音人		M				F			
主要元音	主要元音及其韵母组	F1（Hz）	F2（Hz）	F3（Hz）	时长（ms）	F1（Hz）	F2（Hz）	F3（Hz）	时长（ms）
ɑ	ɑ–ɑ	679	963	2857	403	897	1156	2963	278
	SD	22	31	130	127	22	25	124	96
	ɑ–uɑ	670	940	2892	242	831	1116	2653	263
	SD	31	24	24	79	117	63	110	59
	ɑ–ɑm	667	959	2770	119	897	1287	2685	187
	SD	25	26	161	20	52	93	416	37
	ɑ–iɑm	682	1029	2587	74	959	1339	2562	96
	SD	0	0	0	0	12	107	380	16
	ɑ–ɑp	672	977	2641	121	945	1255	1980	102
	SD	34	51	175	123	49	79	462	30
	ɑ–iɑp	702	1439	2153	20	902	1290	2388	70
	SD	5	12	1	2	0	0	0	0

我们根据表6，制成博白地佬话主要元音ɑ在不同韵母中的声学元音图，如图7。

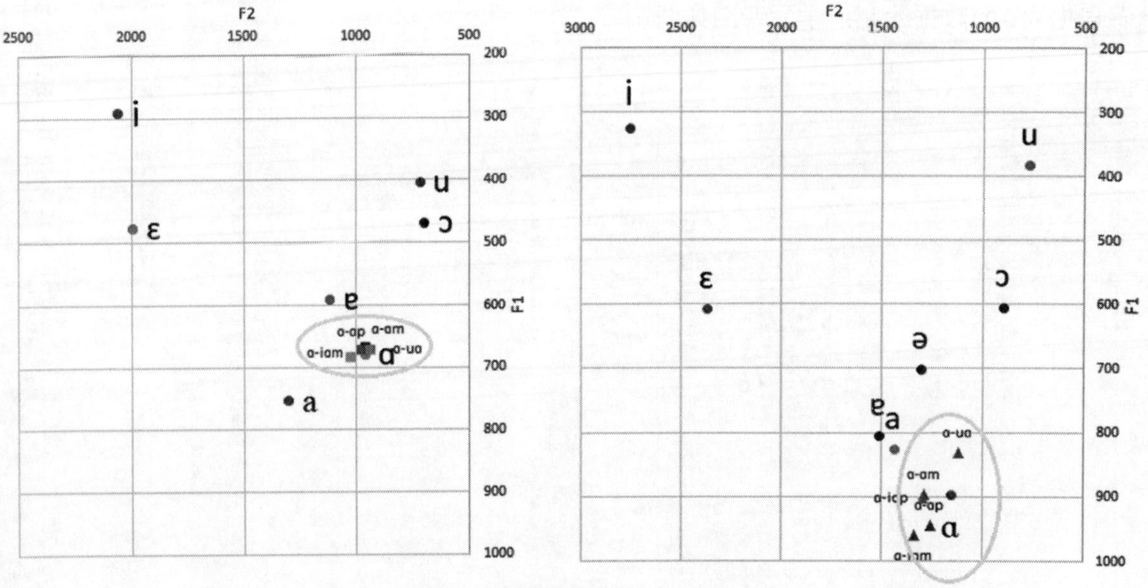

图7　主要元音ɑ及其韵母组（左：男，右：女）

图7所示的ɑ大体位置在ɔ的下面，a的后方、但是男发音人的范围集中，而且位置比a高一些，女发音人ɑ的分布范围比a低很多。

7. 主要元音ɔ及其韵母组

ɔ及其韵母组的数据如表7。

表7　ɔ韵母组的共振峰数据

发音人		M				F			
主要元音	主要元音及其韵母组	F1（Hz）	F2（Hz）	F3（Hz）	时长（ms）	F1（Hz）	F2（Hz）	F3（Hz）	时长（ms）
ɔ	ɔ–ɔ	467	701	2821	447	604	900	3030	443
	SD	34	45	157	37	18	22	375	72
	ɔ–uɔ	468	680	2806	454	576	911	3052	343
	SD	20	21	158	109	36	41	223	55
	ɔ–ɔi	532	726	2670	123	597	900	3099	131
	SD	36	72	166	45	77	88	80	28
	ɔ–uɔi	516	797	2586	75	643	933	3072	59
	SD	54	80	89	43	50	42	131	12
	ɔ–ɔn	556	978	2875	84	624	910	2930	132
	SD	71	453	180	23	51	33	500	42
	ɔ–uɔn	658	1059	2545	37	603	950	3243	60
	SD	58	261	143	16	0	0	0	0
	ɔ–ɔng	638	886	2852	99	728	1017	2717	131
	SD	28	21	157	22	89	50	644	43
	ɔ–uɔng	634	868	2866	114	706	964	2916	133
	SD	31	12	100	36	58	45	452	47
	ɔ–ɔt	518	712	2749	95	622	959	3208	123

续表

发音人		M				F			
主要元音	主要元音及其韵母组	F1（Hz）	F2（Hz）	F3（Hz）	时长（ms）	F1（Hz）	F2（Hz）	F3（Hz）	时长（ms）
	SD	37	32	130	22	42	45	50	1
	ɔ–uɔt	549	749	2708	44	685	988	2602	59
	SD	6	72	156	4	16	53	715	16
	ɔ–ɔk	628	896	2691	113	790	1084	2663	116
	SD	20	38	29	12	50	28	317	39
	ɔ–uɔk	541	796	2772	74	722	973	3148	103
	SD	0	0	0	0	30	30	123	17

我们根据表7的数据制成元音ɔ在韵母组中的声学元音图，见图8。

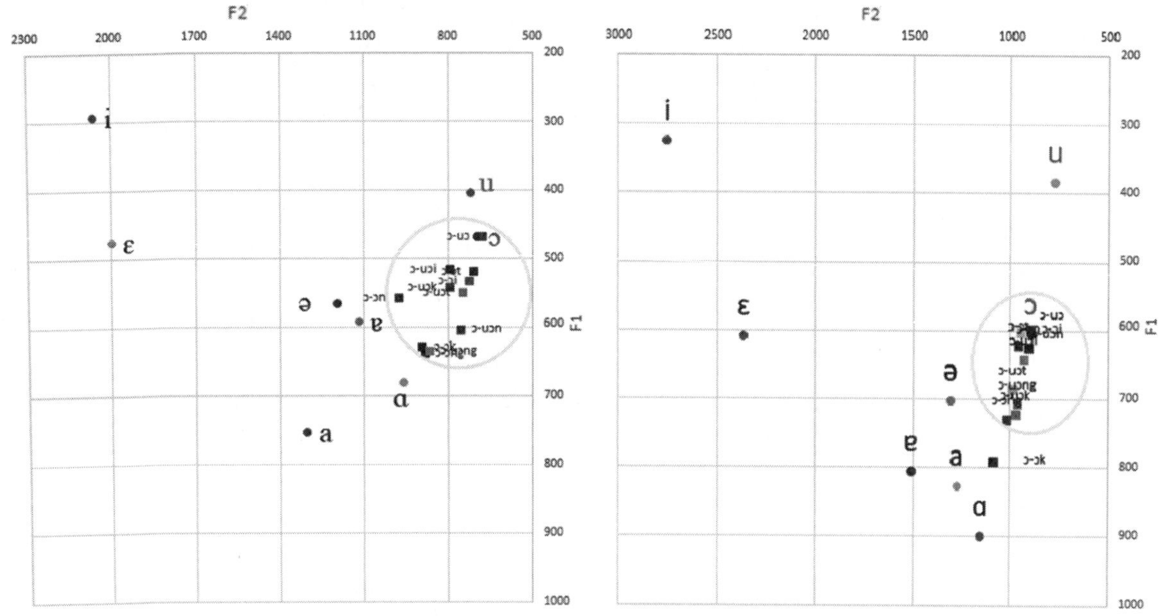

图8　主要元音ɔ及其韵母组（左：男，右：女）

相比较而言，男发音人的ɔ较高，与o较为接近。

8. 主要元音u及其韵母组

元音u除了做主要元音，多数是作为韵头出现的，韵尾的相对较少，具体数据见表8。

表8　u韵母组的共振峰数据

发音人		M				F			
主要元音	主要元音及其韵母组	F1（Hz）	F2（Hz）	F3（Hz）	时长（ms）	F1（Hz）	F2（Hz）	F3（Hz）	时长（ms）
u	u–u	403	721	2575	257	383	775	2702	318
	SD	28	52	102	71	40	68	174	62
	u–un	418	820	2570	71	448	921	2859	107
	SD	29	131	117	24	60	175	522	32

续表

发音人		M				F			
主要元音	主要元音及其韵母组	F1（Hz）	F2（Hz）	F3（Hz）	时长（ms）	F1（Hz）	F2（Hz）	F3（Hz）	时长（ms）
	u–ut	433	730	2717	119	531	884	2908	88
	SD	32	74	41	43	50	116	425	14
	u–ui	409	955	2600	99	438	951	2936	82
	SD	49	396	114	39	68	204	286	35
	u–iu	362	794	2536	83	417	929	2663	146
	SD	25	72	91	20	44	53	175	22
	u–ɛu	383	829	2549	95	463	1089	2649	101
	SD	26	47	119	26	77	117	204	25
	u–au	523	805	2616	72	713	1049	2866	131
	SD	58	42	146	28	0	0	0	0
	u–uɑ	463	733	2688	45	450	775	2735	36
	SD	112	9	268	12	58	76	159	4
	u–uɔ	486	782	2691	146	449	731	2715	66
	SD	64	15	69	54	21	27	239	14
	u–uɐi	434	847	2486	43	539	887	2929	42
	SD	56	90	96	12	19	77	176	11
	u–uɔi	448	789	2443	59	458	714	2896	73
	SD	23	59	105	29	37	108	263	22
	u–uan	507	873	2546	50	509	819	2794	32
	SD	45	49	69	9	32	36	304	10
	u–uɔn	453	696	2518	48	505	786	3102	58
	SD	33	41	27	4	0	0	0	0
	u–uɛng	489	1148	2275	49	391	840	2678	39
	SD	0	0	0	0	71	91	249	10
	u–uang	600	936	2285	27	496	949	2705	32
	SD	131	83	74	5	47	98	104	3
	u–uɔng	493	844	2400	52	529	833	2924	38
	SD	27	48	165	4	63	96	275	14
	u–uat	527	870	2353	49	533	808	2675	29
	SD	0	0	0	0	43	51	228	14
	u–uɔt	442	707	2417	49	510	804	2622	87
	SD	31	12	76	20	32	67	533	20
	u–uɛk	501	936	2381	49	458	918	2514	39
	SD	21	33	84	16	38	124	95	3
	u–uɔk	493	792	2362	32	507	786	2960	41
	SD	0	0	0	0	34	49	151	6

我们根据表8制成元音u在各韵母组中的声学元音图，如图9。

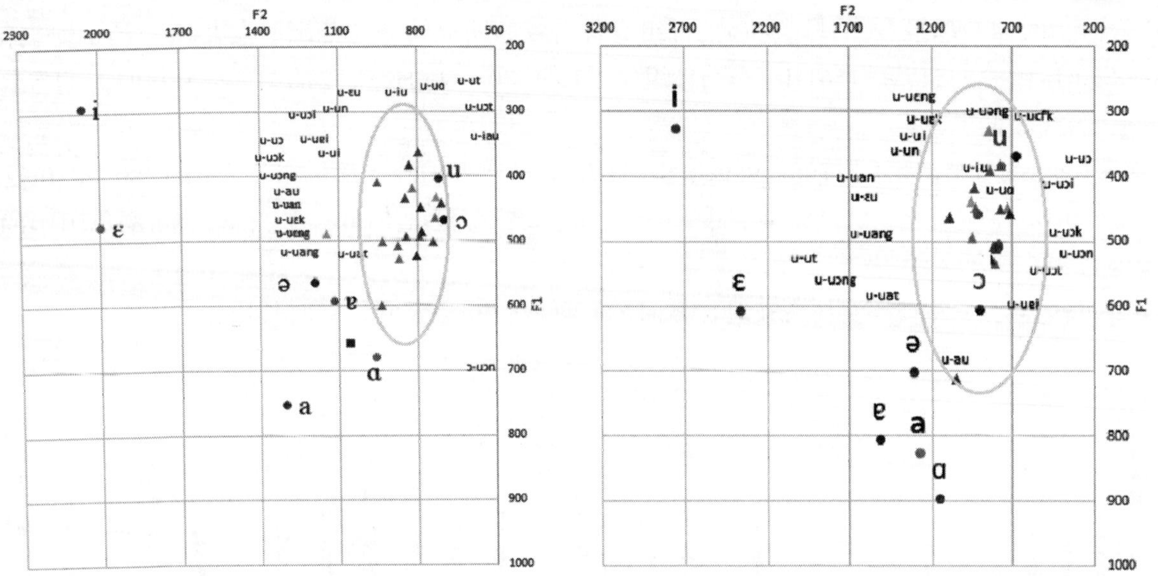

图9　主要元音u及其韵母组（左：男，右：女）

博白地佬话的u的音值与o较为接近，它在各韵母组中的分布也较为分散，它的范围几乎涵盖了从ɔ到o的声学空间，写成u是为了区别，实际音值更接近o。

(三) 几个相似元音的讨论

在归纳音系时，能独立出现的主要元音有ɑ、i、u、ɔ和ɛ，它们的声学特性比较明确，上文已经做了说明，但是a、ɐ、ə这类不能单独做韵母，只和其他成分组合出现的主要元音在音系归纳上问题较多。在语音上，地佬话同时存在a与ɑ，且主要元音a和ɐ在声学图中位置相近。u、ɔ在数值上也较为接近，在声学图中位置也非常接近。央元音ə也比较特殊。我们就这些元音以及它们的韵母组做一些讨论。

1. a、ə和ɐ及其韵母组

地佬话央低元音的分化比较复杂，同时存在a、ɐ与央元音ə。由主要元音a构成的韵母组有14个，由主要元音ɐ组成的韵母组有2个，由主要元音ə组成的韵母组有4个，现通过对两位发音人的数据整理，以韵母ai中的a、韵母ɐi中的ɐ和韵母əng中的ə分别为3组韵母组的参照点，画出a韵母组、ɐ韵母组和ə韵母组声学图，如图10所示。

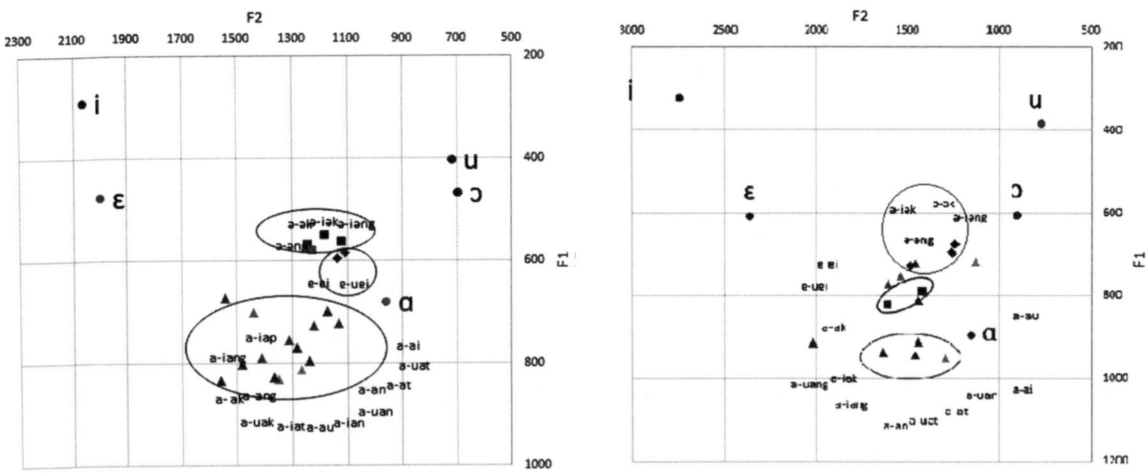

图10　a韵母组、ɐ韵母组和ə韵母组元音的共振峰比较（左：男，右：女）

由图10可知，a韵母组、ɐ韵母组和ə韵母组有各自较为明显的分布范围。发音人M的a韵母组位于F的670—830Hz和F2的1172—1561Hz。ɐ韵母组位于F的580—600Hz和F2的1100—1200Hz。主元音ɐ略高于a，主元音ɐ略低于ə。

发音人F的a韵母组位于F的700—950Hz和F2的1100—1700Hz。ɐ韵母组位于F的780—830Hz和F2的1400—1600Hz。总体来看，主元音ɐ略低于ə，主元音a略低于ɐ，但ai、ak、iang、an韵母组中的主元音a位置偏高。

元音a和ɐ的对立，主要不是体现在时长方面，下面是a和ɐ以及它们的时长比较。

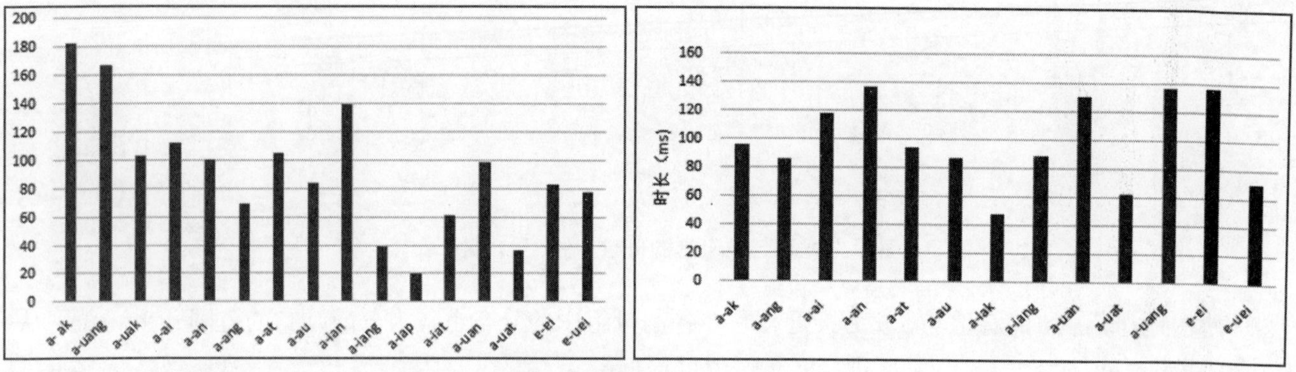

图11　主要元音a与ɐ时长（左：男，右：女）

在图11主要元音a与ɐ时长图中，韵母ai中的主要元音a的时长比韵母ɐi中的ɐ的时长多四分之一，韵母iang、iap、iat、uat中的主要元音a的时长也比较短。图中的时长数据告诉我们，虽然a与ɐ也还存有时长差别，但主体的长短对立已经转化为音质的对立。

2. u韵母组与ɔ韵母组的讨论

由图1的主要元音声学图我们知道，地佬话主要元音u与ɔ位置相近，为了进一步厘清二者界限，在此对u韵母组与ɔ韵母组进行讨论。主要元音u构成的韵母组有19个，主要元音ɔ构成的韵母组有12个。现根据表8、表9的数据，以韵母u中的u和韵母ɔ中的ɔ分别为两组韵母组的参照点，画出u韵母组与ɔ韵母组声学图，如下图12。

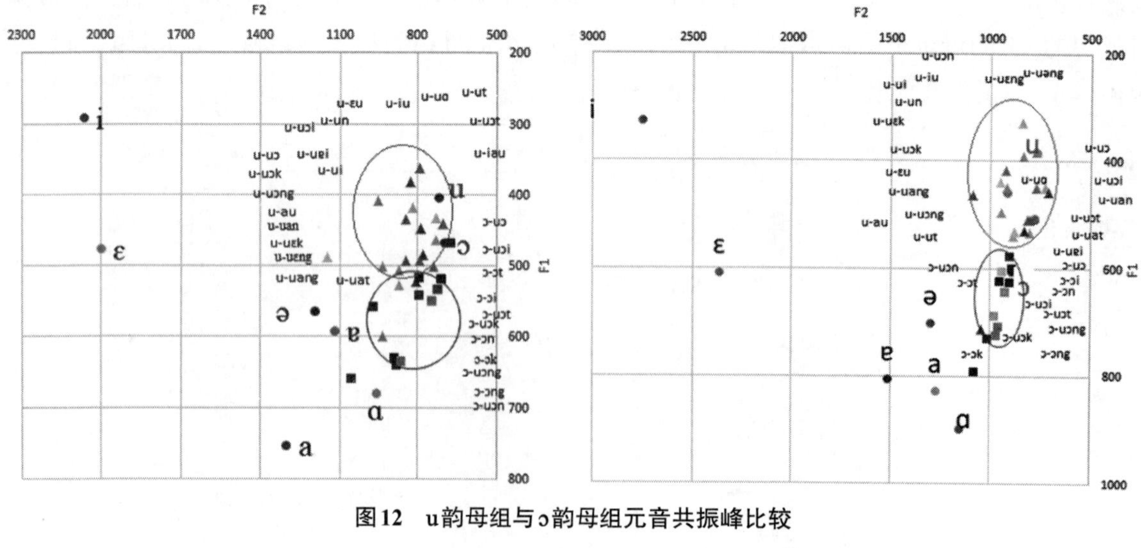

图12　u韵母组与ɔ韵母组元音共振峰比较

由上图可知，u韵母组和ɔ韵母组有各自的分布范围，发音人M的u韵母组位于F的360—600Hz和F2

的700—1200Hz。ɔ韵母组位于F的460—650Hz和F2的700—1100Hz。u韵母组中有u、ui、iu、un、ut等19个韵母，其中uɔ、uɔk、uɔng、iau、au、ua、uat、uang、uɛng、uɛk韵母中的u略低于u韵母组的大致范围，原因是u在这些韵母中做韵头或韵尾，发音时u略偏于目标值。这些韵母中的u非主要元音，不是典型的u。ɔ韵母组中有ɔ、uɔ、uɔi、uɔt、ɔi、ɔt、uɔk、ɔn、uɔn、ɔk、uɔng、ɔng等12个韵母，其中ɔ、uɔ中的主要元音ɔ舌位偏高，而ɔk、uɔng、ɔng韵母中的ɔ舌位偏低，略低于ɔ的大致分部范围，ɔn、uɔn韵母中的ɔ舌位偏前，这是受与ɔ相组合的辅音影响造成。当主要元音ɔ与前鼻音n组合构成韵母时，为了协调配合发音，主要元音ɔ的舌位也靠前。当主要元音ɔ与后鼻音或舌根音组合构成韵母时，主要元音ɔ的舌位靠后。

发音人F的u韵母组位于F的380—700Hz和F2的700—1100Hz。ɔ韵母组位于F的570—790Hz和F2的900—1100Hz。u韵母组的分布范围在ɔ韵母组的上方。u韵母组与ɔ韵母组各自内聚性都较强。

此外，通过u和ɔ的时长比较，也可以发现，作为单元音韵母中的u、ɔ及无韵尾的uɔ中的ɔ，时长明显长于其他非单元音韵母中的ɔ；而在非单元音韵母中，ɔ与u的时长没有显著差别。这说明，ɔ与u并没有长短对立。

三、基于声学数据的地佬话韵母系统

（一）博白地佬话韵母系统

我们在分析了博白地佬话所有主要元音声学数据的基础上，对它们进行分门别类，将博白地佬话的韵母系统总结如表9。

表9 以主要元音声学数据为基础的博白地佬话的韵母系统

		ɑ麻架	ɛ蛇社	i支雨以		ɔ河坐	u故武
		uɑ花化				uɔ和果	
ɐi资费	ai低世					ɔi开爱	ui倍妹
	au修斗流		ɛu饱保				
	iau休有		iɛ野夜	iu条烧			
uɐi贵桂						uɔi介盖	
	an紧新			in连怜廉		ɔn岸安	un官短酸
	ian隐印匀					uɔn竿间	
	uan云						
				im占点			
		ɑm三心含胆减					
		iɑm音阴					
	aŋ庚讲		ɛŋ星灵		əŋ东红翁胸	ɔŋ党床桑	
	iaŋ良娘昌				iəŋ用容		
	uaŋ横梗		uɛŋ泳荣			uɔŋ旺光	
		ɑp急合					

续表

		iɑp药眨					
	at出质物			it接铁月设		ɔt八辣	ut活脱
	iat一						uɔt割刮国郭
	uat骨屈						
	ak北白百麦		ɛk色锡		ək木鹿绿		ɔk确恶捉
			iɛk杰约		iək欲育		
			uɛk划获				uɔk镬或
ŋ耳五午		m母					

根据元音的声学特征，我们较为全面地考察了博白地佬话以元音为核心的韵母分类，地佬话韵母系统共有57个韵母，其中，5个主要元音ɑ、i、u、ɔ和ɛ可以单独做韵母，a、ɐ、ə只能与其他元音组合出现。

完全依据声学数据来概括一个韵母系统并不是最理想的，但相对来说这是用声学数据归纳音系的一个探索，希望通过这些探索抛砖引玉，将现代方言的语音描写建立在数据支撑的基础上，这对方言语音的进一步研究、对方言语音的合成与识别都有重要的现实意义。

参考文献

[1] 鲍怀翘，林茂灿. 2014. 实验语音学概要［M］. 增订版. 北京：北京大学出版社.

[2] 贝先明，向柠. 2016. 实验语音学的基本原理与praat软件操作［M］. 长沙：湖南师范大学出版社.

[3] 陈钰文. 2011. 博白地佬话的特殊称谓［J］. 广西师范学院学报，31（1）：138-143.

[4] 李连进. 2005. 勾漏片的方言归属［J］. 民族语文（1）.

[5] 李小凡，项梦冰. 2010. 汉语方言学基础教程［M］. 北京：北京大学出版社.

[6] 梁忠东. 2011a. 博白地佬话同音字汇［J］. 桂林师范高等专科学校学报，25（3）：11-18.

[7] 梁忠东. 2011b. 博白地佬话形容词重叠式［J］. 钦州学院学报，26（4）：29-33.

[8] 梁忠东，杨奔. 2011. 博白地佬话词汇特点［J］. 梧州学院学报，21（6）：1-10.

[9] 罗常培，王均. 2004. 普通语音学纲要［M］. 北京：商务印书馆.

[10] 彭敏. 2011. 广西博白地佬话比较研究［D］. 广西师范学院硕士学位论文.

[11] 冉启斌，张玉岩. 2014. 博白水鸣粤语有多少个声调：汉语方言极限声调清单声学实验分析之一［J］. 语言科学，13（6）：641-654.

[12] 唐作藩. 2013. 音韵学教程［M］. 4版. 北京：北京大学出版社.

[13] 王力. 2014. 博白方音实验录［M］. 北京：中华书局.

[14] 王小莘. 1999. 博白地佬话双声叠韵连绵词［J］. 方言（3）：221-226.

[15] 伍巍. 2007. 粤语［J］. 方言（2）：167-176.

[16] 谢秋萍. 2015. 博白县地佬话的音系概况和词汇研究［J］. 首都教育学报（3）.

[17] 曾娜. 2008. 广西博白地佬话研究［D］. 广西师范大学硕士学位论文.

[18] 张世禄，杨剑桥. 2009. 音韵学入门［M］. 上海：复旦大学出版社.

[19] 赵波. 2012. 结构助词在博白地佬话中的用法［J］. 科技资讯（21）：244.

[20] 赵彦行. 1994. 论博白地老话与新民话［J］. 广西社会科学（3）：98-105.

龙川客家话韵律节奏类型研究

袁怡娴　吴　芳

（深圳大学人文学院　广东深圳　518060）

【提　要】本文以龙川话自然语言中的句子为实验语料，通过实验语音学和社会语言学的方法考察龙川话的韵律特征。实验结果表明，龙川县客家话为音步型的韵律节奏，语流中有明显的停连、强弱交替，单个或多个音节在句子中组成紧密的节奏单元，从而形成其语流节奏。

【关键词】龙川客家话　韵律　语言节奏

一、研究概述

研究认为，普通话为音步型韵律层级，粤语为音节型的语言节奏。音节型的语言节奏又被称为“有板无眼”式（也称“流水板”）节奏。音步型语流大致每隔两个音节就有一次小的轻重、高低、长短或松紧的交替，形成语流中大致等距离出现的两音节节奏单元。[①]在语言韵律节奏上，前人研究更多集中于普通话的音节韵律词时长。王晶、王理嘉在《普通话多音节词音节时长分布模式》中，考察组合结构对四音节词音节时长分布的影响，“普通话双音节词中音节的时长不仅要受到其所处停延边界的影响，而且还要受到各自声调调性特征的影响”；冯胜利《汉语的韵律、词法与句法》介绍了普通话复合韵律词；邓丹、石锋、吕士楠《普通话双音节韵律词时长特性研究》主要探讨了普通话双音节韵律词在实际语流中的时长表现。

普通话和粤语的韵律情况也为其他方言韵律的研究提供了参照。本文以广东龙川客家话为例，通过语音实验，分析龙川客家话的韵律节奏，探讨客家话的韵律特点，并尝试从语言韵律的层面，理清龙川客家话与粤语及普通话之间的亲远关系。

二、龙川客家话韵律的实验准备

本实验针对龙川客家话的韵律节奏进行语料设计，选用的语料与实际生活中的自然语言相同或相近，发音人置于情境中说出该句子，实验语料提取软件为wavesurfer。同时文章采用控制变量法，在同一类句子里，仅控制实验词的变量，句子的其他词保持不变。具体实验准备如下：

（一）语料的选择

要进行龙川客家话韵律节奏的实验分析，首先要选择适当的语料和发音人，来获取相应的语音样

① 叶蜚声、徐通锵:《语言学纲要》，北京大学出版社，1981年。

本。龙川的声韵调系统中有21个声母、56个韵母和6个单字调。因此，我们在选择语音样本时，要注意选择声韵调系统中有代表性的、不容易被误读的字让发音人朗读。

根据客家话是音节型韵律的初步推测，设计同组句中不同字数和类别的目标字，最后选择客家话自然语言中常用的单、双、三字中的舒声与入声字的不同搭配。它们的具体情况如下：

表1　客家话语音样本的目标字字数与目标字类别

目标字字数	目标字类别
单字	舒声
	入声
双字	舒声+舒声
	舒声+入声
	入声+舒声
	入声+入声
三字	舒声+舒声+舒声

（二）发音人的选择

本实验的语言对象主要为龙川县县城内常住居民，发音人的父母、祖父母均为当地常住居民，从小的语言环境及日常交际使用的均是当地方言。实验中共有发音人5位，以中年人为主，平均年龄43岁，3男2女，身体健康，听力正常，均是右利手。他们是地道的龙川本地人，发音相对具有代表性，因为他们从小到大的语言环境都是龙川客家方言。

根据选取的语音材料进行录音，所有发音人都十分自然，处在语言的自然使用和交流状态。实验采用语境结合法，在相应的语境下由发音人以自然语速说出语音材料的句子。

三、语言调查、实验步骤与数据统计

（一）时长分析

1. 单目标字时长

使用wavesurfer软件提取每个句子的单字时长，使用Excel取其句子中的单字时长变化，并呈现在每组/个句子的单字时长图中，体现目标字的对比。切分龙川客家话句内单字音节时长，以初步得出其语言节奏规律。目标字选择了舒声字和入声字及他们之间的不同组合，用以对比舒声字和入声字在句内的音节时长。以下T为目标字。选择甲（女）/乙（男）的数据进行同步对比，以保证性别在本次语言实验中对调查结果不构成影响。对于同一发音人所说的前后句子中存在语速不一致的现象，将对此类语句的音长进行归一化处理，形成其句内字时长百分比图，来探究同一发音人的不同句子的音长关系。

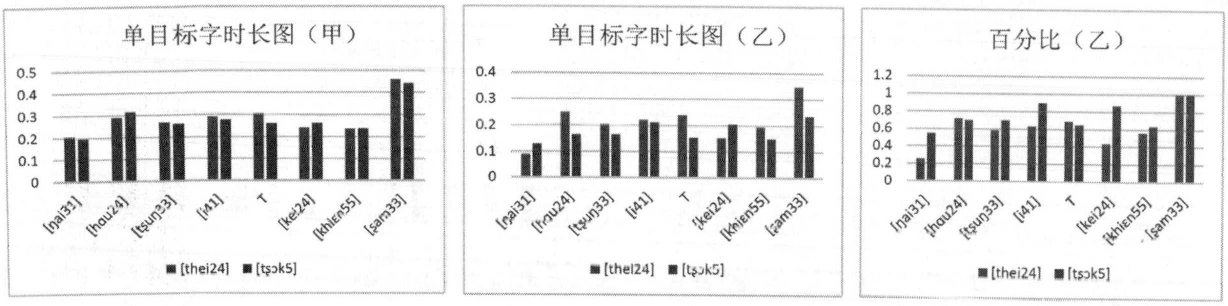

图1　单目标字时长图（甲、乙）及时长百分比图（乙）

注：图1的句子分别为

［t^hei^{24}］捱好中意睇遐件衫（我很喜欢看这件衣服），“［t^hei^{24}］睇$_{看}$”为舒声字。

［$tʂɔk^5$］捱好中意着遐件衫（我很喜欢穿这件衣服），“［$tʂɔk^5$］着$_{穿}$”为入声字。

以上是两个带有单字目标字的陈述句。目标字分别为一个舒声字和一个入声字，除目标字外，其余字词不做改变。图1单目标字时长图（甲）中，舒声目标字比邻近的两个字略长，入声则略短。但舒声字与入声字的时长变化并不明显，且两个目标字的时长与句中除了句末“［$ʂam^{33}$］衫$_{衣服}$”的其他字时长几乎相同。因此，在此句难以证明客家话是音节型韵律的观点。此外，在“［$tʂɔk^5$］捱好中意着遐件衫（我很喜欢穿这件衣服）”中，每个字的时长区别不大，但句末的“［$ʂam^{33}$］衫$_{衣服}$”时长突然增加，大约为句中其他字时长的两倍。引出句末词时长增加，擦音sh影响时长，或客家话的“［$ʂam^{33}$］衫”代表普通话中的“衣服”二字而导致时长增加的猜测。

图1单目标字时长图（乙）中，带目标字“［t^hei^{24}］睇$_{看}$”的蓝色句子大部分时长大于带目标字“［$tʂɔk^5$］着$_{穿}$”的红色句子，故作以句末“［$ʂam^{33}$］衫$_{衣服}$”的时长为1的百分比图，由图1百分比图（乙）可以看出目标字的舒声与入声时长变化也不明显。

2. 双字目标字时长

使用wavesurfer软件提取每个句子的双字（双音节词）时长，使用Excel取其句子中的双字时长变化，并呈现在每组/个句子的双字时长图中，体现目标字的对比。

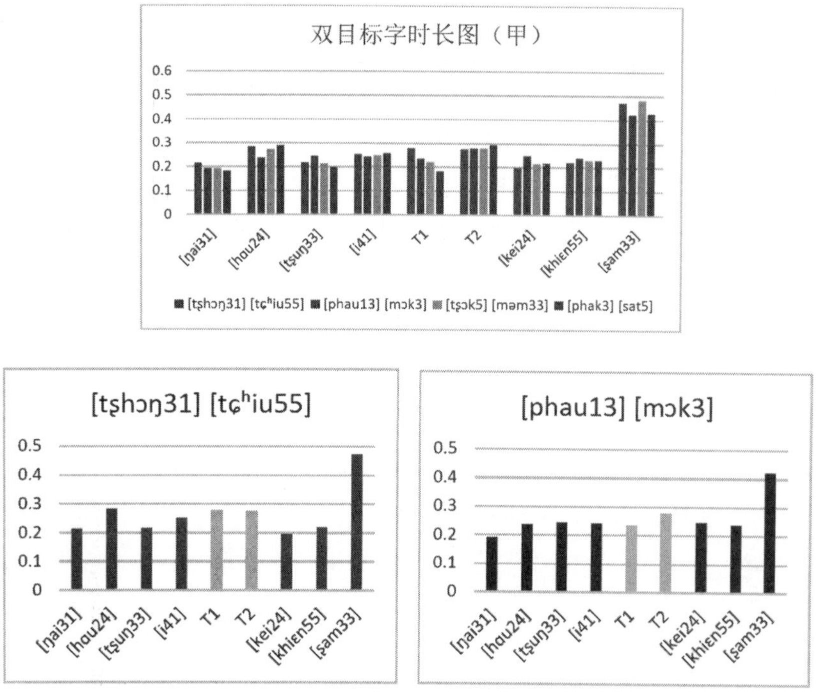

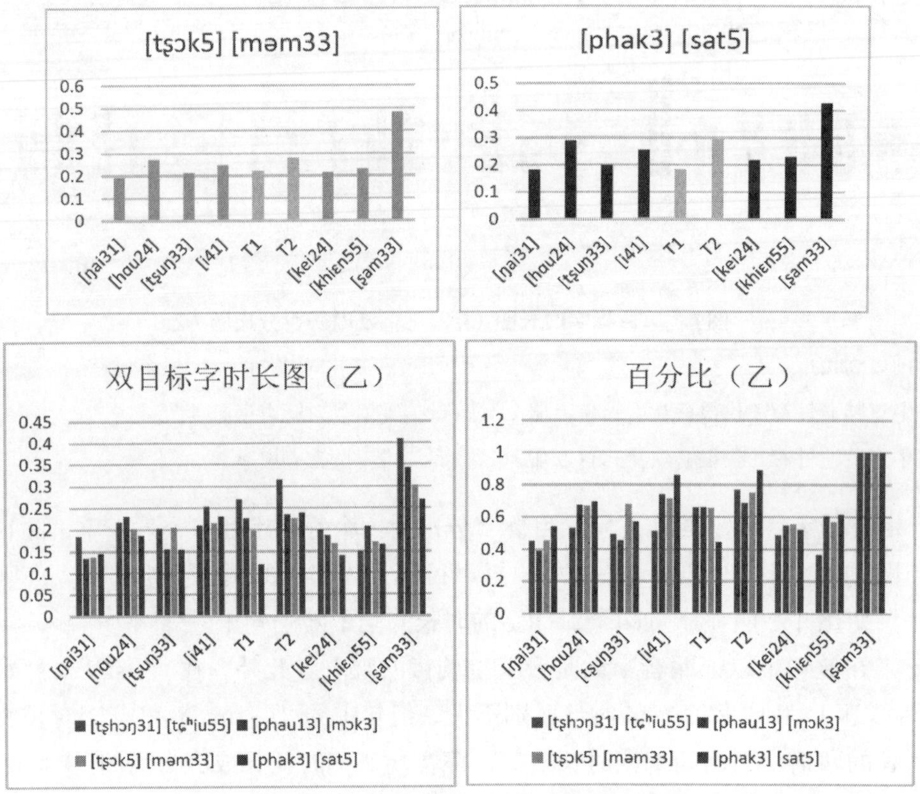

图2　双字目标字时长图（甲、乙）及时长百分比图（乙）

图2组图的句子分别为：

［tʂʰɔŋ^{31}］［tɕʰiu^{55}］　捱好中意长袖嘅件衫（我很喜欢长袖那件衣服）。（舒声＋舒声）

［pʰau^{13}］［mɔk^{3}］　捱好中意泡沫嘅件衫（我很喜欢泡沫那件衣服）。（舒声＋入声）

［tʂɔk^{5}］［məm^{33}］　捱好中意桌扪嘅件衫（我很喜欢桌上那件衣服）。（入声＋舒声）

［pʰak^{3}］［sat^{5}］　捱好中意白色嘅件衫（我很喜欢白色那件衣服）。（入声＋入声）

这是4个带有不同组合双字目标字的句子。通过句子中舒声字和入声字不同组合后的音节时长对比，判断其是否符合音节型语言节奏中舒声字音节时长大于入声字时长的规律。

图2双目标字时长图的入声目标字中，甲图的仅入声字“［tʂɔk^{5}］桌”“［pʰak^{3}］白”略短于邻近字，乙图的入声字“［pʰak^{3}］白”约为邻近字的一半时长，其余皆没有按舒声字音节时长大于入声字时长的规律区别于邻近字。双字词内的舒声字与入声字的对比仍难以显现，甚至出现入声字比舒声字时长更长的现象，如：“［pʰak^{3} sat^{5}］泡沫”，该词中“［pʰau^{13}］泡”为舒声字，“［mɔk^{3}］沫”为入声字。同时由于“［pʰak^{3} sat^{5}］白色”的“［sat^{5}］色”辅音为擦音，本为入声字的“色”时长变长。另外，同样出现图1中的句末字“［ʂam^{33}］衫$_{\text{衣服}}$”时长突增，且约为句中其他字两倍的现象。

3. 三目标字时长

使用wavesurfer软件提取句子中的三字（三音节词）时长，使用Excel取其句子中的三字时长变化，并呈现在每组/个句子的三字时长图中，体现目标字的对比。

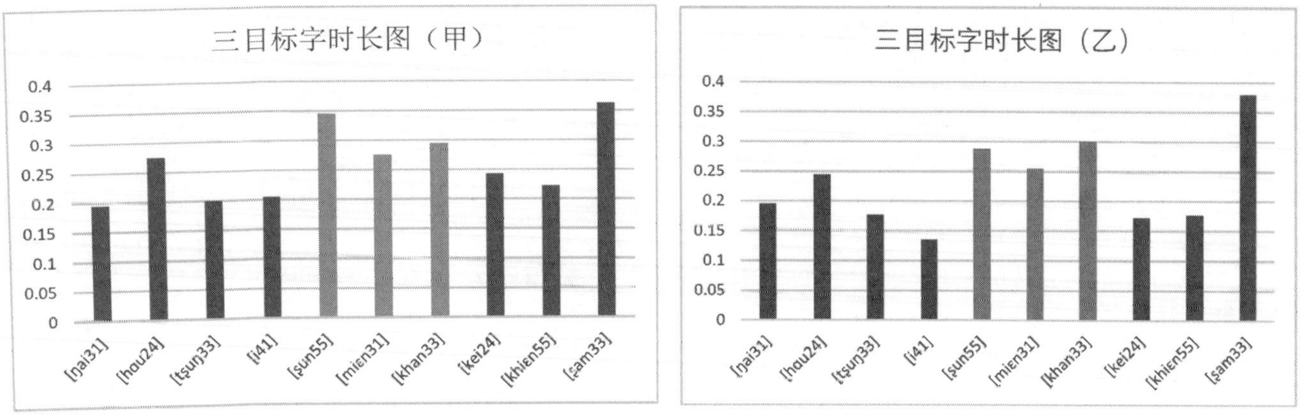

图3　三字目标字时长图（甲、乙）

图3组图句子为：

[ʂun^{55}][miɛn^{31}][k^{h}an^{33}]　捱好中意顺棉坎遐件衫（我很喜欢纯棉款那件衣服）。

（三字均舒声）

这是一个带有3个目标字的句子。图3三字目标字时长图（甲）中：①3个舒声目标字的时长均比邻近的字的长；②该句子中的句末“[ʂam^{33}] 衫$_{\text{衣服}}$”与舒声字“[ʂun^{55}] 顺$_{\text{纯}}$”时长相近，且都带有辅擦音，句末的“[ʂam^{33}] 衫$_{\text{衣服}}$”在该句中没有突增现象，也不及句中其他字的时长的两倍；③从单字时长的柱形图来看，以目标词前后为分界线，切分出的三段与普通话韵律节奏有相同的可能性。“[i^{41}] 意$_{\text{欢}}$”和“[kei^{24}] 遐$_{\text{那}}$”为了使“[ʂun^{55} miɛn^{31} k^{h}an^{33}] 顺棉坎$_{\text{纯棉款}}$”一词以特定的节奏说出而出现缩短时长的让步现象。

图3三字目标字时长图（乙）中：3个舒声目标字的时长与邻近字的时长对比、两个带 [ʂ] 擦音的音节呈现的现象均与发音人甲的相同，但在“[kei^{24} k^{h}iɛn^{55} ʂam^{33}] 遐件衫$_{\text{那件衣服}}$”处，发音人乙的则呈现为“[ʂam^{33}] 衫$_{\text{衣服}}$”是前面“[kei^{24} k^{h}iɛn^{55}] 遐件$_{\text{那件}}$”二音节之和。

从这些例图和数据来看，难以证明客家话的韵律节奏为音节型。音节型的语言节奏又被称为“有板无眼”式（也称“流水板”）节奏。①假设客家话为音节型，除了入声字，其余字在句子中的音节长度、重度应相同或相近，基本每个音节在时间上等距离地出现，无强弱拍的区别。但在以上句子中难以发现该规律，入声字在句中与其他字的区别不大，且在三字目标字的句子中出现明显的强弱拍。因此有必要进一步分析数据，切分句内韵律时长，并使图表多样化。

（二）句内切分词时长分析

同样选择了甲（女）/乙（男）的数据进行同步对比，来确保性别因素对调查结果不构成影响。将Excel中提取的单字时长使用公式对相应词组的时长进行求和计算，并呈现在每组/个句子的切分词时长图中，使句子的韵律节奏更具可视化。

① 郭沫若：《论节奏》，《创造月刊》1926年第1卷第1期。

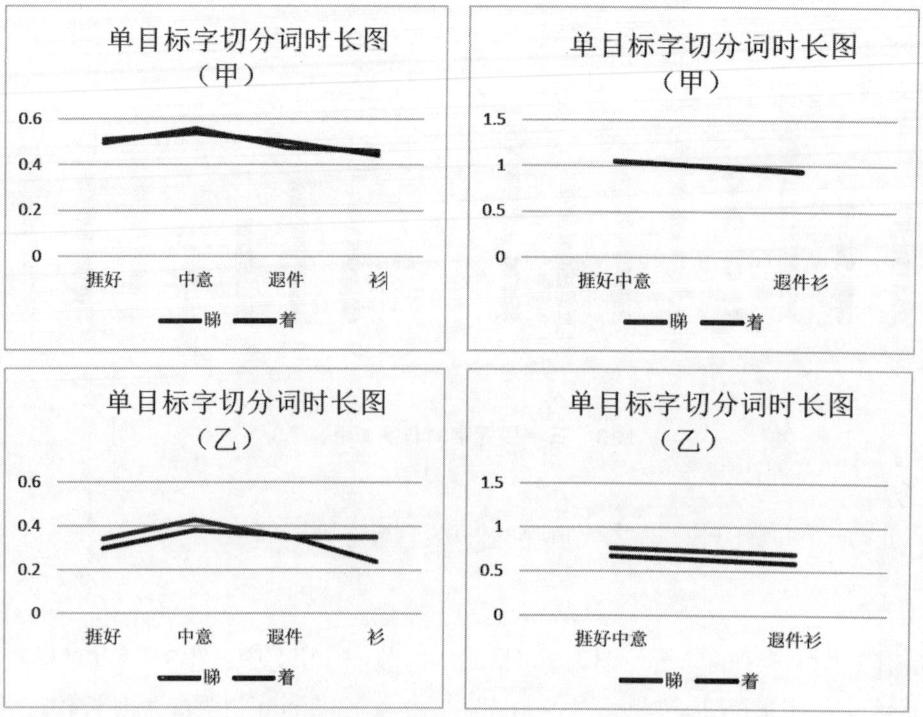

图4　根据普通话韵律节奏切分单目标字句子的词的时长

将“[ŋai^{31} hɑu^{24} tʂuŋ^{33} i^{41} kei^{24} k^{h}iɛn^{55} ʂam^{33}]捱好中意遈件衫$_{我很喜欢那件衣服}$”句子根据普通话韵律节奏拆分成两种形式，一种为双音节节奏，一种为四音节节奏，如图4组图所示。单目标字切分词时长图（甲）中，两图均显示，“[ŋai^{31} hɑu^{24} tʂuŋ^{33} i^{41} kei^{24} k^{h}iɛn^{55} ʂam^{33}]捱好中意遈件衫$_{我很喜欢那件衣服}$”按普通话中的音步型节奏划分（两个或两个以上音节在句子中组成更为紧密的小单元），句内切分词的时长彼此相近。此图与图1的单字时长图形成照应，同时可解释句子中包含单字目标字时，句末的客家话“衫[ʂam^{33}]”正是代表了普通话中的“衣服”二字，且为了与前面的句子节奏相同，所以出现“衫[ʂam^{33}]”是其他字时长的二倍的现象。

图4单目标字切分词时长图（乙）中，节奏方面仍符合发音人甲的规律，由于发音人乙在读两个句子时的语速稍有不同而造成整句时长不同，从而导致两线并没有完全重合，此为正常现象。

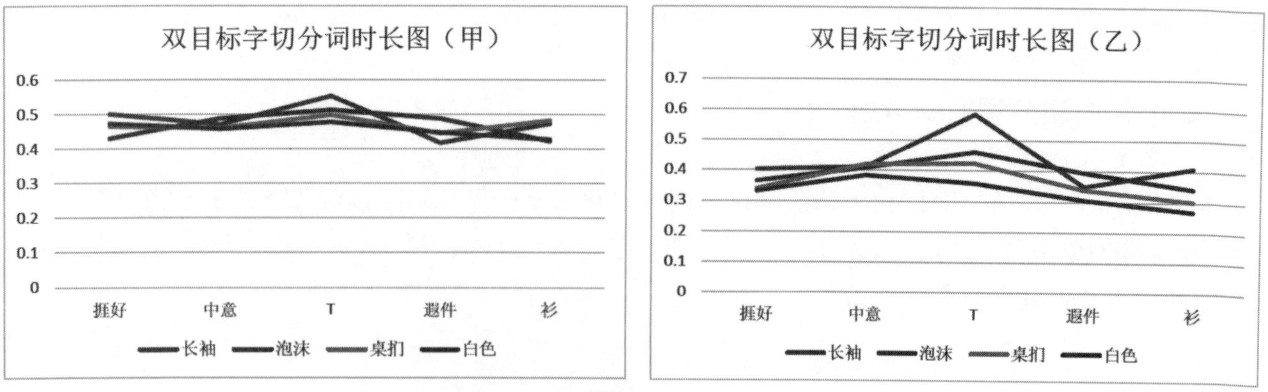

图5　根据普通话韵律节奏切分双目标字句子的词的时长

由图5可以看出，将带双目标字的4个句子以两个音节紧密结合的节奏切分句子，图4双目标字切分词时长图（甲）中，各词组时长几乎相等，对舒声字与入声字进行了不同组合的目标字在句中仍与其他节奏相近。目标字“[tʂʰɔŋ^{31}][tsʰiu^{55}]长袖”在直线中出现一个小高峰，时长高于其他词组，同时相邻的词组“[tʂuŋ^{33} i^{41}]中意$_{\text{喜欢}}$”和“[kei^{24} kʰiɛn^{55}]遐件$_{\text{那件}}$”时长相应缩短。带有“[tʂʰɔŋ^{31} tsʰiu^{55}]长袖”“[tʂɔk^{5} mən^{33}]桌扪$_{\text{桌上}}$”“[pʰak^{3} sat^{5}]白色”的句子均出现句首句末与目标字时长较大，其余时长略短的现象，呈现出舒缓平滑的“W”型。

在图5双目标字切分词时长图（乙）中，目标字“[tʂʰɔŋ^{31} tɕʰiu^{55}]长袖”也在直线中出现小高峰，该目标词的时长及其相邻词组的时长与发音人甲的情况相同。带有“[pʰau^{13} mɔk^{3}]泡沫”“[tʂɔk^{5} mən^{33}]桌扪$_{\text{桌上}}$”“[pʰak^{3} sat^{5}]白色”的句子中间时长大、两边时长小，符合语言的正常现象，在一个句子中，往往句首和句尾的字词变化最大。

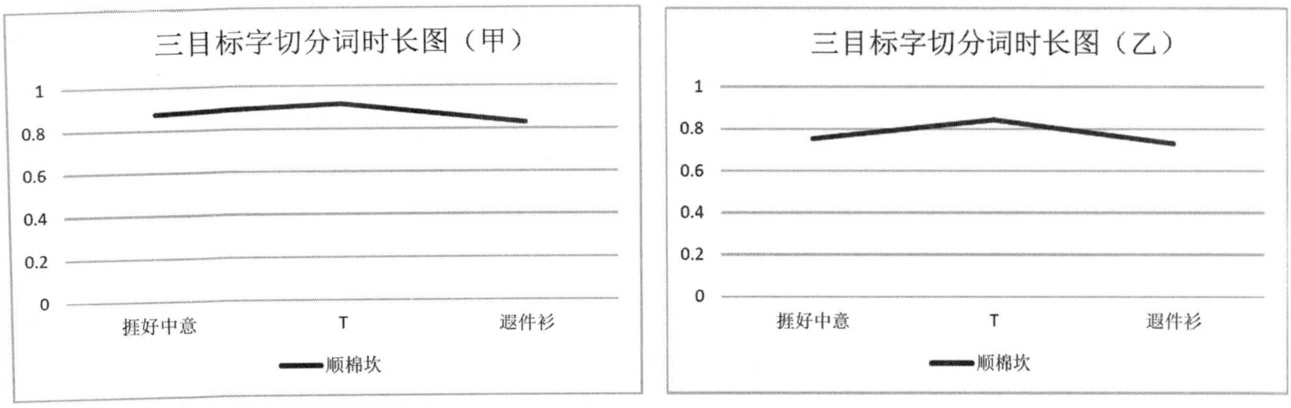

图6　根据普通话韵律节奏切分三目标字句子的词的时长

将带3个目标字的客家话语句按普通话的语言节奏切分并计算时长，通过图6可以看到男女发音人在带3个舒声目标字的句子“[ŋai^{31} hɑu^{24} tʂuŋ^{33} i^{41} ʂun^{55} miɛn^{31} kʰan^{33} gei^{24} kʰiɛn^{55} ʂam^{33}]捱好中意顺棉坎遐件衫$_{\text{我很喜欢纯棉款那件衣服}}$”均应证了图3的节奏猜测，划分的时长符合普通话的韵律节奏。目标词组“[ʂun^{55} miɛn^{31} kʰan^{33}]顺棉坎$_{\text{纯棉款}}$”与其前的“[ŋai^{31} hɑu^{24} tʂuŋ^{33} i^{41}]捱好中意$_{\text{我很喜欢}}$”、其后的“[gei^{24} kʰiɛn^{55} ʂam^{33}]遐件衫$_{\text{那件衣服}}$”在时长上几乎等长。两个或以上的音节在句子中组合为更紧密的小单元，字数不同而时长相近，符合普通话的音步型韵律节奏。

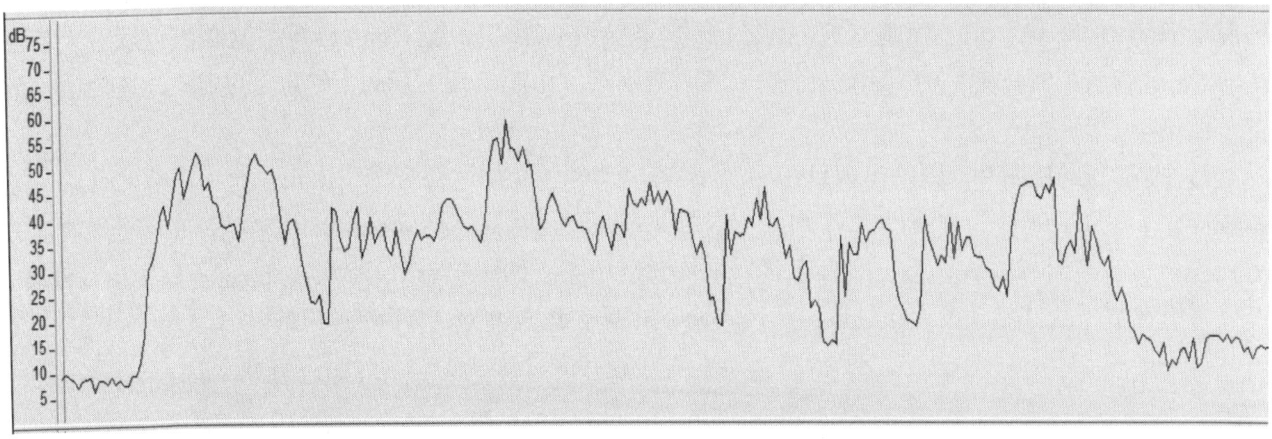

图7　捱好中意顺棉坎遐件衫（我很喜欢纯棉款那件衣服）

（三）音强分析

用wavesurfer软件提取句子音强，如图7所示，句首的韵律短语①“[ŋai^{31} hɑu^{24} tʂuŋ^{33} i^{41}]捱好中意$_{\text{我很喜欢}}$”及句中的韵律词“[ʂun^{55} miɛn^{31} kʰan^{33}]顺棉坎$_{\text{纯棉款}}$”都呈现出由强到弱的下降趋势，句末韵律短语上升。语音的轻重、停连之变是普通话重要语音特征。此处龙川客家话的句内音强变化进一步表现客家话的语音节奏与普通话相似。

“话语的韵律切分问题，实质上就是言语过程中的组词断句问题，它既涉及听话时知觉上的停顿分布，又涉及说话时语音上的组块分合。从对自然话语的分析来看，韵律的结构层次跟停顿的等级层次大体一致。”②根据听感实验得出龙川客家话的停顿，对照普通话停顿规律，“捱好中意$_{\text{我很喜欢}}$”与“顺棉坎遐件衫$_{\text{纯棉款那件衣服}}$”之间为一级停顿，“顺棉坎$_{\text{纯棉款}}$”与“遐件衫$_{\text{那件衣服}}$”之间为二级停顿。龙川客家话的停顿与普通话停顿相吻合，从而推断龙川客家话与普通话的韵律结构层次亦是相同。

（四）讨论

在图1的单目标字时长图（甲）和图2的双目标字时长图（甲）中，“[ʂam^{33}] 衫$_{\text{衣服}}$”近似于“[gei^{24} kʰiɛn^{55}] 遐件$_{\text{那件}}$”二字时长之和，但在图3的三目标字时长图（甲）中却没有该现象。笔者认为是不同句子的韵律停顿划分不同导致的。在单目标字和双目标字的句子中，呈现出双字黏合的节奏单元规律。在这里，龙川客家话的单音节“衫 [ʂam^{33}]”在普通话中为“衣服”二字的含义，在句中的其他双音节“[ŋai^{31} hɑu^{24}] 捱好$_{\text{我很}}$”“[tʂuŋ^{33} i^{41}] 中意$_{\text{喜欢}}$”“[gei^{24} kʰiɛn^{55}] 遐件$_{\text{那件}}$”的节奏切分下形成独立的节奏单元，故与其他双音节构成同等时长。而在三目标字的句子中，以目标字为分水岭给句子前后切分节奏，三音节“[gei^{24} kʰiɛn^{55} ʂam^{33}]遐件衫$_{\text{那件衣服}}$”与前面的“[ŋai^{31} hɑu^{24} tʂuŋ^{33} i^{41}]捱好中意$_{\text{我很喜欢}}$”“[ʂun^{55} miɛn^{31} kʰan^{33}]顺棉坎$_{\text{纯棉款}}$”处在同等节奏，在此节奏中，四音节“[ŋai^{31} hɑu^{24} tʂuŋ^{33} i^{41}]捱好中意$_{\text{我很喜欢}}$”的单字时长变短、三音节的单字时长变长，方能使不同音节数的节奏单元时长等长。

在图2的双目标字时长图中，甲图的带目标字“[tʂʰɔŋ^{31} tɕʰiu^{55}] 长袖”“[tʂɔk^{5} məm^{33}] 桌扪$_{\text{桌上}}$”“[pʰak^{3} sat^{5}] 白色”的句子均出现句首句末与目标字时长较大，其余时长略短的现象，句子整体呈现出舒缓平滑的“W”型。但乙图则没有，且乙图的4条线没有明显重合。笔者分析，这是因为发音人乙在读4个句子的所用时长不一的原因。4个句子的时长不同，由此出现4条线没有重合的现象，这为语言的正常现象。

另外，图2的甲图和乙图均出现目标字“[tʂʰɔŋ^{31} tɕʰiu^{55}] 长袖”在直线中出现一个小高峰的现象。笔者分析，“[tʂʰɔŋ^{31} tɕʰiu^{55}] 长袖”二字均带送气塞擦音辅音，除音节本身较长的因素，送气塞擦音辅音的送气段会将音节时长拉长；且二字在客家话中均为舒声字，同组中的“[ʂam^{33}] 衫$_{\text{衣服}}$”也为送气辅音，但仅一个音节，故其时长没有超过带两个送气辅音的双音节“[tʂʰɔŋ^{31} tɕʰiu^{55}] 长袖”。

① 王洪君：《汉语的韵律词与韵律短语》，《中国语文》2000年第6期，第47-58、97页。

② 曹剑芬：《汉语韵律切分的语音学和语言学线索》，《新世纪的现代语音学——第五届全国现代语音学学术会议论文集》，2001年。

四、实验结果和分析

本次实验主要通过实验语音学的方法，探讨龙川县客家话的语言节奏，总结龙川客家话的韵律特点。从实验结果上看，无论是以双音节还是多音节切分句子，龙川客家话呈现的韵律节奏都是与普通话的语言节奏是一致的。普通话为音步型韵律节奏。在音步型韵律节奏中，句内切分出的每个节奏单元时长倾向于等长，无论切分单元内的音节数量是否相同。其表现为句内的节奏单元中，一音节自成一个节奏单元的一定有音节的拖长，三音节组成一个节奏单元的一定有音节的缩短。①

从单字时长差异来看，龙川客家话在句子中的单字时长不一，通过数据分析，发现舒声字和入声字非唯一影响因素，送气塞擦音、擦音、停延段等也会影响单字时长。在不同的句子中，舒声字和入声字的时长区别不一致，故难以作为固定衡量因素。由此可知，龙川客家话的语言节奏与音节型韵律节奏不符。

从切分段时长差异来看，音节数不同但时长相近，如：双音节“[tʂuŋ^{33} i^{41}] 中意$_{喜欢}$”和单音节“[ʂam^{33}] 衫$_{衣服}$”，四音节“[ŋai^{31} hɑu^{24} tʂuŋ^{33} i^{41}] 捱好中意$_{我很喜欢}$”和三音节“[ʂun^{55} miɛn^{31} k^{h}an^{33}] 顺棉坎$_{纯棉款}$”，均表现出音节会自动根据节奏和音节数调整时长长短，同语句中各节奏单元时长一致的规律。将龙川客家话以普通话的停延段为标准，分别对句子进行不同方式的切分，最终均得出各切分段时长相等的结果，说明普通话的停延段规律适用于龙川客家话。

从音强的分析来看，龙川客家话语流中有明显的轻重音，显示出音步型强弱拍的现象。端木三指出，常见的音步包含一个重拍（S）、一个轻拍（W）。②龙川客家话的韵律词语、韵律短语的切分与普通话相一致。无论是听感上的停顿分布，还是说话时的组块分合，亦或是语法上的停顿等级层次，龙川客家话都与普通话相似。“在普通话中，音强与音长的关系比较密切稳定。”③在龙川客家话亦能看到此规律。

综合以上结论，可以得出龙川客家话的韵律节奏与普通话相同，为音步型韵律节奏。这对龙川客家话语调的学习有很大帮助，林焘指出“洋腔洋调形成的关键并不在声母和韵母，而在声调和比声调更高的语音层次，我们不能满足于初学阶段能够教会学生读准单个音节的声母、韵母和声调，还应该在更高的语音层次上多下些工夫。”④掌握龙川客家话的韵律节奏，为龙川的非物质文化遗产——客家山歌的传承打下根基。客家的分布广、人口多，不同地区客家话具有自己的语音特色。本文对龙川客家话韵律进行了初步的探讨，不管从客家话自身的发展还是从客家山歌、客家童谣等非物质文化遗产的传承来看，地区的客家话韵律研究都是不可或缺的关键部分。

参考文献：

[1] 曹剑芬. 1998. 汉语普通话语音节奏的初步研究［R］// 中国社会科学院语言所语音室·语音研究报告.

[2] 曹剑芬. 2001. 汉语韵律切分的语音学和语言学线索［A］. 新世纪的现代语音学：第五届全国现代语音学学术会议论文集［C］.

[3] 端木三. 2016. 汉语韵律语法丛书：音步和重音［M］. 北京：北京语言大学出版社.

[4] 郭沫若. 1926. 论节奏［J］. 创造月刊，1(1).

① 曹剑芬：《汉语普通话语音节奏的初步研究》，《中国社会科学院语言所语音室·语音研究报告》，1998年，第28–37页。

② 端木三：《汉语韵律语法丛书：音步和重音》，北京语言大学出版社，2016年，第3–4页。

③ 温宝莹、韩亚娟、石锋：《汉语普通话疑问句的韵律匹配》，载《中国语音学报》（第7辑），中国社会科学出版社，2016年。

④ 林焘：《语音研究和对外汉语教学》，《世界汉语教学》1996年第3期，第20–23页。

[5]林焘. 1996. 语音研究和对外汉语教学［J］.世界汉语教学（3）.
[6]王洪君. 2000. 汉语的韵律词与韵律短语［J］.中国语文（6）.
[7]温宝莹，韩亚娟，石锋. 2016. 汉语普通话疑问句的韵律匹配［M］∥中国语音学报：第7辑.北京：中国社会科学出版社.
[8]叶蜚声，徐通锵. 1981. 语言学纲要［M］.北京：北京大学出版社.

从特征词角度看粤西粤、客、闽三方言的词汇接触[①]

——以廉江、电白为例

陈卫强　邵慧君

（1. 华南师范大学城市文化学院　广东广州　510631；
2. 华南师范大学文学院　广东广州　510631）

【提　要】粤西廉江电白地区分布着粤、客、闽三大方言，是方言接触较为频繁的地区。本文对廉江和电白两地的三大方言的特征词进行接触分析。数据反映出粤语的影响力最大，其次是客话，最后是闽语，社会因素是决定方言影响力大小的主要因素。语言因素使得粤语和客话接触程度最高，粤语和闽语接触程度次之，客话和闽语接触程度最低。此外地缘因素和人口因素也对方言接触产生一定影响。

【关键词】粤语　闽语　客家话　粤西　方言接触　特征词

一、引言

在粤西廉江和电白地区，粤、客、闽三种汉语方言毗邻分布，说不同方言的人们往来频繁。在方言交接地带，人们普遍可以使用双方言甚至三方言进行交流，这为方言接触创造了理想条件，因而方言间的词汇借用现象非常普遍。本文尝试运用方言特征词理论，对粤西廉江、电白两地的方言词汇借用情况进行分析研究。词汇材料来源于华南师范大学邵慧君教授主持的国家项目“粤西湛茂地区粤、客、闽方言接触研究”（11BYY026），笔者参与了沙琅客话和霞洞客话的调查。词汇材料包括12个方言点，详见表1。

表1　词汇材料调查点

廉江	石城粤语	安铺粤语	塘蓬客话	青平客话	安铺闽语	石城闽语
电白	羊角粤语	林头粤语	沙琅客话	霞洞客话	电城闽语	霞洞闽语

① 本文为2015年度国家社科基金“两广粤客杂处地区方言接触层级特征研究”（15BYY040）及2019年度国家社科基金重点项目“基于大数据的广东粤语方言语音综合研究”（19AYY005）的阶段性成果之一。

二、粤西廉江电白地区的方言概况

（一）廉江方言概况[①]

廉江客家方言（有倕话、哎话等写法）主要分布于廉江西部和北部的塘蓬、石颈、和寮、长山、石角、石岭、河唇、青平、高桥、雅塘等镇的大部分乡村以及吉水、营仔的部分乡村，使用人口超过65万，约占廉江总人口46%。

廉江白话，属粤语次方言，它主要分布于南部的廉城、安铺、石城、营仔、吉水、车板、新民、良垌等镇（编者注：良垌、新华和平坦这3个镇已于2003年5月18日合并，合并后叫良垌镇），使用人口50多万。此外，属于粤语系统的还有海话约4万人，地獠话约1万人。廉江白话的使用人口约占廉江总人口的39%。

廉江闽语主要有黎话和雷话，属闽南次方言，主要分布于横山、新民两镇。营仔、良垌部分居民讲黎话，使用人口20多万，约占廉江总人口的14%。

客家话虽然是廉江使用人口占比最多的方言，但并不占主导地位。在廉江人的日常交往活动中，不管为何种方言背景，都以说廉江白话为主，廉江白话是廉江的“通用语言”。

（二）电白方言概况[②]

闽方言是电白境内使用人口最多的方言，闽方言使用人口100多万，约占全县人口63%。分为海话和黎话两种，海话主要分布在东部及南部沿海的爵山、马踏、电城、大榜（岭门）、麻岗、龙山、旦场等镇。另外，陈村、林头、观珠、望夫等镇也有少量分布。使用人口约30多万，以电城海话为代表。黎话主要分布在沙琅江中下游和南部沿海的平原地带，包括西部及西南部的水东、陈村、南海、沙院、小良、七迳、坡心、羊角、林头、霞洞等镇。另外，大衙、观珠、黄岭、旦场、麻岗、龙山有少量分布。使用人口约70多万，以霞洞黎话为代表。

客家方言是电白境内使用人口仅次于闽语的方言，当地人称之为“倕话”，使用人口近40万，约占全县人口25%。主要分布于电白中部、北部山区的那霍、罗坑、沙琅、黄岭、观珠、望夫等6个镇，以及霞洞、羊角、林头、大衙等镇的个别乡村中。

粤方言在当地俗称“白话”，使用人口近20万，约占全县人口13%，主要分布在羊角、那霍、博贺等镇，以羊角白话为代表。因为电白的政府部门及日常交际中通用粤语，所以电白使用闽语和客话的人群大多会说粤语。

三、廉江电白地区方言特征词接触分析

（一）方言特征词理论

词汇借用是语言或方言接触中最常见和最普遍的现象，词语借用通常会在地区内形成词语共同体，但并非所有共同词都因借用产生，对于汉语方言而言更是如此。粤、闽、客等南方方言有共同的古代汉

① 数据参考《廉江县志》，甘于恩、简倩敏《广东方言的分布》以及邵慧君《粤西湛茂地区粤语语音研究》。

② 数据参考《电白县志》、甘于恩、简倩敏《广东方言的分布》以及邵慧君《粤西湛茂地区粤语语音研究》。

语和南方百越语的来源，历代又不断接受通语的影响，传承了一批共同词语，这种有共同来源的词就不属于借词。戴庆厦、罗自群指出“外来成分与固有成分是不同质的，但二者往往交融在一起，不易区别开。因而，在进行语言接触的研究时，研究者的心目中必须重视固有成分和影响成分的区分。因为如果不先把影响成分从各种语言成分中剥离出来，就不能根据所要研究的对象进行科学的、有成效的研究，也不可能正确地揭示语言接触的客观规律”。①认定方言借词首先要确定词语的本来归属，把外来成分（借词）与固有成分（同源词）分开，这对于汉语方言而言有一定难度。

方言特征词具有方言内部的一致性和对外的排他性，有助于确定汉语方言词语的本来归属。张振兴指出：“所谓方言的特征词，指的是能够比较充分体现本方言特征，并且有可能把本方言与其他方言，尤其是周围方言区别开来的标志性词汇条目。这个词汇条目应该具备3个基本特点：一、必须是口语里常用的基本词汇；二、在本方言内部有非常强大的凝集性和统一性；三、对其他方言有很大的外向性或排他性。”②李如龙指出：“方言特征词是从方言区片的比较研究中提取出来的，对内一致、对外排他的有特征意义的方言词，其特征意义主要是体现方言区片之间的异同，这是一种相对的特征。”③参考粤西人文历史，粤语族群多为源于古罗州的本土居民。闽方言族群最早于唐后期至宋迁入，如今定居海边的闽语族群于明代移民至此。④客家族群自明清开始到达，大规模的移民发生于清代19世纪中叶广东四邑地区的土客械斗之后。⑤据此推测，三大方言聚集粤西地区，开始发生接触当是明清之后，其时三大方言各自特征已经定型，适用方言特征词理论。

（二）粤西方言特征词接触分析

基于方言特征词的特点，本文尝试从方言特征词入手探究粤西廉江和电白两地粤、闽、客三方言的词语接触情况。我们兼顾粤、客、闽三大方言的特征词，从调查到的2479个词条中选取77个口语常用的特征词，文字和注音经本人整理和核实。方言特征词主要分以下几类：身体部位类名词、房舍类名词、生活类名词、农业生产类名词、动物类名词、亲属称谓词、常用形容词、常用动词、副词连词助词等。

表2　身体部位类名词⑥

廉江	石城粤语	安铺粤语	塘蓬客话	青平客话	安铺闽语	石城闽语
眼睛	眼ŋaŋ^{13}	眼ŋaŋ^{13}	眼ŋan^{31}	眼ŋan^{21}	目mak^{2}	目mak^{2}
耳朵	耳仔ȵi^{21}tsɐi^{35}	耳仔ȵi^{13}tsɐi^{35}	耳朵 ȵi^{31} to^{31}	耳朵 ȵi^{21} to^{21}	耳团 hi^{33} kia^{31}	耳 hi^{44}
嘴	嘴tsui^{35}	口hɐu^{35}	嘴tsɔi^{33}	嘴tsɔi^{33}	喙ts^{h}ui^{35}	喙ts^{h}ui^{35}
鼻子	鼻pei^{21}	鼻公pei^{21}koŋ^{55}	鼻公p^{h}i^{33} kuŋ^{55}	鼻子p^{h}i^{33} tsi^{21}	鼻公p^{h}i^{13} kɔŋ^{55}	鼻p^{h}i^{24}
眼泪	眼泪ŋaŋ^{13}lui^{21}	眼泪ŋaŋ^{13}lui^{21}	眼汁ŋan^{31}tsip^{21}	眼汁ŋan^{21} tsip^{2}	目汁mak^{2}tsiap^{5}	目汁mak^{2} tsiap^{5}
舌头	脷lei^{21}	脷lei^{21}	舌头sat^{5} t^{h}ɛu^{24}	舌头sat^{5} t^{h}ɛu^{24}	舌头tsi^{33} t^{h}au^{22}	舌头tsi^{33} t^{h}au^{31}
肚子	肚屎tu^{13}si^{35}	肚屎tu^{13}si^{35}	肚屎tu^{31} si^{31}	肚屎tu^{21} si^{21}	肚tɛu^{31}	肚团tɛu^{31} kia^{31}

① 戴庆厦、罗自群：《语言接触研究必须处理好的几个问题》，《语言研究》2006年第4期。
② 张振兴：《闽语特征词举例》，《汉语学报》2004年第1期。
③ 李如龙：《论方言特征词的特征——以闽方言为例》，《方言》2014年第2期。
④ 李健：《吴化粤语研究》，中国社会科学出版社，2014年，第2-7页。
⑤ 詹伯慧、甘于恩：《雷州方言与雷州文化》，《学术研究》2002年第9期。
⑥ 同音字以*号标注，下同。

续表

廉江	石城粤语	安铺粤语	塘蓬客话	青平客话	安铺闽语	石城闽语
脚	脚kiɛʔ	脚køʔ^{3}	脚kiɔk^{21}	脚kiɔk^{2}	骹k^{h}a^{35}	骹 k^{h}a^{13}
痣	记*kei^{33}	记*kei^{33}	痣tsɿ^{31}	痣tsi^{33}	记*ki^{35}	记*ki^{35}
电白	**羊角粤语**	**林头粤语**	**沙琅客话**	**霞洞客话**	**电城闽语**	**霞洞闽语**
眼睛	眼ŋan^{23}	眼ŋan^{24}	眼ŋan^{31}	眼ŋan^{21}	目mak^{31}	目mak^{21}
耳朵	耳吉*ȵi^{23} kɐt^{5}	耳仔ȵi^{24} tsɐi^{24}	耳ȵi^{31}	耳吉*ȵi^{21}kit^{5}	耳朵hi^{41} tɔ^{31}	耳hi^{51}
嘴	口hɐu^{24}	口hɐu^{24}	嘴tsɔi^{52}	嘴tsɔi^{52}	喙ts^{h}ui^{315}	喙ts^{h}ui^{43}
鼻子	鼻pei^{31}	鼻公pei^{42} kʊŋ^{45}	鼻p^{h}i^{31}	鼻p^{h}i^{21}	鼻囝p^{h}i^{33} kia^{31}	鼻囝p^{h}i^{32} kia^{51}
眼泪	眼泪ŋan^{23} lʊi^{31}	眼汁ŋan^{24} tsɐp^{5}	眼汁ŋan^{31} tsep^{2}	眼汁ŋan^{21} tsip^{2}	目汁mak^{31} tsiap^{31}	目汁mak^{21} tsiap^{45}
舌头	脷lei^{31}	舌头sit^{21} t^{h}ɐu^{21}	舌头sat^{5} t^{h}ei^{212}	脷头li^{21} t^{h}ei^{24}	舌头tsi^{41} t^{h}au^{22}	舌头tsi^{51} t^{h}au^{21}
肚子	肚t^{h}ou^{23}	肚t^{h}ou^{24}	肚tu^{31}	肚tu^{21}	肚囝tɛu^{31}kia^{31}	肚teu^{51}
脚	脚kiɔk^{3}	脚kiɔk^{3}	脚kiɔk^{2}	脚kiɔk^{2}	骹k^{h}a^{33}	骹k^{h}a^{32}
痣	痣ʧi^{33}	记*kei^{33}	痣tsi^{52}	乌痣vu^{44} tsi^{52}	痣tsi^{315}	痣tsi^{43}

"眼睛""嘴巴""舌头""脚"等身体部位类常用名词在廉江、电白三大方言中的说法体现了各自方言的特点，如"眼睛""脚"在粤、客方言中说法相同，都说"眼"或"脚"，闽语的说法独具特色，叫作"目"和"骹"。"嘴巴"粤方言说"口"，客方言说"嘴"，闽方言说"喙"。"眼泪"粤方言说"眼泪"，客方言说"眼汁"，闽方言说"目汁"，各具特色。林头粤语说"眼汁"，借用了客话说法。

其余词语则有相互借用的情况，如"舌头"在客方言和闽方言中说法一致，一般叫作"舌头"，而粤语的说法则保持自己的特色，避讳"舌"改而叫作"脷"。电白霞洞客方言说"脷头"，与其他客方言不同，应是借用粤方言的语素"脷"，再融合客方言后缀"头"而成。林头粤语说"舌头"不说"脷"，则是借用了当地强势闽语的说法。"鼻子"客方言一般说成"鼻公"，安铺粤语、安铺闽语和林头粤语均借用了客方言的说法，叫作"鼻公"。"肚子"客方言多说为"肚屎"，石城粤语、安铺粤语借用客方言的说法，也叫作"肚屎"。"耳朵"客方言说"耳公"或"耳吉*"，羊角粤语借用了客方言说法。"痣"闽方言一般说"记*"，石城粤语、安铺粤语和林头粤语也借用闽方言的说法叫作"记*"。

表3　房舍类名词

廉江	石城粤语	安铺粤语	塘蓬客话	青平客话	安铺闽语	石城闽语
房子	屋ʊk^{5}	屋ok^{5}	屋uk^{21}	屋ʋuk^{2}	厝ts^{h}u^{35}	厝ts^{h}u^{35}
厨房	灶下tsou^{33} ha^{13}	灶下tsou^{33} ha^{13}	灶下tso^{33} ha^{33}	灶下tso^{33} ha^{55}	厨房tu^{22} paŋ^{22}	厨房tsu^{33} paŋ^{31}
隔壁	隔离kaʔ^{3} lei^{21}	隔离kaʔ^{3} lei^{21}	隔壁kaʔ^{21} piaʔ^{21}	隔离kaʔ^{2} li^{24}	隔壁kɛ^{55}pia^{55}	隔离kɛ^{55} li^{31}
电白	**羊角粤语**	**林头粤语**	**沙琅客话**	**霞洞客话**	**电城闽语**	**霞洞闽语**
房子	屋lʊk^{5}	屋ʊk^{5}	屋ok^{2}	房fɔŋ^{24}	厝ts^{h}u^{315}	厝ts^{h}u^{43}
厨房	火炉fɔ^{24} lou^{21}	伙房fɔ^{24} fɔŋ^{21}	灶下tsɔ^{52} ha^{34}	灶下tsɔ^{52} ha^{44}	灶爷tsau^{315} ia^{41}	灶寮tsau^{43} liu^{21}
隔壁	隔离kak^{3} lei^{21}	隔离kak^{3} lei^{21}	隔离kɐk^{2} li^{212}	隔壁kɐk^{2} piak^{2}	隔离kia^{41} li^{31}	隔离ke^{45} li^{21}

“房子”在粤、客方言中说法相同，一般说“屋”，闽语独具特色，叫作“厝”。“厨房”客方言一般说成“灶下”，石城粤语和安铺粤语借用了客方言的说法，叫作“灶下”。“隔壁”粤方言说“隔离”，闽语和客话一般说“隔壁”。青平客话、石城闽语、沙琅客话、电城闽语、霞洞闽语都借用了粤语的说法。

表4　生活类名词

廉江	石城粤语	安铺粤语	塘蓬客话	青平客话	安铺闽语	石城闽语
锅	镬wɔʔ^{2}	镬ʋɔʔ^{21}	镬ʋɔk^{5}	鑊ʋɔk^{5}	鼎tia^{31}	鼎tia^{31}
米汤	饮ȵiɐm^{35}	饮ȵiɐm^{35}	饮im^{31}	饮im^{21}	饮am^{31}	饮am^{31}
瓶子	樽仔tsun^{55} tsɐi^{35}	樽tsun^{55}	樽tsun^{55}	樽tsun^{55}	樽囝tsun^{13} kia^{31}	樽囝tsun^{13} kia^{31}
雨伞	雨遮i^{13} tsɛ^{55}	雨遮i^{13} tsɛ^{55}	雨遮i^{31} tsa^{55}	雨遮i^{21} tsa^{55}	布伞pɛu^{35} ɬua^{13}	雨遮hɛu^{41} tsia^{13}
粥	粥tsʊk^{5}	粥tsok^{5}	粥tsuk^{21}	粥tsuk^{2}	糜muɛ^{22}	糜muɛ^{31}
东西	嘢ȵiɛ^{13}	嘢ȵiɛ^{13}	嘢ȵia^{55}	嘢ȵia^{55}	物件viet^{2} ien^{33}	物mi^{51}
锅巴	饭燶faŋ^{21} nʊŋ^{55}	饭燶faŋ^{21} noŋ^{55}	饭燶fan^{33} nuŋ^{55}	饭□fan^{33} lat^{2}	饭燶pui^{13}nɔŋ^{55}	饭燶pui^{13} nɔŋ^{51}
生锈	生鉎saŋ^{55} ɬiɛŋ^{33}	生鉎saŋ^{55} ɬiaŋ^{33}	生驢saŋ^{55} lu^{55}	生鉎ɬaŋ^{55} ɬiaŋ^{55}	生鉎ɬɛ^{13} ɬaŋ^{13}	生鉎ɬɛ^{13} ɬan^{13}
茶叶渣	茶叶□ ts^{h}a^{21} ip^{2}ȵia^{55}	茶渣ts^{h}a^{21} tsa^{55}	茶叶渣 ts^{h}a^{24} iap^{5} tsa^{55}	茶叶渣 ts^{h}a^{24} iap^{5}tsa^{55}	茶箬粕 tɛ^{22} hiɔ^{33} p^{h}ɔ^{55}	茶粕tɛ^{33} p^{h}ɔ^{51}
电白	**羊角粤语**	**林头粤语**	**沙琅客话**	**霞洞客话**	**电城闽语**	**霞洞闽语**
锅	镬ʋɔk^{21}	镬ʋɔk^{21}	镬vɔk^{5}	镬vɔk^{5}	鼎tia^{31}	鼎tia^{51}
米汤	粥饮tsʊk^{5} ȵiɐm^{24}	粥饮tsʊk^{5} ȵiɐm^{24}	粥饮tsok^{2} ȵem^{31}	饮ȵim^{21}	饮am^{31}	饮am^{51}
瓶子	樽tsin^{45}	罂仔aŋ^{45} tsɐi^{24}	盎ɐŋ^{34}	樽tsøn^{44}	罐kuŋ^{315}	瓶囝pan^{21} kia^{51}
雨伞	遮tsɛ^{44}	布伞pou^{33} ɬan^{33}	遮tsa^{34}	洋遮zɔŋ^{24} tsa^{44}	雨遮hɛu^{44} tsia^{33}	雨伞heu^{51} ɬua^{32}
粥	粥tsʊk^{5}	粥tsʊk^{5}	粥tsok^{2}	粥tsok^{2}	粥tsɔk^{45}	糜粥mui^{21} tsok^{45}
东西	嘢ȵiɛ^{23}	嘢ȵiɛ^{24}	嘢ȵia^{34}	嘢ȵa^{44}	物mi^{51}	物mi^{51}
锅巴	饭燶fan^{31}noŋ^{45}	镬燶ʋɔk^{21} nʊŋ^{45}	饭燶fan^{31} noŋ^{34}	饭燶fan^{21} noŋ^{44}	饭燶pui^{33} nɔŋ^{41}	饭燶pui^{32} noŋ^{45}
生锈	生鉎saŋ^{44} ɬiaŋ^{44}	生鉎saŋ^{44} ɬiaŋ^{44}	生驢sɐŋ^{34} lu^{34}	生鉎ɬɐŋ^{44} ɬɛn^{52}	生鉎sia^{33} saŋ^{33}	生鉎ɬɛ^{332} ɬan^{21}
茶叶渣	茶叶渣 ts^{h}a^{21} jip^{21} tsa^{44}	茶叶渣 ts^{h}a^{21} jip^{21} tsa^{45}	茶叶ts^{h}a^{21} zap^{5}	茶渣ts^{h}a^{24} tsa^{44}	茶粕tia^{33} p^{h}ɔ^{51}	茶粕te^{21} p^{h}ɔ^{45}

“锅”在粤、客方言中说法相同，一般说“镬”，闽语叫作“鼎”。“东西”在粤、客方言中说法相同，一般说“嘢”，闽语叫作“物”。“茶叶渣”在粤、客方言中说“茶叶渣”或“茶渣”，闽语叫作“茶粕”。闽语特征词独具特色。

其余特征词有相互借用的表现，如“米汤”闽方言多说“饮”，廉江粤语和客话直接借用闽语的“饮”。电白霞洞客话直接借用闽语的“饮”，而羊角粤语、林头粤语和沙琅客话则借用“饮”作为语素构成“粥饮”。“粥”闽语一般说“糜”，粤、客方言说“粥”，电城闽语直接借用了“粥”，而霞洞闽语借用“粥”作为语素构成“糜粥”。“瓶子”“雨伞”粤方言说“樽”和“遮”，廉江客、闽方言多借用了粤语的说法，电白霞洞客话借用“樽”，沙琅客话、霞洞客话和电城闽语借用了“遮”，林头粤语借用了闽语的说法“雨伞”。“锅巴”闽语一般说“鼎庀”或“饭庀”，粤西粤语说“饭燶”，青平客话说“饭辣”，保留客话说法，而其余客话点和闽语点均借用了粤语的说法“饭燶”。“生锈”粤语和闽语一般说“生鉎”，客话一般说“生䵌”，青平客话与霞洞客话说法借用了粤闽说法。

表5 农业生产类名词

廉江	石城粤语	安铺粤语	塘蓬客话	青平客话	安铺闽语	石城闽语
泥	泥nɐi^{21}	泥nɐi^{21}	泥ne^{24}	泥nɛ^{24}	塗t^{h}ɛu^{22}	塗tɛu^{331}
田埂	田基t^{h}in^{21} kei^{55}	田基t^{h}in^{21} kei^{55}	田唇t^{h}iɛn^{24} sun^{24}	田唇t^{h}iɛn^{24} sun^{24}	塍岸ts^{h}aŋ^{22} hua^{35}	塍岸ts^{h}aŋ^{33} hua^{13}
晒谷场	地堂tei^{21} t^{h}ɔŋ^{21}	地堂tei^{21}t^{h}ɔŋ^{21}	禾庭ʋo^{24} t^{h}aŋ^{22}	禾庭ʋo^{24}t^{h} aŋ^{24}	粟埕ts^{h}iak^{5} tia^{22}	粟埕ts^{h}iak^{5} tiaŋ^{31}
稻	禾ʋo^{21}	禾ʋo^{21}	禾ʋo^{24}	禾ʋo^{24}	粙tiu^{33}	粙tiu^{441}
萝卜	菜头ts^{h}oi^{33}t^{h}ɐu^{21}	菜头ts^{h}ɔi^{33}t^{h}ɐu^{21}	萝卜lo^{24} p^{h}ɛʔ^{5}	菜头ts^{h}ɔi^{33} t^{h}ɛu^{24}	菜头ts^{h}ai^{35}t^{h}au^{22}	菜头ts^{h}ai^{35}t^{h}au^{33}
玉米	苞粟pau^{55} ɬʊk^{5}	粟苞ɬok^{5} pau^{55}	苞粟pau^{55} suk^{21}	苞粟pau^{55} ɬuk^{2}	粟苞ɬiak^{5} pau^{13}	苞粟pau^{13} ɬiak^{5}
茄子	矮瓜ai^{35} kwa^{55}	矮瓜ai^{35} kwa^{55}	茄子k^{h}iɔ^{24} tsɿ^{31}	茄子k^{h}iɔ^{24} tsi^{221}	矮瓜ɔi^{31} kuɛ^{13}	矮瓜ɔi^{31} kuɛ^{13}
花生	番豆faŋ^{55} tɐu^{21}	番豆faŋ^{55} tɐu^{21}	番豆fan^{55} t^{h}ɛu^{33}	番豆fan^{55} t^{h}ɛu^{33}	番豆huaŋ^{13} tau^{13}	番豆huaŋ^{13}t^{h}au^{13}
电白	**羊角粤语**	**林头粤语**	**沙琅客话**	**霞洞客话**	**电城闽语**	**霞洞闽语**
泥	泥nɐi^{21}	泥nɐi^{21}	泥nɛ^{21}	泥nɛ^{24}	塗t^{h}ɛu^{22}	塗t^{h}eu^{21}
田埂	田基t^{h}in^{21} kei^{44}	田基t^{h}in^{21} kei^{44}	田基t^{h}iɛn^{21} ki^{34}	田唇t^{h}iɛn^{24} søn^{24}	塍岸ts^{h}aŋ^{22} hua^{33}	塍岸ts^{h}an^{21} hua^{32}
晒谷场	地堂tei^{31} t^{h}ɔŋ^{45}	禾堂ʋɔ^{211} t^{h}ɔŋ^{21}	禾堂vɔ^{12} t^{h}ɔŋ^{21}	禾庭vɔ^{24} t^{h}ɐŋ^{24}	校埕ka^{41} tia^{22}	校埕ka^{51} tia^{21}
稻	禾ʋɔ^{21}	禾ʋɔ^{21}	禾vɔ^{21}	禾vɔ^{24}	秞tiu^{41}	秞tiu^{32}
萝卜	菜头ts^{h}ɔi^{33} t^{h}ɐu^{21}	菜头ts^{h}ui^{33} t^{h}ɐu^{21}	萝卜lɔ^{21} p^{h}iɛt^{5}	菜头ts^{h}ɔi^{52} t^{h}ei^{24}	菜头ts^{h}ai^{315}t^{h}au^{22}	菜头ts^{h}ai^{43}t^{h}au^{21}
玉米	包粟pau^{44} ɬʊk^{5}	包粟pau^{44} ɬʊk^{5}	包粟pau^{34} ɬok^{2}	包粟pau^{44} ɬok^{5}	珍珠粟tsiŋ^{33} tsu^{33} sia^{45}	包粟pau^{32} ɬiak^{45}
茄子	矮瓜ai^{24} kwa^{44}	茄瓜k^{h}ɛ^{21} kwa^{44}	矮瓜ai^{31} kua^{34}	矮瓜ai^{21} kua^{44}	茄瓜k^{h}ɛ^{22} kɔi^{33}	茄瓜k^{h}ɛ^{21} kuɛ^{32}
花生	搵豆mɐŋ^{44}tɐu^{31}	泥豆nɐi^{21} tɐu^{42}	搵豆 / 泥豆 mɐŋ^{34}t^{h}ei^{31}/ nɛ^{21}t^{h}ei^{31}	搵豆mɐŋ^{44}t^{h}ei^{21}	塗豆t^{h}ɛu^{22} tau^{33}	塗豆t^{h}eu^{21} tau^{32}

“泥”“稻”在粤、客方言中说法相同，一般说“泥”“禾”，闽语叫作“塗”“粙”。“田埂”“晒谷场”在3种方言中说法不一，粤语叫作“田基”“禾堂（地堂）”，客话一般说“田唇”“禾庭”，闽语叫作“塍岸”“粟埕（校埕）”，保留了各自的特征词。沙琅客话借用了粤语说法“田基”“禾堂”。

“萝卜”“玉米”“茄子”“花生”等几种菜蔬说法在方言间的借用比较普遍，“萝卜”闽方言一般说“菜头”，粤、客方言大多借用了闽语的说法。“玉米”客方言一般说“包粟”，粤、闽方言借用了客话说法。“茄子”粤方言说“矮瓜”，部分客、闽方言也借用了粤语的说法。“花生”客话一般说“番豆”，廉江粤、闽方言借用了客话说法。电白闽语“塗豆”的说法渗透到林头粤语和沙琅客话之中，“塗豆”相应说成“泥豆”，此外粤语的“搵豆”则渗透到沙琅客话和霞洞客话中去。

表6 动物类名词

廉江	石城粤语	安铺粤语	塘蓬客话	青平客话	安铺闽语	石城闽语
蜘蛛	蟧蟧k^{h}ɐm^{21} lo^{21}	蟧蟧k^{h}ɐm^{21} lo^{21}	刺骑la^{24} k^{h}ia^{24}	刺骑la^{24} k^{h}ia^{24}	礅蚜ŋau^{22} ŋɛ^{22}	礅蚜ŋau^{33} ŋɛ^{31}
蟑螂	甲由ka^{55} tsaʔ^{2}	甲由ka^{55}tsaʔ^{21}	黄蚻ʋɔŋ^{24} ts^{h}at^{5}	家蚻ka^{55} ts^{h}at^{5}	虼蚱ka^{33} tsua^{33}	虼蚱ka^{44} tsua^{51}
鸟	雀tsiɛʔ^{3}	雀tsøʔ^{3}	鸟tiau^{55}	鸟tiau^{55}	爪tsiau^{31}	爪tsiau^{31}
蝌蚪	蛤碌kɐp^{5} nʊk^{5}	蛤碌kɐp^{5} nok^{5}	拐碌kuai^{31} ȵiuk^{21}	拐碌kuai^{21} nuk^{2}	蛤碌kap^{5} nɔk^{5}	蛤碌kap^{5} nɔk^{5}

续表

廉江	石城粤语	安铺粤语	塘蓬客话	青平客话	安铺闽语	石城闽语
猴子	马骝ma^{13} lɐu^{55}	马骝ma^{13} lɐu^{55}	马骝ma^{55} lɛu^{21}	马骝ma^{55} lɛu^{24}	马骝团vɛ^{31} lau^{22} kia^{31}	马骝ʋɛ^{31} lau^{33}
电白	**羊角粤语**	**林头粤语**	**沙琅客话**	**霞洞客话**	**电城闽语**	**霞洞闽语**
蜘蛛	蠄蟧k^{h}ɐm^{21} lɔ^{21}	蠄蟧k^{h}ɐm^{21} lɔ^{21}	刺骑la^{34} kia^{212}	刺骑la^{24} k^{h}ia^{24}	依爷laŋ^{22} hia^{22}	老*家*lau^{32} kɛ^{32}
蟑螂	甲甴kak^{21} tsak^{21}	甲甴ka^{33} tsak^{21}	黄蚻vɔŋ^{21} ts^{h}ap^{5}	黄蚻vɔŋ^{24} ts^{h}at^{2}	蛇蚱ka^{33} tsua^{41}	蛇蚱ka^{21} tsua^{32}
鸟	□儿lɐt^{5} ȵi^{45}	鸟仔tiu^{45} tsɐi^{24}	鸟tiau^{34}	鸟tiau^{44}	爪tsiau^{31}	爪tsiau^{51}
蝌蚪	蛤碌kɐp^{5} nʊk^{5}	蛤卵kɐp^{5} nʊŋ^{45}	拐碌kuai^{31} nok^{5}	拐碌kuai^{21} lok^{5}	蛤卵kap^{45} nɔŋ^{51}	蛤卵kap^{45} noŋ^{45}
猴子	马骝ma^{23} lɐu^{44}	马骝仔 ma^{24} lɐu^{21} tsɐi^{24}	马骝ma^{34} lei^{212}	马骝ma^{4} lei^{24}	马骝mia^{31} lau^{22}	马骝团 ma^{32} lau^{51} kia^{51}

"蜘蛛""蟑螂"在三大方言中说法各异，"蜘蛛"粤方言说为"蠄蟧"，客方言叫作"刺骑"，闽方言叫作"礅蚜""依爷""老*家*"等。"蟑螂"粤方言说为"甴甲"，客方言一般说为"黄蚻"，闽方言说为"蛇蚱"。青平客方言说成"家蚻ka55 ts^{h}at5"，应是借用了粤方言的说法。

"鸟"在客方言中说成"鸟 tiau"，在闽方言中说成"爪 tsiau"，分别是客、闽方言中常见的特征词。廉江粤方言说成"雀"，同于粤方言广府片，羊角粤语说成"□儿 lɐt^{5} ȵi^{45}"独具特色，林头粤语说成"鸟仔 tiu^{45} tsɐi^{24}"，应是借用了客方言的说法。"蝌蚪"粤语叫作"蛤碌"，廉江闽语借用了粤语说法，廉江客话借用粤语改造成"拐碌"，而林头粤语则借用了闽语的"蛤卵"。粤语把"猴子"说成"马骝"，这是粤语特征词，客、闽方言均借用了粤语的说法。

表7　亲属称谓词

廉江	石城粤语	安铺粤语	塘蓬客话	青平客话	安铺闽语	石城闽语
岳父	外父佬 ŋoi^{21} fu^{21} lou^{35}	外父佬 ŋɔi^{21} fu^{21} lou^{13}	外父佬 ŋɔi^{33} fu^{33} lo^{31}	外父佬 ŋɔi^{33} fu^{33} lo^{221}	外家父 vua^{33} kɛ^{13} pɛ^{33}	外家父 ʋɛ^{44} kɛ^{13} pɛ^{41}
岳母	外母㜷 ŋoi^{21} m^{121} na^{35}	外母奶 ŋɔi^{21} mu^{13} nai^{13}	外人婆 ŋɔi^{33} ȵin^{24} p^{h}o^{24}	外人婆 ŋɔi^{33} ȵin^{24} p^{h}o^{24}	外家母 vua^{33} kɛ^{13} mai^{31}	外家母 ʋɛ^{44} kɛ^{13} mai^{31}
外祖父	姐公 tsei^{35} kʊŋ^{55}	姐公 tsei^{35} koŋ^{55}	姐公 tsiaʔ^{21} kuŋ^{55}	姐公 tsiaʔ^{2} kuŋ^{55}	姐公 tsɛ^{31} kɔŋ^{55}	姊公 tsi^{31} kɔŋ^{13}
外祖母	姐婆 tsei^{35} p^{h}o^{21}	婆 p^{h}o^{21}	姐婆 tsiaʔ^{21} p^{h}o^{24}	姐婆 tsiaʔ^{2} p^{h}o^{24}	姐婆 tsɛ^{31} p^{h}ɔ^{22}	姊婆 tsi^{31} p^{h}ɔ^{31}
儿媳	新妇 ɬɐn^{55} fu^{13}	新妇 ɬɐŋ^{55} fu^{13}	新妇 sin^{55} pu^{55}	新妇 ɬin^{55} pu^{33}	新妇 ɬim^{13} pu^{33}	新妇 ɬim^{13} pu^{44}
最小的儿子	襹仔 lai^{55}tsɐi^{35}	襹仔/满仔 lai^{55} tsɐi^{35}/ maŋ^{55} tsɐi^{35}	襹哥/满子 lai^{55} ko^{55}/ man^{55} tsɿ^{31}	满子 man^{55} tsi^{21}	襹团 lai^{55} kia^{31}	襹团 lai^{51} kia^{31}
弟弟	老弟 lou^{13}t^{h}ɐi^{35}	细佬/老弟 ɬɐi^{33} lou^{13}/ lou^{13}t^{h}ɐi^{13}	老弟 lo^{31} t^{h}e^{55}	阿弟/老弟 a^{55} t^{h}ɛ^{33} /lo^{21} t^{h}ɛ^{33}	老弟 lau^{33} ti^{55}	弟 ti^{44}
妹妹	老妹 lou^{13}mui^{21}	细妹 ɬɐi^{33}mui^{21}	老妹 lo^{31} mɔi^{33}	阿妹/老妹 a^{55} mɔi^{33}/lo^{21} mɔi^{33}	细妹 ɬɔi^{35} muɛ^{13}	妹 muɛ^{35}

续表

电白	羊角粤语	林头粤语	沙琅客话	霞洞客话	电城闽语	霞洞闽语
岳父	外父 ŋɔi^{31}fu^{31}	外父佬 ŋoi^{42} fu^{42} lou^{24}	外父 ŋɔi^{31} fu^{31}	外父佬 ŋɔi^{21} fu^{4} lɔ^{21}	外父 ŋɔi^{33} hu^{41}	外父 ŋuai^{51} hu^{51}
岳母	外母 ŋɔi^{31} mou^{223}	外父婆 ŋoi^{42} fu^{42} p^{h}ɔ^{21}	外父婆 ŋɔi^{31} fu^{31} p^{h}ɔ^{212}	外母婆 ŋɔi^{21} mu^{44} p^{h}ɔ^{24}	外母 ŋɔi^{33} mu^{31}	外母 ŋuai^{51} mu^{51}
外祖父	外公 ŋɔi^{31} koŋ^{44}	外公 ŋoi^{42} kuŋ^{45}	外公 ŋɔi^{31} koŋ^{34}	外公 ŋɔi^{21}koŋ^{44}	外公 hua^{33} koŋ^{44}	外公 ŋuai^{51} koŋ^{45}
外祖母	外婆 ŋɔi^{31} p^{h}ɔ^{21}	姐婆 tsɛ^{24} p^{h}ɔ^{21}	外婆 ŋɔi^{31} p^{h}ɔ^{212}	外婆 ŋɔi^{21} p^{h}ɔ^{24}	外嬷 hua^{33} ai^{31}	外婆 ŋuai^{51} p^{h}ɔ^{21}
儿媳	新妇 ɬɐm^{44} p^{h}u^{23}	新妇 ɬɐm^{44} p^{h}u^{24}	新妇 sem^{34} p^{h}u^{34}	媳妇 ɬim^{44} p^{h}u^{44}	新妇 sim^{33} pu^{51}	新妇 ɬim^{32} pu^{32}
最小的儿子	䃺仔 lai^{45}tsɐi^{24}	䃺仔 lai^{45}tsɐi^{24}	䃺子 lai^{34}tə^{31}	䃺子 lai^{44}tsə^{21}	䃺尾囝 lai^{55} vɔi^{31} kia^{31}	细囝 ɬoi^{43}kia^{51}
弟弟	细佬 ɬɐi^{33}lou^{224}	细佬 ɬɐi^{33}lou^{24}	老弟 lɔ^{31}t^{h}ɛ^{34}	老弟 lɔ^{21}t^{h}ɛ^{44}	老弟 lau^{31} ti^{51}	老弟 lau^{51} ti^{51}
妹妹	阿妹 aʔ^{3} mʊi^{31}	老妹 lou^{24}mui^{42}	老妹 lɔ^{31}mɔi^{52}	老妹 lɔ^{21}mɔi^{52}	细妹 sɔi^{33} mɔi^{33}	小妹 ɬiau^{51} mui^{32}

“岳父”“岳母”粤语叫作“外父”“外母”，廉江、电白两地的客话和闽语均借用了粤语的说法，或借用粤语说法进行改造。“弟弟”“妹妹”客方言叫作“老弟”“老妹”，是客方言特征词，廉江的石城粤语、安铺粤语和安铺闽语，电白的林头粤语、电城闽语和霞洞闽语都借用了客话的说法。“最小的儿子”粤语叫作“䃺仔”，廉江的塘蓬客话、安铺闽语、石城闽语，以及电白的沙琅客话、霞洞客话、电城闽语都借用了粤语的说法，而安铺粤语则借用客话说成“满仔”。

表8　常用形容词

廉江	石城粤语	安铺粤语	塘蓬客话	青平客话	安铺闽语	石城闽语
高	高kou^{55}	高kou^{55}	高ko^{55}	高ko^{55}	悬kuai^{22}	悬kuai^{33}
瘦	瘦sɐu^{33}	瘦sɐu^{33}	瘦sɛu^{33}	瘦ɬɛu^{33}	瘖ɬaŋ^{31}	瘖ɬaŋ^{331}
黑	黑haʔ^{5}	黑hɐʔ^{5}	乌u^{55}	乌u^{55}	乌ɛu^{13}	乌ɛu^{13}
对	啱ŋam^{55}	啱ŋam^{55}	对tui^{33}	对tui^{33}	着tiɔ^{33}	着tiɔ^{33}
淡	淡t^{h}am^{13}	淡t^{h}am^{13}	淡t^{h}am^{55}	淡t^{h}am^{55}	饕tsia^{31}	饕tsia^{31}
香	香hiɛŋ^{55}	香høŋ^{55}	香hiɔŋ^{55}	香hiɔŋ^{55}	香hiɔ^{13}	芳香p^{h}aŋ^{13}hiɔ^{13}
稠	杰*kit^{2}	杰*kit^{21}	□nɛu^{24}	杰*k^{h}iɛʔ^{5}	洘k^{h}ɔ^{31}	洘k^{h}ɔ^{31}
干	干/燋kɔŋ^{55}/tsau^{55}	干/燋kɔŋ^{55}/tsau^{33}	燋tsau^{55}	燋tsau^{55}	干kaŋ^{13}	干kan^{13}
干净	干净kɔŋ^{55}tsiɛŋ^{21}	干净kɔŋ^{55}tsiaŋ^{33}	干净kɔn^{55}ts^{h}iaŋ^{31}	干净kɔŋ^{55}ts^{h}iaŋ^{31}	干澈kaŋ^{13}t^{h}ɛ^{55}	澈光t^{h}ɛ^{55}kɔi^{55}
漂亮	靓liɛŋ^{33}	靓liaŋ^{53}	靓liaŋ^{33}	靓liaŋ^{33}	显hien^{31}	靓liaŋ^{35}
聪明	呖liɛʔ^{5}	聪明ts^{h}oŋ^{55}meŋ^{21}	精tsin^{55}	聪明ts^{h}ŋ^{55}min^{24}	聪明ts^{h}ɔŋ^{13}mɛŋ^{22}	呖囝liak^{5}kia^{31}
能干	乜嘢得 mɐʔ^{5}n̥iɛ^{13}tɐʔ^{5}	能孩*nɐŋ^{21}hai^{21}	精干tsin^{55}kɔn^{33}	能干nɛn^{24}kɔn^{33}	爱做ɔi^{33}tsɔ^{55}	落力lɔ^{44}lat^{3}

续表

电白	羊角粤语	林头粤语	沙琅客话	霞洞客话	电城闽语	霞洞闽语
高	高kou^{44}	高kou^{44}	高kɔ^{34}	高kɔ^{44}	悬kuai^{22}	悬kuai^{21}
瘦	瘦sɐu^{33}	瘦sɐu^{33}	瘦ɬei^{52}	瘦ɬei^{52}	瘖saŋ^{31}	瘖ɬan^{51}
黑	黑hɐk^{5}	黑hak^{5}	乌vu^{34}	乌vu^{44}	乌ɛu^{33}	乌eu^{32}
对	啱ŋam^{44}	啱ŋam^{45}	啱ŋɐm^{34}	啱ŋɐm^{44}	啱ŋam^{51}	啱ŋam^{45}
淡	淡tʰam^{23}	淡tʰam^{24}	淡tʰɐm^{34}	淡tʰam^{44}	饏tsia^{31}	饏tsia^{51}
香	香hiɔŋ^{44}	香hiɔŋ^{45}	香hiɔŋ^{34}	香sɔŋ^{44}	芳pʰaŋ^{33}	芳pʰaŋ^{32}
稠	杰*kit^{21}	杰*kit^{21}	杰*kʰiɛt^{5}	杰*kʰiɛt^{5}	杰*kik^{21}	杰*kik^{21}
干	燋tsau^{44}	□ɬem^{455}	燋tsau^{34}	燋tsau^{44}	涸kʰɔ^{31}	涸kʰɔ^{51}
干净	伶俐liaŋ^{21}lei^{31}	净tsiaŋ^{42}	伶俐lɛn^{21}li^{31}	伶俐lɛn^{24}li^{21}	澈光tʰiak^{45}kɔi^{41}	澈光tʰɛ^{43}kui^{45}
漂亮	靓liaŋ^{33}	靓liaŋ^{33}	靓liaŋ^{52}	威vui^{44}	靓leŋ^{315}	靓liaŋ^{43}
聪明	聪明tsʰoŋ^{44}meŋ^{21}	聪明tsʰʊŋ^{44}meŋ^{21}	呖liak^{5}	呖liak^{5}	聪明tsʰɔŋ^{33}meŋ^{22}	聪明tsʰoŋ^{32}men^{21}
能干	呖liak^{5}	呖liak^{5}	呖liak^{5}	本事pən^{21}sə^{21}	叻lek^{45}	呖liak^{45}

常用形容词“高”“瘦”“黑”“淡”等在廉江和电白粤、客、闽三方言中都保留各自颇具特色的说法，“高”“瘦”“淡”在粤方言和客方言都说成“高”“瘦”“淡”，在闽方言中说成“悬”“瘖”“饏”，都是闽方言特征词；“黑”在粤方言中说“黑”，在客方言和闽方言中都说成“乌”。

“对”“漂亮”“聪明”“能干”在粤方言中说“啱”“靓”“呖”，是粤方言特征词。廉江客方言说“对”，廉江闽方言中说成“着”，与粤方言相区别。电白客、闽方言借用了粤方言的特征词“啱”，明显受到粤方言的接触影响。客话和闽语均借用了粤语的“靓”，电白客话和闽语多借用了粤语的“呖”。“香”闽方言一般说“芳”，安铺闽语说“香”，石城闽语说“芳香”，借用了粤、客方言的说法。“稠”粤语说“杰*”，客话说“□nɛu^{24}”，闽语说“洘”，相互区别。廉江青平客话和电白的客话、闽语都借用了粤语的说法“杰*”。“干”说“燋tsau^{55}”，“干净”说“伶俐”，都是客话特征词。廉江粤语和电白羊角粤语借用了客话的“燋tsau^{55}”，羊角粤语借用了客话的“伶俐”。

表9　常用动词

廉江	石城粤语	安铺粤语	塘蓬客话	青平客话	安铺闽语	石城闽语
给	畀pei^{35}	畀pei^{35}	分pun^{55}	分pun^{55}	乞kʰi^{55}	乞kʰi^{44}
寻找	揾wɐn^{35}	揾ʋɐŋ^{35}	跟kɛn^{55}	跟kɛn^{55}	□tsʰuɛ^{13}	□tsʰuɛ^{13}
下（饭）	送ɬʊŋ^{33}	送ɬoŋ^{33}	傍pɔŋ^{31}	傍pɔŋ^{221}	配pʰuɛ^{35}	配pʰuɛ^{35}
看	睇tʰɐi^{35}	睇tʰɐi^{35}	看hɔn^{33}	看hɔn^{33}	映ɔ^{35}	映ɔ^{35}
骗	呃ŋɐʔ^{5}	滚*kwɐŋ^{35}	骗pʰiɛn^{33}	骗pʰiɛn^{33}	骗pʰien^{13}	骗pʰien^{35}
打	打ta^{35}	打ta^{35}	打ta^{31}	打ta^{24}	拍pʰa^{55}	拍pʰa^{44}
想	谂nɐm^{13}	谂nɐm^{13}	谂nɛm^{31}	谂nɛm^{221}	谂nam^{35}	谂nam^{35}
回忆	谂起nɐm^{13} hei^{35}	谂起nɐm^{13} hei^{35}	回想fui^{24} siɔŋ^{31}	想倒ɬiɔŋ^{21} to^{21}	想起ɬɔi^{55} kʰi^{31}	转忆tui^{31} ɛk^{5}
舔	□liɛm^{13}	□liam^{13}	舐sai^{31}	舐sai^{21}	□lɛm^{22}	□lɛm^{44}

续表

廉江	石城粤语	安铺粤语	塘蓬客话	青平客话	安铺闽语	石城闽语
背	孭mɛ^{55}	孭mɛ^{55}	孭pe^{24}	孭pɛ^{24}	孭ma^{55}	孭ma^{41}
闻	□hʊŋ^{33}	□hoŋ^{33}	鼻pʰi^{33}	鼻pʰi^{33}	闻mien^{22}	鼻pʰi^{13}
睡觉	睡觉sui^{21}kau^{33}	睡觉/□觉 sui^{21}kau^{33}/ au^{55}kau^{33}	睡觉sɔi^{33} kau^{33}	睡觉sɔi^{33} kau^{33}	睏觉kʰɔi^{55}kiau^{55}	睏觉kʰɔi^{44}kiau^{35}
拔（鸡毛）	搣mɐn^{55}	搣mɐŋ^{55}	扐paŋ^{55}	搣maŋ^{55}	剥mɔ^{55}	搣pɛŋ^{33}
赶集	趁墟tsʰn^{33} hui^{55}	趁墟tsʰŋ^{33} hui^{55}	趁墟tsʰin^{33} hi^{55}	趁墟tsʰin^{33} hi^{55}	趁墟tʰaŋ^{35} hu^{13}	趁墟tʰan^{35} hu^{13}
省钱	悭钱haŋ^{55} tsʰin^{21}	悭钱haŋ^{55} tsʰin^{21}	省钱sɛn^{31}tsʰiɛn^{24}	悭钱han^{55} tsʰiɛn^{24}	悭钱haŋ^{55} tsi^{22}	悭钱haŋ^{55} tsi^{33}
杀（鸡）	劏tʰɔŋ^{55}	劏tʰɔŋ^{55}	劏tʰɔŋ^{55}	劏tʰɔŋ^{55}	刣tʰai^{22}	刣tʰai^{33}
（蜂）蜇	□tei^{33}	锥tsui^{55}	叼tiau^{55}	叼tiau^{55}	锥tsui^{55}	锥tsui^{441}
电白	**羊角粤语**	**林头粤语**	**沙琅客话**	**霞洞客话**	**电城闽语**	**霞洞闽语**
给	畀pei^{24}	畀pei^{24}	分pen^{34}	分pun^{44}	分puŋ^{33}	分pun^{332}
寻找	跟kɐn^{44}	跟/寻/揾 kɐn^{44}/tsʰɐm^{211}/ vɐn^{24}	跟/揾 kiɛn^{34}/ven^{31}	跟kiɛn^{44}	□tsʰɔi^{33}	□tsʰɔi^{332}
下（饭）	送ɬoŋ^{33}	送ɬʊŋ^{33}	送soŋ^{52}	送ɬoŋ^{52}	配pʰɔi^{315}	配pʰoi^{43}
看	睇tʰɐi^{24}	睇tʰɐi^{24}	睇tʰɛ^{31}	睇tʰɛ^{21}	看kʰam^{33}	看kʰam^{32}
骗	呃ŋɐk^{5}	呃ŋɐp^{5}	□tʰɛm^{52}	骗pʰiɛn^{52}	呃ŋak^{51}	呃ŋak^{45}
打	打ta^{224}	打ta^{24}	打ta^{31}	打ta^{21}	拍pʰa^{51}	拍pʰa^{51}
想	谂nɐm^{224}	谂nɐm^{24}	□zen^{31}	想ɬiɔŋ^{21}	想siŋ^{551}	想ɬiɔ^{51}
回忆	谂起nɐm^{23} hei^{24}	谂起nɐm^{24} hei^{24}	谂起niam^{31} hi^{31}	谂起niam^{21} hi^{21}	谂起lam^{33} kʰi^{31}	想起ɬiɔ^{55} kʰi^{51}
舔	舐sai^{24}	□lem^{42}	舐sai^{31}	舐sai^{21}	□lɛm^{51}	舔tim^{32}
背	孭pɛ^{44}	孭mɛ^{44}	孭pɛ^{34}	孭pɛ^{24}	孭mia^{315}	孭me^{32}
闻	闻mɐn^{21}	闻mɐn^{21}	□tʰɛn^{212}	□hoŋ^{52}	鼻pʰi^{33}	鼻pʰi^{32}
睡觉	睡觉sʊi^{31} kau^{33}	训觉fɐn^{33} kau^{33}	睡觉sɔi^{31} kau^{52}	睡觉sɔi^{21} kau^{52}	睏kʰɔi^{51}	睏kʰɔi^{45}
拔（鸡毛）	搣mɐŋ^{44}	搣mɐŋ^{44}	挦tsʰiam^{21}	搣mɐŋ^{44}	挦tsʰim^{51}	挦tsʰeŋ^{51}
赶集	趁墟tsʰɐn^{33} hʊi^{44}	走墟tsɐu^{24} hoi^{44}	趁墟tsʰen^{52}hi^{34}	趁墟tsʰin^{52} sy^{44}	趁圩tʰaŋ^{315} u^{33}	趁圩tʰaŋ^{43} hu^{32}
省钱	悭钱han^{44}tsʰin^{21}	悭钱han^{45}tsʰin^{21}	悭钱han^{34}tsʰiɛn^{212}	悭钱han^{44}tsʰiɛn^{24}	悭钱haŋ^{51} tsi^{22}	悭钱haŋ^{45} tsi^{21}
宰杀（鸡）	劏tʰɔŋ^{44}	劏tʰɔŋ^{44}	劏tʰɔŋ^{34}	劏tʰɔŋ^{44}	刣tʰai^{22}	刣tʰai^{21}
（蜂）蜇	叼tiu^{44}	叼tiu^{45}	叼tiau^{34}	叼tiau^{44}	□tem^{41}	蜇tsi^{32}

常用动词“给”“寻找”“下（饭）”“看”“骗”“打”等在廉江三大方言中保留了各自的特征词，粤方言分别为“畀”“揾”“送”“睇”“呃”“打”，客方言分别为“分”“跟”“傍”“看”“骗”“打”，闽方言分别为“乞”“□tsʰuɛ”“配”“映”“骗”“拍”。上述动词在电白三大方言中表现出相互接触的特点，电白闽方言把“给”说成“分”，借用了客方言的说法；“寻找”羊角粤语说成“跟”，林头粤语说“跟”或“寻”，都借用了客方言的词语；而沙琅客话说“揾”，明显又是粤方言的借词。“下（饭）”“看”电白客话的说法借用粤语的“送”和“睇”。“骗”在粤方言中说“呃”，是粤方言的特征词，电白闽方言说“呃”显然是受粤方言影响。

其余的动词如“想”“回忆”“舔”“背”“闻”“睡觉”“拔”“赶集”“省钱”“宰杀”等粤语的说法独具特色，并影响到廉江和电白两地的客话和闽语，如客话和闽语均借用了粤语的“谂”或“谂起”“□lɛm^{22}”“孭”“趁墟”“悭钱”等。此外，石城闽语借了“搵”，安铺闽语借了“闻”，廉江客话借了“搵”“睡觉”“劏”等。电白闽语借了粤语的“呃”，电白客话借了“睡觉”“劏”，霞洞客话还借了“□hoŋ^{52}”和“搵”。电白客话对羊角粤语也产生一些影响，如羊角粤语借用了客话的“舐”和“孭pɛ^{44}”。安铺粤语借用闽语的“锥”，电白粤语借用客话的“叼”。

表10　副词、连词、助词

廉江地区	石城粤语	安铺粤语	塘蓬客话	青平客话	安铺闽语	石城闽语
刚刚	啱啱 ŋam^{55} ŋam^{55}	啱啱 ŋam^{55} ŋam^{55}	啱啱 ŋam^{55} ŋam^{53}	啱啱 ŋam^{55} ŋam^{55}	啱啱 ŋam^{55} ŋam^{55}	啱啱 ŋam^{55} ŋam^{55}
刚才	头早 tʰɐu^{21} tsou^{35}	头坑 tʰou^{21} haŋ^{55}	头先 tʰɛu^{24} siɛn^{53}	正tsaŋ^{33}	头早 tʰɛu^{22} tsai^{22}	啱啱 ŋam^{55} ŋam^{55}
一向	一路 ɐʔ^{5} lu^{21}	不溜 pɐʔ^{5} lɐu^{55}	一贯/一溜 it^{21} kuɔn^{33}/ it^{21} liu^{55}	一贯 it^{2} kuɔn^{33}	一路来 iak^{2} lɛu^{13} lai^{22}	不溜 pat^{5} lau^{55}
幸亏	好彩 hou^{35} tsʰoi^{35}	好彩 hou^{35} tsʰɔi^{35}	好彩 ho^{31} tsʰɔi^{31}	好彩 ho^{21} tsʰɔi^{21}	好彩 hɔ^{31} tsʰai^{31}	好得 hɔ^{31} tiet^{5}
和（我~他）	共kʊŋ^{21}	共/捞 koŋ^{21}/lou^{55}	捞lau^{55}	捞lau^{55}	共kaŋ^{55}	□hiau^{13}
了（丢失~）	嗲tɛ^{21}	嗲tei^{21}	□e^{33}	嗲tɛ^{21}	啦la^{31}	—
电白地区	**羊角粤语**	**林头粤语**	**沙琅客话**	**霞洞客话**	**电城闽语**	**霞洞闽语**
刚刚	正正 tsiaŋ^{45} tsiaŋ^{33}	啱啱 ŋam^{44} ŋam^{45}	啱啱 ŋɐm^{34} ŋɐm^{34}	正正 tsɐŋ^{44} tsɐŋ^{52}	啱啱 ŋam^{51} ŋam^{51}	啱啱 ŋam^{45} ŋam^{45}
刚才	正正 tsiaŋ^{45} tsiaŋ^{33}	正tsiaŋ^{33}	头正/正正 tʰei^{21} tsɐŋ^{52}/ tsɐŋ^{52} tsɐŋ^{52}	头正 tʰei^{24} tsɐŋ^{44}	□早 haŋ^{33} tsa^{31}	□早 huan^{32} tsa^{51}
一向	一路 iɐt^{5} lou^{31}	乜时/历来 mɐt^{5} ʃi^{21}/ lek^{21} loi^{21}	几时 ki^{31} si^{212}	一贯 zit^{2} kuɔn^{52}	一向 iak^{21} hiŋ^{315}	一直 jat^{21} tit^{45}
幸亏	好得 hou^{24} tɐk^{5}	好得 hou^{24} tɐk^{5}	好彩 hɔ^{31} tsʰɔi^{31}	好彩 hɔ^{21} tsʰɔi^{21}	好彩 hɔ^{33} tsʰai^{31}	好彩 hɔ^{51} tsʰai^{31}
和（我~他）	共koŋ^{31}	凑tsʰɐu^{33}	捞lau^{34}	凑tsʰei^{52}	凑tsʰau^{315}	凑tsʰau^{43}
了（丢失~）	嗲tɛ^{21}	咯lɔ^{33}	□ɛ^{34}	□ɛ^{24}	—	了ɔ^{21}

“刚刚”粤语说“啱啱”，廉江和电白两地的客、闽方言都借用粤语说法。羊角粤语借用了客话的说法“正正”。“刚才”客话说“头正/正正”，电白粤语借用了客话说法。廉江石城粤语借用了闽语说成“头早”。“一向”粤语说“不溜”，石城闽语借用了粤语说法。“幸亏”粤、客方言都说“好彩”，闽语借用了这一说法。连词“和”安铺粤语借用了客话的“捞”，电白林头粤语、霞洞客话、电城闽语和霞洞闽语都说“凑”，来源有待查证。助词“了”粤西粤语说“嗲”，青平客话借用了这一说法。

从上文比较分析可见，廉江和电白地区的粤、闽、客三大方言在词汇接触中基本保留了各自的特征词，这些词语大都属于基本词汇，在三大方言中均被广泛使用，反映各自的方言特色，但两地粤、客、闽方言特征词相互借用的情况也比较普遍，反映了三大方言接触的程度较为深入。

四、廉江电白地区方言接触分析

（一）粤西三大方言的影响力

通过对上文各表所列特征词共616个词项（77×2×4=616[①]）进行统计，廉江、电白两地粤、客、闽方言词汇借用结果如下：

表11 粤西词语接触统计

	粤语	客话	闽语	借入总计	借入占比
粤语	—	37	17	54	8.8%
客话	86	—	7	93	15.1%
闽语	77	19	—	96	15.6%
借出总计	163	56	24	—	—
借出占比	26.5%	9.1%	3.9%	—	—

表12 廉江词语接触统计

	粤语	客话	闽语	借入总计	借入占比
粤语	—	18	8	26	8.4%
客话	34	—	3	37	12%
闽语	39	10	—	49	16%
借出总计	73	28	11	—	—
借出占比	23.7%	9.1%	3.6%	—	—

表13 电白词语接触统计

	粤语	客话	闽语	借入总计	借入占比
粤语	—	19	9	28	9.1%
客话	52	—	4	56	18.2%
闽语	38	9	—	47	15.3%
借出总计	90	28	13	—	—
借出占比	29.2%	9.1%	4.2%	—	—

综观廉江和电白两地粤、客、闽三方言的词汇接触，若从词语借出的数据看，粤语对外借出的词语最多，有163个；客话次之，有56个；闽语最少，有24个。不论是在廉江还是在电白，粤语借出的词语都是最多的，客话和闽语借出的词语都远少于粤语，客话又比闽语借出的词语为多。可见就词汇的对外辐射力而言，粤语最强，其次是客话，最弱是闽语。而从词语借入的数据看，粤语借入词语最少，有54

① 616个词项是77个特征词乘以2地（廉江和电白）乘以本方言除外的4个方言点得出的结果。

个，客话借入的词语有93个，闽语借入的词语有96个。上述数据反映了在方言词汇接触之中，词语借出与方言影响力成正比，词语借入与方言影响力成反比的关系。从以上统计可以看出，在粤西廉江和电白两地，粤语的影响力最大，其次是客话，最后是闽语。

虽然廉江以客家话为母语的使用人口占比50%，电白以闽语为母语的使用人数占比65%，但两种方言的地区影响力并不因此而更大。相较之下，廉江以粤语为母语的使用人口占比35%，方言使用人口居第二位；电白以粤语为母语的使用人口占比9%，方言使用人口居第三位，但地区影响力却是最大的。值得注意的是，电白粤语的使用人口比廉江少，但其借出的词语数量甚至比廉江还要多一些。可见，在粤西地区三大方言接触中，方言使用人口数量并非是决定方言影响力大小的主要因素。廉江电白两地方言人口和影响力排序如表14。

表14　方言人口和影响力

地区	廉江	电白
方言人口排序	客话>粤语>闽语	闽语>客话>粤语
方言影响力排序	粤语>客话>闽语	粤语>客话>闽语

（二）粤西方言人群的双语能力

在廉江和电白地区的方言交接地带，人们可用两种或三种方言交流，粤语通用程度很高。廉江安铺镇主要使用粤语，周边农村主要使用闽语，当地人普遍能使用粤、闽两种方言。石城粤语在当地是主流方言，粤语社群说粤语，邻近的闽语区社群则可使用粤语和闽语。塘蓬客家人可使用客话和粤语进行交流，老一辈只使用客话。青平客家人可使用客话和粤语，老一辈只使用客话。纵观廉江地区方言情况，粤语是强势方言，不仅通行于粤语区，还能被闽语和客话人群使用。闽语除在闽语区通行外，还在安铺镇粤语人群中被使用。客话主要通行于客家社群之中。在廉城，不少人能使用三种方言。

电白电城闽语区通行海话，也能使用粤语。霞洞闽语社群以说黎话为主。羊角粤语区说白话为主，林头粤语社群说白话和闽语。沙琅客话社群说客家话，也可以白话交流，霞洞客话社群说客家话，也可以用闽语和白话交流。纵观电白地区方言情况，粤语相对强势，通行于粤语区，能被部分闽语人群和客话人群使用。闽语除在闽语区通行外，还在林头粤语人群中被使用，以及在霞洞客话人群中被使用。而客话主要通行于客家社群之中，对羊角粤语社群有一定渗透。廉江电白地区各方言点发音人双语情况如表15。

表15　各方言点发音人双语情况

方言点	发音人	本人双语能力	父母双语能力
安铺闽语	李世昌	村里说黎话，在外说廉江白话	父母均会说黎话、白话
安铺粤语	李良	说安铺白话	父母均会说白话、黎话
石城闽语	周亚广	会说黎话、白话	父母石城人，会说白话、黎话
石城粤语	肖焕益	说本地白话	父母说白话
塘蓬客话	杨德金	会说客话、白话	父母说客话
青平客话	雷宗琚	会说客家话、白话	父母说客话
电城闽语	区定雄	说电城海话；电白粤语（会一些）	父亲说海话；母亲说海话、粤语
霞洞闽语	崔鹏	说黎话	父亲说黎话；母亲说白话

续表

方言点	发音人	本人双语能力	父母双语能力
霞洞客话	唐灵光	会说客话、黎话和白话	—
沙琅客话	吴炳杰	会说客家话、白话	父亲说客家话、白话；母亲说客家话
林头粤语	林恩年	说林头白话、黎话、海话，会听客家话	父亲说白话、黎话、海话；母亲说白话，会黎话、海话
林头粤语	林顺祥	说林头白话、黎话	父亲说白话、黎话；母亲说黎话（主要）、白话、客家话
羊角粤语	徐焕基	说白话，客家话（基本可以沟通），黎话（很少）	父亲说白话、黎话和客家话（很少）；母亲说白话

由此可见，在廉江和电白地区，粤语虽然使用人口不占优势，但在行政、商贸、文化等领域是通用方言，超高的通用度决定了粤语在地区方言接触中保持着强大渗透力。客话和闽语则借助其使用人口优势，在地区方言接触中也具有一定的渗透能力。

（三）粤西三大方言的接触程度

从方言间的词汇借用情况看，客话的粤语借词有86个，闽语的粤语借词有77个，客话比闽语借用了更多的粤语词汇。粤语的客话借词有37个，闽语的客话借词有19个，粤语比闽语借用了更多的客话词汇。粤语的闽语借词有17个，客话的闽语借词有7个，粤语比客话借用了更多的闽语词汇。统计得出，廉江、电白两地粤、客互相借用的词语有123个，粤、闽相互借用的词语有94个，客、闽相互借用的词语有26个。方言间词语相互借用情况如下表。

表16　粤、闽、客方言借词数量

	粤客借词	粤闽借词	客闽借词
廉江	52	47	13
电白	71	47	13
总计	123	94	26

数据表明粤语和客话接触程度最高，粤语和闽语接触程度次之，客话和闽语接触程度最低。廉江粤客借词52个，少于电白粤客借词71个，表明电白的粤客接触程度比廉江更高，两地粤闽借词和客闽借词数量相同。

粤、客借词较粤、闽借词和客、闽为多，这应同方言的语音系统与词汇系统的相似度有关。吴福祥（2014：29）提到"如果两种语言（方言）在结构类型上一致或相似，那么有标记的特征和可并入度低的特征同样也很容易由一种语言迁移到另一种语言之中"。由于粤、客两种方言的语音系统与词汇系统较为接近，词语更容易借用，粤、客方言借词较多。而粤、客两种方言跟闽语的语音系统与词汇系统有一定差异，对词语借用造成一定障碍，闽语对粤、客方言借出的词语较少。可见，方言的结构关系也会影响方言的词汇接触程度，或许这正是电白闽语渗透力比客话弱的原因。

（四）粤西三大方言接触的地缘因素和人口因素

除了上述社会因素和语言因素之外，地缘因素和人口因素也会对方言接触会产生一定影响。从地缘看，粤西闽语总体而言对粤语的影响力有限，但处于闽语主导地区的粤方言点受闽语影响明显多一些，这可以从各粤方言点的闽语借词数量体现出来。

表17　各粤语点的闽语借词数量

安铺粤语	石城粤语	羊角粤语	林头粤语
3	4	2	7

由上表可见林头粤语的闽语借词数量多于其他3个粤语方言点，这是由于林头主要为闽语地区，这里的粤语人群普遍掌握闽语，闽语的影响力更强，闽语借词自然更多。安铺、石城和羊角中心区域属于粤语区，闽语的影响力自然就弱。

人口数量虽然对方言影响力不起关键作用，不过如果使用人口足够多而且集中无疑更有利于维持方言自身的凝聚力，从而抵抗外方言的影响。例如廉江塘蓬客话和青平客话的粤语借词数量明显少于电白地区的霞洞客话和沙琅客话，见下表：

表18　各客话点的粤语借词数量

塘蓬客话	青平客话	霞洞客话	沙琅客话
15	19	25	27

廉江客话的粤语借词比电白客话要少，这应该与廉江客话使用人口占比高有关，廉江客话凭借人口优势在地区方言接触中更容易保持自身的纯洁度。而电白客话使用人口占比少，更容易受到其他方言的影响。

五、结语

在粤西廉江和电白地区，社会因素、语言因素、地缘因素和人口因素等都对方言接触产生一定影响。粤语虽然不是该地区母语使用人口最多的方言，但凭借其在广东省内及地区的优势地位，在方言接触中依然保持着强大的影响力。在廉江，粤语作为地区通用方言，为客话和闽语人群所掌握。而在电白，粤语也被部分闽语人群和客话人群掌握，与黎话一样具有相当的通用度。粤语的强势造成了粤语向客话和闽语大量的词汇借贷输出，而客话和闽语则借助其使用人口的优势，在地区方言接触中也具有一定的影响力，对其他方言借贷输出部分词语。如客话输出的借词主要有“鼻公、肚屎、苞粟、番豆、姐公、姐婆、老弟、老妹、分、跟、叼、正”等。而闽语输出借词主要有“记*、饮、菜头、泥豆”等。由于粤语和客话的结构关系较为接近，粤客之间的借词比粤闽和客闽之间的借词更多。从词汇层面看，粤西廉江和电白地区粤、客、闽三方言之间的借词数量不少，借词已经从一般词汇蔓延到具有常用和基本特征的特征词汇，[①]反映出粤西地区粤、客、闽三方言的接触比较普遍，程度比较深入。

① 李如龙（2014）指出“从共时的观点出发，提取特征词应该坚持‘常用基本词’的要求”。

参考文献

[1] 白宛如.1998.广州方言词典［M］.南京：江苏教育出版社.

[2] 北京大学中国语言文学系语言学教研室.1995.汉语方言词汇［M］.2版.北京：语文出版社.

[3] 戴由武，戴汉辉.1994.电白方言志［M］.广州：中山大学出版社.

[4] 邓晓华.1996.客家方言的词汇特点［J］.语言研究（2）.

[5] 甘于恩，简倩敏.2010.广东方言的分布［J］.学术研究（9）.

[6] 甘于恩，刘倩.2004.粤方言中的闽语成分［J］.华侨大学学报（3）.

[7] 广东省电白县地方志编纂委员会.2000.电白县志［M］.北京：中华书局.

[8] 黄家教.1988.一个粤语化的闽方言：中山隆都话［J］.中山大学学报（4）.

[9] 黄雪贞.1987.客家话的分布与内部异同［J］.方言（2）.

[10] 黄雪贞.1998.梅县方言词典［M］.南京：江苏教育出版社.

[11] 李健.2014.吴化粤语研究［M］.北京：中国社会科学出版社.

[12] 李如龙，张双庆.1992.客赣方言调查报告［M］.厦门：厦门大学出版社.

[13] 李如龙，等.1999.粤西客家方言调查报告［M］.广州：暨南大学出版社.

[14] 李如龙.2014.论方言特征词的特征：以闽方言为例［J］.方言（2）.

[15] 廉江市地方志编纂委员会.1995.廉江县志［M］.广州：广东人民出版社.

[16] 林华勇.2014.廉江粤语语法研究［M］.北京：北京大学出版社.

[17] 林立芳，邝永辉，庄初升.1995.闽、粤、客方言共同的方言词考略［J］.韶关大学学报（社会科学版）(3).

[18] 林伦伦.2006.粤西闽语雷州话研究［M］.北京：中华书局.

[19] 卢坚伟，邵慧君.2016.电白粤闽客三方言词汇比较接触研究［J］.汕头大学学报（人文社会科学版）(3).

[20] 罗美珍，邓晓华.1995.客家方言［M］.福州：福建教育出版社.

[21] 欧阳觉亚，饶秉才，周耀文，等.2005.广州话、客家话、潮汕话与普通话对照词典［M］.广州：广东人民出版社.

[22] 邵慧君，秦绿叶.2008.廉江市粤客词汇相似度的计量分析［J］.中国语文（2）.

[23] 邵慧君.2016.粤西湛茂地区粤语语音研究［M］.广州：中山大学出版社.

[24] 温昌衍.2006.客家方言［M］.广州：华南理工大学出版社.

[25] 温昌衍.2008.从词汇看大本营地区客家方言的分片［J］.学术研究（4）.

[26] 温昌衍.2014.广东客闽粤三大方言词汇比较研究［M］.北京：中国社会科学出版社.

[27] 严修鸿.2001.客话方言与周边方言的关系词［J］.汕头大学学报（4）.

[28] 詹伯慧，张日升.1988.珠江三角洲方言词汇对照［M］.广州：广东人民出版社.

[29] 詹伯慧.1990.广东境内三大方言的相互影响［J］.方言（4）.

[30] 詹伯慧，张日升.1998.粤西十县市粤方言调查报告［M］.广州：暨南大学出版社.

[31] 詹伯慧，甘于恩.2002.雷州方言与雷州文化［J］.学术研究（9）.

[32] 詹伯慧.2002.广东粤方言概要［M］.广州：暨南大学出版社.

[33] 张振兴，蔡叶青.1998.雷州方言词典：现代汉语方言大词典·分卷［M］.南京：江苏教育出版社.

[34] 张双庆.2002.粤语的特征词［M］//汉语方言特征词研究.厦门：厦门大学出版社.

[35] 张振兴.2004.闽语特征词举例［J］.汉语学报（1）.

[36] 周长楫.1998.厦门方言词典［M］.南京：江苏教育出版社.

[37] Sarah G. Thomason（吴福祥）.2014.语言接触导论［M］.北京：世界图书出版公司.

附图：

（1）廉江方言分布地图

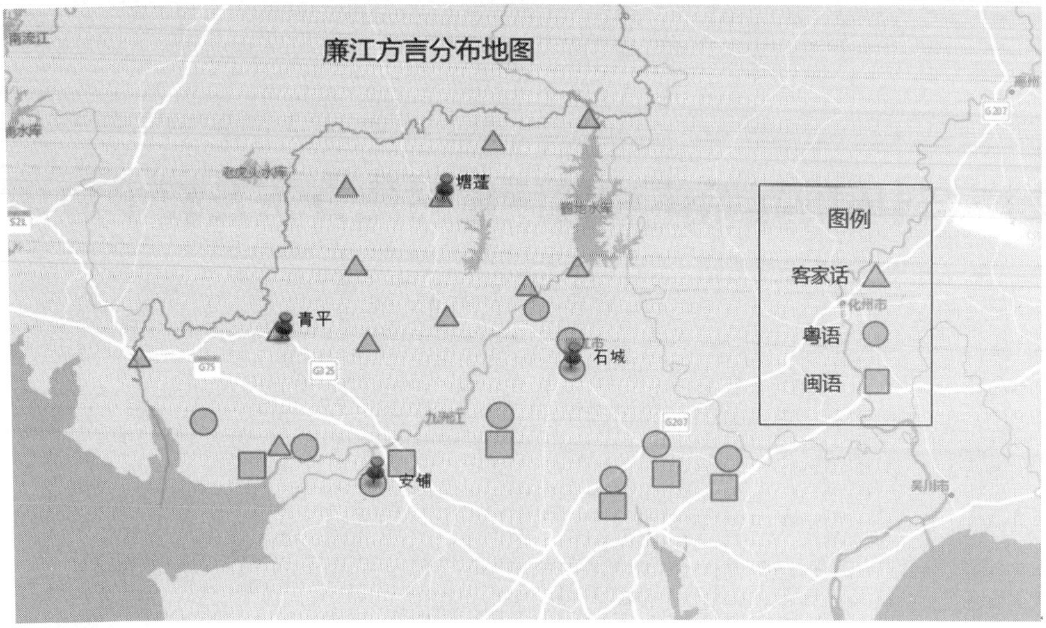

图1　廉江方言分布地图

（2）电白方言分布地图

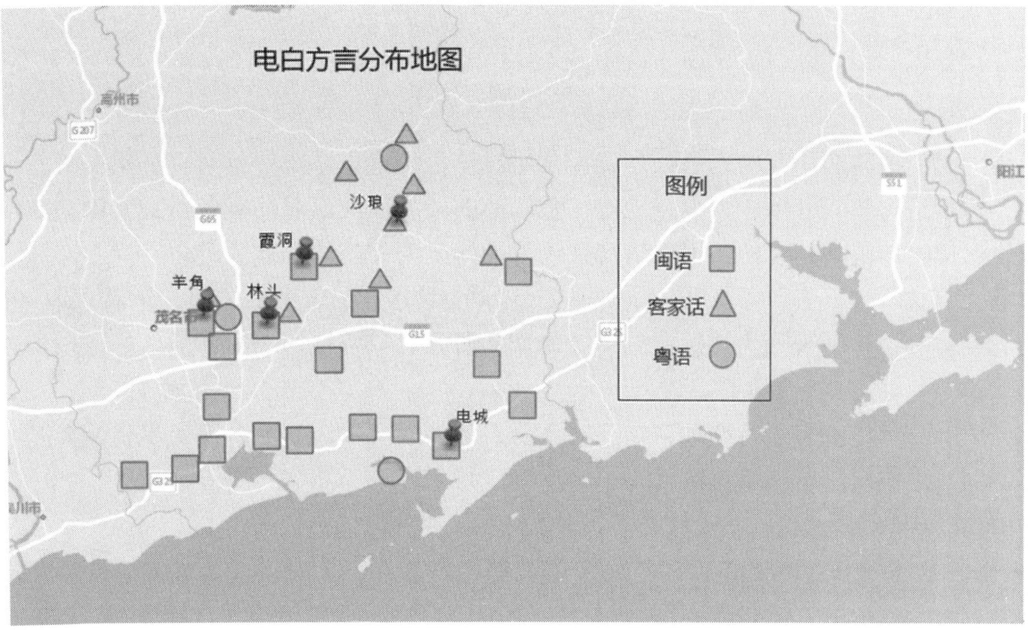

图2　电白方言分布地图

基于语料库的起始体和继续体对比分析及教学应用①

王衍军　叶彬彬

（暨南大学华文学院　广东广州　510610）

【提　要】本文选取了起始体和继续体作为研究对象，从句法和语义层面入手进行对比分析，从共时角度在语料库中搜集相关语料作为研究基础，从历时角度勾勒起始体和继续体的发展脉络，进而找出两者之间的差异：在谓词搭配方面，起始体比继续体选择形容词的机率更高；在宾语的位置方面，起始体将宾语置于其中，而继续体则置于其外；在语义特征方面，起始体表示有动作的起点和终点，性状不断上升，继续体则无动作的终点，表示性状的平稳。

【关键词】起始体　继续体　语料库　对比研究

一、引言

现代汉语的时体范畴的研究由来已久。王力是对时体范畴进行系统分类研究的第一人，他将汉语情貌分为七种，包括进行貌、开始貌、继续貌等。戴耀晶的《现代汉语时体系统研究》则是第一部比较系统地研究现代汉语时体范畴的著作，里面将现代汉语的体分为完整体和非完整体。尚新对比汉英时体范畴后，提出将“起来”“下去”“着”等作为非完整体的标记。在非完整体中，笔者选取了以“起来”为体标记的起始体和以“下来”为体标记的继续体作为研究对象，这两个时体的体标记均由趋向动词发展而来。

由于起始体和继续体都表示持续性，在汉语作为二语的学习中，学习者很容易将两者混淆，或者选择了错误的谓词与之搭配使用，如病句（1）—（5）。

*（1）你们离开我们时把我的手紧握着说：“你们一定要坚强下去！”②

*（2）我在阳台里种植了各种各样的植物，天天洒水，随着一天一天成长下去的植物，我心里的滋味也越来越美。

*（3）我们想，随着人数的增加，个人的责任减少起来。

*（4）就是因为这个真理，才有组合公司，公司之间合作的形式产生，而且也会再发生下去的。

*（5）这样一直谈话下去，了解对方的立场，从对方的立场来想的话，代沟已经不是代沟了。

为帮助学习者更好地认识和掌握起始体和继续体，本文将会基于语料库③，从句法和语义层面进行对

① 本文得到了国家社科基金项目“晚清域外汉语教材语法对比研究及检索语料库建构研究“（2020BYY122）的资助，特此致谢。

② 病句（1)—(5）均来自北京语言大学HSK动态作文语料库，为简明起见已更正除起始体和继续体外的偏误。

③ 本文语料来自北京大学中国语言学研究中心（CCL）现代汉语和古代汉语语料库（下文简称CCL）。

比分析，找出两者之间的区别，并进一步探寻造成两者差异的原因。

二、基于句法层面的分析

(一) 起始体和继续体的基本形式

笔者从《现代汉语词典》（第7版）中分别随机抽取了100个动词和100个形容词，并在CCL语料库中搜索这些动词、形容词有无与起始体和继续体搭配的例句，以确定起始体和继续体对动词和形容词的选择范围。

1. 起始体和继续体对动词的选择

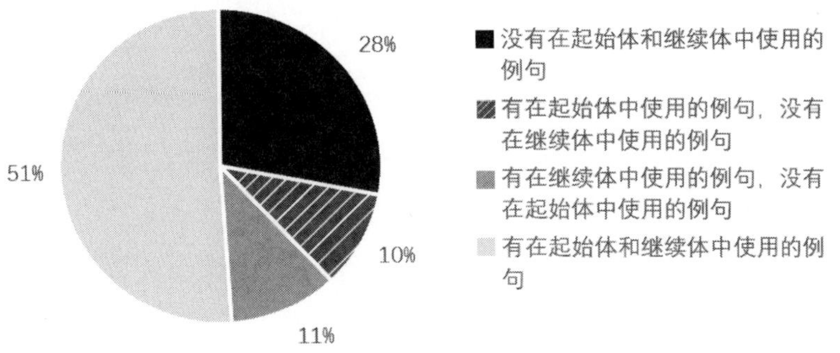

图1　动词能否在起始体和继续体中使用

图1为100个动词样本能否在起始体和继续体中使用的比例图，51%的动词能同时与起始体和继续体搭配，是占比最大的一项，但也不能忽视在两种时体使用动词的限制。

首先，在起始体和继续体中均无法使用的非持续动词占28%。判断动词、能愿动词、趋向动词都不能与之搭配，而应选用动作行为动词和心理活动动词，其中瞬间动词不能与起始体和继续体搭配，如所抽取样本中的“卖”“杀”“放弃”“改变”“消失”“引起”等。我们以同样是表视觉的动词“看”和“见”为例就会更直观清晰：“看”可以用于起始体和继续体，“见”则不行，这是由于“见”只能表短时间的结果而不是长时间的过程，属于瞬间动词。另外，表示静止状态的动词，如“符合”“笼罩”，以及表示意见看法的动词，如“以为”“觉得”，均不能表示持续过程，也不能在起始体和继续体中使用。

其次，只能在起始体中使用、不能在继续体中使用的动词占10%，大部分是离合词，如所抽取样本中的“拼命”“叹气”“发火”“签名”“磕头”“踏步”“生病”“握手”等，这与起始体、继续体与宾语的位置关系有关，下文将再行讨论。

2. 起始体和继续体对形容词的选择

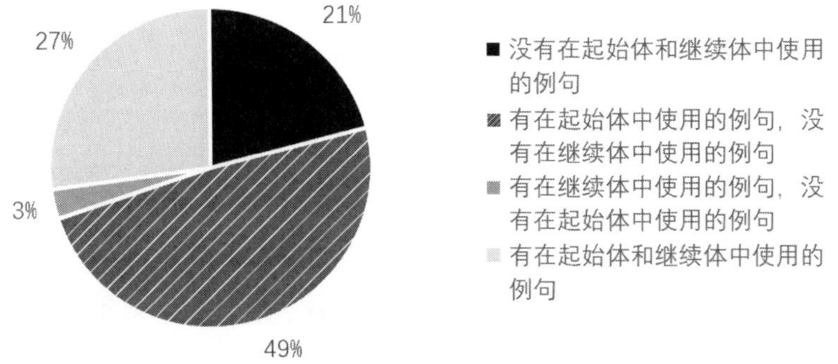

图2　形容词能否与起始体和继续体搭配

从图2的统计结果中可以看出：起始体与形容词的契合程度比继续体更高，在CCL语料库中有在起始体中使用例句的形容词共占76%，有在继续体中使用例句的形容词共占30%。

除去非谓形容词和状态形容词，能与起始体和继续体搭配的形容词都属于性质形容词。这里就存在一个问题：什么类型的性质形容词只能与起始体搭配、不能与继续体搭配？而什么类型的性质形容词能与起始体搭配又能与继续体搭配呢？我们将前一类性质形容词称为A类性质形容词，将后一类则称为B类性质形容词。

表1　A类性质形容词与B类性质形容词的区别

		与起始体搭配	与继续体搭配	不加程度副词直接充当谓语	加上程度副词充当谓语
A类性质形容词	闷热	闷热起来	* 闷热下去	* 天气闷热了	天气很闷热
	寒冷	寒冷起来	* 寒冷下去	* 天气寒冷了	天气很寒冷
	感伤	感伤起来	* 感伤下去	* 她感伤了	她很感伤
	欢乐	欢乐起来	* 欢乐下去	* 大家都欢乐了	大家都很欢乐
	积极	积极起来	* 积极下去	* 同学们积极了	同学们很积极
B类性质形容词	热	热起来	热下去	天气热了	天气很热
	冷	冷起来	冷下去	天气冷了	天气很冷
	伤心	伤心起来	伤心下去	她伤心了	她很伤心
	开心	开心起来	开心下去	大家都开心了	大家都很开心
	努力	努力起来	努力下去	同学们努力了	同学们很努力

表1中，A类形容词只有加上程度副词，才能在句中充当谓语，而B类形容词无论是否加上程度副词都能在句中充当谓语，在这一点上与动词很接近，都能独立充当谓语。因此，从句法功能来看，B类形容词既有形容词的功能，能充当定语、补语，加上程度副词后能充当谓语，同时也有动词的功能，可以直接充当谓语，可以被认为是形容词和动词的兼类。如例（6）（7）（8）所示，形容词“好”“开心”“努力”都可以单独充当谓语中心，后加动态助词“了”“着”表示性状在变化过程中的阶段，并不需要程度副词的辅助，正是B类性质形容词的代表。

（6）申先生的病好了，刘爱萍却因感冒在医院里输了一天液。

（7）也只有他们开心了，我们的客户才会开心。

（8）因为当时他根本没想过会去演主角，只是他一直都在努力着。

黄伯荣、廖序东在《现代汉语》（增订3版）（2002）中提出有两类性质形容词兼属动词，一类是使动词，如“端正态度”中的“端正”“纯洁队伍”中的“纯洁”，另一类是表示变化或状态，如“花了眼”中的“花”“直着身子”中的“直”。但强调必须是前加程度副词时是形容词，后带宾语时是动词，才兼属形容词和动词。笔者认为形容词和动词的兼类的划分标准若只限于作动词能否后带宾语，这似乎有待商榷。事实上，并非所有动词都能带宾语，不及物动词也属于动词，带宾语似乎不应该是判断动词属性的最终依据，动词最核心的语法特征应该是能独立充当谓语或谓语中心。因此，可以把形容词和动词兼类的范围扩大为既能前加程度副词，又能单独充当谓语中心，上文所讨论的B类形容词正是如此。B类形容词同时具有形容词和动词的部分句法功能，而继续体大部分情况下都会选择与动词搭配，因此兼具动词功能的B类形容词就自然成为与之搭配的首选。而A类形容词只单纯具有形容词的功能，不具备动词功能，因此偏向于选择动词的继续体不能与之搭配，但形容词选择比例较高的起始体却能与之适应，所以A类形容词只能与起始体搭配，不能与继续体搭配。

（二）起始体和继续体与宾语的位置关系

起始体的基本形式是“谓词+起来”，当出现谓语动词所支配的宾语时，会将宾语置于“起”和“来”之间，也就是“VP+起+NP+起来”。然而，继续体与宾语的位置关系则不同，宾语不能直接置于“下”和“去”之间，而需要单独分开。

（9）驼队中一位老者，领着小孙子唱起歌来。

（10）大家围坐在两个炭火熊熊的火盆边，把各种好听的歌轮流唱下去，一面解释一面唱。

（11）只要我还能唱歌，这首歌我会永远唱下去。”

（12）古老的歌尽可以永远唱下去。

例（9）—（12）都使用了同样的谓语动词“唱”和宾语“歌”，例（9）运用了起始体来表示开始唱歌并持续，将宾语“歌”放在了补语“起”和“来”之间，而例（10）—（12）均运用了继续体，宾语“歌”独立于继续体之外，都放在了谓语动词“唱”之前。例（10）利用介词“把”与宾语“各种好听的歌”结合构成介宾短语，置于谓语“唱下去”之前。例（11）则将宾语“这首歌”置于主语“我”之前，使用了OSV的语序。例（12）的主语是“古老的歌”，但事实上也是谓语动词“唱”所支配的宾语。

表2 起始体和继续体与宾语的位置关系

	与起始体搭配	与继续体搭配
1. 唱歌	唱起歌来	* 唱下歌去
2. 看书	看起书来	* 看下书去
3. 学习汉语	学习起汉语来	* 学习下汉语去
4. 跑步	跑起步来	* 跑下步去
5. 跳舞	跳起舞来	* 跳下舞去

在表2中，第1—3行的词是动宾短语，第4—5行则是离合词。表2中的例句进一步证明了宾语置于起始体之中是合法的，而置于继续体中则不合法。我们可以看出起始体与宾语结合得更紧密，宾语嵌入了起始体的结构之中，继续体与宾语的关系则更为疏远，宾语被提前到继续体的结构之外。这也就是为什么在上文讨论继续体所选择的动词时，我们发现动宾式离合词无法直接用于继续体的原因。

要探究造成起始体和继续体中宾语位置之所以存在形式差别的原因，可以从历时的角度去考察其形式发展的脉络。

起始体并非一开始就将宾语置于其中，其形式是经历过一段交错使用的震荡阶段。在南宋至明朝之间，起始体与宾语的位置关系并非唯一的、固定的，可以是“动宾短语+起来”的形式，如例（13）—（15）；也可以是“谓语+起+宾语+来”的形式，如例（16）—（18），尤其是例（15）（16），谓语中心同为“叫屈”，却有“叫屈起来”和“叫起屈来”两种形式。当起始体发展到更成熟的阶段，后一形式才占据优势。南宋时期，两种形式均时有出现；发展到元朝、明朝时，虽偶有宾语置于起始体之外的例子，但大多数情况起始体还是采用“谓语+起+宾语+来”，即“VP+起+NP+来”的形式。

（13）侯兴老婆看见了，动心起来。（《喻世明言》卷36）

（14）须臾之间，喧传尼庵事体，县官告示，便有个把好事的人盘问他起来。（《初刻拍案惊奇》卷6）

（15）鲁学曾又叫屈起来。（《喻世明言》卷2）

（16）明日捉个空，便一径到临安府前，叫起屈来。（《京本通俗小说》卷15）

（17）那三岁的女儿，出起极重的痘子来。（《初刻拍案惊奇》卷11）

（18）初时也将言语支吾，却被吕大在旁边面对，知县又用起刑来。（明，《初刻拍案惊奇》卷11）

然而，形式“VP+下+NP+去”却一直停留在用于空间范畴的“向下”方向义，并没有扩展延伸到时间范畴的继续体中，呈现出与起始体截然不同的发展方向和趋势。此形式起源于北宋，如例（19）中的“流下潇湘去”，此后的使用范围一直停留在具象化的“向下”义上，如明朝小说中例（20）的“跳下水去”，清朝小说中例（21）的“磕下头去”，民国小说中例（22）的“跳下车去”。

（19）郴江幸自绕郴山，为谁流下潇湘去。（《踏莎行·郴州旅舍》，秦观词）

（20）两个面面相觑，走出门，看着清湖河里扑通地都跳下水去了。（《京本通俗小说》卷10）

（21）苟才更磕下头去道：“贤媳，求你救我一命！”（《二十年目睹之怪现状》第88回）

（22）侦探逛了几次，汽笛一声，都跳下车去了。（《留东外史》第71章）

三、基于语义层面的分析

（一）动作的持续

1. 动作的起点

起始体“起来”在表示动作持续上，其核心语义特征是强调动作的起点。第一种情况最明显，是将某个时间点作为动作的起点。在例（23）—（25）中，用介词“从”“在”“于”来引出具体的时点词“1930年”“文明年代”“1908年”，清楚地指明了一段持续性动作开始的时间点。

（23）从1930年开始，以整个人格为对象的咨询发展起来了。

（24）在文明时代充分发展起来的奴隶制，制造了一个撕裂的时代。

（25）“就业指导之父”帕森斯（F.Parsons）于1908年率先开展起来的。

第二种情况，则是将某个具体事物或事件作为动作的起点。例（26）—（28）中介词“从”、连词“一……就……”、介词“使”分别引出具体事物“隶书”、事件“说‘狼来了’”和“成人感的产生”作为动作的起点。

（26）草书之称并不包括先秦的草率文字，通常是指从潦草书写的隶书发展起来的一种字体。

（27）例如一说“狼来了”，大家就警觉起来。

（28）这种成人感的产生，使他们的自尊心和要求独立的倾向大大发展起来。

与起始体“起来”不同，继续体“下去”对动作的起点并无特定要求，可有可无。例（29）—（31）均使用了继续体“走下去”，但动作“走”的起点明确程度大不相同。例（29）用介词结构“当……时”引出明确的时间起点“没有神的能力的人有了神的权威”，例（30）则含蓄得多，用连词“既然……就……”构成推论因果句，暗示以事件“选择了远方”作为起点。在例（31）找不到任何动作起点的提示，只知道动作“走”在说话时已经发生。因此，我们可以认为，继续体在动作起点上自由度相对较大，可以明确指出，也可以模糊带过。

（29）当没有神的能力的人有了神的权威时，他会沿着错误的道路走下去。

（30）既然选择了远方，就不能回头，就要义无反顾地坚定地走下去！

（31）对这种形式主义已经深恶痛绝的张瑞敏，当然不喜欢自己管理的工厂还在这条老路子上继续走下去。

2. 动作的终点

副词“永远”在《现代汉语词典》(第7版)中的释义为“时间长久，没有终止”，作为状语修饰谓语动词，可以表示动作不会停止，即没有动作的终点。因此若能与副词“永远”搭配使用，说明该时体可以表示动作没有终点，反之则说明该时体表示的动作必然存在终点。

笔者在CCL语料库中搜索了副词“永远”作为状语修饰起始体和继续体的例句数量。起始体与副词“永远”共现的例句数量均为零，说明起始体与动作无限持续存在语义冲突，所表示的动作一定会有终点。而继续体与副词“永远”共现的例句数量为5个，说明继续体可以表示动作过程没有终点，一直持续下去。例(32)(33)都是使用副词“永远”作为状语，修饰继续体“延续下去”“维持下去”，表示动作将会永不停止地持续下去。例(34)状语“无限期”与“永远”意义相近，与继续体配合使用。

(32)因此，中国人的文化理想是，家系要永远地延续下去。

(33)于是自然生命才能生生不息永远维持下去。

(34)持续经营是指会计主体的生产经营活动将会无限期地延续下去。

例(35)(36)都以动词“搞”充当谓语中心，副词“永远”只能与继续体“搞下去”搭配，不能与起始体“搞起来”搭配。由此可见，起始体是表示动作从无到有、从零到一这个阶段的状态，不能表示动作就此无终点地进行下去，而继续体则是表示动作开始后无限延续的态势。

(35)“五环”还本销售活动永远有市场，因而会永远搞下去。

(36)a.如今，救助失学儿童的希望工程已经轰轰烈烈地搞起来了。

*b.如今，救助失学儿童的希望工程已经轰轰烈烈地永远搞起来了。

(二)性状的持续

在CCL语料库中，包含“起来”的例句共有168191个，包含“下去”的例句则有43926个。笔者从中各抽取了前10000个例句，进行系统抽样，每隔100句抽取一个例句，若该例句不属于起始体或继续体，则抽取下一个例句，以此类推，共获得起始体、继续体各100个样本，并统计起始体、继续体中使用的谓词词频，统计结果如表3、表4所示。

1. 起始体表示性状持续上升

表3　起始体中的谓词词频统计

搭配词语	词性	词频	搭配词语	词性	词频	搭配词语	词性	词频
发展	动词	16	建立	动词	11	好	形容词	4
多	形容词	4	笑	动词	3	哭	动词	2
强大	形容词	2	行动	动词	2	长	动词	2
生长	动词	2	生	动词	1	生长繁衍	动词	1
清晰	形容词	1	庞大	形容词	1	盛行	动词	1
流行	形容词	1	流传	动词	1	湿润	形容词	1
立	动词	1	建构	动词	1	开展	动词	1
聊	动词	1	喊	动词	1	硬	形容词	1
扩张	动词	1	壮大	形容词	1	强盛	形容词	1
繁荣	形容词	1	兴旺发达	形容词	1	成熟	形容词	1

续表

搭配词语	词性	词频	搭配词语	词性	词频	搭配词语	词性	词频
完善	形容词	1	打	动词	1	快	形容词	1
惊慌	形容词	1	动员	动词	1	开动	动词	1
红	形容词	1	脸红	动词	1	振作	动词	1
燃烧	动词	1	狂奔	动词	1	猖獗	形容词	1
富	形容词	1	富裕	形容词	1	丰满	形容词	1
骄傲	形容词	1	谦虚	形容词	1	议论	动词	1
振作	动词	1	振奋	动词	1	活泼	形容词	1
紧张	形容词	1	涨	动词	1	空闲	形容词	1
闹	动词	1	使用	动词	1	忙	形容词	1
颠簸	动词	1	响	动词	1	轻快	形容词	1
说	动词	1	动	动词	1			

根据表3，我们可以将起始体中使用的高频谓词分成以下几种：一是“从零开始”义词，包括动词“建立”“建构”“开动”“开展”等，其中“建立”是起始体中搭配使用的词频次高的词，词频为11；二是“继续发展”义词，包括动词“发展”“生长”“壮大”等，其中“发展”是起始体中搭配使用的词频最高的词，达到6；三是“发展程度高”义词，如形容词“好”“多”“成熟”“强盛”“繁荣”“完善”等；四是动作激烈程度可以递增的持续动词，如“哭”“笑”“打”“聊”等。

通过分析在起始体中使用的高频谓词类型，我们发现起始体在表示性状持续上升时有以下两种途径。

第一种是与有程度区别的动词结合，这类的动词包括了在起始体中高频出现的“从零开始”义、“继续发展”义动词和动作激烈程度可以递增的持续动词，用来表示动词的发展程度持续上升。例（37）中“数据词典”从零开始建立，从无到有属于向上发展的过程。例（38）则用起始体“哭起来”来表示动作“哭”的程度由平缓到激烈。

（37）数据词典就是这样建立起来的一组定义式。

（38）甚至刘春华在跟我说话的时候顺手开开灯，小孩子也不能忍受，他复又哭起来，从刘春华的怀里挣出小手，欲将灯关掉……

第二种是与形容词结合，形容词本身就有程度差别之分，用起始体来表示形容词的程度在持续上升。在例（39）—（41）中，起始体中使用了形容词“强盛跋扈”“清晰”“尖锐”，而状语“益加”和“逐渐”、谓语“变得”的出现说明起始体表示性状的变化，尤其是“益加”更是强调了性状的上升。

（39）而对于那种在分立局面下益加强盛跋扈起来的门阀或豪族的社会存在基础，也将无从说明了。

（40）遇到这种情况，咨询者就要设法使这些模糊的情绪、想法逐渐清晰起来，让来访者逐渐地将自己的问题叙述清楚。

（41）开始承认资本主义的现状，对马克思主义的批判变得尖锐起来。

我们可以从历时的角度，来梳理“起来”从趋向动词到时体标志的虚化过程。“起来”最初的用法意为“起床”，即“从床上起来”，如例（42），直到北宋才有“起床”一词出现。后扩展至向上的动作，例（43）中“从地起来”则有“站起来”之义。

（42）食罢一觉睡，起来两瓯茶。（《食后》，白居易诗）

（43）云废闻语，举身自扑，七孔之中，皆流鲜血良久乃苏，从地起来。（《敦煌变文集新书》卷6）

以北宋的《朱子语类》为例，“起来”已经发展成为趋向补语，修饰谓语中心，从独立式变为黏着式。例（44）中的“支撑起来”表示仍表示空间上从低到高的具象化动作。而例（45）（46）中的“做起来”“说起来”就已经过渡到表示动作开始的起始体了。

（44）虽强支撑起来，亦支撑不得，所谓“揠苗”者也。（《朱子语类》卷52）

（45）如颜子“克己复礼”工夫，却是从头做起来，是先要见得后却做去，大要着手脚。（《朱子语类》卷42）

（46）到这里，自说尽，无可说了，却忽然说起来。（《朱子语类》卷139）

这一历程说明在隐喻机制的作用下，“起来”的参照域从空间域向时间域扩展的过程中，“起来”仍然保留着最初始的特征——向上的趋势。因此，向下的趋势在语义上都不能与“起来”匹配，上文统计的不能与起始体搭配使用的动词正是如此。既不能与表示空间向下趋势的动词搭配，如“落”“滴”等，也不能与性状向下态势的动词搭配，如“减弱”“缓解”“缩小”“衰退”等。

2. 继续体表示性状持续不变

表4　继续体中的谓词词频统计

搭配词语	词性	频率	搭配词语	词性	频率	搭配词语	词性	频率
坚持	动词	12	发展	动词	10	继续	动词	7
抓	动词	6	开展	动词	4	保持	动词	4
走	动词	3	活	动词	3	这样	代词	2
做	动词	2	说	动词	2	拖	动词	2
延续	动词	2	友好	形容词	2	读	动词	2
干	动词	2	长此以往	惯用语	1	犯	动词	1
等	动词	1	贯彻	动词	1	忍受	动词	1
推	动词	1	固执	形容词	1	争论	动词	1
探求	动词	1	等候	动词	1	传	动词	1
亏损	动词	1	消沉	形容词	1	如此	代词	1
住	动词	1	泛滥	动词	1	吃	动词	1
追求	动词	1	蔓延	动词	1	存在	动词	1
搞	动词	1	减弱	动词	1	颓废	形容词	1
修改	动词	1	进行	动词	1	玩	动词	1
撑	动词	1	听	动词	1	争	动词	1
搞	动词	1	经营	动词	1	生存	动词	1
萎缩	动词	1	写	动词	1	呆	动词	1

根据表4，我们可以将继续体中使用的高频谓词分成以下几种：一是“继续坚持”义词，如动词“坚持”“贯彻”“继续”“延续”“保持”等，其中“坚持”的词频最高，“继续”的词频第3；二是动作激烈程度不变的持续性动词，如动词“等”“传”“活”“住”“呆”等；三是“程度下降”义词，如动词“亏损”“减弱”“萎缩”及形容词“消沉”“颓废”。

这里有一个词值得注意，就是“发展”，在起始体中使用频率最高，频率为16，在继续体中的使用频率则排第2，频率为10。按上文所述，“发展”属于“继续发展”义词这一类，应该与继续体“性状持续不变”的语义特征矛盾，为什么“发展”在继续体中使用的频率会那么高呢?

例（47）—（49）的谓语中心均为“发展”，例（47）中的起始体“发展起来”是有程度变化的，从研究基础到概念成熟，呈现出发展程度越来越高的态势，而例（48）（49）中的继续体“发展下去”则用状语“按照这种势头”“这样”来强调以不变的状态继续向前。两句虽然谓语动词均为“发展”，但呈现出截然不同的变化趋势。

（47）“语系”这个概念本身就是在印欧系各种语言的研究基础上提出和发展起来的。

（48）按这种势头发展下去，广东的教育大有希望！

（49）这样长期发展下去，国产面包将越来越没有理，有慢慢被淘汰或兼并的危险。

因此，我们可以发现一个比较突出的现象：当持续动词与继续体“下去”搭配使用，常常前加表示方式、状态的状语，用来强调动作保持某种相同的状态持续进行。例（50）（51）分别用介词结构“以……方式”“用……方法”来做状语，来确保动作进行的状态不变。

（50）人民群众不愿再以旧有方式生活下去。

（51）用同样的方法一直念下去，直到你不需要看卡片连续念10行不出错为止。

我们可从历时的角度去探究“下去”所表示语义特征的由来。“下去”一开始有两种用法：第一种用法是作为趋向动词，表示向下的动作方向，是“上去”的反义词，如例（52）所示；第二种用法是表示某种状态的延续，如例（53）中的“下去”就相当于现代汉语的“这样下去”，代指前一分句“我在尚书中久”的状态持续下去。

（52）或夜冥不见乌，乌亦知人不见，便鸣唤曰：“咄咄上去！”明日便宜急上；“咄咄下去！”明日便宜急下。（《搜神记》卷12）

（53）今主上口颈，颇有越王之状，我在尚书中久，下去必危。（《南史》卷23）

“下去”由独立使用到发展出黏着在谓语动词后充当趋向补语的用法，“动词+下去”的形式根据“下去”原本的两种语义，分化为两种用法：第一种是向下的动作后加“下去”，如例（54）中的“落下去”；第二种是持续动词后加“下去”，意为此动作一直进行，也就是现代汉语中继续体的用法，如例（55）的“做下去”、例（56）的“留下去”。由于两者同源，继续体保留了“向下”这一语义特征，可与“程度下降”义的动词和形容词搭配使用。

（54）使天有一时息，则地须落下去，人都坠死。（《朱子语类》卷68）

（55）若只理会利，却是从中间半截做下去，遗了上面一截义底。（《朱子语类》卷68）

（56）良曰：“沛公殆天授！”故遂留下去。（《资治通鉴》卷8）

3. 义素分析

根据以上的语法意义分析，我们可以对起始体和继续体的语义特征进行总结。因为都是非完整体，均可表示动作的持续，所以两者同属于一个语义场，如表5所示，可以对其进行义素分析。

表5　起始体和继续体的义素分析

	动作持续	性状持续	动作起点	动作终点
起始体“起来”	［+动作持续］	［−性状持续］	［+动作起点］	［+动作终点］
继续体“下去”	［+动作持续］	［+性状持续］	［±动作起点］	［−动作终点］

我们可以更直观地用图3来展示起始体和继续体之间的区别：起始体强调从某个确定的起点开始，向更高的程度发展，保持不断向上的趋势，但有停止的终点；继续体的起点则可有可无，表示以相同的水平持续进行，保持平稳不变的趋势，且没有终点会一直进行下去。

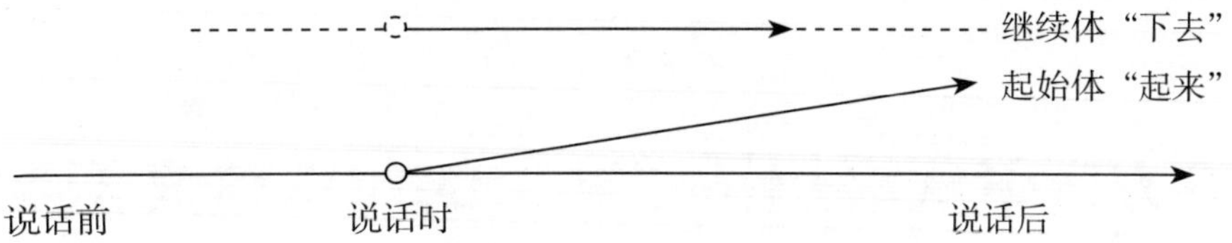

图3　起始体和继续体所表示的动作和性状持续

四、总结

回到本文引言的病句（1)—(5），我们可以找出学习者误用起始体和继续体的原因所在。病句（1）中“坚强”作为形容词，在起始体中使用的几率更高，不能用于主要使用动词的继续体，因此不能说“坚强下去”，应该改成“坚强起来”。病句（2）中动词“成长”属于“继续发展”义词，应该用于表示性状持续上升的起始体，而不是性状持续不变的继续体，要把“成长下去”改成“成长起来”。病句（3）中的动词“减少”与起始体性状持续上升的语义特征冲突，要将“起来”删去。病句（4）中的动词“发生”属于瞬间动词，与继续体表示持续性的语义特征冲突，因此要将其改为持续动词“发展”。而病句（5）中动宾短语“谈话”不能置于继续体之中，应将宾语“话”删除，改成“谈下去”。

起始体和继续体作为非完整体，在对外汉语教学实践中应该帮助学习者区分两者在句法和语义层面上的差异，避免产生相关偏误。在句法层面上，起始体相对于继续体选择形容词的几率更大，继续体选择动词的频率远高于形容词，起始体可将宾语置于“起”和“来”之间，继续体则要将宾语置于其外。在语义层面上，起始体有起点有终点，处于一个明确的时间段，呈现出上升的态势，继续体则没有终点，保持一个平稳状态在不断进行之中。

参考文献

[1]戴耀晶.1997.现代汉语时体系统研究［M].杭州：浙江教育出版社.
[2]韩玉国.2001.现代汉语形容词的句法功能及再分类［J].语言教育与研究（2).
[3]胡裕树，范晓.1985.试论语法研究的三个平面［J].新疆师范大学学报（2).
[4]黄伯荣，廖序东.2002.现代汉语［M].增订3版.北京：高等教育出版社.
[5]吕叔湘，饶长溶.1981.试论非谓形容词［J].中国语文（2).
[6]尚新.2004.突显理论与汉英时体范畴的类型学差异［J].语言教学与研究（6).
[7]邵敬敏.2004.“语义语法”说略［J].暨南学报（人文科学与社会科学版)(1).
[8]王力.1985.中国现代语法［M].新1版.北京：商务印书馆.
[9]张谊生.2007.汉语非典型持续体标记“中”和“间”的形成和发展［J].汉语学报（4).
[10]朱京津.2019.“V起来”误代偏误的认知语义分析及教学应用［J].语言文字应用（2).

粤方言肇庆端州话“实”的句法语义初探

梁嘉莹

（暨南大学中文系/暨南大学汉语方言研究中心　广东广州　510632）

【提　要】基于前人对广州话和香港粤语词尾的研究，本文运用正反验证的方法分析方言例句，探讨同属广府片粤语的肇庆话“实”的语法意义。首先，分别对谓词前后的“实”进行比较分析，把做状语、补语和助词的“实”区分开来。其次，基于方言例句，比较广州话和香港粤语词尾“紧、住、开”跟“实”的异同，初步提取出“实”作为助词所表达的语法意义。最后，把肇庆话助词“实”与普通话“着”作简单比较，并考察“实”对不同类别动词的选择，进一步验证其语法意义。

【关键词】肇庆端州话　实　助词　体貌形式　语法意义

一、引言

粤方言以广州话为代表，分为5个方言片，其中“大本营”是粤海片，又称“广府片”。位于广东省中西部，西江流域的肇庆市，属于广府片粤语①。肇庆市下辖3个市辖区（端州区、鼎湖区、高要区）、1个县级市（四会市）、4个县（广宁县、怀集县、封开县、德庆县），彼此之间的方言有较明显的差异，本文调查研究的是肇庆市端州区的方言（以下简称“肇庆话”）。

学界已有不少关于粤语词尾如“紧”“住”或“开”等的研究（张洪年②，高华年③，饶秉才④，李新魁⑤，植符兰⑥，李新魁等⑦，周小兵⑧，张双庆⑨，彭小川⑩的著作中提及），其中张洪年提到过“实”跟“住”差不多，都用于表示存续体，并且注意到粤语里头的补语“实”已经“由实转虚”，在很多情况下可以跟“住”交换使用。如：

（1）我望住你。我望实你。（我看着你。）

（2）揸住张纸。揸实张纸。（拿着纸。）

邓思颖提到“实”仍保留作为形容词那种“坚实、牢固”的含义，所以不少“住”的用例不能替换

---

① 詹伯慧：《广东粤方言概要》，暨南大学出版社，2004年。

② 张洪年：《香港粤语语法的研究》，香港中文大学出版社，1972年。

③ 高华年：《广州方言研究》，商务印书馆，1980年。

④ 饶秉才：《广州话方言词典》，商务印书馆，1981年。

⑤ 李新魁：《广东的方言》，广东人民出版社，1994年。

⑥ 植符兰：《广州方言的语缀》，载单周尧主编《第一届国际粤方言研讨会论文集》，现代教育研究社有限公司，1994年，第145-163页。

⑦ 李新魁、黄家教、施其生等：《广州方言研究》，广东人民出版社，1995年。

⑧ 周小兵：《广州话的进行体标志》，载郑定欧、潘小洛编《广州话研究与教学》（第二辑），中山大学学报编辑部，1995年，第31-40页。

⑨ 张双庆：《香港粤语动词的体》，载张双庆编《动词的体》，香港中文大学中国文化研究所吴多泰中国语文研究中心，1996年，第14-15页。

⑩ 彭小川：《广州话助词研究》，暨南大学出版社，2010年。

为“实”，[1]如：

（3a）佢攞住一本书。（他拿着一本书。）

（4a）间屋对住个海。（房子对着海。）

（5）花樽插住好多花。（花瓶插着很多花。）

但同为广府片粤语的肇庆话却能用“实”去替换上面例句的“住”，如（下文将会详细讨论）：

（3b）佢攞实一本书。（他拿着一本书。）

（4b）间屋对实个海。（房子对着海。）

此外，肇庆话的“实”还能充当补语，如：

（6）阿明捉实嘞只碗，无跌烂。（阿明把碗接住了，没有摔烂。）

由此可见，与广府片其他方言点有所不同，肇庆话的“实”功能较强，颇具特色，有一定的研究价值。本文希望通过将其与广州话和香港粤语的词尾“紧、住、开”，以及与普通话“着”进行比较，结合方言例句，通过形式验证和反面论证的方法去分析肇庆话“实”的分布特征，逐步提取其语法意义。

二、肇庆话“实”的句法语义特点

（一）处于谓词前和后的“实”

邓思颖在《粤语语法讲义》中提到粤语当中有情态副词“实”表示“一定、肯定”的意义，肇庆话的“实”同样具有这个作用：

（7）坐埋咁埋睇电视，迟早实近视。（坐这么近看电视，早晚肯定会近视。）

（8）佢最近争人咁多钱，D钱实系佢偷㗎。（他最近欠人很多钱，那些钱一定是他偷的。）

（9）由咁高跌落去，实死无生啦。（从这么高掉下去，死定了。）

例句的“实”是个情态副词，充当状语，主要的功能就是限制、修饰谓词，所以它只能位于谓词的前面，表示“一定、肯定”的意思。由于“实”的这个意义在粤语中算是比较普遍，而且语义明确，这里不展开赘述。

既然“实”可以处于谓词之前，那以谓词为“分水岭”，考察谓词之后的“实”是否成立，成立的话，它的语义是什么。我们分析下面几个例句：

（10）佢阻实我唔俾我上楼。（他阻碍着我不让我上楼。）

（11）阿明捉实咗只碗，无跌烂。（阿明把碗接住了，没有摔烂。）

（12）佢成日揸实D钱，一分都唔舍得用。（他很省吃俭用，一分钱都舍不得花。）

（13）小明将件礼物包实到好似机密文件咁。（小明把礼物包严实得像机密文件。）

这里的“实”紧跟在动词后，作补语用，来补充说明谓语的行为结果，以及状态的程度、空间、时间、数量等。其中例（10）（11）表示谓语动作的结果，通过动作使人或事物的位置或状态固定下来；例（12）（13）表示谓语动作达到的程度效果，通过动作体现出人或事物的性质或状态。

在这些例句中，“实”都具有较实在的意义，并且能在“实”的前面加上“得可以”“唔不”，如：

（10b）佢阻得实我，唔俾我上楼嘛？（他难道能阻碍我不让我上楼吗？/他阻碍不了我上楼去。）

（11b）阿明捉唔实只碗，跌烂嘞。（阿明没把碗接住，摔烂了。）

① 邓思颖：《粤语语法讲义》，商务印书局，2015年，第51页。

综上可知，肇庆话的“实”既可以处于谓词之前，充当情态副词表示“一定、肯定”；也可以处于谓词之后，充当补语，说明谓语的行为结果或达到的程度效果。

但根据调查，有“实”跟在谓词之后，但并不作补语［如例（14b）（15b）］，既不表示行为的结果，也不表示情状的程度的用例。如：

（14）佢试过俾人用支枪指实个头，逼佢讲出边个系二五仔。（他试过被人用枪指着头，被逼供说出谁是内鬼。）

（15）阿丽做乜成日着实同一件衫嘅？（阿丽为什么整天穿着同一件衣服？）

*（14b）佢试过俾人用支枪指得/唔实个头，逼佢讲出边个系二五仔。

*（15b）阿丽做乜成日着得/唔实同一件衫嘅？

与上文的例句相比，例（14）（15）的“实”也是处于谓词后，但它的词汇意义已经有很大程度的虚化，与普通话的“着”接近，成为体现动态的助词，表示一定的句法特征。

要探讨肇庆话助词“实”的语法意义，下文我们尝试把它跟广州话和香港粤语的相关助词，如“紧、住、开”作对比分析，以进一步提取出助词“实”的语义。

（二）“实”助词与进行体“紧”

广州话和香港粤语的“紧”置于谓词之后，用来表示动作正在进行或事件、情状处于进行之中，叫做“进行体”（如袁家骅等[①]，张洪年[②]，高华年[③]，李新魁[④]，张双庆[⑤]，张世涛[⑥]，彭小川[⑦]，詹伯慧[⑧]等学者蝗研究吕提及）。如：

（16）我写紧一本书。（我正在写一本书。）

（17）佢食紧饭。（他正在吃饭。）

以上说法在肇庆话中也成立，但如果把“紧”换成“实”是不成立的，如：

*（16b）我写实一本书。

*（17b）佢食实饭。

由此可见，肇庆话的“实”助词并不能视为进行体的标志，不能用来表示动作正在进行或事件、情状处于进行之中。

（三）“实”助词与持续体“住”

动词后常出现的“住”是持续体[⑨]的典型标志。彭小川认为，它的核心语法意义是“用在动词后，

① 袁家骅等：《汉语方言概要》，文字改革出版社，1960年。

② 张洪年：《香港粤语语法的研究》，香港中文大学出版社，1972年。

③ 高华年：《广州方言研究》，商务印书馆，1980年。

④ 李新魁：《广东的方言》，广东人民出版社，1994年。

⑤ 张双庆：《香港粤语动词的体》，载张双庆编《动词的体》，香港中文大学中国文化研究所吴多泰中国语文研究中心，1996年，第14–15页。

⑥ 张世涛：《广州话体貌助词“紧”与“住”》，载郑定欧、蔡建华编《广州话研究与教学》（第三辑），中山大学出版社，1998年，第120–128页。

⑦ 彭小川：《广州话动态助词“开”》，《方言》2002年第2期，第127–132页。

⑧ 詹伯慧：《广东粤方言概要》，暨南大学出版社，2004年，第72页。

⑨ “住”所表达的体可称为“存续体”（如张洪年、张双庆、徐芷仪等学者的研究中曾提到），也可称为“持续体”（如詹伯慧、袁家骅等、彭小川等学者的研究中曾提及）、“进行体”（如高华年、植符兰等学者的研究中曾提及）、“保持体”（如李新魁等学者的研究中曾提及）等，表示行为动作保持一种存在、持续的静止状态，黏附在动词之后。本文采用“持续体”的说法。

表示与动作、行为有关的某种状态的持续”。[①]如，

（18）你只手攞住乜嘢？（你的手拿着什么？）

“住”黏附在静态动词时，所表达的也是行为、情状的存在、持续，[②]如前文的例（4）：

（4）间屋对住个海。（房子对着海。）

“住”也表示动作完结后所遗留的状态的存在、持续，如前文的例（5）：

（5）个花樽插住好多花。（花瓶插着很多花。）

在肇庆话中，上面3个例句都是成立的：

（18b）你只手攞实乜嘢？（你的手拿着什么？）

（4b）间屋对实个海。（房子对着海。）

（5b）个花樽插实好多花。（花瓶插着很多花。）

说明肇庆话动词后的助词“实”与存续体“住”的语义相同，表示与动作、行为有关的某种状态的持续。这与张洪年在《香港粤语语法的研究》[③]的观点是一致的。[④]

另外，考察例（18）与例（4）（5）可知，存续体“住”和普通话的“着”意思接近，正如詹伯慧《广东粤方言概要》[⑤]中提到，“持续体”和“进行体”在普通话里同样用词尾“着”来表示，没有什么区别。但在粤方言中却是不同的。持续体中的动词是选择性的，一般是使用可均质延续的动作动词、有放置义的动词和静态动词。比如有些动词表示的行为动作有时间过程的变化，“住”不能出现，如“食饭吃饭”有时间的推移，并非一种均质持续进行的动作（如彭小川在《广州话助词研究》中曾提及）。

*（19）你食住饭

同理，如：

*（19b）你食实饭

再者，在谓词前面还可以选择性地加入“成日整天”“次次每次”“系咁一直”等副词作修饰，句意不变。如：

（20）你唔好（成日）痴实我啦，我好忙伽！［你不要（整天）缠着我，我很忙的。］

（21）点佢（次次）都唱实一首歌咖？［为什么他（每次）都是唱着那首歌？］

（22）你唔好（系咁）望实我罗，我怕丑啊。［你不要（一直）盯着我看，我难为情。］

由此可见，肇庆话助词“实”可表示动作行为尚未完成，但出于一种持续的相对静止的状态；也可以表示动作已经完成，但动作结果所遗留的状态仍存续着；还可以表示某种动作的伴随状态的持续及某种行为或情状的持续。总之，它表示一种静态的持续，在说话时或某时间参照点观察所论述的事件时该状态一直是持续不变的。[⑥]并且“实”对动词具有选择性，一般跟在可均质延续的动作动词、有放置义的动词和静态动词后。

---

① 彭小川：《广州话动态助词“住”》，载胡明扬《现代汉语方言体貌论文集》，江苏教育出版社，1996年。

② 彭小川：《广州话助词研究》，暨南大学出版社，2010年。

③ 张洪年：《香港粤语语法的研究》，香港中文大学出版社，1972年。

④ 张洪年在《也提到“实”跟“住”差不多，都表示存续体。注意到粤语的“实”已经“由实转虚”，常跟“住”交换使用，如：佢望实幅画。（他盯着那副画。）不过，“实”仍保留作为形容词那种坚实、牢固指意，不少“住”的用例不能替换为“实”，如：佢攞住一本书。（他拿着一本书。）但在肇庆话中，这些“住”被“实”替换后，句子依然成立。如本文例句（18b）（4b）（5b）等。

⑤ 詹伯慧：《广东粤方言概要》，暨南大学出版社，2004年。

⑥ 彭小川：《广州话动态助词“开”》，《方言》2002年第2期，第127-132页。

（四）“实”助词与始续体“开$_1$”、惯常体“开$_2$”

彭小川认为广州话有两个动态助词“开”，一个是“始续体”标志“开$_1$”；另一个则是“惯常体”标志“开$_2$”。本文参考彭文关于两个“开”的分析，考察肇庆话“实”的语义。

（23）畀翻部车畀强仔啦，佢玩开$_1$咖。（把这部小车还给小强吧，刚才是他一直在玩。）

（24）佢讲开$_1$嘢，而家唔出得嚟。（他在讲话，现在不能出去。）

从语义上看，“开$_1$”的语法意义是：表示动作行为在此前已开始并持续了一段时间。到说话时或某参照时间时，该动作可能刚停下不久，也可能还在持续着。它是个动态的助词。[①]也就是说，始续体只强调动作状态已经开始。

我们把“开$_1$”换成“实”，句子是不成立的：

*（23b）畀翻部车畀强仔啦，佢玩实咖。

*（24b）佢讲实嘢，而家唔出得嚟。

因此，肇庆话助词“实”不具备“动作行为在此前已开始并持续了一段时间”这一语法意义。

Yue-Hashimoto提到“开”可以表示惯常体（habitual），[②]如：

（25）佢食开血压药。（他一直吃血压药。）

彭小川则认为“开$_2$”的语法意义是：附于动词后，表示该动作行为或情况在过去一段时间经常发生。至于这个惯常行为是否保持下去，这无关大局。[③]另外，“开$_2$”与前面的动词结合得很紧，中间不能插进任何成分，意义也相当虚，称其为“惯常体”标志。如：

（26）我搭开227路车，今日嚟试下条新线。（我平日一向坐27路车，今天来试试新线路。）

（27）佢跑开2步，一日唔跑都唔舒服。（他每天都跑步，一天不跑不舒服。）

把例（25）—（27）中的“开$_2$”用“实”来替代，句子是不成立的：

*（25b）佢食实血压药。

*（26b）我搭实27路车，今日嚟试下条新线。

*（27b）佢跑实步，一日唔跑都唔舒服。

由此可知，肇庆话助词“实”也不具备“该动作行为或情况在过去一段时间经常发生”的语法意义。

综上所述，我们通过下表把肇庆话“实”的句法语义做简单展示：

表1　肇庆话“实”的句法语义表

所处位置	成分	语义	例句
谓词前	状语	一定、肯定	坐埋咁埋睇电视，迟早实近视
谓词后	补语	补充说明谓语的行为结果，通过动作体现人或事物的性质或状态	阿明捉实咗只碗，无跌烂
	助词（持续体）	表示一种静态的持续，在说话时或某时间参照点观察所论述的事件时该状态一直是持续不变的	隔离屋只狗跟实我

① 彭小川：《广州话动态助词“开”》，《方言》2002年第2期，第127-132页。

② Yue-Hashimoto、Anne, *Comparative Chinese Dialectal Grammar*（Paris：CRLAO，1993）.

③ 同①。

三、肇庆话助词“实”与普通话的“着”

前文基于广府片粤语内部之间的比较，能大致考察出肇庆话“实”的语法意义。本节把对比的内容稍微扩展，把肇庆话的助词“实”与普通话的“着”做简单的对比，以帮助我们进一步提取和验证“实”的语法意义。

关于普通话的“着”，学界已经有较为丰富的讨论及相关研究成果（如吕叔湘[①]，王力[②]，高名凯[③]，Chao[④]，梅祖麟[⑤]，戴耀晶[⑥]，石毓智[⑦]，蒋绍愚[⑧]等学者的研究）。陆俭明认为，“着”的语法意义是“表示行为动作或状态的持续”。[⑨]其中，“行为动作的持续”是一种动态的持续，“状态的持续”是一种静态的持续。如：（例句（28）—（30）引自陆俭明《着（zhe）字补议》）

（28a）你跟着他！

（29a）蹲着，别起来！

（30a）墙上挂着一幅画。

以上例句中的“着”用肇庆话助词“实”替换之后，句义没有发生改变，如：

（28b）你跟实佢！

（29b）跻实，唔好起身！

（30b）墙上面挂实一幅画。

由此可见，肇庆话助词“实”与普通话“着”的语法意义是一致的，都可以用来表示“行为动作或状态的持续”。这也进一步证明了我们上文得到的“肇庆话动词后的助词‘实’与持续体‘住’的语义相同，表示与动作、行为有关的某种状态的持续”这一观点的正确。

另一方面，金奉民提到，普通话“着”可以跟$V1_2$类动词，如“就、凭、向、朝、盘、齐、面对、面临、相对、针对、标志、关系、具有、围绕、同情、渴望、警惕、热爱”等搭配。[⑩]这类动词的特点是大都不表示实在动作，只表示状态、性质、关系之类语义，没有动作变化义。

“着”可以跟$V2_{12}$类动词，如“闲、病、站、躺、扶、盖、披、捧、欠、剩、挽、赢、坐、立、停、爱、有、保留、代表、遗留、包含”等搭配。该类动词与“着”搭配后，在语义上表现为发生“始变”进入动词所标志的状态。

“着”还可以跟$V2_{22}$类动词，如“唱、尝、踩、吃、抄、盯、读、翻、赶、跑、劝、喝、记、走、做、奔跑、表演、布置、参观”等搭配。一般为动作动词，也包括一部分心理活动动词。

根据“着”与相应类别动词的搭配可知，这些动词都属于“有状态动词”，“着”是“状态”的标志。现代汉语助词“着”标志着事物处于V状态之中，标志着事物正处于相对稳定的均质发展阶段。[⑪]我

① 吕叔湘：《中国文法要略》，商务印书馆，1942年。

② 王力：《中国语法理论》，中华书局，1945年。

③ 高名凯：《汉语语法论》，开明书店，1948年。

④ Chao Y. R.（赵元任），*A Grammar of Spoken Chinese*（Berkeley and Los Angeles：University of California Press, 1968）.

⑤ 梅祖麟：《汉语方言里虚词“著”字三种用法的来源》，载《中国语言学报》，商务印书馆，1988年，第3页。

⑥ 戴耀晶：《现代汉语表示持续体的“着”的语义分析》，《语言教学与研究》1991年第2期。

⑦ 石毓智：《论现代汉语的“体”范畴》，《中国社会科学》1992年第6期。

⑧ 蒋绍愚：《近代汉语研究概况》，北京大学出版社，1994年。

⑨ 陆俭明：《“着”（zhe）字补议》，《中国语文》1992年第5期，第331-336页。

⑩ 金奉民：《助词“着”的基本语法意义》，《汉语学习》1991年第4期，第23-28页。

⑪ 同⑩。

们发现，肇庆话助词“实”与“着”所搭配的动词类别大体一致，[①]如：

（31）间房对实个厕所唔好。[房间正对着洗手间（风水）不是很好。]

（32）你唔好企实系门口啦，阻住人地出入啊。[你不要在门口站着，会挡着别人出入。]

（33）做乜眼金金盯实我啊？[为什么双眼发光地看着我？]

而跟那些瞬间发生性质变化的动词，如“死、烂、识”等是无法搭配成句的。如：

*（34）佢只狗死实。

*（35）只苹果烂实喇！

例如“死”，由生转为死是瞬间改变性质的动作，不可能有时间上的延伸。这些瞬间性动词的动作开始和结束的时间几乎是重合的，这一类动词不能与“实”重现。也就是说，“实”不具有非瞬间性动作、行为有关的某种状态的意义。

此外，从前文的例句及调查可以知道，肇庆话助词“实”一般搭配的有：攞（拿）、唱、睺（觊觎）、望、孭（背）、插、挂、戴、包、阻（阻止）、捻（想）等能表示行为动作持续进行或事物状态延续不变的动词，这也进一步帮助我们考察出“实”的语义。

综上所述，我们可以通过下表进一步了解肇庆话“实”的语义。

表2　肇庆话“实”的语义

动词类型	V+着	V+实	意义
$V1_2$	+	+	状态、性质、关系等语义
$V2_{12}$	+	+	发生“始变”进入动词所标志的状态
$V2_{22}$	+	+	为动作行为，或心理活动动词
瞬间性动词	/	–	动作发生的瞬时性
延续性动词	/	+	动作持续进行、状态持续不变

注：“/”表示本节不讨论。

四、结论

相对广州话和香港粤语来说，同属广府片粤语肇庆话的“实”具有较丰富的语法功能：

1. 处于谓词前面时，它能够充当状语限制、修饰谓词，表示“一定、肯定”。

2. 处于谓词之后，可以充当补语，说明谓词的行为结果或达到的程度效果。

3. 位于谓词后面的“实”的词汇意义有很大程度的虚化，与普通话“着”接近，成为体现动态的助词，语义与广州话和香港粤语的持续体“住”接近，可表示动作行为尚未完成，但出于一种持续的相对静止的状态；也可以表示动作已经完成，但动作结果所遗留的状态仍存续着；还可以表示某种动作的伴随状态的持续及某种行为或情状的持续。

本文只是对肇庆话“实”的句法语义进行了初步的分析，得出的结论必定会有诸多不足或欠妥之处，笔者希望能在日后的研究中逐步完善文章。

① 肇庆话中包含的常用动词并不完全一一对应$V1_2$、$V2_{12}$和$V2_{22}$类的动词，但动词的性质大体是对应的。

亳州话双音节副词“ABA”式重叠研究

王艺文

（暨南大学华文学院　广东广州　510610）

【提　要】亳州话是皖北中原官话的重要组成部分，它的双音节副词重叠既有与普通话相同之处，又有自己鲜明的特色——ABA式重叠。通过考察，我们确定的具有该结构重叠的双音节副词共7个。本文主要通过日常聊天中捕捉的语料，对双音节副词ABA式重叠进行了语法、语义等方面的分析，并进一步探讨该结构产生的原因。重叠是表达度量的一种方式，我们还考察了亳州话中其他3种常见的表度量结构，分别为：“X类很”“X类很类很”“光X（吗），X类还很”，并对四者进行了量度分级，以期更好地介绍亳州话的独特魅力。

【关键词】双音节副词　重叠　ABA　度量　亳州话

一、引言

安徽作为我国中部偏东的省份，其方言有着一定的特殊性，是多种方言系统的结合体，从南到北的方言差异之大类似于全国的南北方言区划。具体分为皖北中原官话（阜宿方言）、皖中江淮官话、皖西赣语（潜怀方言）、皖南宣州吴语（铜太方言）、皖南徽语、皖南客籍话等主要类型（孟庆惠，1997）[①]。亳州话属于皖北中原官话区，在与普通话大体相近的同时，又具有浓厚的地方特色。亳州市三县一区的方言存在一定差别，谯城区是笔者的成长地，所以本文主要以亳州市谯城区方言为考察对象，文中例句多从长辈间聊天捕捉和笔者自拟，同时也请众多亲友进行了验证。

汉语中的重叠现象广泛存在于动词、形容词等词类中，是构形的重要语法手段（赵芳，2009）。自20世纪80年代以来，学界掀起了对副词重叠的探讨，在取得许多成果的同时也争论不断。本文比较赞同张谊生先生（1997）在副词重叠划分上的基础思想——基式必须是副词。若基式不是副词，重叠后才作为副词使用，如朱德熙先生（1982）所述的基式为形容词的“AA儿”重叠——好好儿、慢慢儿、悄悄儿等，我们认为只能算作副词的一种，可称为“重叠式的副词”而不应算作副词的重叠。只有对副词本身进行重叠的变换才能称之为真正意义上的“副词重叠”，至于副词重叠后是否仍为副词，则因具体词有不同可能，或是或不是。

学界对单音节、双音节副词的重叠都进行了一定的研究，在双音节副词重叠上，前人达成一定共识，都认为双音节副词的重叠式主要为AABB式（如“急急忙忙、陆陆续续”等），同时又对少量特殊重叠AAB式（如“断断乎、贸贸然”等）的存在有一定争议。除此之外，对副词重叠的研究还涵盖着许多方面，如断代研究、文学作品中副词重叠的研究等（周孟战，2012）。近年来，关于方言副词的重叠式研究也开始兴起，取得一定成果，也介绍分析了一些方言中的特殊重叠方式，如丹江方言特色的ABB

① 皖北中原官话以阜阳话为代表，皖中江淮官话以合肥话、怀远话为代表，皖西赣语以岳西话为代表，皖南宣州吴语以铜陵话为代表，皖南徽语以歙县话为代表，皖南客籍话种类多样，如有湖北话、河南话、江北话、湖南话、闽语、客家话、畲话。

式等（苏俊波，2007），但较之普通话，方言副词重叠研究总体比较落后，大有可为空间。通过对亳州话双音节副词的考察，我们发现，其重叠形式比较发达，不仅有AABB式（如“确确实实”）、AAB式（如“凑凑乎”）、ABAB式（如“满共满共”），还存在ABA式（如“千万千”）。而纵观普通话和方言中的各种副词重叠，均没有发现双音节副词的ABA式特殊重叠，故此，本文主要针对亳州话中特有的双音节副词重叠ABA式结构进行分析探讨①，以期为亳州方言的副词重叠研究添砖加瓦，贡献绵薄之力。

二、ABA式重叠现象

（一）双音节副词重叠的基本类型

正如前文所述，亳州话中的双音节副词重叠丰富多样，基本形式就有AABB式、AAB式、ABAB式、ABA式等几类，具体见表1。

表1　双音节副词重叠类别

类型	例词	例句
AABB式	确确实实	我给你说类确确实实是真类，我哪知道后来又变了。（我告诉你的确实是真的，我也没想到后来又变了。）
AAB式	凑凑乎	A：他家类席面咋样？（他家的酒席怎么样？） B：我觉得凑凑乎吧，不是很好！（我觉得凑合吧，一般般，不是很好！）
ABAB式	满共满共	满共满共就恁②些，多一点儿都没有。（总共就这么多，多一点也没有了。）
ABA式	千万千	千万千白忘了给恁娘说。（千万别忘了告诉你妈妈。）

上表所列的副词重叠式和其基式一样，都在日常生活中普遍使用，但语义有着一定不同，重叠后强调意味增强，且存在量度的变化。AABB式、AAB式、ABAB式既可以表示量度的增加，也能表示量度的减少，如“确确实实”较之于“确实”表达的量度是往大里说，程度强于“确实”；“凑凑乎”较之“凑乎”是往小里说的，表达的良好程度也要低于“凑乎”。而ABA式往往表现为量度上的增加，如“千万千记住啊”比“千万记住啊”的程度更深，强调性更强。

（二）ABA式重叠用法示例

具有ABA式重叠的双音节副词可谓是亳州话表达的一个特色，但并不是所有双音节副词都可以如此重叠。根据不完全考察，我们共找到7个，分别为：千万千、实在实、一定一、一再一、绝对绝、肯定肯、特别特，其用法示例如下。

①走那条路你自己千万千小心啊。（走那条路你自己千万小心啊。）

②我类孩来③，你千万千类白去，不然可麻烦了。（我的天啊，你千万别去，不然可麻烦了。）

---

① 这里的双音节副词重叠基于基式为副词的前提。

② “恁”在亳州话中有两个读音，读阳平时是“你们”的合音，指人；此处读去声，相当于“这么、那么”，下文不再具体介绍。

③ “我类孩来”在亳州话中相当于英语中的oh my god，但因“孩”字的存在具有了长幼之别，只能用于长辈对晚辈或平辈之间开玩笑，也可以说“我类乖乖来”。亳州话中的“类”等于普通话的“的/地/得”，我们认为写作“类”读音更接近方言，一般读作阳平、去声和轻声都可，下文均同，不再说明。

③咱搁这实在实类说，他也只能恁戚了。（咱们在这说实在的，他没本事到家了。）

④这事实在实类不好办。（这件事确实不好办。）

⑤等喽吧，这事一定一类给你弄类漂漂亮亮类。（等着吧，这事一定给你办的漂漂亮亮的。）

⑥他俩一定一类能成。（他们两个一定能走到一起。）

⑦我一再一类安置[①]你，咋恁没有耳性呢？（我一遍遍地叮嘱你，怎么一点记性都没有呢？）

⑧俺妈一再一类叫我来瞧瞧你。（我妈妈一再要求我过来看望您。）

⑨大隅首类大盘鸡俏皮类很，绝对绝类好吃。（大隅首的大盘鸡非常棒，绝对好吃。）

⑩这件事绝对绝类是真类。（这件事绝对是真的。）

⑪今儿个晌午你肯定肯类吃不上饭了。（今天中午你肯定吃不了中饭了。）

⑫这孩子肯定肯类不是个好东西。（这家伙肯定不是个好人。）

⑬他这人干啥事都特别特类不入流。（他这个人做什么事都跟别人特别不一样。）

⑭你咋特别特类比人家特殊呢？（你怎么特别比别人特殊呢？）

此外还存在一个“必须必”，经考察发现只存在于青年人的话语中，是受东北话影响后创的，不具普遍性，更得不到老一辈人的认可，故排除在外。虽然数量不多，但作为一种特殊的重叠现象，颇具研究价值，本文的分析便主要围绕以这7个副词为主的ABA式重叠展开。

（三）ABA式重叠的使用率及读音

ABA式重叠副词在旧时亳州话中普遍存在，但随着时间的推移，亳州话逐渐向普通话靠拢，副词重叠方式也受到普通话的影响，以上七词的使用情况发生了变化。从目前使用频率来看，上述副词有两组不同情况：

A组：千万千，实在实，一定一，一再一

B组：绝对绝，肯定肯，特别特

这些词虽然都在口语中普遍使用，但A组词一直都是高频词汇，使用频率与其基式相当。而B组词随着时代发展，使用频率逐渐下降，目前的使用频率不如其基式，特别是年轻一代，使用者越来越少。[②]其中，“肯定肯”还说成“肯定一”，如“今儿个晌午你肯定一类吃不上饭了”。

本文采用国际音标对研究对象进行标音，为了便于了解具体发音，标注的是实际音值。正如亳州话其他词汇一样，大部分词的读音跟普通话非常接近，只是声调上有明显差异。这些词中与普通话差异较大的是“特别特”中的“特”在亳州话中读音与“台”相同，“绝对绝”中的“绝”读作[tɕɪuo⁵⁵]，该读音在普通话中并不存在。具体见表2。

表2　ABA式重叠副词的国际音标读法

千万千	[$tɕ^hɪɛn^{21}$, wan^{52}, $tɕ^hɪɛn^{213}$]	绝对绝	[$tɕɪuo^{55}$, $tʊeɪ^{52}$, $tɕɪuo^{55}$]
实在实	[$ʂɪ^{55}$, $tsaɪ^{52}$, $ʂɪ^{55}$]	肯定肯	[$kən^{35}$, $tɪŋ^{52}$, $kən^{35}$]
一定一	[$ɪ^{55}$, $tɪŋ^{52}$, $ɪ^{214}$]	特别特	[$t^haɪ^{55}$, $pɪɛ^{44}$, $t^haɪ^{55}$]
一再一	[$ɪ^{55}$, $tsaɪ^{52}$, $ɪ^{214}$]		

① “安置”，亳州话词汇，读作ǎn zhí。该词的意思相当于普通话的叮嘱、嘱咐。

② 此观点为笔者与家中长辈和亲朋好友共同探讨后得出。

三、ABA式的语法语义分析

（一）语法特征

副词ABA式重叠在语法上的特征是本文想要阐释的重点，我们分别从句法分布、后附语缀和搭配关系等方面进行分析，具体如下。

1. 句法分布

双音节副词ABA式重叠的主要语法功能是充当状语，同时也有一些其他特征，具体如下：

（1）充当状语

⑮正是饭点儿，你千万千白去人家家。（正是吃饭的时候，你千万别去别人家。）

⑯我特别特类讨厌这个人，啥都不干，天天就会给家里叮当。（我特别讨厌这个人，无所事事，就会天天跟家人吵架。）

⑰我要是真打算走，一定一类第一个告诉你。（我要是真打算离开，一定会第一个告诉你的。）

⑱白拿了，这恁些绝对绝类够使嘞。（别再拿了，这么多绝对够用了。）

ABA式重叠做状语时跟其他形式重叠差别不大，既可以紧贴被修饰成分又可以在中间插入其他成分（赵芳，2008）。例⑮⑯是直接放在所修饰谓语之前，例⑰⑱分别在“一定一”“绝对绝”和谓语之间插入了状语成分“第一个”和“够”。文中所述七词作状语时都具有以上功能。

（2）个别词也充当补语

⑲话倒是说类实在实类，不知道真干起来咋样。（话倒是说得挺实在的，不知道真做起事来怎么样。）

正如例⑲，“实在实类”可作为动词的补语出现。至于其他词语，暂时没有找到相应补语的语料，为了保证科学性，本文不做绝对判断。

（3）部分词可作为追补成分使用

⑳白给他说昂，千万千类。（别告诉他，千万千万。）

㉑最低价了，实在实类。（最低价了，实实在在的。）

㉒说给你办好就给你办好，一定一类。（说给你办好就一定给你办好。）

㉓我觉得他不是个好人，绝对绝类。（我觉得他绝对不是个好人。）

㉔A：他今儿个八成不回来了。（他今天应该不回来了。）

B：肯定肯类。

㉕A：这事儿你千万给我弄成航！（这事儿你千万要给我搞好啊。）

B：一定一类。

文中考察的7个双音节副词ABA式重叠大部分都可以作为追补成分使用，对句子做进一步的补充说明。上述例句分别用“千万千类”“实在实类”等词加强了前面话语的程度表达。其中“一定一类”“绝对绝类”“肯定肯类”又可以在回答问题时作为单独成句使用，如例㉔㉕。

2. 后附语缀

㉖千万千记住我安置你类话。（千万千万记住我叮嘱你的话。）

千万千类记住我安置你类话。

㉗这事儿绝对绝类是真类。（这事绝对是真的。）

*这事儿绝对绝是真类。

㉘我发现你特别特类喜欢玩游戏。(我发现你特别喜欢玩游戏。)

*我发现你特别特喜欢玩游戏。

张谊生先生（1997）把“后附语缀”定义为在副$_1$和副$_2$附加后缀de(“的”与“地”)的情况[①]，并指出普通话双音节副词重叠后的“副$_2$”带不带后附语缀是任意的。而方言本是口语，口语往往灵活又富有感情，在生动表达中经常添加许多口头成分，这样做不仅突出临摹性，也是口语中语音搭配和谐顺口的表现。在亳州话这一方言中，ABA式双音节副词重叠异于普通话，只有“千万千”是可带可不带，其他各词一般都带后附语缀“类”。例㉖㉗㉘分别取了3个词作为例证。该语缀凸显了副词的临摹性和句子的生活化特点，其他词类同，不再赘述。

3. 搭配关系

㉙你千万千类记住了。(你千万千万要记住。)

㉚我给你实在实类说……(我跟你实实在在地说。)

㉛这东西实在实类不好看。(这东西实在不好看。)

㉜今儿个借我看看，明个清早一定一类给你。(今天借我看看，明早一定还给你)

㉝这样类衣裳你穿上一定一类好看。(这种衣服你穿上一定好看。)

㉞一再一类说也没用，他压根不当回事儿。(一再地说也没用，他压根不当回事儿。)

㉟去吧！俺绝对绝类支持你。(去吧！我们绝对支持你。)

㊱老街类砂锅绝对绝类好吃。(老街的砂锅绝对好吃。)

㊲放一百个心，肯定肯类不说。(放心吧，肯定不说。)

㊳皮子都怵了，肯定肯类不好。(外皮都皱了，肯定不好。)

㊴特别特类要注意点儿他。(特别要小心点儿他。)

㊵她长类特别特类漂亮。(她长得特别漂亮。)

总体来说，在谓语的搭配上，ABA式重叠既可以修饰动词性谓语，也可以修饰形容词性谓语，但又分为两种类型：其一，只能修饰动词性谓语，如“千万千”“一再一”，这两个词不用于修饰形容词性谓语；其二，既能修饰动词性谓语又能修饰形容词性谓语，如“实在实”“一定一”“绝对绝”等。

4. 内部区别

通过前文介绍，我们可以看出，在这7个对象之间也存在着一定的差别。为了清晰明了，我们通过表格的形式简要呈现了ABA式重叠词的内部区别，具体见表3。

表3 ABA式重叠词的内部区别[②]

词语	对比项					
	充当补语	用作追补成分	回答中单独成句	后附语缀类”	只搭配动词性谓语	只用于祈使句
千万千	?	+	−	(+)	+	+
实在实	+	−	−	+	−	−
一定一	?	+	+	+	−	−
一再一	?	−	−	+	+	−
绝对绝	?	+	+	+	−	−
肯定肯	?	+	+	+	−	−
特别特	?	−	−	+	−	−

① “副$_1$”为副词的基础形式，“副$_2$”是副词的重叠形式。

② 其中，“+”表示“成立”，“−”表示“不成立”，“?”表示“存疑”。

（二）语义功能

李宇明先生（1996）指出，词语重叠是表达量范畴的语法手段之一，“调量”是它的主要语义功能，使“量”在加大、减小两个维度上变化。副词重叠后，语义也会随之发生一定变化，一般表现为强调意味的加强。亳州话的ABA式重叠正如其他副词重叠一样，负载的显著特征是“量的增加”，表达的程度加深。例如，“你千万千类小心航！”远比“你千万小心航！”更能表现说话者的关怀之深，担忧之甚，“我一定一类第一个告诉你”对话语传达内容的确定程度大大高于“我一定第一个告诉你”，“这妮子长类特别特类俊”比“这妮子长类特别俊”更强调了姑娘漂亮的程度。

“量”又有客观量和主观量的区别（陈小荷，1994），副词重叠很多时候不只是客观量的增减，还包含了主观量的变化。ABA式重叠既有客观量的增加，又有主观量的增强。例如，“实在实类不好办”客观上表达的事件棘手程度高于“实在不好办”，同时也有说话人的主观认识。又如，“特别特类漂亮”所表达的漂亮程度在客观上要高于“特别漂亮”，而至于这个漂亮程度到底有多高，又包含了说话人的主观评价，是其心理感知的反映，是个模糊的概念。此外，除了语义强调，ABA式重叠较之其基式，还伴有语气更强、情感更切等效果。

四、重叠式ABA产生的原因

既然亳州话中存在这种特殊的重叠现象，我们需要进一步思考其产生的原因。任何现象的存在都有一定的必要性和必然性，我们拟从这两个角度简要谈谈ABA式出现的原因。

（一）必要性：表达“量”的需要

王继红（2001）指出，当描述对象性质不变，只表示量级增减时，有增加限定修饰成分和形式重叠两种方式。我们发现副词在表示“量”的增减时，常采用形式重叠的方式，例如：“的确是这样的”，若想加强对内容的肯定，一般变成“的的确确是这样的”。我们认为，亳州话中ABA式之所以出现，是交流中表达“量”增加的需要。语言是人类社会特有的产物，在语言表达中，对一个事物或事件的描述，往往是客观事实与主观感知的共同作用，这就导致有时候常规形式无法满足表达者的需要，于是产生异式来弥补常式的不足，更为贴切地传达思想。

在生活中，人们或遇到的事物超出日常所见、或发生现象前所未有、或看到人物无法形容，这种人事物带来的冲击必然大大高于心理预期，常规表达无法满足需要。为了表达真切的感情、更好地描绘现象，人们会寻求新的方式，而ABA式作为基式的重叠，能很好地表现强调意味，顺应了语言需要，得以产生并长期存在。

（二）必然性：ABAB式重叠的省略

由于尚未查到相关语料，也未找到20世纪30年代及之前的调查对象，无法考察ABA式重叠是在何时兴起、怎么发展以及由何发展而来的。根据已知情况，我们提出了大胆的猜想——ABA式重叠可能是ABAB式重叠的省略形式。

我们认为ABAB式之所以演变成ABA式是韵律和谐上口的要求。汉语特别讲究音韵搭配，“双音节化”便是最好的证明。如前文所述，亳州话在副词重叠后往往带有后附语缀“类”，“ABAB式重叠+类”作为常用搭配是五个音节构成的，而五个音节的组合一般不符合朗朗上口的口语要求。为了避免表达上的拗口，“ABAB式+类”省略为“ABA式+类”，构成四音节组合，从而顺应了双音节化趋势，读起来也朗朗上口。例如，亳州话中有“我一定一类去”，却不说“我一定一定去”和“我一定一定类去”。

另外，亳州话中的7个可以进行ABA式重叠的双音节副词中，只有“千万千”同时存在ABAB式重叠“千万千万”，但“千万千万”后面一般不带语缀“类”（如“你千万千万记住航!”），“千万千”可带可不带。而其他词变成ABAB式，虽没有语法错误，但别扭感很强，一般不说。可见，ABAB式已逐渐被ABA式替代，这可作为上述观点的佐证。

我们大胆提出该猜想，是想要寻根溯源，试图找出现象背后的致因，而非仅局限于现象说明。而至于该猜想是否科学，需要在进一步研究中继续探索。

五、度量增加的表达

在语言表达中，“量”的增减是必不可少的。亳州方言中表示“量的增加”，程度差别的方式除了重叠还有以下几种常见方式，这些方式适用很多词类。

（一）X类很（X得很）

关于普通话中“X得很”研究有许多，该搭配有“形容词+得很”“动词+得很”及“名词+得很”几类，如“漂亮得很、关心得很、牛得很”等，亳州话也同样具有这些特征，此处不再细说。通过检索CCL语料库，我们没有发现“副词+得很”的例子，可在亳州话中我们发现了“这件事情一定类很”这样的说法，可算作特殊用法。

（二）X类很类很（X得很得很）

当“X类很”表达的度量无法满足话语者描述需要时，亳州话还会对“很”字进行“X类很”修饰，构成“很类很”，再用来修饰X，从而产生“X类很类很”以满足表达更大“量”的要求。例如，“这个人撮类很类很”（指这个人非常吝啬），该句描述对象的吝啬程度较之“撮类很”，远远高出很多；“看他说类肯定类很类很，应该不假”（看他说得特别肯定，应该不是假的）中“肯定类很类很”较之“肯定类很”，程度更高。

（三）光X（吗），X类还很（不光X，X的还很）

亳州话还存在另一种特有的表示度量增加的表达，即“光X（吗），X类还很”，此处的“光”相当于普通话中的“不光”。在本文介绍的几种表达中，该形式表达的程度最高，且常用于对话中对别人所述观点的深度认同，并进一步加深该观点的程度。例如：

㊶A：我觉得他一定一类不来了。

B：光一定（吗），一定类还很。

㊷A：我发现王帅咋恁烦人尼！

B：光烦人（吗），烦人类还很，我看见他就难受。

㊸A：看这样儿，他俩绝对绝类能成。

B：光绝对（吗），绝对类还很。

例㊶中的“光一定（吗），一定类还很”是对说话者A“一定一类不来”判断的强化表达，是对此判断的“增量处理”，表示B认为的程度比A还要高。其余两例效果相同，表达的程度都极高。

以上3种和重叠一起构成了亳州话常用的度量表达方式，但量度大小不一，彼此是层级递进的关系，“光X(吗)，X类还很”＞“X类很类很”＞“X类很”＞重叠，表达的强调性和程度依次减弱。我们可通过同一词分别用于不同结构进行清晰例示，如“光一定（吗），一定类还很”＞“一定类很类很”＞“一定类很”＞“一定一类”。

六、结语

关于方言副词重叠的研究还不太成熟，亳州话副词的研究更寥寥无几，有很大的研究空间。本文主要从语法特征和语义功能等方面对亳州话双音节副词ABA式重叠现象进行了分析，它既有与普通话双音节副词重叠相似的地方，更有自己鲜明的特色，一般都加后附语缀“类”等。还进一步探讨了ABA式重叠产生的必要性与必然性，这也是本研究的不足之处，猜想成分比重很大，无法进行验证，我们期待能有深入探索。此外，我们简要分析了亳州话中除重叠外几种表达度量的结构，并进行了量级划分。而对于是否能对量度表达的大部分常用结构进行科学系统的量级划分，则需要进一步研究。

参考文献

[1] 陈小荷.1994.主观量问题初探：兼谈副词“就”“才”“都”[J].世界汉语教学(4).
[2] 李宇明.1996.论词语重叠的意义[J].世界汉语教学(1).
[3] 孟庆惠.1997.安徽省志·方言志[M].北京：方志出版社.
[4] 苏俊波.2007.丹江方言语法研究[D].华中师范大学博士学位论文.
[5] 王继红.2001.现代汉语副词重叠现象考察[J].绥化师专学报(3).
[6] 张谊生.1997.副词的重叠形式与基础形式[J].世界汉语教学(4).
[7] 赵芳.2008.双音节副词重叠研究[J].语言应用研究(7).
[8] 赵芳.2009.双音节副词AABB式重叠研究：兼论双音节特殊重叠AAB式[J].南开语言学刊(1).
[9] 周孟战，张永发.2012.汉语副词重叠研究述评[J].中南大学学报(社会科学版)(2).
[10] 朱德熙.1982.语法讲义[M].北京：商务印书馆.

和平（彭寨）方言口语句首的“咩”[①]

陈洲钰　王茂林

（暨南大学华文学院　广东广州　510610）

【提　要】和平（彭寨）客家方言中的“咩”可用在句首起叹词功能，或在话语进程中发挥话语标记功能。通过描写“咩”的这两种功能，区分作为话语标记和作为叹词的“咩”，并探讨话语标记“咩”的来源。

【关键词】叹词　话语标记　客家方言　“咩”

一、引言

和平方言属于客家方言粤中片。本文讨论的是和平县彭寨镇自然口语中常出现在句首的特殊语素“咩”。“咩”在方言中常作句末语气助词，粤方言和客家方言都有这种用法，而黄婷婷（2009）提出丰顺（三汤）客家方言中，除了充当句末语气助词，“咩”还可在句子的不同位置出现，例如在句中起提顿作用。和平方言中的“咩”可出现在句首、句中以及句末，我们曾按位置分布讨论了它的用法（陈洲钰、王茂林，2020），本文拟在此基础上进一步讨论。

用在句首的“咩”有几种不同的使用情况，举例如下：

①咩，菜冷嚕，好来食啊。（看，菜凉了，快来吃吧。）

②咩阿珊啊还唔曾毕业哦，咩里下写稳毕业论文，下只学期得闲就会去实习。（阿珊还没毕业呢，她现在写着毕业论文，下学期有空的话会去实习。）

以上例子中，例①中的“咩”可独立使用，发挥指示作用。例②中的两个“咩”无实在意义，在话语进程中作为话语标记，前一个“咩”在话语中起开启话题作用，后一个“咩”用于补充话题。

本文就和平方言中句首“咩”的用法进行描写，结合语用功能来分析，区分作为话语标记和作为叹词的“咩”，并简要分析了话语标记“咩”出现的缘由。

二、句首“咩”的用法

和平方言口语句首“咩”的功能可概括为作叹词和作话语标记两种。

（一）作为叹词的“咩”

“咩”在句首能单说或作独立成分，常常用于指示、提醒或表达情感，那么这里的“咩”还是语气

① 基金项目：国家社科基金项目“广东省粤、闽、客方言韵律特征研究”（18BYY187）。

词吗？由例①可见，就句法行为上，句首“咩”更近似于叹词而非语气词，且应当与句末语气词“咩”区分开，因此我们把这一类“咩”定义为叹词。叹词“主要用于抒情，即表现说话人的某种感情、态度或意向”（李咸菊，2008）。在和平方言口语中，“咩”可作指示叹词和表情叹词。

1. 指示叹词

对于汉语方言中能发挥指示功能的特殊语素，学界历来有不同的看法。李永明（1986）将衡阳方言中有指示作用的“喋”和“咧”两个词称为“发语词”。欧阳伟豪（2000）对粤语中的“呢”和“嗱”进行了研究，称之为“起始助词”。甘于恩（2010）以四邑话中的“嗱”为例，将这种可以单独存在，具有小句身份的词称为“提示语气词”。吴语中的“喏”，石汝杰（2009）将其归为叹词，解释为：“提醒对方注意，常用于指示方向、传递东西或说明理由。可连用。”陆镜光（2005）将这种句法上近似于叹词，而语用上发挥明显的指示功能的词称为“指示叹词”，并将指示叹词分为“现场用法”和“非现场用法”两种。本文采用“指示叹词”这一表述。

表意叹词能向对方传递某种信息，如祈求、命令、提问、呼唤、追诘、应诺等。指示叹词表示指示、提醒，指示叹词是表意叹词的一种。和平方言中的指示叹词“咩”读为［mɐi55］，为高平调，有以下两种使用情况：

（1）现场用法

现场用法指说话人与听话人面对面交际，且双方都能看到指示的事物。

通常情况下，和平方言的“咩”相当于“看”“你看”的意思，“看这”或“看那”。如：

③咩，煲好水噜，好来焗茶哦。（看这，水烧好了，来泡茶吧。）

④咩，飞机飞走噜。（看那，飞机飞走了。）

例③的“咩”用于近指，例④的“咩”用于远指。上述例子中，说话人说话时，需要使用指示的动作或眼神，提醒对方看，把听话人的注意引导到现场某事物上。

面对面传递事物时，“咩”也起指示作用，伴随着相应的动作，相当于“给”。例如：

⑤咩，总共10张，唔有搞错哦。（给，一共有10张，不要弄错了。）

⑥咩，糖糖，爱唔爱？（给，糖果，要不要？）

叹词有应答功能，指示叹词“咩”可以用于作答。例如：

⑦A：阿妈哦？（妈妈呢？）

B：咩！在嘅里！（看，在那啊！）

⑧A：老弟哦？（弟弟呢？）

B：咩，在房间里。（那，在房间里。）

⑨A：你齐家讲，哪只搞到嘅，贡乱？（你们几个讲，谁弄的，那么乱？）

B：咩，宏仔。（是宏仔。）

⑩A：你只手做惹哦？（你的手怎么了？）

B：咩，参晚夜搞卫生刮倒手，里下消下毒哩。（这啊，昨晚搞卫生伤到了手，现在来消消毒。）

上述几例中，“咩”在作答中指向具体的人、位置或事件。例⑦中，问话人找妈妈而答话人指明方向。答话人只用“咩”来作答，说话的同时必须伴有相应的手势或眼神，以明确地指示位置。例⑧至例⑩，“咩”在作答时起辅助指示作用，帮助指明地点或对象、说明原因或解释情况，因“咩”后还有关键信息，这时态势语配合不是必要条件。

“咩”可单独用于对称呼的应答，相当于“哎”。例如：

⑪A：妈，妈哦？（妈，你在哪儿？）

B：咩！（哎！）

发话人称呼答话人，答话人回答“咩”则表明“我听见了”和“我在这”，“咩”兼有应答和指示功能。

指示叹词“咩”主要表指示，在交际中也存在指示中隐含感叹的情况，例如：

⑫A：遥控器哦？

B：咩$_1$。（指向沙发）

A：喏，哪啊？

B：咩$_2$，就在嘅里呦，四只眼都睇唔到咩？（配合动作：伸长手臂指向沙发）

（看啊，就在那里呀，四只眼睛都看不到吗？）

这个例子中，“咩$_1$”是寻常语气，而“咩$_2$”重读，语音拖长，表示强调或补充，暗含说话人不满或不耐烦的情绪。

“咩”用于直指时也可连用，为了加强语势，突出说话人的指示目的，引起听话人关注，提醒和强调意味更浓，如：

⑬咩，咩，嘅架啊，惹伯伯开稳车归来噜。（看啊，那辆啊，你伯伯开着车回来啦。）

⑭咩，咩，咩，把我捉到噜，成日诈稳做作业，囊知在佢里搞游戏。（看吧，被我捉个正着了，整天装作做作业，谁知道是在这里玩游戏呢。）

广州话中有类似的用法，例如“呢呢呢”“嗱嗱嗱”。

（2）非现场用法

非现场用法指的是面对面交际以外的用法，说话人指示抽象的事物。

和平方言中“咩”不用于书面交际，只用于口语，在打电话这个非现场情境时，“咩”也发挥指示功能。例如：

⑮A：老弟啊头发几长哦，都挡稳眼噜，佢又不肯去剪。　（弟弟的头发很长啊，都挡住眼睛了，他又不愿意去剪。）

B：咩，我下只星期就归噜，到时候我带佢去剪。　（这样啊，我下星期就回家啦，到时候我带他去剪。）

在通话时，因为没有面对面交流，不可以指示现场的事物，上例中，“咩”指示发生的这种情况。

如今网络通讯发达，除了打电话，人们还可以使用视频通话，交谈的现场感通过视频得以实现，指示叹词“咩”这时可指示可见的实物，也可指示抽象的事物，这是介于现场与非现场用法中的特殊情况。例如：

⑯A：大姨，把你睇下我间房。咩，买嗷床摎沙发，阳台几大，唔靓哦？（大姨，给你看看我的房间，看，买了床和沙发，阳台很大，漂不漂亮啊？）

B：哎呀好靓哦，佢张沙发睇去好舒服哦，係咩？（哎呀很好看啊，这张沙发看上去很舒服啊，是不是啊？）

A：係啊，咩，我参晚夜网上买嗷好多东西，过两日整倒较靓来。（是啊，那我昨晚在网上买了很多东西，过两天把房间整理得更漂亮。）

上例中，说话人通过视频展示宿舍布景，前一个“咩”指示透过屏幕可见的事物，后一个“咩”则指示昨晚购物这一行为。

综合上述例子来看，“咩”发挥指代事物的功能，在句法上不能和任何成分组合，只能独立成句或充当独立成分，符合典型的叹词特征。这一用法主要见于方言中，普通话中没有类似的成分，于是我们用普通话口语中的“看”“瞧”“这”“那”来解释，对象可以是实物，也可以是其他的东西，譬如某件事情、某种道理或某些情况。

陆镜光（2005）认为指示叹词除了在现场或非现场中起指示功能，还有更抽象的用法，用作篇章标记，标记话题的断层部分。刘丹青（2011）则认为这仍属于直指功能的言域用法。将“咩”作指示叹词与话语标记两种用法联系起来，笔者认为刘丹青的看法更合适，这时的“咩”仍发挥指示功能，但指示功能弱化了，后来可能演变为话语标记“咩”。如以下例子：

⑰佢话三日就去理疗一次，去半个月睇下有冇用，佢喊我一定爱坚持一段时间，咩我就听佢话试下噜。（他说三天要去理疗一次，要去半个月看看是否有用，他叫我一定要坚持一段时间，那我就听他的话试试吧。）

⑱你唔晓得啊？咩，我来话把你知。（你不知道吗？这样，我来告诉你。）

上述两例中，前一例说的“咩”指示上文转述医生说的话，后一例的“咩”指示下文将要说的话。

“咩”还有其他表意用法，常常用在祈使句中，表示催促：

⑲A：好坏，就迟到噜，我爱走噜。（完了，快迟到了，我要走了。）

B：咩，好去啊，行快哋！（啊，快去吧，走快点！）

表示命令，说话人对听话人发出行动指令，如：

⑳咩，去拿筷哩，准备食饭噜。（去，去拿筷子，准备吃饭了。）

2. 表情叹词“咩”

句首“咩”也可发挥情感表达功能，表达由周边事物或对方的说话内容引起的某种情感，如愤怒、惊讶、不满等，多表达消极的情绪，相当于普通话的“唉”“啊”。

本文未严格辨别叹词的表情与表态功能，统一讨论为表情叹词，以直观分析与指示功能的差异：表情叹词主要功能在于情感表达，而指示叹词主要功能在于指示。语音表现上，表情叹词“咩”则与指示叹词“咩”一样，读为［mɐi^{55}］，为高平调。

在讲述亲历的或他人的事件时，在句首用“咩”，既能引起听话人注意，又能强调说话人的情感态度。以下举例描写叹词“咩”的表情用法。

（1）表示不满、埋怨或惋惜

㉑咩，几不小心啊，肚胈贡大只哦，还爱归屋下，啱打啱上和平抛松嗷，搞倒早产噜。（唉，太不小心了，肚子都那么大了，还要回老家，就是回和平折腾，动了胎气，造成早产呀。）

㉒咩，海记啊，随便搞下哩就走，有首冇尾。（唉，小海啊，随便弄弄就走了，做事情没有首尾。）

例㉑中，说话人作为当事人的婆婆，对媳妇早产事件感触较深，因此话语开始就用“咩”表达自己对媳妇怀孕还要舟车劳顿回老家这件事的不满，话里亦有叹惋之意。

（2）表示惊讶、出乎意料

㉓A：阿玉在哪里教书啊？（阿玉在哪里当老师？）

B：唔曾做工，还读稳书。（还没工作，还读着书。）

A：咩还读稳书啊？阿曼摎你同年，细哩都一岁啰。（啊，还读着书啊？阿曼和你同年，小孩都一岁了。）

㉔有一次喊阿妈跟我嘅相片，咩，佢敢拿倒阿大嘅把我，咁样都会搞错。（有一次叫妈找我的照片，啊，她竟然拿了大姐的给我，这样都能弄错。）

例㉓中，说话人A预设对方同自己女儿一样已经工作了，所以当听到对方还在念书时，再对比自己女儿“阿曼”已经生小孩的现实，惊讶之情掩盖不住，“咩”附上了反问语气。

（3）表示担忧、苦恼

㉕A：哦，迟到噜，嘅班车走嗷噜。（啊，来迟了，那班车走了。）

B：咩，没办法哦，等下一班噜。（唉，没办法了，等下一班吧。）

㉖咩，阿妹啊，出嗷贡久还冇归，唔知有一惹事唷？（唉，小妹出去那么久还不回来，不知道有没有发生什么事？）

例㉕中，没赶上车的苦恼通过“咩”表露出来；例㉖，“咩”中蕴含了母亲对外出久不归的孩子的担忧。

（4）表示气愤、谴责

㉗咩，我伲书啊，全部把耀仔撕烂嗷，阿爸天，闷哩好啊！（啊，我的书啊，全部被小耀撕烂了，天啊怎么办啊！）

㉘咩，好不负责任噜，□［vit5］落只女在屋下读书，也不管佢有冇得食，咩，自家日日在外面也不归。（啊，他很没有责任心啊，丢下女儿在家里读书，也不管她有没有东西吃，自己天天在外面也不回去。）

例㉗中说话人因书被撕烂非常生气，认“咩”起头强调了说话人的愤怒。例㉘中表达说话人对父亲不管孩子这一事件的评价，前一个“咩”带有谴责的意味，而后一个“咩”的感叹功能有所磨损，在话语中更明显的是发挥停顿填充作用，已初步呈现了话语标记的特点。

（二）作为话语标记的“咩”

在话语进程中，由于话语交际的即时性，说话人在说话时往往有卡顿，有时甚至出现前言不搭后语的情况，在这种情况下，为了使话语能够顺利进行，语流不中断，说话人会有意识或无意识地使用一些无概念义、不影响话语语义表达的话语标记来帮助组织话语，或用来填充前后话语之间的空隙，使话语在感知上显得连贯。下面将延伸讨论话语交际层面的作用。

“咩”在话语进程中能发挥一定的作用。这时，和平方言的“咩”不能分析为指示词“这、那、这样、那样”，其自身语义空泛，不指示事物，不传达丰富的感情色彩，它的出现与否不影响命题的真值意义，只是在话语中用来衔接与连贯，所以是一种话语标记。

方梅（2000）认为汉语自然口语中语义弱化的连词作话语标记时，主要有话语组织功能和言语行为功能。话语标记“咩”既有话语组织功能也有言语行为功能，可以概括为以下几种情况：

1. 用于开启话题

“咩”用在话语的起始位置或是答语的起始。一方面，说话人为自己预留充分的思考时间；另一方面，“咩”的使用发出说话人开启话题或开始回答的信号，能引起听话人的注意，使交际过程顺畅，相当于普通话中的“啊”“欸”等，例如：

㉙A：老华好久唔曾来噜。（老华很久没来了。）

B：咩阿华两公婆里下几忙，日日去睇佢间新屋装修，又忙又兴啰！（欸，阿华夫妻俩现在很忙啊，天天去看他们的新房子装修，忙并快乐着呀！）

A：哦，阿华买倒新屋噜？在哪里买倒啊？（哦，阿华买了新房子啦，哪里买的？）

对话中，“咩”用在话语初始，提醒对方要讲重要的新内容了，接着说话人B开始讲述“阿华”买了新房子的新话题。

㉚A：阿兰做惹啊，伲只星期又不归啊？（阿兰怎么了？这个星期又不回来？）

B：咩阿兰啊上只星期感冒，佢两日正较好一滴，咩星期六又爱补一日课。（欸，阿兰上周感冒了，这两天才好一些，然后周六又要补一天课。）

A：咁样，阿鑫星期六也有课。（这样啊，阿鑫周六也有课。）

在答语起始位置使用“咩”，答话人发出反馈，同时留出整理思绪的时间，回答对方的同时也开启了一个新话题，例㉚中接下来谈论周末补课话题。

有时，说话人会先说出话题的主题部分，但并没有组织好马上要说什么，后面紧接着话语标记“咩”，既突出了话题主题，也多了些思考的时间。例如：

㉛A：过年去哪嫽来？（过年去哪儿玩啦？）

B：归屋卡嫽啊，咩，我也唔知有哪好嫽哦，次次都话去泡温泉，除嗷泡温泉唔知还有哪好嫽哦。（回老家玩啊，欸，我也不知道去哪儿玩好啊，每次都说去泡温泉，除了泡温泉，不知道还有哪儿好玩的。）

上例中，说话人B回答了问话人，马上想补充延展话题，一边思考一边阐述过程中用“咩”，既开启新话题——“哪儿好玩”，又能使话语顺畅地延续下去。

2. 用于转换话题

独立的“咩”可在话语进行中出现，用于暗示话题的转换。如：

㉜A：阿妹只只星期归屋卡啊？（阿妹每个星期都回家吗？）

B：唔係，佢一只月归一次，坐高铁又转地铁，还爱搭公交车，好麻烦嘅，车费又贵，佢就爱归哦。咩，在学校哩啊，饭菜唔好食，冇汤歠哦，佢又好歠汤，咩次次归来就煲汤把佢歠哦。（不是，她一个月回一次，坐高铁又转地铁，还要乘公交车，非常麻烦，车费又贵，但她就是要回来，唉，在学校里啊饭菜不好吃，没有汤喝，她又爱喝汤，所以她次次回来我都煲汤给她喝。）

说话人上一个话题在讲孩子回家要乘坐的交通工具，后一个话题谈到学校的伙食，中间用“咩”来衔接，从而转换话题，这两个话题也有内在的交叉点即“孩子要回家”，用“回家”这一主话题串起“回家的方式”和“回家的原因”这两个次话题，话题转换得流畅自然。

3. 用于填充停顿

日常说话中，尤其进行较长的篇章表达时，即便说话人在表达时会有意识地追求顺畅，但进行语言编码时仍会出现停顿的情况，在话语中间可能会犹豫、迟疑，需要边想边说，为使话语衔接连贯下去，这时的停顿用“咩”来填充，填补话语中断造成的“话语真空”。就像普通话中人们会用“然后”“就是”等标记来填充使话语往下接续。例如：

㉝有一惹事就好，咩嘅下啊曼娘，我阿豪啊也是早产噜，咩佢係6月养嘅，咩里下4月20几就养倒噜。（没什么事就好，那时啊小婶，我家阿豪也是早产啊，就是他本该6月生的，然后4月20几号就出生了。）

话语间的停顿，有长有短。当话题较难表达，出现长的停顿时，可以通过话语标记“咩”的延长或重复来填补，提示听话人自己还没有说完，仍有下文，让听话人的注意力集中于此。

4. 用于确认信息

话语表述过程中说话人会主动使用一些话语标记来达到说话目的，对自己的观点起到肯定强调的作用。此时话语标记“咩”的语音表现为音长较短，平调，简短有力地强调自己的观点、补充话语信息。例如：

㉞有一只电视好好睇，咩喊一惹，喊作《等稳我》，咩，係倪萍主持嘅，好多年噜，我几好看，讲细佬哥把人家拐走嗷，帮佢跟归阿爸阿妈，咩，几好睇唷，我次次睇好感动唷。（有一个节目很好看，啊叫什么，叫作《等着我》，嗯，是倪萍主持的，好多年了，我很喜欢看，讲述小孩子被拐卖的故事，节目帮助被拐儿童找回爸妈。啊很好看啊！我每次看都很感动。）

这段话中，第一个“咩”发挥填充停顿作用，第二个“咩”相当于“嗯”，指向前面的话语信息，起确认信息作用，第三个“咩”用于补充，再强调说话人的感受。

“咩”可用于确认话语信息，或许跟和平方言中实义“咩”有关，见于“係咩”“唔咩”“咁咩”等词中。这里的“咩”是“唔係”的合音，为系词，多表示“不是”义，再加上“咩”本身的否定义，双重否定表肯定。和平方言中也常用“咩啊”“咩係”表示肯定，由于音近混用，口语使用中人们不区分话语标记“咩”“咩啊”等形式，用在话语中对前面的信息表示确认。

熊子瑜、林茂灿（2004）提到话语标记“啊”本身没有基本调值，音高通常处于发音人音域的中间位置，语音上不能独立，这点也是话语标记与叹词的区别。总的来说，话语标记“咩”的音高较叹词“咩”低一些，调值不太稳定，可能为中平［mɐi³³］、低平［mɐi²²］或者中升［mɐi³⁵］，因受到其后接音节的起点音高值的影响而发生变化。

“咩”在和平方言中的高频使用，引起共时平面上的变异，表现为指示叹词的指示功能的弱化和迁移，表情叹词的感叹功能的磨损，这就是叹词的虚化，使叹词“咩”与其同形的话语标记“咩”频繁共现，发挥着不同的功能。刘丹青（2011）提出叹词的本质是代字句，代替相应的有话语功能的实义句子，认为叹词重在代句而不是重在感叹，这实际上已经指出了叹词的话语功能。和平方言中的“咩”从句法功能实在而词义虚化的叹词到跳出句法结构外，成为独立、可省略的、存在与否不影响话语信息表达的话语标记成分，意义完全脱落了，成为真正的话语标记。

三、小结

本文较详细地描写了和平方言中功能性质不一样的句首叹词“咩”与句首话语标记“咩”，以和平方言中作叹词或话语标记的“咩”在共时层面上高频使用为前提，我们认为话语标记“咩”是由叹词“咩”虚化而来的。在分类时，我们有意识地区分叹词、语气词这类易混词语，认为句首表指示和表情感的词是叹词而非语气词。而在研究方法上，因叹词地位特殊，我们不局限于句法结构中的句法功能探讨，从话语语用角度和平探讨方言口语中特殊话语语音成分“咩”。在本篇的基础上，可从社会语言学角度进行下一步探究，分析和平方言中话语标记“咩”的使用情况和社会分布。

参考文献

［1］陈洲钰，王茂林．2020. 和平（彭寨）客家方言中的“咩”［M］//南方语言学：第16辑，广州：世界图书出版广东有限公司．
［2］方梅．2000. 自然口语中弱化连词的话语标记功能［J］．中国语文（5）．
［3］甘于恩．2010. 广东四邑方言语法研究［M］．广州：暨南大学出版社．
［4］黄婷婷．2009. 丰顺（三汤）客家方言助词研究［D］．中山大学博士学位论文．
［5］李咸菊．2008. 北京口语常用话语标记研究［D］．北京语言大学博士学位论文．
［6］李永明．1989. 衡阳方言语法［M］．长沙：湖南出版社．
［7］刘丹青．2011. 叹词的本质：代句词［J］．世界汉语教学（2）．

[8] 陆镜光. 2005. 汉语方言中的指示叹词［J］. 语言科学（6）.
[9] 欧阳伟豪. 2000. 起始助词的直指成分与感叹成分的差异［M］. 香港：语助词讨论会.
[10] 石汝杰. 2009. 吴语文献资料研究［M］. 东京：好文出版.
[11] 熊子瑜，林茂灿. 2004.“啊”的韵律特征及其话语交际功能［J］. 当代语言学（2）.

沂水方言的体标记“来”及相关问题

赵　敏

（暨南大学华文学院　广东广州　510610）

【提　要】本文探讨沂水方言经历体与近经历体标记“来”的用法，并认为表“回想”的“来”与“来”最核心的语法意义“曾经经历”有关。其来源是近代汉语表“曾经”的事态助词“来”，文章认为近代汉语的“来”有两种用法：表“曾经”与表“短时过去”。

【关键词】沂水方言　体标记　来

沂水县位于山东省东南部沂山南麓，临沂地区北部，是临沂市下辖的一个县。按钱曾怡、高文达、张志静《山东方言的分区》（1985）的划分，沂水话属于汉语官话方言大区胶辽官话中的东潍小片。本文探讨沂水方言的体标记“来”及相关问题。

一、沂水方言的近经历体和“来”

（一）沂水方言近经历体标记“来”的用法

如普通话一样，“来”在沂水方言中有表趋向义的动词用法，如“三姨来了，三姨夫没来”。另外，在近经历体中，“来”位于句子或分句的末尾，意义相当于普通话的“来着”，表示不久前发生过什么事情。所谓“不久前”是说话者的感觉，所指时间不一定很近，可用于表肯定的陈述句和疑问句中。

1. 用于陈述句，表示不久前发生了某件事

（1）刚忙儿他还待这来来，怎么一霎儿不见了？（刚才他还在这里来着，怎么一会儿不见了？）

（2）晌午我赶集去来。（上午我赶集去来着。）

（3）夜来俺大娘来来。（昨天我大娘来过了。）

（4）那天时我看着他来。（那天我看见他来着。）

（5）早以来我待机床厂上班儿来。（以前我在机床厂上班来着。）

（6）上年那个桥塌了来，今年又修起来了。（去年那座桥塌了来着，今年又修好了。）

（7）他那病前一抹儿抹儿好了来，这又犯了。（他的病前一阵好了来着，现在又犯了。）

2. 用于疑问句，用来询问或反问不久前发生的事情

（8）今们儿谁下河涯来？（今天谁去河里游泳来着？）

（9）——你去和恁姥娘告诵恁妗子来□［$mã^0$］？（你去对你姥姥投诉你舅妈来着吗？）

——谁告诵她来！（谁投诉她来着！）

(10) 你做什么来?(你干什么来着?)

(11) 恁爷和你说什么来?(你爹和你说什么来着?)

(12) 恁大娘来来□[ma^{31}]?(刚才你大娘来过吗?)

(13) 你不是上城去来□[ma^{31}]?(你不是上城去来着吗?)

(14) 这个录音机毁了来□[ma^{31}]?(这个录音机曾经坏过吗?)

同普通话的“来着”一样,沂水方言表近经历的“来”也没有否定句。下面的句子是不成立的:

*(15) 今们儿谁没下河涯来?

*(16) 你没做什么来?

*(17) 俺大娘没来来。

*(18) 我没上城来。

(二)沂水方言近经历体标记“来”与普通话近经历体助词“来着”的用法对比

与普通话“来着”不一样的是,沂水方言表近经历的“来”比普通话的“来着”应用范围更广。

1. 普通话用“来着”的句子,谓语动词不能用动结式、动趋式,动词前也不能有状态修饰语①

例如以下句子在普通话中都不能成立:

*(19) 我拿走来着。

*(20) 我拿出去来着。

*(21) 我偷偷地拿来着。

但在沂水方言中,表近经历用“来”的句子,谓语动词可以用动结式、动趋式,动词前也可以有状态修饰语。例如:

(22) 我搬进来来。(我搬进来过。)

(23) 我板整儿的学来,就是没学会。(我认真地学过,就是没学会。)

2. 普通话用“来着”的句子,前面紧附的谓语动词一般不能是“来”

若谓语动词是“来”,后面紧跟的助词要用“了”或“过”。沂水方言的“来”则不受这个限制。

例如下面的话普通话要这样说:

(24) 昨天我大娘来过。

(25) 昨天我大娘来了。

(26) 刚才你大娘来了吗?

(27) 刚才你大娘来过吗?

而不能说成:

*(28) 昨天我大娘来来着。

*(29) 刚才你大娘来来着吗?

上述句子在沂水方言中就可以说成:

(30) 夜来俺大娘来来。(昨天我大娘来了。)

(31) 恁大娘来来□[ma^{31}]?(刚才你大娘来过吗?)

① 吕叔湘:《现代汉语八百词》,商务印书馆,2012年,第349页。

二、“来”与属性动词搭配的用法

“来”还有一种用法用于疑问句，句中的谓语动词是“叫、姓、属、是”等表示属性的动词。例如：

（1）你叫什么来？（你叫什么来着？）

（2）恁几个人儿是哪个厂的来？（你们几个是哪个厂的来着？）

（3）他姓什么来？（他姓什么来着？）

（4）你是属什么的来？（你是属什么的来着？）

（5）那天是几儿来？（那天是哪天来着？）

（6）这个花是叫红景天来吧？（这个花是不是叫红景天来着？）

（7）那句话怎么说来？日头不能长晌午。（那句话怎么说来着？太阳不能长在中午的位置上。比喻一件事情不可能永远处在鼎盛的阶段，一个人不可能永远都得意。）

此种用法的“来”与经历体中的“来”的区别已如我们在上面提到的，句中的谓语动词是“叫、姓、属、是”等表示属性的动词，看起来似乎谓语动词与说话的时间并无关联，当然也不存在经历不经历。但其实我们仔细观察，“来”仍然包含“过去、曾经”的语法意义。谓语动词虽与说话的时间无关联，看起来是一个恒定的动作、属性等，但上述例句无一例外地都包含有说话人曾经知道与句子有关的信息，如果从来不曾知晓这些信息，只是单纯的疑问，句子后面绝不能加“来”。上述例句如果要表达单纯的询问，必须换成：

（8）你叫什么？（你叫什么？）

（9）恁几个人儿是哪个厂的？（你们几个是哪个厂的？）

（10）他姓什么？（他姓什么？）

（11）你是属什么的？（你是属什么的？）

（12）那天是几儿？（那天是哪天？）

如例（6），体现“来”的语法意义最显豁，说话人不是完全不知道这种花的名字，而是似乎有印象（曾经知道过或被告知过），于是来求证这一曾经知道的信息。若从不曾知道或被告知过这种花的名字，要询问时只能说“这个花叫什么”。

香坂顺一（1997）认为“来”是“表示回想的语气的助词”，这个观点放在“来”的所有用法上似乎并不合适，“来”最核心的语法意义是“曾经经历”，但在这一用法的“来”中，说它同时带有“回想”的语法意义就是正确的。

普通话中的“来着”似也有这类用法，例如[①]：

（13）今儿个是什么日子来着？（京剧《桃花扇》）

（14）真媳妇假媳妇我也不知道，叫吴什么来着？（王朔《一半是火焰一般半是海水》）

（15）李缅宁在旁边坐下，偏过头斜眼问：“你是哪厂的来着？”（王朔《无人喝彩》）

张谊生（2002）认为这里的“来着”不像是一个时制助词，即不表示过去的时间，而像是一个表示委婉语气的语气词。我们认为，这里的“来着”与沂水方言的“来”语法意义与用法其实是一致的，并非不表过去。表“委婉”也似太过笼统与不够精确，说表“回想”似更接近意义本质。

---

① 例句引自张谊生的《助词与相关格式》。张谊生：《助词与相关格式》，安徽教育出版社，2002年，第70页。

三、沂水方言的经历体和“来”

沂水方言的经历体用“V回儿（O）来”来表示。

1. 肯定形式

例如：

（1）咱也年轻回儿来。（咱也年轻过。）

（2）我见回儿乜个人儿来。（我见过这个人。）

（3）这个么儿我吃回儿来。（这个东西我吃过。）

（4）我吃回儿榴莲来。（我吃过榴莲。）

（5）他两家子打回儿仗来。（他们两家吵过架。）

（6）这把锁就他投开回儿来。（这把锁就他投开过。）

（7）谁使回儿这个么儿来？（谁用过这个东西？）

（8）你去回儿来［ma31］？（你去过没有？）

（9）你借给他回儿钱来［ma31］？（你借给他过钱没有？）

2. 否定形式

（10a）双喜的烟我没买回儿。（双喜的烟我没买过。）

（11a）这个电视我没看回儿。（这个电视剧我没看过。）

（12a）乜些跷蹊事儿俺没听说回儿。（这些跷蹊事儿我们没听说过。）

（13a）俺俩人没红回儿脸。（我们两个人没红过脸。）

（14a）我没上回儿北京。（我没上过北京。）

（15a）我没见回儿大海。（我没见过大海。）

（16a）你没听说回儿？（你没听说过？）

（17a）他怎么大小了没洗回儿衣裳？（他这么大了没洗过衣服？）

我们认为，“回儿”应该是来自于动量词“回儿”的用法。在沂水方言中，“回儿”是一个表示可以重复出现的事物或可以重复的动作的量词，相当于普通话量词“次”的用法，沂水方言中没有量词“次”，同义的词语只有“回儿”。例如“第二回儿那信你收着了吗”“我问了两回儿、他去了好几回了”等。

我们认为经历体格式中的“回儿”来自于动量词“回儿”源于两个证据：

第一，否定形式的“V回儿”全可以说成“V一回儿”，可以清楚地显示出这里的“回儿”就是“一回儿”。

例如上述句子可以说成：

（10b）双喜的烟我没买一回儿。（双喜的烟我没买过。）

（11b）这个电视我没看一回儿。（这个电视剧我没看过。）

（12b）乜些跷蹊事儿俺没听说一回儿。（这些跷蹊事儿我们没听说过。）

（13b）俺俩人没红一回儿脸。（我们两个人没红过脸。）

（14b）我没上一回儿北京。（我没上过北京。）

（15b）我没见一回儿大海。（我没见过大海。）

（16b）你没听说一回儿？（你没听说过？）

（17b）他怎么大小了没洗一回儿衣裳？（他这么大了没洗过衣服？）

第二，如果经历的动作或事件的次数不止一次，就不能用“V回儿（O）来”来表示，而用表“完成”的“了”。也就是说，如果经历的动作或事件的次数不止一次，沂水方言就不能像普通话那样可以用经历体来表达，而要用完成体来表达。

下列句子在普通话中是成立的：

（18a）北京我去过三次。

（19a）我见过那个人两次。

这些句子在沂水方言中是不成立的：

*（18b）北京我去回儿三回儿来。

*（19b）我见回乜个人儿两回儿来。

若要表达上述意思，在沂水方言中要说成：

（18c）北京我去了三回儿。

（19c）我见了乜个人儿两回儿。

由此，我们可以看出沂水方言表经历体的语法标记与实词“一回儿”是有密切关系的。

虽然“回儿”部分残留了“一回儿”的词汇意义，但它绝对不等同于实词“(一）回儿”。其一，否定形式的“V回儿”虽然可以说成“V一回儿”，但是换成“V一回儿”有强调“一回儿”即强调“一次也没v”的意味，和“V回儿”不完全对等。另外，肯定形式的“V回儿”是表示某一动作或行为曾经发生过、某一状态曾经存在过，但意思并不是说这种动作、行为或状态就发生、存在过一次。它也可能是一次，也可能是多次。其二，在真正的强调式“一回儿也没V”格式中，“V”后可以再加“回儿”，由此可见“回儿”≠“一回儿”，“回儿”已经虚化。例如，我们可以说：

（20）我一回儿也没买回儿。（我一次也没买过。）

（21）衣裳他一回儿也没洗回儿。（衣服他一次也没洗过。）

（22）乜些事俺一回儿也没听说回儿。（这些事我一次也没听说过。）

（23）北京我一回儿也没去回儿。（北京我一次也没去过。）

表示经历体的肯定形式必须有“来”，格式为“V回儿来”或“V回儿O来”，否定形式则是不能用“来”，格式为“没V回儿”。我们认为，这正是因为“来”针对的是所述的动作或事件的过程，其语法意义是“曾经发生过、存在过”，否定即是“没有发生过、存在过”，否定义与“来”本身的语法意义是互相抵触的，所以否定形式不能加“来”。

与有些方言近经历体与经历体因为语法标记形式相同而二者无法截然分开相比较，如栖霞方言“我就是睡觉来，看你能把我怎么样”，既能理解成“我就是睡过觉，看你能把我怎么样”，也能理解成“我就是睡觉来着，看你能把我怎么样”（刘翠香，2005），沂水方言中的近经历体与经历体在形式与语义上都有明确的界限。例如：

（24）我吃回儿苹果来。（我吃过苹果。）

（25）我吃苹果来。（刚才我吃苹果来着。）

上面两个例句，例（24）是经历体，指曾经的经历；例（25）是近经历体，指说话不久前发生的事。二者截然分明。

四、关于“来”的来源及相关问题探讨

我们先来看一下近代汉语中“来”的使用情况及学界的研究结论。

刘坚、江蓝生、白维国等（1992）认为“来”的语法意义，“在于指明一个事件，一个过程是曾经发生过的，是过去完成了的。在句子里使用助词‘来’，是给句子所陈述的事件、过程加上了一个表示‘曾经’的标志”。“来”在初唐前后就产生了“事态助词”的用法，并在晚唐五代广泛使用。两宋助语“来”使用频繁，用法上也有一些新发展。元代“来”仍广泛使用，而且与其他助词连用的情况明显增多。明代以后，“来”的使用呈减少的趋势。估计在清代初期前后，出现了与“着”结合构成的双音词“来着”。在现代汉语普通话中，“来”就消失了，“来着”保留了下来，但现在它的使用只限于表示“短时的过去”。

我们认为，沂水方言中表经历体的“来”与表近经历体的“来”的来源就是近代汉语表“曾经”的事态助词“来”。

与刘坚等学者认识不同，我们认为近代汉语中的“来”不是只表“曾经”，到了“来着”才表“短时过去”，而是它本来就有两种用法：表“曾经”与表“短时过去”。

请看例句[①]：

（1）琛曾拜官，诸宾悉集，峦乃晚至。琛谓峦：“何处放蛆来，今晚乃顾?”（北史，《甄琛传》，卷四〇）

（2）比丘前后从孔飞下，遂至五六十人，依位坐乞，自相借问：今日斋时，何处食来？（侯君素旌异记，《太平广记》，卷一〇〇）

（3）贲曰：“阿父何处饮来？凌晨巍峨。”（谈薮，《太平广记》，卷一七三）

（4）师一日问雪峰：“作甚么来?”雪峰云：“斫槽来。”（《洞山良价禅师语录》，《大正藏》，卷四七）

（5）“送师兄去来?”对曰：“送了也。”（《祖堂集》，1·178）

（6）多是今日被知县责罚来？（《三现身包龙图断冤》，《警世通言》）

（7）西门庆道：“我当先曾许下他来。”（《金瓶梅词话》）

以上句子，时代包括了自五代至明。句中的“来”与其是表示“曾经”，不如说是表示“短时过去”即不久前的经历更恰切。例（1）“何处放蛆来”、例（3）“阿父何处饮来”、例（4）“作甚么来”“斫槽来”、例（5）“送师兄去来”等句中没有时间词，但根据语境我们可以明确知道询问与回答的都是不久前如何。例（2）（6）二句表示“短时过去”的语义更显豁，因为句中有明确的时间词“今日”“今日”，这里的“来”我们认为从语义、语感与逻辑上都无法解释为“曾经”，解释为“不久前做过什么”才符合语义与逻辑。若用现代汉语来对译，以上句子都只能翻译成“来着”。

有趣的是，刘坚、江蓝生、白维国（1992：P127）说：“……。‘来着’产生初期的语义仍是表示曾经，与‘来’完全相同。所以，在18世纪60年代朝鲜人编辑《老乞大新译》时，就把《老乞大谚解》中的大部分助词‘来’，换成了‘来着’。

我在汉儿学堂里，学文书来。（《老乞大谚解》）

我在中国人学堂里，学书来着。（《老乞大新译》）

① 例句引自《近代汉语虚词研究》。刘坚、江蓝生、白维国等：《近代汉语虚词研究》，语文出版社，1992年。

我们认为，这个现象说明的不是“来着”初期的语义是表曾经，即“来着”＝“来”。正相反，它说明了“来”一直的语义就是“来着”，即“来”＝“来着”。

“来”表“来着”的这种用法在沂水方言中得到了完整的保留，它没有如普通话那样变成“来着”，且语法化的程度相当高。

另外，我们在调查的过程中，也发现有不少受教育程度较高，讲话比较“洋务”（讲话时用书面词较多）的年轻人用动态助词“过”加“来”表示经历体。我们在调查近经历体的使用情况时，则发现无一例外地都用“来”，即使再“洋务”的人也没有说“来着”，且表示语感上不接受。

可见，语言在接触过程中会受其他方言或共同语的影响，但不同的语言点受影响的程度是不同的。就沂水方言的经历体与近经历体来说，经历体受其他方言或共同语的影响比近经历体大，虽然它现在还没变成用“过”来作其语法标记，至少有松动的迹象，而近经历体到现在没有发现有受其他语言影响的痕迹，它比经历体稳固得多。另外，用“过”来代替“回儿”的人一般还要加“来”，就是说即使语言最“时尚”的人，他在表达经历体时，依然保留着“来”。这说明了“来”在方言中的保守性。

参考文献

［1］刘翠香. 2005. 山东栖霞方言虚成分研究［D］. 中山大学博士学位论文.

［2］刘坚，江蓝生，白维国，等. 1992. 近代汉语虚词研究［M］. 北京：语文出版社.

［3］吕叔湘. 1999. 现代汉语八百词［M］. 北京：商务印书馆.

［4］钱曾怡，高文达，张志静. 1985. 山东方言的分区［J］. 方言（4）.

［5］香坂顺一. 1997. 白话语汇研究［M］. 北京：中华书局.

［6］张谊生. 2002. 助词与相关格式［M］. 合肥：安徽教育出版社.

襄阳方言句末助词“哕”的多功能研究

阮秀娟

（暨南大学文学院　广东广州　510632）

【提　要】本文以语义语法理论为基础，借鉴分布验证的理念和语义地图的方法，在充分描述襄阳方言句末助词“哕”的正反句法分布的基础上，提取并验证“哕”的“断而求同”的核心语法意义，并揭示其认知、情感、意向之间的关联性。首先，从正反两个角度揭示“哕”与陈述句、疑问句、祈使句、感叹句之间的选择或排斥关系，并结合同现词句分布分析，提取出“哕”的核心语法意义“断而求同”；其次，根据“哕”的核心语法意义及其话语功能和人际功能，分析“哕”的三种情感类型；最后，基于句法关系和认知功能，揭示其三种意向类型，并将“哕”字的认知、情感、意向之间的层次性和关联性用语义地图的方法呈现出来。

【关键词】襄阳句末助词　语义语法　断而求同　情感　意向

襄阳方言句末助词“哕”作为襄阳方言中位于句末的虚词，句法分布是由其语法意义决定的，句法的充分描写和分析是提取语法意义的前提。句末助词是连接说话人与听话人之间认知、情感、意向、态度的重要手段，其内部联系可以通过语义关联图展示出来。

本文试图以语义语法理论为指导（邵敬敏，2004；赵春利，2014），以实际搜集的襄阳方言活语料和语感验证为基础，分析和验证“哕”的句法分布规律，从而提取其语法意义、情感类型和意向类型，并揭示三者之间的关联性。

一、前人关于句末助词“哕”的研究

襄阳方言属于北方方言的西南次方言，“哕”［sa］是襄阳方言中较具有代表性的句末助词。前人关于襄阳方言句末助词“哕”的研究成果只有一篇，杨琳（2016：11）描写了襄阳方言句末助词“哕”的句法分布，即与陈述句、疑问句、祈使句的选择关系、与感叹句之间的排斥关系。句法功能分布与其语法意义之间存在着一定的对应关系，语法意义决定功能分布，功能分布反映语法意义。句末助词的功能分布主要指句子功能分布，一个句末助词能分布于什么功能的句子末尾受制于其语法意义。反之，一个句末助词的功能分布反映着其语法意义的性质、类型及其作用范围，是准确描写、分析和提取一个句末助词语法意义的入口和桥梁（赵春利，2017：337）。杨琳描述“哕”字句法的分布比较详细，但存在以下几点不足：第一，是不是所有的陈述句、疑问句、祈使句末都可以带“哕”？显然不是，由于单凭语感、语料不足，文章并没有进一步深入细致分析；第二，为什么“哕”选择一部分句子，但排斥另一部分句子，文章并没有进行科学的解释；第三，句末助词是连接说话者、听话者和话语的纽带，是揭示话语中交际者之间认知、情感、意向、态度等话语关系及其人际关系的中枢（赵春利，2019：13），文章没有揭示“吵”字的知、情、意、态之间的层次性和关联性。

二、“吵”与句子功能的双向选择关系

本文从襄阳方言实际语料出发，结合前人关于“吵”的研究，分析襄阳方言句末助词“吵”与陈述句、疑问句、祈使句、感叹句的选择与排斥关系。

（一）“吵”与陈述句的选择关系

陈述句是用肯定或否定的语气来陈述一件事情，描述一个场面或者介绍一件事物，表达说话者对命题的认知信息和对对话人的人际信息。前人认为，“吵”可以分布于陈述句，但实际在襄阳方言中，并非所有的陈述句都可以在句末加上“吵”，“吵”与陈述句之间的选择与排斥关系是有条件限制的。比较如下例句：

（1）还用说嘛，那大概就是全部过程吵。

（2）看他点的饭菜，很明显，他可能喜欢吃面食吵。

（3）想必这只是他的一面之词吵。

（4）要是吃了饭，我就不饿了，但是我确实没吃吵。

（5）你说的我都懂，但的确行不通吵，。

（6）我发誓，我真是没有参与这件事吵。

（7）上来吧，你不用客气，反正我也是顺路吵。

（8）你跟他生什么气，左右他也只是个孩子吵。

（9）你说了这么多，总之，这事儿跟他有关系吵。

从认知上看，“吵”字陈述句表达了说话人基于客观现实或理据对命题信息的主观断言，向受话人传递自己的主观判断，希望对方能够认同。例（1）—（3）表达了说话人主观推断命题信息在很大程度上是真实的，希望受话人能够赞同自己的断言，大概率断言词语包括：大概、可能、想必、大约、或许、兴许、想来、应该等。例（4）—（6）表达了说话者对命题信息的强调性断言，希望受话人能够赞同自己的断言，强调性断言词语包括：确实、的确、千万、必须、当然、自然、必然、必定、是、真是、就是、真的是、真真儿是等。例（7）—（9）表达了说话者对命题信息的总结性断言，希望受话人能够赞同自己的断言，总结性断言词语包括：总之、反正、左右、总的来说、总而言之等。可以说，“吵”字陈述句都具有“主观断言求同义”。

并非所有的陈述句都能后加“吵”，某些陈述句不符合主观断言求同义时，一般不能在句末加上“吵”，如：

（10）a.他竟然没有生气。　　*b.他竟然没有生气吵。

（11）a.你居然相信了他的话。　　*b.你居然相信了他的话吵。

（12）a.我果然猜对了。　　*b.我果然猜对了吵。

（13）a.幸亏他提前打了招呼。　　*b.幸亏他提前打了招呼吵。

（14）a.幸好她是个不错的人。　　*b.幸好她是个不错的人吵。

（15）a.好在单位包吃住。　　*b.好在单位包吃住吵。

反“吵”陈述句一般表示情意而非认知，不需要受话人的赞同，例（10）—（12）表达了说话人对命

题信息持否定的态度，即主观断言和客观事实相反，表示很意外、惊讶的情态，这种情况下说话人无法接受对命题的判断与自己的断言相反，且结果超出说话人的主观意愿，句子主要表达说话人的意愿并没有求同，典型词语包括：竟然、居然、果然、怪不得、果真、偏偏、反倒、难怪。例（13）—（15）表达了说话人由于避免了不如意的事所具有的庆幸、欣喜、感激之情，而非是对命题基于现实的断言求同，更不需要受话人做出赞同的反应，即表情达意，故句末不加“吵”，典型词语包括：幸亏、幸好、好在、多亏、亏、亏得等。因此，反“吵”陈述句主要表达说话人的情感意愿，不需要得到受话人赞同，不具有“主观断言求同义”。“吵”字陈述句的句子功能分布图和语义类型选择图见下表：

表1 “吵”字陈述句的句子功能分布及语义类型选择

句子类型	逻辑分类	语义类型	典型词语
“吵”字陈述句	认知	断言求同	大概率：大概、可能、想必
			强调类：确实、的确、千万
			总结类：总之、反正、反正
反“吵”陈述句	情意	意外侥幸	意外类：竟然、居然、果然
			幸巧类：幸亏、幸好、好在

（二）“吵”与疑问句的选择关系

疑问句一般包括是非问句、正反问句、选择问句、特指问句，根据实际方言语料的调查和认证发现，“吵”可以分布于是非问和正反问句末，而排斥选择问句和特指问句，如：

（16）这是你的手机吵？

（17）你明天能过来吵？

（17）你想去逛街，是吧吵？

（19）你是不是哪儿不舒服吵？

（20）你平时喜欢玩游戏，是不是吵？

（21）你要不要休息一会儿吵？

（22）a. 你是吃面条还是吃米饭？　　*b. 你是吃面条还是吃米饭吵？

（23）a. 你去图书馆还是食堂？　　*b. 你去图书馆还是食堂吵？

（24）a. 吃饭，还是学习？　　*b. 吃饭，还是学习吵？

（25）a. 你什么时候出发？　　*b. 你什么时候出发吵？

（25）a. 你在什么地方碰见她的？　　*b. 你在什么地方碰见她的吵？

（27）a. 她和谁在一起玩？　　*b. 她和谁在一起玩吵？

在襄阳方言中，例（16）—（18）“吵”字是非问句的问话人基于一定的认知，大多推断命题是符合客观事实的，并希望求得回应人的正面回应；例（19）—（21）“吵”字正反问句中，问话人倾向于认为自己所问判断是符合客观事实的，希望回应人能够认同自己的判断；例（22）—（24）反“吵”选择问的问话人认为命题的真假概率都是一半，没有断言，更不需要受话人的赞同；例（25）—（27）反“吵”特指问的问话人自己只是表达疑惑，没有断言和推断结论，更无需考虑对方同意与否的问题。因此（16）—（21）的“吵”字疑问句同样具有认知上的“主观断言求同义”，例（22）—（27）只是问而解疑，所以排斥“吵”字。“吵”字疑问句的句子功能分布图和语义类型选择图见下表：

表2 “吵”字疑问句句子功能分布及语义类型选择

	是非问	正反问	选择问	特指问
与“吵”关系	选择	选择	排斥	排斥
语义类型	断而求同	断而求同	问而求解	问而求解

(三)“吵”与祈使句的选择关系

祈使句是指要求对方做或不要做某事的句子。“吵”与祈使句之间存在着选择关系，但是，是不是所有的祈使句都可以在句末带“吵”字呢？并非如此，根据方言调查记录，能够带“吵”的祈使句主要包括：

(28) 快说话吵。

(29) 赶紧吃点东西吵。

(30) 带他们走吵。

(31) 您请坐吵。

(32) 您说说吵。

(32) 您休息一下吵。

(34)a. 别动。　　　　*b. 别动吵。

(35)a. 不许乱说话。　　　　*b. 不许乱说话吵。

(36)a. 不要客气。　　　　*b. 不要客气吵

例(28)—(30)从认知上看，表达了说话人的主观命令和断言，希望听话人认同并执行，典型的是命令义祈使句。例(31)—(33)表达了说话人的请求，说话人主观认为自己所说命题是合理的，希望听话人能够认同并执行，典型的是请求义祈使句。例(34)—(36)表达了说话人对命题内容的否定，表达自己的意愿，希望听话人不要做某事，典型的有禁止义、劝阻义祈使句。例(28)—(33)含有断而求同义，例(34)—(36)含有禁止劝阻义。“吵”字祈使句的句子功能分布图和语义类型选择图见下表：

表3 “吵”字祈使句句子功能分布及语义类型选择

	命令义祈使句	请求义祈使句	禁止义祈使句	劝阻义祈使句
与“吵”关系	选择	选择	排斥	排斥
语义类型	命令求同	请求求同	禁止表意	劝阻表意

(四)“吵”与感叹句的排斥关系

感叹句是说话者因有感于外在事物或内在情感而迸发出情感的句子。感叹句主要的功能不在于表达对事物的认知，而在于表达对自己对事物的情感体验，不需要寻求听话人的反应，而在于释放自己的情感。而“吵”字句主要从认知上表达说话人对命题的断言并希望求得听话人的认同，所以“吵”字排斥典型的感叹句，如：

(37)a. 多么令人欣慰啊！　　　　*b. 多么令人欣慰吵！

(38)a. 真漂亮啊！　　　　*b. 真漂亮吵！

(39)a. 太棒了！　　　　*b. 太棒了吵！

总的来说，“吵”与不同语义类型的陈述句、疑问句、祈使句、感叹句之间的选择及排斥关系能够通过下表呈现出来：

表4 “吵”字与不同语义类型的句子之间的选择及排斥关系

句法分布	选择	
	“吵”选择的语义类型	“吵”排斥的语义类型
陈述句	大概率、强调、总结	意外、侥幸
疑问句	断而求同	问而解疑
祈使句	命令求同、请求求同	禁止表意、劝阻表意
感叹句	无	所有类型

综上，从“吵”字与不同语义类型的陈述句、疑问句、祈使句的选择关系上看，可以提取“吵”的语法意义。“吵”字选择的句子表达了说话人对句子中呈现的命题信息的断言，认为命题与自己认知的客观事实、理据一致，并希望说服受话人认同自己的观点，从而采取一定的行动。因此，可以概括“吵”的核心语法意义是认知上的“主观断言求同”义。

三、“吵”的情感类型

“吵”字虽然不能与表示情感的感叹句形成选择关系，但是“吵”字在与可以选择的句子组合使用时表现出明显的情感性。从认知上看，“吵”字具有“主观断言求同”义，说话人认为自己的推断或者断言是正确的或者接近正确的，对话人不应该反对或者忽略，而应该认同或执行。当对话人不表态或表态与说话人不一致的时候，说话人在内心会产生一定的情感反应，认知和情感之间的关系是可以通过形式表现出来的，根据说话人和受话人之间的话语和人际关系可以发现“吵”所表达的3种情感类型：不满抱怨型、担忧关心型、急迫恳切型。

（一）不满抱怨型

说话人主观认为自己所说命题是真实的，陈述自己的想法或表达自己的观点，希望对方认同自己的主观断言，进而行动。但是，当对方不相信或者不认可自己，或者行动不按照自己的想法进行时，说话人就会不满意而抱怨。如：

（40）雪萍：你看，他吃饭还戴着耳机。

红红：还用说吗，他应该很喜欢吃听歌吵。

（41）楚楚：我对他的表现失望极了。

小杰：失望什么啊，左右他还只是个孩子吵。

（42）大奎：你自己心里清楚你做过什么。

玲：随便你怎么想，反正我真的没有做过对不起你的事。

例（40）对话中，雪萍谈论“他”吃饭戴耳机的现象，红红用“吵”字陈述句表达了很明显“他”喜欢听歌的论断，认为红红不应该问这么显而易见的问题，应该能和自己认识一致，从而表现出不耐烦的情绪，表现出不满抱怨义。例（41）的对话中，楚楚表达了自己对“他”很失望，小杰用“吵”字陈述句表达了希望楚楚知道“他”还只是个孩子，从而表达楚楚与自己想法不同的不满抱怨义。例（42）的对话中，大奎认为小玲做了不该做的事，小玲用“吵”字陈述句表达了因为大奎误解她而产生的不满抱怨义。根据方言语料分析当“嘛”字句表达不满抱怨义时，其话语前后常出现以下结构：还用说吗、很明显啊、不关我的事、V什么啊（嘛）、不是V了吗、有什么关系啊、无所谓、随便你等。

（二）担忧关心型

从人际关系上看，人们一般不在乎与事情无关、与自己无关的人是否认同自己的想法，说话人使用“吵”字句，主观认为自己所说的命题是真实的，表达自己的想法或者表达自己的观点，希望对方可以认同自己的主观断言，进而回应，受话人大多数是自己在乎的或相关的人，在诉说想法时表达自己的关心，担心对方不认可自己的观点。如：

（43）金龙：太棒了，库里又进了一个球。

嘉嘉：看你的样子，你是不是很喜欢他吵？

（44）凌峰：我不想出门，外面好冷。

小白：你脸色不太好，是不是哪里不舒服吵？

（45）丽丽：这几个月太忙了，连去健身房的时间都没有。

小浩：你太辛苦了，现在放假了吵？。

例（43）—（45）对话中，例（43）（44）的“吵”字正反问句、例（45）“吵”字是非问句都出现了说话人对对方关心的句子，根据方言语料分析当“吵”字句表达担忧关心义时，其话语前后常出现表达对对方的观察描述和评价的引发句，如看你的脸色/样子、看上去很A，你太A等，表达对对方的关心和了解。

（三）急迫恳切型

从话语关系上看，说话人主观认为自己所说命题是真实的，听话人应该听从，希望听话人认同自己并赶紧执行，使用“吵”字祈使句表达自己急切希望对方赶快执行。当对方权位或辈分比自己高时，会表达自己恳切地希望对方认同并执行自己论断的感情，如：

（46）雪娇：怎么办，大脑一片空白。

志宏：不是准备好稿子了嘛，大家都等你发言呢，快说话吵！

（47）国峰：还有3000字就完成了。

小志：您看上去很疲惫，您休息一下吵！。

（48）志超：快十二点了。

慧君：食堂还开着呢，赶紧去吃点东西吵！

例（46）对话中，志宏认为雪娇有准备，应该是说话的状态，但是雪娇真实的状态却不是，她用“吵”字祈使句表达了自己内心的急切之情。例（47）对话中，小志用“吵”字祈使句表达了自己认为国峰不应该继续工作而应该休息的观点，恳求国峰快点休息的感情。例（48）对话中，慧君用“吵”字祈使句表达了午饭时间到了，希望志超快去吃点东西的急切之情。根据方言语料分析当“吵”字句表达急迫恳切义时，常带有一定的情境性，一般是针对听话人当前的状态或者话语意图而做出的反应，常常会伴有解释性、描述性的同现句，如例（46）—（48）：“不是准备好稿子了嘛，大家都等你发言呢”“您看上去很疲惫”“食堂还开着呢”等。

由此可见“吵”字句的认知意义和情感意义之间有一定的关联性，如下表：

表5 “吵”字句的认知意义和情感意义的关联性

认知意义	认知矛盾	情感意义类型
主观断而求同	断而求同却不同	不满抱怨
	断而求同怕不同	担忧关心
	断而求同盼执行	急迫恳切

四、“吵”的意向类型

“吵”字陈述句主要是说话者强调自己的论断而提醒听话人在听了之后认同自己，在情感上主要表现为对受话人不重视不相信自己论断的不满，正是这种情感驱动了说话人提醒对方注意的意向，如例（49）。“吵”字疑问句形式虽然是疑问，实际上是传达了自己的观点，同时希望听话人通过回答疑问而回应自己的观点，在情感上主要表现为对受话人的关心，这种情感驱动了说话人希望求得对方回应赞同的意向，如例（50）。“吵”字祈使句则是说话人较强势地希望受话人认同自己的观点并执行，在情感上主要表现为说话人非常急迫地命令或者恳切地请求受话人执行自己的论断，这种情感驱动了说话人建议、催促的意向，如例（51）。这3种意向类型从强度上看依次递增，如下表：

（49）你确实是想学跳舞吵。

（50）你是不是想学跳舞吵？

（51）赶紧学跳舞吵！

表6 “吵”字句情感类型及意向强度

“吵”语法意义	句子功能	情感类型	意向类型	意向强度
主观断而求同	陈述句	不满抱怨	提醒注意	↓
	疑问句	担忧关心	回应认同	
	祈使句	急迫恳切	建议催促	

由此可见，“吵”字的“主观断而求同”义在实际话语关系和人际关系中会引发3种情感：不满抱怨、担忧关心、急迫恳切，而这3种情感类型在不同的语境中会相应的驱动3种意向类型：提醒注意意向、回应认同意向、建议催促意向，且这3种意向从强度上看依次递增。可见，句末助词核心语法意义所包含的认知、情感、意向、态度等主观心理因素并不是孤立于句末助词语法意义之外的，其本身就是构成句末助词语法意义的核心构成要素，不仅如此，而且各个心理因素之间也不是机械、孤立、互不相关的，而是存在着制约性因果关系，即说话者在运用某个句末助词时总是基于对命题信息的认知而引发某种情感，然后基于情感类型驱动某种意向，从而采取某种态度。因此，需要根据说话者客观语用因素与主观心理因素之间以及主观心理因素内部的因果关系来系统解释句末助词的语法意义，并把主观心理因素的因果制约关系通过语义关联地图表示出来（赵春利，2019：13）。“吵”字作为襄阳方言中的典型句末助词，其句法和语义关系以及知、情、意之间的层次性和关联性可以绘制成如下语义地图：

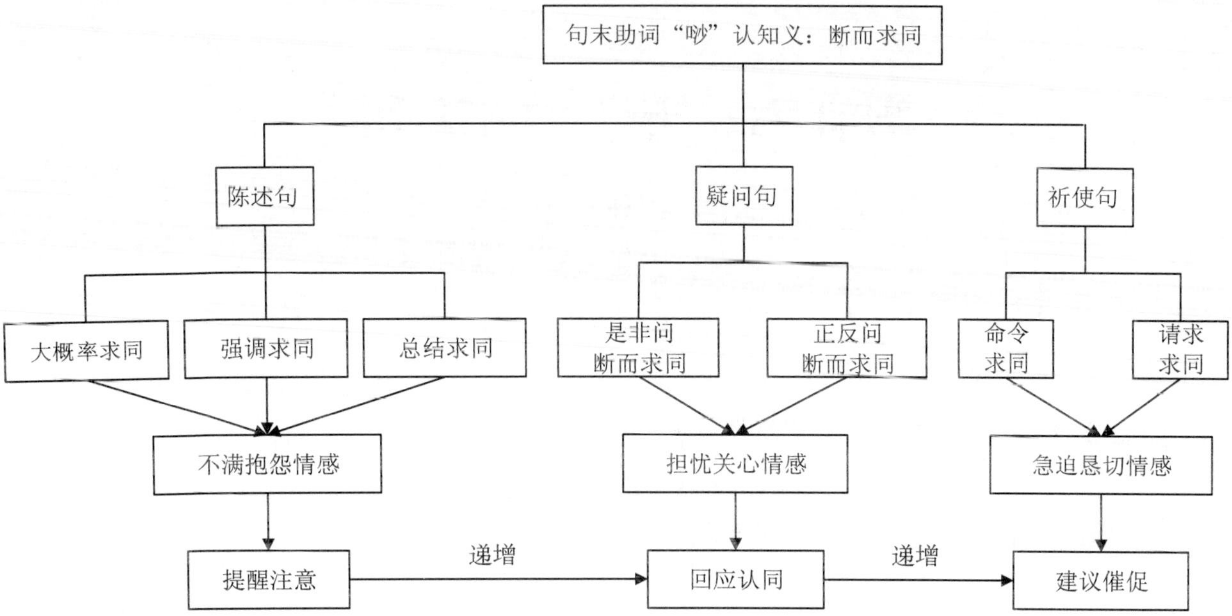

图1　“吵”字句的句法、语义关系及知、情、意之间的层次性和关联性

五、结语

襄阳方言句末助词“吵”的研究揭示了方言句末助词的句法分布可以通过句末助词与不同语义类型句子之间的选择和排斥关系反映出来，同现成分可以作为验证手段，通过句法分布和所选择语义类型的分析可以提取句末助词认知方面的的核心语法意义。根据句末助词的认知意义，说话者会根据与受话人的话语关联和人际关系产生一定的情感，而通过认知和情感会促使说话人产生某种会话意向，更加论证了句末助词所具有的知、情、意、态等主观性话语因素，而其关联性可以通过核心语法意义加以建构。

句末助词的核心语法意义是解释句法分布规律的决定性因素，即语义决定句法、句法反映语义，无论是同现成分还是正反验证都证明了语义语法理论对方言句末助词研究的理论价值。

参考文献

[1] 邵敬敏，赵春利. 2004. 关于语义范畴的理论思考［J］. 世界汉语教学（1）.
[2] 杨琳. 2016. 浅析襄阳方言句末助词“撒”［J］. 语文学刊（10）：11.
[3] 赵春利，方甲珂. 2017.“喽”的功能、意向、态度和情感研究［J］. 语言科学（4）：337.
[4] 赵春利，方甲珂. 2019. 语义语法对句末助词研究的理论价值［J］. 华文教学与研究（1）：13.

潮汕方言“啊”的语法功能

许婉虹

（暨南大学汉语方言研究中心　广东广州　510632）

【提　要】潮汕话“啊”的语法功能包括语气词、持续体助词、补语标记、方位介词、范围副词、关联词、连词等7种。“啊”在句子中可位于句首、句中、句末。

【关键词】潮汕话　啊　语法功能

“啊”在潮汕话中有4种读法，分别为阴平a^{33}、阳平a^{55}、阳上a^{35}、阳去a^{21}。林春雨（2005）记录并研究了“啊”作为句中和句末语气词的现象。林伦伦（1992）认为“啊”可作连词，读为a^{33}时在正反疑问句中连接正反或肯定否定两方面的词或短语，作用同“还是”，在选择疑问句中连接两个选择项；读为a^{11}时可在复句中表示假设关系。本文分类总结了潮汕话口语中“啊”的用法，发现潮汕话中的“啊”有丰富的语法功能。

一、潮汕话“啊”的语法功能

（一）语气词

1. “啊”a^{33}

在陈述句中作语气助词，表示一般的陈述，一般表示赞同或者句末声音拖长。

（1）是啊，这个老人是我阿公。（是啊，这个老人是我爷爷。）

（2）卖鸡蛋啊，卖鸡蛋啊。

2. “啊”a^{55}

读阳平调时表示惊讶的语气，如例（3）表示对与预料相反的情景表示惊讶或惊奇。“啊”单独出现在形容词或副词后表示对形容词或副词所描述的某物或某事程度高的感叹，如例（4）表示因感到惊讶而发出的感叹。

（3）啊，你咋还在这块？（呀，你怎么还在这里？）

（4）粒糖甜啊！（这颗糖好甜啊！）

3. “啊”a^{21}

表示一般的陈述或对前述内容的赞同，同“a^{33}”如例（5）（6）。

（5）我在看书啊。

（6）是啊，生病就着食药。

表示提醒、警告，一般用在祈使句中。

(7)注意安全啊!

表示叹息、失望，有恨铁不成钢之意，一般与人称代词或人名等构成“n啊n”结构。

(8)你啊你，咋呢好去做这事?(你呀你，怎么可以做这事?)

表示疑问语气，求证对方的意图或说过的话，如例(9)。

(9)你呾乜个啊?呾加次。(你说什么?再说一次。)

表示列举，如例(10)。

(10)市场有鱼啊、肉啊、菜啊……

跟“哩”组成“啊哩”，与否定词连用，表示不耐烦、拒绝。

(11)合你呾唔是啊哩。(都跟你说不是了。)

(12)我勿爱啊哩，爱出去畏死。(我不要，不想出去。)

4. **“啊”** a^{35}

表示赞同，如例(13);表示威胁压迫，有警告的意味，如例(14);表示对对方意见的不赞同，一般放在句首且拖长，如例(15);表示猜测的语气，如例(16)。

(13)你呾了是有道理啊。(你说的是有道理。)

(14)你去啊，去我就合你断绝关系。

(15)啊，勿爱听伊四散呾。(哎呀，别听他乱说。)

(16)伊过年应该有转来啊。(他过年应该回来吧。)

5. **“啊”** a^{53}

表示期待得到肯定回答，相当于“吧”。

(17)鲁智深是好人，是啊?(鲁智深是好人，是吧?)

(二)持续体助词

1. **“啊”** a^{33}

与行为动词构成“v啊v”结构用作持续体标记，表示若无其事、不紧迫的持续、重复的动作。

(1)阮行啊行就到。(我们走着走着就到了。)

(2)件事伊呾啊呾了就歇去。(那件事他说说就过去了。)

2. **“啊”** a^{21}

“v啊v”结构的“啊”也可读为a^{21}，表示动作重复且持续时间长，一般在童谣、讲故事等文读语境出现，较少出现在日常生活口语中。

(3)挨啊挨，挨米挨粟来饲鸡。(童谣)

(4)阿老伯掘啊掘，掘着个金元宝。(童谣)

(三)补语标记

1. 程度补语标记

“啊”a^{55}可用在形容词[如例(1)]或动词[如例(2)]之后用作程度补语的标记，相当于普通话的“得”，后接表示程度高的补语。“啊”后的程度补语是对“啊”前的动词或形容词的具体化描述。

(1)天时热啊火。(天气热得像火一样。)

（2）你行啊过猛。（你走得太快了。）

若"啊"用在形容词之后，可将其后的具体话描述省略，省略后变成句末语气词，读为a^{55}，表示对"啊"前描述的内容所呈现的高程度的感叹，如例（3）。

（3）我食啊饱啊。（我吃得太饱了。）

2. 结果补语标记

"啊"用在动词之后用作结果状语表示动词导致的结果，读为a^{55}。"啊"前的动词肯定、否定皆可，"啊"后的结果补语可以是主谓结构、述补结构，也可以是单独的形容词或副词。

（4）我嚷啊喉咙痛。（我喊得喉咙痛。）

（5）只猫分你惊啊跳起来。（猫被你吓得跳起来。）

（6）食啊饱。（吃到饱）

（四）方位介词

1. "啊"可在谓语动词（一般为表示动作、行为的动词）之后作方位介词

表示静态的"在"，"啊"后的名词可以是处所名词或者时间名词。

（1）我平时企啊学校。（我平时住在学校。）

（2）件事发生啊旧年。（这件事发生在去年。）

2. "啊"可在谓语动词（一般为表示动作行为和趋向的动词）之后作方位介词

表示动态的"到"，"啊"后的名词可以是处所名词或者时间名词，表示动作目的（地）、终止地点/时间。

（3）只车来啊半路无油。（车来到半路没油了。）

（4）我上课上啊12点。（我上课上到12点。）

（5）你来啊底块了？（你来到哪儿了？）

受句式和"啊"前动词语义的影响，"啊"在一些动词后既可表示"在"，也可表示"到"。

（6）张纸贴啊墙顶。（那张纸贴在墙上。/把纸贴到墙上。）

（7）水倒啊桶底。（水倒在桶里。/水倒到桶里去。）

3. "啊"在动词后表示动作行为所经过的途径、方向

相当于"向"。与潮汕方言的"对"用法基本相同。①

（8）爱去公园行啊这条路比较近。（要去公园走向这条路比较近。）

（9）门朝啊南面。（门朝向南面。）

（五）范围副词

1. "啊"相当于范围副词"都"，一般在"全""咸"等表示包括所有的词后。

（1）人客全啊转去了。（客人全都回去了。）

（2）两本书咸啊介我个。（两本书都是我的。）

① 林伦伦：《潮汕方言的虚词及其语法意义》，《汕头大学学报》（人文科学版）1992年第1期，第53-61页。

2. “啊”还可表示范围副词“也”，分举其前标举的范围

“啊”表示“也”的意思时可能为“也”或“亦”的音变。

(3)这本书啊是我个。(这本书也是我的。)

(4)只破车分我我啊<u>勿爱</u>。(这破车给我我也不要。)

(六)关联词

“啊”还可以用在复句中作关联词，表示假设关系，一般以“啊(是)……就/哩……”的结构出现，相当于“要是/如果……就……”。“就/哩……”在句子中可省略。

(1)啊是抢无票阮(哩就)无便转内。(要是抢不到票我们就没法回家。)

(2)你啊是唔去我(哩)家己来去。(你要是不去我就自己去。)

(七)连词

1. “啊”与“是”构成“啊(是)”

用在选择疑问句中，相当于“还是”。

(1)—你爱食糜啊(是)食饭？—我爱食饭。(—你要喝粥还是吃饭？—我要吃饭。)

(2)—今日一号啊是二号？—二号。

2. “V+啊+否定词”结构

“啊”在动词/形容词和否定词之间，否定词一般为单音节词，构成“V+啊+否定词”结构，表示询问情况，是一般疑问句。

(1)—你有钱啊无？—有/无。(—你有钱吗？—有。/—没有。)

(2)—我坐啊这块好啊莫？—好。/莫。(我坐在这里好吗？—好。/不好。)

二、潮汕方言“啊”的句法分布

在潮汕方言中，“啊”a^{21}可单独成句，表感叹。除此之外，“啊”结构还可分布于单句和复句中，在句子中可位于句首、句末、句中。

(一)位于句首

1. “啊”作为语气词时，除了读为a^{33}，其他的都可以放在句首

语气词“啊”放在句首是其后有短暂停顿。

(1)啊你咋还未开学？(啊你怎么还没开学。)

(2)啊杯水过烧。(啊这杯水太烫了。)

语气词“啊”a^{21}与人称代词或专有名词构成“n啊n”格式可位于句首。

(3)你啊你，咋好偷物件？(你啊你怎么可以偷东西？)

2. “啊”a^{21}作为持续提标记与行为动词构成“V啊V”也常出现在句首

(4)摇啊摇，摇到外婆桥。

（5）等啊等，等到日暗还无见着人。（等啊等，等到天黑都没见到人。）

（二）位于句末

1. "啊"作语气词时都可用于句末

（1）我只手痛啊。（我的手好痛啊。）

（2）伊今年唔转来啊。（他今年不回来啊。）

2. 语气词"啊"a^{21}与人称代词或专有名词构成"n啊n"格式位于句末

（3）赌场勿去了弟啊弟。（赌场不要去了弟弟。）

3. "啊"与"哩"构成"啊哩"，位于句末

（4）我唔去啊哩。（我不去了。）

（三）位于句中

1. "啊"作持续体标记与行为动词构成"v啊v"的固定结构

谓语动词的重叠形式在句子中充当谓语，其前既可以是施事主语也可以是受事宾语，其后一般为谓语动作行为的结果，话题主语和"v啊v"结构之间还可插入修饰谓语的状语。

（1）伊行啊行去公园。（他走着走着去公园了。）

（2）个碗洗啊洗分我扣掉去。（那个碗洗着洗着被我摔碎了。）

（3）阿弟这阵在内跳啊跳崴着脚。（弟弟刚才在家里跳着跳着崴脚了。）

2. 表示假设的关联词"啊（是）……就/哩……"

"啊（是）"可放在主语前或后，有时置于句首但可补足主语，仍属于句中。"啊（是）"后可接动词或形容词作谓语。

（4）a. 你啊是作业做好就好出去。

b.啊是你作业做好就好出去。/啊是作业做好你就好出去。

c.啊作业做好就好出去。

3. "啊"作范围副词时只能位于主语后，若位于其他位置则语义发生变化

（5）我啊爱来读书了。

*来读书我啊爱了。

*啊爱我来读书了。（改变主语位置后句子意思发生改变）

4. 是非问疑问句中的"啊"

位于谓语与否定词之间，谓语为动词或者形容词，"啊"后的否定词一般为单音节。

（6）你去过外国啊无？

5. "啊"作补语标记时位于动词或形容词（非定量）和补语之间

（7）个奴仔生啊过趣味。（这个孩子长得太可爱了。）

（8）伊听了面皮乌啊破布。（他听了脸色黑得像抹布。）

6. "啊"作方位介词时位于谓语和宾语之间

行为动词后的"啊"一般表示"在"，表示"到"时经常与趋向动词"来""去""起""落"等同时出现。

（9）车放啊停车场块。（车放在停车场。）

（10）张床歇啊厨房块。（桌子放在厨房。）

（11）张床歇啊厨房块去。（桌子放到厨房去了。）

（12）张相挂啊墙顶起去。（照片挂到墙上去了。）

7. “啊（是）”在选择疑问句中连接两个并列的结构

（13）天时晴啊是落雨？（天气晴还是下雨？）

三、小结

“啊”在潮汕话中分布于陈述句、疑问句、祈使句和感叹句中。在句子中读为不同的调值时则表示不同的意义，有不一样的语法功能。通过对“啊”语法功能的详细分析，我们发现该虚词可用作语气词、持续体助词、补语标记、方位介词、范围副词、关联词、连词。“啊”在句子里可位于句首、句中、句末。

参考文献

[1] 林春雨. 2005. 汕头话的常见语气词［J］. 广东技术师范学院学报（5）：61–64.

[2] 林伦伦. 1992. 潮汕方言的虚词及其语法意义［J］. 汕头大学学报（人文科学版）（1）：53–61.

[3] 赵春利，杨泽铭. 2016. 广东潮阳方言“哩”字句的句法功能研究［J］. 方言（1）：99–108.

[4] 郑伟. 2016. 当涂湖阳方言虚词“啊”的功能演变及其来源［J］. 南开语言学刊（1）：84–93.

[5] 朱德熙. 1982. 语法讲义［M］. 北京：商务印书馆.

阿根廷布宜诺斯艾利斯广州白云区人和话的语音①

陈晓锦　吴　婷

（暨南大学文学院/汉语方言研究中心　广东广州　510630）

【提　要】美洲是世界上华人移民比较多的区域，如北美洲的美国和加拿大。但是比起北美洲等世界上其他一些国家的华人社区，位于南美洲阿根廷首都布宜诺斯艾利斯的华人社区则是一个比较年轻、充满了活力、生机勃勃的华人社区，且相对于世界上其他很多国家的老华人社区，外界对她的了解也很有限，更遑论对存在于这个社区内的汉语方言的了解。

本文披露了阿根廷布宜诺斯艾利斯华人社区中来自于中国广州白云区人和话的语音系统，并将这个海外汉语方言的声母、韵母、声调的主要特点与祖籍地方言、粤方言代表点广州话进行了详细的比较研究。这个海外汉语方言的声母与祖籍地方言大同小异，韵母较复杂且有自身的变化，声调更是有自己的亮点。文章的材料来自于阿根廷布宜诺斯艾利斯的实地调查，用于比较的材料主要是李新魁等的《广州方言研究》。

【关键词】阿根廷　广州白云区　人和话　语音

一、布市华人社区和华人语言方言概况

布宜诺斯艾利斯Buenos Aires是位于南美洲，与南极洲接壤，有“世界最南端的国家”之称的阿根廷Argentina的首都，因为首都的名字比较长，所以阿根廷华人习惯于将7个音节的布宜诺斯艾利斯Buenos Aires省译为双音节的“布市”。本文依阿根廷华人的习惯，以“布市”指称布宜诺斯艾利斯。

美洲是世界上华人移民比较多的区域，如北美洲的美国和加拿大。但是在阿根廷的华人却不算多，据估计，目前阿根廷的华人大约有18万，主要聚居在布市，此外在门多萨Mendoza等省也有一些零散的分布。华人移民阿根廷的历史也不算长，有一种说法是，20世纪40年代，有一批来自广东的劳工在第二次世界大战时被抓到北美，其中一部分人辗转到了阿根廷，当时他们集中居住在Salta省，在当地娶妻生子，据说他们的后裔西班牙语流利，但都不会说祖辈的广东话（当地华人称粤方言为广东话）。五六十年代也有一些为数不多的华人来阿根廷，到70年代先是较大批的中国台湾人，然后是广东广州白云区一带的人，福建人，还有一些江西、江浙、东北等地的华人逐渐进入。这种状况得益于中国的改革开放，

① 基金项目：2014年度国家社会科学基金重大项目“海外华人社区汉语方言与文化研究”（项目编号：14ZDB107）。

以及当地良好的生态、投资环境，迄今未有停止。从发展趋势来看，阿根廷华人的数量将会越来越多，阿根廷华人社区将会继续发展。华人在阿根廷主要经营小型超市，经营批发零售的生意。从无到有，现在华人开的超市已经超过一万家。布市华人中流传着一种说法，如果你第一次到阿根廷布市，不谙西班牙语，迷路了不要紧，大街上不难找到的中国超市一定可以帮助你。布市有一个中国城，在市中心还有一个新的华人聚居区，且当年的第一代华人如今也已经有了土生土长的第二代、第三代了。

阿根廷的官方语言是西班牙语，当地的华人大都会说，因为华人的来源较广，移民的历史不太长，华人社区中的交际用语则主要是汉语普通话，这与世界上的很多地方，比方亚洲、欧洲、大洋洲、北美洲等的很多华人社区不一样。不过在“老乡”——同一祖籍地的华人之间，大家见面仍然是讲祖籍地的汉语方言，笔者接触过的在阿根廷出生的华人，一般也因为父母等长辈在家庭中的坚持，而会讲中国祖籍地的汉语方言。

自20世纪70年代中国的改革开放起，掀起了华人向世界各地新一轮的移民浪潮，在五大洲的不少地方，涌现出了不少生机勃勃的新华人社区。比起世界上的很多地方，阿根廷的华人社区相对年轻，充满生气，华人社区的语言方言使用有她的特色之处。祖籍中国广州白云区的华人是比较早到阿根廷，也是在阿根廷人数比较多的群体，本文披露了阿根廷布市华人社区中来自中国广州市白云区人和话的语音状况，阐述其语音系统与祖籍地方言的异同之处，文章的资料来源于布市的实地田野调查，主要发音人为：

杨燕丝，女，第二代华人，祖籍中国广东广州白云区人和，在阿根廷布市出生长大，被调查时23岁，大学生，会说西班牙语、英语、粤语广州白云区人和话、汉语普通话，上过两年汉语补习班，略懂一点点汉字，母亲不懂西班牙语，与母亲讲人和话，与兄弟姐妹及朋友讲西班牙语。

曹佩珊，女，第一代华人，祖籍中国广东广州白云区人和，被调查时19岁，10岁时随父母到布市，中学高三学生，会说西班牙语、英语、汉语普通话、粤语广州白云区人和话，懂汉字，与父母讲人和话，与兄弟姐妹及朋友讲西班牙语。

二、布市人和话的语音系统

布市的广州白云区人和话，源自广州白云区人和话，其声母、韵母、声调系统如下：

1. 声母18个

p p^h m f w t t^h n l ts ts^h s j k k^h ŋ h ø

2. 韵母73个

单元音韵母 a ɔ ɛ œ i u y

复元音韵母 ai ɐi ɔi ei œy au ɐu ɛu ou iu ui ia ua uɔ uɛ iau uai uɐi

鼻音韵尾韵母 am ɐm ɛm im iam an ɐn ɔn ɛn œn in un yn uan uɔn aŋ ɐŋ ɔŋ ɛŋ uŋ iaŋ iɔŋ uaŋ uɔŋ

声化韵母 m̩

塞音韵尾韵母 ap ɐp ɛp ip iap at ɐt ɔt ɛt œt it ut yt uat ak ɐk ɛk ɔk uk iak iɔk uɔk

只出现在借词中的韵母 ə

3. 声调9个

阴平53$_{上阴平}$/55$_{下阴平}$，阳平21，阴上35，阳上13，阴去33，阳去22，上阴入5，下阴入3，阳入2。

变调3个，分别高平变调55，高升变调35，半低降变调21。

三、布市人和话的语音特点

1995年李新魁等著，广东人民出版社出版的《广州方言研究》①，曾描述过当时属于广州近郊的白云区人和话的语音，20多年过去了，白云区早已经成为广州市的一个区而非郊区了，但是人和话的语音依然有她自己不同于广州老市区话的特点，比较阿根廷布市的人和话，不难看到，布市人和话除了在异国他乡发展了自己的特色，如词汇中多了一些西班牙语的借词。□□ pan^{55}ts^{h}ɔ^{21}：夹香肠面包（西：pancho）。□□ hɔk^{5}kei^{21}：曲棍球（西：hockey）。□□□ pɔ^{33}sɛn^{53}tɔ^{21}：百分比（西：percentaje）。但其仍保留了很多祖籍地广州人和话方言的特征，比方常被作为典型例子讲的，第一人称代词不同于绝大多数粤方言的“我ŋɔ^{13}”，而是特殊地类似于客家方言的“偃ŋai^{21}”；还有常用量词“个”不读广州话等粤方言的kɔ^{33}，而是读为kai^{33}。

本文将着力于布市人和话语音特点与祖籍地方言广州白云区人和话、粤方言的代表点广州老市区话语音异同的探讨，用于比较的材料主要来自李新魁等著的《广州方言研究》，布市人和话的词汇，我们将另文阐述。

1. 声母特点

关于广州老市区附近粤方言的声母，李新魁等在《广州方言研究》中指出：“广州近郊各点的声母并没有大的差异，各地所具有的声母类别基本上是一致的。只是各个声母在发音上有一些不同”。海外汉语方言与中国祖籍地汉语方言同出一源，将布市人和话的声母与广州白云区人和话的声母比较，也是同大于异。

（1）广州白云区人和话古明微母字读鼻音声母m-时带有同部位的塞音，读成m^{b}-；古疑母字读舌根鼻音ŋ-时也带同部位的塞音，读成^{ŋ}g-。布市的m-、ŋ-声母基本上是纯粹的鼻音：马$_{\text{明}}$am^{13}、梅$_{\text{明}}$mɔi^{21}、万$_{\text{微}}$man^{22}、袜$_{\text{微}}$mat^{2}、鹅$_{\text{疑}}$ŋɔ^{21}、眼$_{\text{疑}}$ŋan^{13}、额$_{\text{疑}}$ŋak^{2}、岳$_{\text{疑}}$ŋɔk^{2}。

（2）广州白云区人和话古影母一二等字读ŋ-，同古疑母字，布市人和话古影母一二等字读零声母或ŋ-声母的都有：阿a^{33}、鸦a^{55}、爱ɔi^{33}、矮ɐi^{35}、呕ŋɐu^{35}、亚ŋa^{33}、鸭ap^{3}、握ak^{5}。

另，布市人和话有所谓的“懒音现象”，ŋ-声母有时可有可无，即有的字读零声母或ŋ-声母都不影响意义的表达：牛ɐu^{21}/ŋɐu^{21}、咬au^{13}/ŋau^{13}、晏an^{33}/ŋan^{33}、硬aŋ^{22}/ŋaŋ^{22}、呃ak^{5}/ŋak^{5}。

（3）广州老市区话，尤其是西关一带的话，不少人有古泥娘母n-与来母l-不分，泥娘归来的特点：农$_{\text{泥}}$luŋ^{21}=龙$_{\text{来}}$luŋ^{21}，柠$_{\text{泥}}$leŋ^{21}=龄$_{\text{来}}$leŋ^{21}，暖$_{\text{泥}}$lyn^{13}=卵$_{\text{来}}$lyn^{13}。但布市人和话与祖籍地方言广州白云区人和话一样，泥娘、来不混，区分n-、l-：农$_{\text{泥}}$nuŋ^{21}≠龙$_{\text{来}}$luŋ^{21}，柠$_{\text{泥}}$nɐŋ^{21}≠龄$_{\text{来}}$lɐŋ^{21}，暖$_{\text{泥}}$nyn^{13}≠卵$_{\text{来}}$lyn^{13}。

（4）古知、精、庄、章组等舌、齿音声母在布市人和话中只有一套接近舌尖前的塞擦音和擦音ts-、ts^{h}-、s-的读法，与广州白云区人和话的舌叶塞擦音、擦音tʃ-、tʃ^{h}-、ʃ-略有发音上的差异。例如：子tsi^{35}=纸tsi^{35}、姊tsi^{35}=指tsi^{35}，词ts^{h}i^{21}=迟ts^{h}i^{21}、此ts^{h}i^{35}=齿ts^{h}i^{35}，司si^{55}=师si^{55}、宵sɐu^{53}=烧sɐu^{53}。

（5）没有广州老市区话的唇化声母kw-、kw^{h}-，k-、k^{h}-声母后面的u接近元音性的u，与广州白云区人和话同：菇ku^{55}、挂kua^{33}、果kuɔ^{35}、葵k^{h}uɐi^{21}、裙k^{h}uan^{21}、拳k^{h}uɔn^{21}、光kuɔŋ^{53}。

2. 韵母特点

相比起声母，广州老市区附近粤方言的韵母与广州老市区话的差异则要大得多，“广州原近郊区各个方言点在韵母方面的差别比较大，特别是白云区，因为它所辖地域最广。”（李新魁等《广州方言研

① 参见《广州方言研究》第二章第十节的“广州原近郊区语音的差异”。李新魁、黄家教、施其生等：《广州方言研究》，广东人民出版社，1995年，第70-88页。

究》）且韵母数量比起广州老市区话多得多，这是白云区人和话韵母的特点，以下则是布市人和话韵母值得关注的地方：

（1）布市人和话的韵母数量不少，达到了73个，韵母一如广州老市区话、广州白云区人和话等其他粤方言，完整地保留了-m、-n、-ŋ和-p、-t、-k韵尾。不过由于海外汉语方言调查只能直接从词汇进入，故有6个韵母记录到的例字只有一两个：ia“姐tsia^{35}，射sia^{22}”，uɛ“吹□$_{\text{吹哨子}}$ts^{h}ui^{55}kuɛ^{55}”，uaŋ“梗kuaŋ^{35}”，uat“骨kuat^{5}、刮kuat^{3}”，iɔk“着tsiɔk^{3}、桌ts^{h}iɔk^{3}”，uɔk“脚kuɔk^{3}”。

（2）有一个广州白云区人和话没有，只出现在外来语借词中的单元音韵母ə。而拥有只出现在借词中的声母或韵母，正是海外汉语方言语音的典型特色。例如：□□□□□ki^{53}lou^{21}mɛt^{5}tə^{21}lə^{21}：千米。西：kiliómetro。□□□□ kin^{55}lə^{21}mɛt^{2}si^{21}：贫困地区。西：la villa。□□□□ pa^{55}lɛ^{33}ɔ^{21}mou^{21}：富人区。西：barrios privados。可是广州白云区人和话侵韵、缉韵、文韵、魂韵、物韵等所有的，以ə做主要元音的ən、ət、əm、əp、iəm、iəp韵，布市人和话却没有。

（3）广州老市区话没有i、u介音，布市人和话与祖籍地广州白云区人和话一样，有这两个介音，k-、k^{h}-声母后面的u，也与广州人和话的相似，是接近元音性的u。但是没有《广州方言研究》所记录的，广州白云区人和话的iu介音。例如：姐tsia^{35}、射sia^{22}、瓜kua^{55}、挂kua^{33}、果kuɔ^{35}、靴huo^{53}、吹□$_{\text{吹哨子}}$ts^{h}ui^{55}kuɛ^{55}、庙miau^{22}、招tsiau^{53}、乖kuai^{53}、怪kuai^{33}、柜kuɐi^{22}、葵k^{h}uɐi^{21}、闪siam^{35}、钳k^{h}iam^{21}、惯kuan^{33}、裙k^{h}uan^{21}、短tuɔn^{35}、乱luɔn^{22}、饼piaŋ^{35}、轻hiaŋ^{53}、梁liɔŋ^{21}、唱ts^{h}iɔŋ^{33}、梗kuaŋ^{35}、尚suɔŋ^{22}、光kuɔŋ^{53}、折tsiap^{3}、涩kiap^{3}、骨kuat^{5}、刮kuat^{3}、踢t^{h}iak^{3}、只tsiak^{3}、着$_{\text{穿}}$tsiɔk^{3}、桌ts^{h}iɔk^{3}、脚kuɔk^{3}。

（4）宵萧韵字广州老市区话念iu，布市人和话与祖籍地广州白云区人和话一样念ɛu。例如：焦tsɛu^{55}、小sɛu^{35}、超ts^{h}ɛu^{53}、照tsɛu^{33}、桥k^{h}ɛu^{21}、摇jɛu^{21}、挑t^{h}ɛu^{53}、尿nɛu^{22}、叫ɛu^{55}。也有的念iau，例如：撩liau^{21}、招tsiau^{53}、料liau^{22}。

（5）灰韵唇牙喉音广州老市区话念ui，布市人和话与咍云字合流，念ɔi，与广州白云区人和话相同。例如：杯pɔi^{55}、辈pɔi^{33}、配p^{h}ɔi^{33}、赔p^{h}ɔi^{21}、灰fɔi^{55}、背pɔi^{33}、梅mɔi^{21}、妹mɔi^{22}、回wɔi^{21}。

（6）盐严添、叶业帖韵，广州老市区话念im、ip，广州白云区人和话念iæm、iæp或ɛm、ɛp，布市人和话念am、ap，im、ip，ɛm、ɛp，iam、iap的都有。例如：淹jam^{53}、盐jam^{21}、叶jap^{2}，潜ts^{h}im^{21}、蝶tip^{2}，签ts^{h}ɛm^{55}、甜t^{h}ɛm^{21}、接tsɛp^{3}、碟tɛp^{2}，尖tsiam^{53}、谦hiam^{53}、嫌hiam^{21}、险hiam^{35}、折tsiap^{3}。也有的一个字有两读：点tɛm^{35}/tim^{35}、店tɛm^{33}/tim^{33}（此两例后一读法同广州老市区话）。

（7）恒、末韵牙喉音、唇音，魂、没韵唇音，广州老市区话念un、ut，广州白云区人和话念uɔn、uɔt，布市人和话念ɔn、un、uɔn、at、ɔt的都有，显示了正在发生的变化，常用字“碗wɔn^{35}/wun^{35}”两读，后一读法同广州老市区话，可以说明这点。例如：搬pɔn^{53}、满mɔn^{13}、换wɔn^{22}、盘p^{h}un^{21}、管kun^{35}、款fun^{35}、暖nuɔn^{13}、观kuɔn^{55}、棺kuɔn^{53}、抹mat^{3}、阔fɔt^{3}、拨pɔt^{2}。

（8）曾摄登、德韵、蒸、职韵，梗摄庚韵、陌麦韵、庚三清青、陌三昔锡韵，广州老市区话有相当多读eŋ、ek，或ɛŋ、ɛk的，其中eŋ、ek通常为文读，ɛŋ、ɛk一般是白读。布市人和话缺少广州老市区话的eŋ、ek韵母，广州老市区话读eŋ、ek的，布市人和话读ɐŋ、ɐk。例如：冰pɐŋ^{55}、忆jɐk^{5}、升sɐŋ^{53}、识sɐk^{5}、平p^{h}ɐŋ^{21}、壁pɐk^{5}、英jɐŋ^{53}、逆jɐk^{2}、停t^{h}ɐŋ^{21}、的$_{\text{目的}}$tɐk^{5}、经kɐŋ^{53}、击kɐk^{5}、景kɐŋ^{35}、戟kɐk^{5}。

布市人和话也有ɛŋ、ɛk韵母，但读ɛŋ、ɛk韵母的字并不与读ɐŋ、ɐk韵母的字形成文白对立，缺少文白读对立系统，是海外汉语方言的普遍特点。

（9）唐、铎、江、药韵字广州老市区话念ɔŋ、ɔk韵，通摄字念uŋ、uk韵。不同于广州老市区话，广州白云区人和话有把部分唐、铎、江、药韵字念为uŋ、uk韵，部分通摄字反而念为ɔŋ、ɔk韵的特点，布市人和话也有此表现：汤t^{h}uŋ^{53}、烫t^{h}uŋ^{33}、学huk^{2}、统t^{h}ɔŋ^{35}、燶nɔŋ^{53}、脓nɔŋ^{21}、总tsɔŋ^{35}。而“糖t^{h}uŋ^{21}/

t^hɔŋ[21]、动tuŋ[22]/tɔŋ[22]" 两个常用字中的两种不同读法则反映了韵母正在出现的摇摆变化。

（10）庚三清青、陌三昔锡三四等韵的字，广州老市区话念eŋ、ek韵，广州白云区人和话念ɐŋ、ɐk韵，布市人和话也有同样表现：平p^hɐŋ[21]、明mɐŋ[21]、定tɐŋ[22]、晶tsɐŋ[55]、清ts^hɐŋ[53]、程ts^hɐŋ[21]、星sɐŋ[55]、景kɐŋ[35]、壁pɐk[5]、席tsɐk[2]、击kɐk[5]。

（11）只有一个自成音节的声化韵母m̩，例如：唔m̩[21]、五m̩[13]、误m̩[22]。

（12）据笔者的调查显示，尽管目前在布市，祖籍地为广州且使用广州方言的华人不多，但是由于粤方言广州话传媒的强劲，布市人和话也有其受到广州话影响的一面。其实，布市人和话的祖籍地就紧邻广州，此影响是否也存在于广州白云区人和话中？广州白云区人和话如今的面貌是否仍与二十多年前《广州方言研究》描述的完全一样？这些都值得进一步探讨。布市人和话受广州老市区话影响最明显的表现是部分字有两读，这些两读常在发音人不经意间随意转换，其中的一个读法如同广州老市区话音（上文也有所提及）。请再看以下例子（布市人和话的第2种读法与广州老市区话相同）：

表1　广州话与布市人和话的对比

例字	广州话	布市人和话	例字	广州话	布市人和话
水	sœy[35]	sui[35]/sœy[35]	前	ts^hin[21]	ts^hɛn[21]/ts^hin[21]
头	t^hɐu[21]	t^hau[21]/t^hɐu[21]	门	mun[21]	mɔn[21]/mun[21]
米	mɐi[13]	mai[13]/mɐi[13]	揿	mɐŋ[55]	maŋ[55]/mɐŋ[55]
点	tim[35]	tɛm[35]/tim[35]	入	jɐp[2]	jip[2]/jɐp[2]
见	kin[33]	kɛn[33]/kin[33]	执	tsɐp[5]	tsap[5]/tsɐp[5]

3. 声调特点

"声调方面，广州老市区及近郊区各方言点的差异比较小，显示了较大的一致性。"（李新魁等《广州方言研究》）

（1）布市人和话的9个调类与广州老市区话及祖籍地广州白云区人和话一致，特别之处是阴平调像广州白云区人和话一样，有两个调值，上阴平调值53和下阴平调值55（上、下阴平的概念源自《广州方言研究》，本文为了方便比较沿用，但是仍将它们合为同一个大调类）。布市人和话其他调类的调值与广州老市区话一致。古平声、上声、去声各依清浊分阴阳；阴平声调调值两个，分上、下阴平；入声分阴阳后，阴入也再分上、下阴阳入，上阴入的主要元音舌位一般比下阴入高。

上阴平53	楂车书梯鸡三斟班帮声	下阴平55	花多街担心餐安灯烘缸
阳平21	茶锄皮南琴云寒成房航	阴上35	火扯嘴早枕饮铲紧等桶
阳上13	马社柱买淡满暖卵网痒	阴去33	怕裤太菜浸汉变放镜靓
阳去22	话糯夜耐帽啖揿望硬病	上阴入5	执粒吸室七出骨碧识戚
下阴入3	鸭搭涩八发铁节百窄脚	阳入2	叶入十蜜别月白木药石

（2）阴平调分上、下阴平两个调值，阴平调比广州老市区话多了一个53调值，是布市人和话声调与广州白云区人和话的相同点，也是布市人和话声调的一大亮点。

关于上、下阴平的区分，《广州方言研究》指出，广州白云区人和话念下阴平调55的多为名词，"当两种阴平调用来作为区别词性（名词与其他词）的手段时，往往名词性词语念为下阴平，其他词性词语念为上阴平"。例子如"猫、蚊、枪、鹰、龟、窗、蕉、糕"。但是布市人和话除了有不少名词念55调，也有不少名词念53调，念53的名词如"车、书、溪、丝、山、天、烟、孙"等。且布市人和话还有一些阴平字念53或55两可的，没有区分的标准和条件，例如“根kɐn^{53}/kɐn^{55}、冬tuŋ^{53}/tuŋ^{55}、窿$_{\text{洞}}$luŋ^{53}/luŋ^{55}、西sɐi^{53}/sɐi^{55}、番fan^{53}/fan^{55}、摊tʰan^{53}/tʰan^{55}、关kuan^{53}/kuan^{55}、装tsɔŋ^{53}/tsɔŋ^{55}、生saŋ^{53}/saŋ^{55}、松suŋ^{53}/suŋ^{55}”，这些例子有名词、动词，也有形容词。

《广州方言研究》认为，下阴平调“从现状来说，是一个独立的调类，因为某些字只能读此调；从来源上说，它是阴平的一个变调，原具有辨别词义、词性的作用，是一种‘读破’（或称声调曲折变化）的现象”。

且先撇开本调、变调不论，现实是，上阴平53调在如今广州的老市区话中已经很难听到，阴平调在广州老市区话中基本只剩一个55调值。但我们认为，有上、下阴平53、55调，则是广州白云区、阿根廷布市人和话的固有特点。只是在现时布市的人和话中，阴平念53或者55，主要是一种没有规律的、比较随意的表现，由于粤方言广州话在全世界华人圈中的影响力，上阴平53调在布市人和话中很有可能也会逐渐减少，以至于慢慢消失，一如广州老市区话。

（3）李新魁等的《广州方言研究》没有披露广州白云区人和话的变调，我们根据以往的研究可知，广州老市区话和不少其他地点粤方言，都拥有高平55和高升35两个变调。实地的田野调查还给我们展示了这样一个事实：布市人和话的变调比较特殊地拥有“高平55，高升35和低降21”3个变调，数量多了一个，而且低降的21变调在广州老市区话及不少其他粤方言都中没有出现。

55变调：蚁ɐi$^{13-55}$、马骝$_{\text{猴子}}$ma$^{13-55}$lɐu$^{21-55}$、生果saŋ^{53}kuɔ$^{35-55}$、寻晚$_{\text{昨晚}}$tsʰɐm^{21}man$^{13-55}$、上晏$_{\text{上午}}$siɔŋ^{22}an$^{33-55}$、后尾$_{\text{最后}}$hɐu^{22}mei$^{13-55}$、乞儿hɐt^{5}ji$^{21-55}$、阿娘$_{\text{伯母}}$a^{33}nuɔŋ$^{21-55}$、烤炉hau$^{35-55}$ lou^{21}、微微雨mei$^{21-55}$mei$^{21-55}$jy^{13}。

35变调：钟tsuŋ$^{55-35}$、橙tsʰaŋ$^{21-35}$、石榴siak^{3}lɐu$^{21-35}$、河堤hɔ^{21}tʰɐi$^{21-35}$、前年tsʰin^{21}nɛn$^{21-35}$、几时kei^{35}si$^{21-35}$、鸡蛋kɐi^{53}tan$^{22-35}$、屋归$_{\text{家}}$uk^{5}kuɐi$^{55-35}$、楼盘lɐu^{21}pʰun$^{21-35}$、瓦片ŋa^{13}pʰɛn$^{33-35}$。

21变调：粽tsɔŋ$^{35-21}$、柱tsʰy$^{13-21}$、碎sui$^{33-21}$、髻kai$^{33-21}$、吐tʰou$^{33-21}$、颈渴$_{\text{口干}}$kɛŋ$^{35-21}$hɔk^{3}、领呔$_{\text{领带}}$lɛŋ$^{13-21}$tʰai^{55}、鞋垫hai^{21}tɛn$^{33-21}$、罚徛$_{\text{罚站}}$fat^{2}kʰei$^{13-21}$、汉堡包hɔn^{33}pou$^{35-21}$pau^{53}。

从我们记录到的例子看，21变调可以出现在阴上、阳上、阴去等音节中，出现在阳上调中的最多。可以出现在单个音节，连读的后一音节，也可以出现在连读的前一音节，或是三音节的连读中。因为粤方言的变调通常是55、35两个，21变调鲜见于广州话等粤方言，因此我们在确定这个低降变调时是谨慎的，请注意以下一些有21变调的例字读本调的例子（由于调查直接从词汇进入，例字都出现在词中）：

表2　阿根廷布市的21变调例与读本的情况

例字	读本调	读变调	例字	读本调	读变调
奶	豆奶tɐu^{22}nai^{13}	奶茶nai$^{13-21}$tsʰa^{21}	垫	坐垫tsʰɔ$^{13-21}$tɛn^{33}	鞋垫hai^{21}tɛn$^{33-21}$
被	被套pʰei^{13}tʰou^{33}	被$_{\text{被子}}$pʰei$^{13-21}$	市	布市pou^{33}si^{13}	股市ku^{35}si$^{13-21}$
冷	冷水laŋ^{13}sui^{35}	冷死laŋ$^{13-21}$sei^{35}	粽	粽叶tsuŋ^{35}jap^{2}	粽tsɔŋ$^{35-21}$碎
颈	吊颈tɛu^{33}kiaŋ^{35}	颈渴$_{\text{口干}}$kɛŋ$^{35-21}$hɔk^{3}	碎	碎$_{\text{碎末儿}}$sui^{33}	碎$_{\text{饼碎}}$sui$^{33-21}$

分析收集到的例子，可知21变调一如55和35变调，主要是语流中的连读变调，在上述例子中，只有“碎$_{\text{碎末儿}}$sui^{33}、碎$_{\text{饼碎}}$sui$^{33-21}$”一组例子的21变调显示了变调与不变调的意义差别。

参考文献

［1］陈卫强.2011.广州地区粤方言语音研究［M］.广州：暨南大学出版社.

[2] 陈晓锦. 2014. 东南亚华人社区汉语方言概要 [M]. 广州：世界图书出版广东有限公司.
[3] 李新魁. 1994. 广东的方言 [M]. 广州：广东人民出版社.
[4] 李新魁，黄家教，施其生. 等. 1995. 广州方言研究 [M]. 广州：广东人民出版社.
[5] 梁嘉乐. 2016. 广州粤语语音比较研究 [D]. 广东技术师范学院硕士学位论文.
[6] 甘于恩，丘学强，林柏松，等. 1987. 珠江三角洲方言字音对照 [M]. 广州：新世纪出版社.
[7] 詹伯慧. 2002. 广东粤方言概要 [M]. 广州：暨南大学出版社.

马来西亚亚庇新安客家话创新词举例分析

李颖慧

（暨南大学文学院/汉语方言研究中心　广东广州　510632）

【提　要】马来西亚亚庇华人以客家人为主，亚庇客家人主要来自广东深圳（旧时新安），以及龙川、惠阳和梅县等地，当地客家话以新安口音为正，来自不同地域的客家人在此融合成新安大客家。亚庇客家话在多语多方言的环境下，有了自己的特色。本文从造词理据入手，举例分析马来西亚亚庇新安客家话的创新词，从中窥探亚庇客家话创新词折射出来的社会文化。

【关键词】亚庇　新安客家话　创新词

马来西亚被南海分为西马和东马，亚庇（马来语：Kota Kinabalu）位于婆罗洲西北方的海岸区，即马来西亚东马地区，旧译哥打京那峇鲁、哥打京那巴鲁、哥打基纳巴卢，是马来西亚第六大城市，并于20世纪80年代成为沙巴州的首府。据最新的2010年马来西亚人口普查报告显示，亚庇的总人口估计为45.2058万人，其中有华人9.3429万人。[①]除了伊斯兰、基督教文化之外，由于该市有许多华人聚居，中华文化在亚庇也十分盛兴。

19世纪末，明确记载了有较大批量的华人迁入沙巴。当时，巴色会韩山明、黎里基等人先后在广东沿海内陆地区宣传基督教，积累了大量客家信徒。国内动荡的同时，北婆罗洲政府出台了移民引入政策，巴色会的传教士开始批量组织客家人迁徙至沙巴。1921年，客家人已占据沙巴州华人的大部分。经过多年艰辛的劳力工作，众多来源的客家人逐渐在沙巴洲稳定下来，客家人人数始终占当地华人总数的一半以上。[②]据现在调查了解，沙巴亚庇的客家人主要来源于广东深圳（旧时新安），部分来自广东龙川、惠阳和梅县等地，来自不同祖籍地的客家人在此融合成新安大客家。

沙巴是多民族多种族的地区，这也产生了一个多语言多方言的语言环境。一方面新安客家方言是亚庇华人使用人数最多的一个强势汉语方言，不少马来人、福建人、广东人都会说客家话，甚至有些当地土著也能说客家话。另一方面新安客家话与马来语、英语和华语以及粤语和闽南语等其他语言和方言接触频繁，推行的三语并行的华文教育对新安客家话的影响也日益明显。所以客家话在影响其他语言和方言的同时，也受着其他语言和方言的影响。

亚庇客家话保留了许多祖籍地的客家话特色，同时也受马来西亚当地多元语言文化影响，产生了新变化，以词汇方面的变化最为突出。我们称这些与祖籍地相比有“新变化”的词为特色词，主要表现在创新词和借词两方面。创新词一类是指祖籍地没有，异国他乡特有的事物的词，这类词占了创新词的大部分；还有一类用于指称的事物祖籍地方言也有，不过所采用的说法或者完全与祖籍地方言不同，或者

① https://zh.wikipedia.org/zh-hans/%E4%BA%9E%E5%BA%87，2019-10-14

② 林水檺、何国忠等：《马来西亚华人史新编》（第一册），马来西亚中华大会堂总会，1998年。

经过了改造，与祖籍地方言有明显差异。[①]创新词的产生必然离不开当时当地的社会文化环境。此外，海外汉语方言中存在大量来源不同的借词，也是影响创新词形成的重要因素。

人们创造新词来表达相关社会文化现象或事物，而这个词的产生与造词理据有关。造词理据是指称呼某事物的理由或依据。许树娟先生和姚春林先生将现代汉语新词的构词理据分为四类：语音理据、语义理据、形态理据和词源理据。[②]

本文依据海外汉语方言词汇特色，结合实地调查材料，将海外汉语方言创新词的造词理据也分为四类，分别为语音理据、语义理据、结构形态理据、词源理据。语音理据主要表现在拟声词和谐音方面，通过拟声构成新词。语义理据是指在原来词义的基础上产生了新的词义。形态理据是指构成的新词语是将语言中现有的语料进行重新整合，获得的新词语的语义一般可以从新词语所含语素义中推算出。词源理据则主要是是借词[③]。

本文通过依实地调查材料，得出亚庇新安客家话创新词的造词理据主要有语义理据和词源理据，以期从这些词的造词理据入手，窥探亚庇客家话创新词中反映的社会文化。

一、单一造词理据——语义理据

语义理据是指原有的语素义通过类比、引申、比喻修辞转化等方式得出新义、形成新词，也是我国自古以来词汇产生的主要理据。亚庇客家话创新词汇中的一部分词，只需在原有的语素义上得到新的语素义，便可产生新词：国内原有的某一事物或事件在马来西亚华人社区里有相似概念，但因受当地社会文化环境影响，与国内原有的表达方式产生了差异，亚庇客家人便在原有词汇的基础上进行语义转变，产生新词，这类词便是由单一造词理据——语义理据形成的。

（一）类比构词法

类比法是指借用原有的词，采用类比相同的构词方法，更换部分语素，形成新的词义，得到一个反应当地社会的特色新词。如：

1. 青包 $ts^{h}iaŋ^{33}pau^{33}$

青包并非国内理解的撞伤后的身体淤青，亚庇华人赋予了这个词新的词义。马来西亚主要有三大民族，分别为马来族、印度族，还有华族，其中马来族占大多数。华人过年时会给小孩和老人发“红包”作为压岁钱，受华人这一传统过年习俗影响，马来人过年（即开斋节）时也会发钱给孩子和老人。由于伊斯兰教是马来西亚的官方宗教，伊斯兰教信徒们钟情于绿色，便发青色的礼包以示庆祝，青色礼包上的图案五花八门，有清真寺、可兰经文、椰浆饭包和有民族风情等图案。客家人便类比借用原有的“红包”一词，称这种青色礼包为“青包”，这也是华人对马来族的青色礼包的特称，体现了当地华人传统习俗文化对马来习俗文化的深入影响。

2. 货□ $fɔ^{52\text{-}55}si^{11}$

在亚庇青年和中年群体中，频繁出现的一个词便是“货□”，当地人常写作“货私”，为了简写，也常写作“货C”。这是亚庇新出现的客家词，一般用于对女朋友的戏谑称呼，是个背称。如“经过拉

① 陈晓锦：《东南亚华人社区汉语方言概要》，世界图书出版广东有限公司，2014年。

② 徐树娟、姚春林：《现代汉语新词语构词理据》，《河北联合大学学报》（社会科学版）2013年第13卷第4期，第82–84页。

③ 王艳：《汉语新词语造词理据分析》，《青年文学家》2009年第9期，第171–172页。

文星（当地地名），遇到靓货私”，“□kia^{33}系货私$^{=}$”。亚庇当地客家人无法说清为何产生此词。但在《汉语大词典》中，“货”有对人的贬称的意思，多为詈语和玩笑话。在客家话中，也有较多带“货”的人称称谓词，如“四六货”，表示不精明，有些傻气；“大货”在梅县客家话中表示长子和出殡时扛着的死人；在亚庇祖籍地，今龙岗片客家人骂人也用“黄泥货”比喻烂泥扶不上墙的人。带“货”的人称称谓词在客家话中一直都有表示对人戏谑的称呼的含义。不同的是，在构词结构上，□si^{33}不做“货”的前置定语，关于□si^{33}的解释，一说是认为“水”的讹音，水者，水性杨花也，客家人一般会认为年轻漂亮的风尘女子是红颜祸水。另一说认为“货□si^{33}是英语fox”的谐音，译为“狐狸精”。但究竟是何意还有待进一步考证。虽然这个词在亚庇被广泛使用和接受，但当地人还是觉得有些粗鲁，此词在一定程度上反应了当地部分男性的大男子主义。

（二）词义引申

词义引申是指借用原有的词形和语音，并在原来词义的基础上结合当地社会情况进行词义引申，得到一个新词。

1. 寄票 ki$^{52\text{-}55}$p^{h}iau^{52}

“寄票”字面上是“邮寄票证”的意思，是“邮寄票证”词组的减缩，但在亚庇客家话中从其字面含义引申出了新的含义，意为政治腐败。这一含义的由来与马来西亚政选有关：某次选举投票时，政治腐败者为了能使指定人选胜任，便通过远程寄票的方式投票，实则是用虚假的投票手段来帮指定人选获得票数，以赢得选举胜利。所以“寄票”一词便由原来的“邮寄票证”引申出政治腐败之意，后亚庇客家人便用这一词来专指政治上的虚假投票行为，并称这种虚假票为“幽灵票”。由这一词可见，亚庇客家人对马来西亚的融入不仅体现在习俗文化上，还体现在政治生活上，且“寄票”这一政治负面词产生也反应出当地华人对当局政治的不满态度。

2. 扐猪尾 paŋ^{33}tsu^{33}mɔi^{11}

这是亚庇客家话对“最后一名”的一种特殊说法，具有幽默效果。据《珠江三角洲方言调查报告》可知，“最后一名”在深圳为“□𧍐”au^{55} lai^{2}]，东莞（清溪）为“𧍐尾”lai^{33} mui^{21}，惠州为“第𧍐”t^{h}e^{31} lai^{33}和“揽榜”lam^{35} pɔŋ^{35}，深圳沙头角为“第尾”t^{h}i^{42} mui^{31}，都有用“𧍐”和“尾”来表示最后、最尾之意。在亚庇客家话中亦如此，猪尾巴本是猪的身上最后一部分，将猪尾巴往后拉，更是末尾的末尾，所以亚庇客家人用“扐猪尾”一词诙谐表示考最后一名，既形象又幽默。

3. 仙家 sen^{33}ka^{33}

在《汉语大词典》中，“仙家”有3个意思：一是仙人所住之处；二是指仙人；三是指旧时迷信，用以称狐仙。在亚庇当地，这个词意发生演变，变成了“自作聪明”之意。这一意思来源有两种说法，一是认为从“仙人”的意思引申而来，因为觉得仙人比凡人聪明，所以会有人想装仙人，以示自己聪明。二是认为从“迷信、狐仙”引申而来，因为旧时路边算卦的也称为仙家。因为这些“仙家”会算卦，提前预知未来，所以就认为“仙家”是知道的比别人多而有了自作聪明之意。笔者认为后者较为可信。一是D·MACIVER·M·A编纂的《A CHINESE-ENGLISH DICTIONARY HAKKA-DIALECT as spoken in KWANG-TUNG PROVINCE》，这一本1905年左右出版的英客对照词典上对该词有记载解释。这本词典有利于了解广东客家人情况，并且反应了当时迁徙过来的广东客家人的语言词汇使用情况。在这本词典中便有关于“仙家”的记录：仙家，s.ka,the Taoists。“s.ka”是注音，“the Taoists”译为道士，与国内走街摆摊的算卦先生相通。二是“迷信，指狐仙”的意思与“自作聪明”的情感态度上相近，都带有些许贬义色彩。三是据2010年人口普查的统计数据显示，在马来西亚华人人口当中，83.6%登记为佛教徒，接下来是基督宗教（11.1%），道教还有其他华人民间信仰则是（3.4%）。因巴色会迁徙过来的亚庇客家人多信仰基督教，信仰道教的只占少数，这种宗教信仰态度或是“仙家”词义引申的一个重要原因。所以在亚庇客家话中，“仙家”的意思发生了演变，很可能是由原来的算卦先生这一具体人称称谓变成了表示“自作聪明”的形容词，这一词汇在宗教文化上反映了亚庇客家人对道教的态度，也佐证着巴色会基督教在当地宗教信仰上的重要角色。

二、混合造词理据

一些创新词的产生涉及多种造词理论。这些创新词主要是先受外来词影响，进入客家话以后发生了词义转换，产生新词；或是直接将外来词混入客家话词汇中，发生了词形和词义的转变，但其共同特点都是外来词先借入后产生新词进行语义转变。

（一）词源理据和语义理据

词源理据和语义理据共同影响，是指先借用了其他国家的外来语词或其他方言词：语音上，融入本方言的语言音系中；形式上，用音同或音近的字或来表述该词，或是有音无字；词义上，该借词原本词义进行继承和发展，使该词成为本方言词。

1. 罗⁼惹⁼$lɔ^{31}$ $tsiak^{5}$

“罗⁼惹⁼”是马来西亚、印度尼西亚和新加坡常见的传统水果和蔬菜沙拉盘，来源于马来西亚词rojak。因为常将多种水果混合在一起，所以rojak在马来语中含有“混合”或“折中混合”的意思，有时用于指马来西亚社会的多元文化特征。在马来西亚的亚庇也是如此，亚庇的客家人借入该词后对其义进行继承引申，还用“罗⁼惹⁼”来指当地通晓多种语言和方言的人，这一词很形象地反映了当地多语言和多方言并用，且当地人多通晓多种语言的情况。

2. 多多（TOTO）$tɔ^{31}tɔ^{31}$

多多本是指这一博彩公司——多多博彩马来西亚有限公司是马来西亚政府在1969年创立的，是马来西亚目前拥有最多销售站及提供最多游戏种类的测字游戏经营者。①正因在马来西亚有如此大的规模，所以亚庇客家人除了用当年香港赛马会发行的赛马与搅珠相结合的“马票”②来称呼彩票，还用彩票公司名字“多多”来指称彩票，通过指称的方式使词义发生转换，如同国内有人会用“邦迪”来指代创口贴。这是一个与马来西亚经济发展相关的词融入到亚庇客家词汇里头，是当地华人对当地经济发展情况的描述，也是融入当地生活的一个例证。

3. □$sɔt^{3}$

在亚庇，英语也是非常强势的语言。尤其是马来西亚的三语教育政策影响下，英语对亚庇客家话的渗透也随着年龄越小而越加明显。□$sɔt^{3}$在亚庇客家话中常被简写为SOT，一般用于中青年，意为“发疯”。SOT是英文shortcut的缩写，shortcut本来捷径之意，但是同时也被认为是截了一半，因此常用来引申为脑子短路。亚庇客家人在用词上喜欢缩写，如哥打京那巴鲁（Kota Kinabalu）也常被当地亚庇人简称为KK，shortcut借入以后也缩写成sot，并通过缩写有了新的含义。类似词语都能反应出当地客家人对

① http://www.sportstoto.com.my/cn/corporate_about_us.asp

② https://racingmemories.hk/zh/hottopics/sweepstakes/

多元语言环境的包容和词汇发展创新的活力。

（二）词源理据、形态理据和语义理据

词源理据、形态理据和语义理据的共同影响是指：首先词源上，借用了其他国家外来语词或其他方言的词。接着在形态上，用音同或音近的形式表达出该借词，并与其他方言词组合成新词，得到新词的基本含义即两个词组合的含义。最后在语义上，该词通过与当地社会文化相结合产生除基本含义以外的新词义。

1. 喝□□ $he^{55}kɔ^{33}pi^{33}$

□□ $kɔ^{33}pi^{33}$ 为马来语kopi咖啡，词语组合以后字面意义为“喝咖啡”，另外当地客家人还用该词隐射政治行贿意。在盛产咖啡的马来西亚，喝咖啡与国内“喝茶”一样平常，华人开的茶餐厅也提供各式各样的咖啡。“喝茶”在国内有些场合可引申出找人谈论重要或严肃的事情的意思。相应的，“茶”在文化用词方面也被“kopi”取代。因当地政府曾有过腐败情况，为达到政治选举上想要的目的，行贿者常以“喝咖啡”为幌子，邀请政府高层进行贿赂。亚庇客家话直接借用了马来语的kopi一词来表示咖啡，“喝□□”就多了层“受贿”的意思，这也是类比国内“喝茶”并结合马来西亚当地的实际情况引申出来的新的词义。与“寄票”共同反映出来的当地政治文化，以及当地客家人对当地政治态度。但亚庇客家话不说“喝”为“饮”或“食”，所以这一个词应是受华语和马来语共同影响产生的词，该词所用语素也体现了多语多言环境对客家话的影响。

2. 搞煮饭咖喱 $kau^{31}tsu^{31}fan^{52\text{-}55}ka^{55}li^{555}$

“搞煮饭咖喱”一词组合后字面意义是“烹饪咖喱”，但在当地文化影响下，亚庇青年喜欢用具体烹饪活动来指代整一个模仿家庭行为的说法，是对“过家家”这种游戏的创新表达方式。马来西亚是个多民族多种族的国家，当地印度人人数占马来西亚公民人数的一定比重，加之马来人也喜欢吃咖喱，所以咖喱在马来西亚的餐饮中十分常见。印度文化常与当地马来人和华人的文化相互渗透。自然而然，外来词“咖喱”融入了当地客家人的生活之中。与中年多用“煮饭仔”来形容“过家家”不同，青年一代不仅吃“咖喱”，而且会把外来词作为语素来重新构词，“搞煮饭咖喱”便是例证，在该词中“咖喱”借入后不再指具体的食物，而是词义进行扩大引申，代指所有烹饪食物。该词不仅具有印度饮食文化色彩，体现了中印文化的交融，而且表明年轻一代的马来西亚华人对于外来概念事物能够更好地吸收内化，马来西亚多元文化交融随着时间的推移将会更加密切。

3. 跳□□□ $t^hiau^{52}tsie^{33}lɔ^{33}p^hɔi^{31}$

“跳□□□ $t^hiau^{52}tsie^{33}lɔ^{33}p^hɔi^{31}$”，在亚庇客家人的词汇中表示为“跳皮筋”。□□□ $t^hiau^{52}tsie^{33}lɔ^{33}p^hɔi^{31}$ 则是借用英语的“zero point”，与“跳”组合后，该词的字面意义是“跳零点”，但在马来西亚“跳□□□ $t^hiau^{52}tsie^{33}lɔ^{33}p^hɔi^{31}$”意味“跳皮筋”。它的绳子是由皮筋一环连接一环编成的弹性十足的橡皮圈，可以接得很长。玩法是由两人一起，一人手拿一端，跳者依次从最低的脚趾（zero）慢慢上升到最高的头顶（point），谁无法跳过便被淘汰。所以“□□ $t^hiau^{52}tsie^{33}lɔ^{33}p^hɔi^{31}$”有了新的含义。zero本意为零，借入后引申为低处的脚趾，point本意为顶点，借入后引申为头顶。“跳□□□”所表达的概念国内虽然也有，但亚庇客家人借用英语，组合成新词来表达同样意思，是“跳皮筋”的创新说法，又再一次印证了马来西亚多语言多方言之间的相互交融和影响。

参考文献

[1] 陈晓锦．2014．东南亚华人社区汉语方言概要［M］．广州：世界图书出版广东有限公司．

[2] 林水檺，骆静山．1984．马来西亚华人史［M］．马来西亚留台校友会联合总会．

[3] 林水檺，何国忠，何启良，等．1998．马来西亚华人史新编：第一册、第二册、第三册［M］．马来西亚中华大会堂总会．

[4] 王艳．2009．汉语新词语造词理据分析［J］．青年文学家（9）：171–172．

[5] 徐树娟，姚春林．2013．现代汉语新词语构词理据［J］．河北联合大学学报（社会科学版）13（4）：82–84．

[6] 詹伯慧，张日昇．1998．珠江三角洲方言调查报告之二：珠江三角洲方言词汇对照表［M］．香港：新世纪出版社．

[7] 张德来．沙巴的客家人［M］．沙巴：沙巴神学院．

[8] D · MACIVER · M · A.A CHINESE-ENGLISH DICTIONARY HAKKA-DIALECT as spoken in KWANG-TUNG PROVINCE［M］．上海：美华书馆．

江西全南勉语语音研究①

张　立

（南开大学文学院　天津　300071）

【提　要】瑶族村位于江西省赣州市全南县东北部的崇山峻岭中，村内的瑶胞属于瑶语支系的过山瑶系。江西全南勉语的声调系统有10个调类，其中包括7个舒声调以及3个入声调；声母有77个，包括76个辅音声母外加1个零声母；韵母有52个，根据韵尾的不同，可分为阴声韵、阳声韵以及入声韵。本文还发现了60岁以上老人的发音与40岁左右中年人的发音在声调、声母以及韵母等方面也有一定的区别变化。

【关键词】江西　勉语　语音

一、引言

瑶族是我国56个民族之一，具有悠久的历史。根据第六次全国人口普查数据，瑶族总人口达279万多。瑶族不仅人口众多，分布范围也十分广泛，并且已经成为一个世界性的民族。瑶族在我国历史上是一个自北向南迁徙的少数民族，长期以来居住在偏远的山区，远离中央政府的统辖，过着刀耕火种的生活，因此是一个较为神秘的族群。许多关于瑶族语言文化的记录，主要是从汉语的文献中得来的。瑶族人民现主要使用6种不同的语言，即：勉语、布努语、巴哼语、优诺语、炯奈语、拉珈语。其中勉语即瑶语，是瑶族中使用人口最多且使用最普遍的语言。根据语言谱系分类，勉语是瑶语支下仅有的一种语言。勉语下可分为勉方言、金门方言、标敏方言以及藻敏方言4种。

对瑶语进行系统全面地描写、分析和研究，是我国当前民族语言研究中的重要内容。瑶族在江西的分布十分有限，人口共2599人（第六次全国人口普查），省内也只有两个瑶族行政村。关于江西勉语的研究，前人成果十分有限，主要集中于文化方面，而在语言学方面的研究尚属空缺。因此对江西勉语的研究具有重要的研究价值，兼具理论意义与现实意义。

① 基金项目：国家社科基金一般项目（项目编号：16BYY175）。
感谢全南县陂头镇纪委书记赖敏峰、瑶族村村支书胡周兴、村主任邱兵在笔者调研过程中所给予的协助。

二、调查对象与调查方法

江西省赣州市陂头镇瑶族村位于全南县东北部的崇山峻岭中，距离县城约50千米，距离陂头镇21千米。根据村委会2018年的统计，全村分为高围、白芒坑、新围仔等3个村小组，共有村民71户332人，村民除少量汉族，其余均为瑶族。笔者选取瑶族村为调查对象的主要原因是瑶族村是江西省仅有的两个瑶族行政村之一，也是江西省唯一较完整地保留了本民族语言与文化习俗的民族村，并且勉语生态系统保存相对良好。

笔者分别于2019年1月以及9月至12月期间前往江西全南县陂头镇瑶族村进行实地调查。所收集的语料来源笔者从母语人所获取的一手语料。找到合适的发音合作人往往可以达到事半功倍的效果，笔者所找的发音人均为母语人，包括主要发音人以及校对人。

主要发音人：

1. 赵日发，男，瑶族，1956年11月生，初中文化，长期生活在江西省赣州市全南县陂头镇瑶族村，曾经担任过江西省政协委员、县政协委员以及村长等职务。母语为勉语，同时熟练使用客家方言和汉语普通话，平时主要使用勉语交流。

2. 王礼华，男，瑶族，1977年7月生，小学文化，长期生活在江西省赣州市全南县陂头镇瑶族村，期间只有一年去浙江工作，现担任全南县陂头镇瑶族村村委委员和护林员职务。母语为勉语，同时熟练使用客家方言和汉语普通话，但识字书写能力欠佳。平时村内主要使用勉语交流，村外主要使用汉语普通话。

主要校对人：

1. 邵房古，男，瑶族，1940年6月生，小学文化，长期生活在江西省赣州市全南县陂头镇瑶族村。母语为勉语，同时熟练使用客家方言。平时村内主要使用勉语交流，村外主要使用汉语普通话。本来是笔者所寻找的发音人，但由于对方身体原因，最终成为笔者的校对人。

2. 邱兵，男，瑶族，1977年7月生，初中文化，长期生活在江西省赣州市全南县陂头镇瑶族村，期间去广东工作两年，现担任全南县陂头镇瑶族村村主任职务。母语为勉语，同时熟练使用客家方言和汉语普通话，但识字书写能力一般。平时村内主要使用勉语交流，村外主要使用汉语普通话。

3. 邵林福，男，瑶族，1973年8月生，初中文化，长期生活在江西省赣州市全南县陂头镇瑶族村，期间去上海工作两年，现为全南县陂头镇瑶族村白芒坑大队队长。母语为勉语，同时熟练使用客家方言和汉语普通话，但识字书写能力一般。平时村内主要使用勉语交流，村外主要使用汉语普通话。

上述几位发音人以及校对人的父母及祖父母、外祖父母皆为熟练使用勉语的地道瑶族人，另外除校对人邱兵的妻子为汉族外，其他人的妻子、孩子也均为地道的瑶族人。

三、江西全南勉语语音概况

（一）声调系统

江西全南勉语的声调系统如下表1所示。

表1　江西全南勉语声调表

调性	调类		调值	例词
舒声调	平调	高平	55	bjau^{55} 鱼
		中平	33	pi^{33} 羽毛
	降调	高降	53	djam^{53} 狐狸
		中降	31	dai^{31} 海
		低降	21	fai^{31} 小
	曲折调		231	gai^{231} 屎
	升调		35	tjəu^{35} 酒
入声调	降调	高降	5	siʔ^{5} 红色
		中降	3	tsəʔ^{3} 筷子
		低降	2	siʔ^{2} 七

声调说明：

1. 江西全南勉语有10个调类，其中包括7个舒声调以及3个入声调。需要特别指出的是，60岁以上的老人读入声调的声字时，其塞音尾保留相对完整，而40岁左右的人读入声调的声字时，其塞音尾很多已经脱落，但其在声调上仍保持短促的声调特征。

2. 江西全南勉语的舒声调分为平调、降调、曲折调与升调四类。其中平调包括高平调与低平调，降调包括高降调、中降调与低降调。

3. 江西全南勉语中只有一个曲折调，调值为231，该调在其上升阶段比较短促，而在其下降阶段相对较长。

4. 入声调可分为3个降调，其与舒声调中的3个降调保持一致，集中于5、3、2 等3个调值。并且入声调只和塞音韵尾同时出现。据笔者统计情况，入声调中的低降调、舒声调中的曲折调与高平调出现频率相对其他调类来说较低。

5. 勉语的变调规律不十分整齐，但极其严格（毛宗武，1992）。江西全南勉语由于声调调类较多，因此连读变调情况也较为复杂。

6. 江西全南勉语中阴声调和阳声调的调值差异也基本符合勉方言“阴高阳低”的规律特征。

7. 江西全南勉语的调类与粤北乳源过山瑶勉语（刘鸿勇，2016）的调类相比较，舒声调多出了两个调类，分别为高平调55与曲折调231，而在入声调方面都存有3个降调。江西全南勉语的调类与广东乳源县必背瑶语（王琴，2013）的调类相比较，舒声调中的平调、降调与曲折调相一致，而升调调值不同，必背瑶语舒声调的升调调值为223；入声调中，必背瑶语多了升调25，降调与全南勉语的调类相同。

（二）声母系统

江西全南勉语声母共有77个，包括76个辅音声母外加1个零声母。具体情况见下表2。

表2　江西全南勉语辅音声母表

发音方法			发音部位						
			双唇音	唇齿音	舌尖前音	舌尖中音	舌面前音	舌面中音	舌面后音
塞音	清	不送气	p/pj/pw			t/tj/tw			k/kj/kw
		送气	ph/phj/phw			th/thj/thw			kh/khj/khw
	浊	不送气	b/bj/bw			d/dj/dw			g/gj/gw
塞擦音	清	不送气			ts/tsj/tsw		ʨ/ʨw		
		送气			tsh/tshj/tshw		ʨh/ʨhw		
	浊	不送气			ʣ/ʣj/ʣw		ʥ/ʥw		
鼻音	清		m̥/m̥j/m̥w			n̥/n̥j/n̥w			ŋ̊
	浊		m/mj/mw			n/nj/nw			ŋ/ŋj/ŋw
边音						l/lj/lw			
边擦音						ɬ/ ɬj/ɬw			
擦音	清			f/fj/fw	s/sj/sw				x/xj/xw
	浊							j/jw	
半元音	浊		w						

声母说明：

1. 腭化声母与唇化声母

（1）江西全南勉语辅音声母中唇化声母与腭化声母分布较为普遍，除［ŋ̊］［w］笔者尚未发现有唇化声母与腭化声母，其他声母均具有唇化声母与腭化声母现象。

（2）塞擦音［ʨ］［ʨh］［ʥ］与擦音［j］只有唇化声母［ʨw］［ʨhw］［ʥw］［jw］没有腭化声母。

（3）与其他勉方言类似，江西全南勉语也保留了一个既唇化又腭化的声母［jw］，如jwe^{31}热。

2. 清浊对立

（1）塞音声母有3组清浊对立的［p］［b］、［t］［d］、［k］［g］，其唇化声母或腭化声母清浊整齐对立。如：［pj］［bj］、［tj］［dj］、［kj］［gj］、［pw］［bw］、［tw］［dw］、［kw］［gw］。

（2）塞擦音声母有2组清浊对立的［ts］［ʥ］、［tɕ］［ʥ］，其腭化声母与唇化声母清浊整齐对立。如：［tsj］［ʥj］、［tsw］［ʥw］、［tɕw］［ʥw］。

（3）鼻音［m］［n］［ŋ］有对立的清化音［m̥］［n̥］［ŋ̊］，其中［m］［m̥］与［n］［n̥］的腭化声母与唇化声母清浊整齐对立。如：［mj］［m̥j］、［mw］［m̥w］、［nj］［n̥j］、［nw］［n̥w］。

3. 送气与不送气

（1）塞音声母有3组送气与不送气对立的声母，即：［p］［ph］、［t］［th］、［k］［kh］，其唇化声母或腭化声母送气与不送气整齐对立。如：［pj］［phj］、［tj］［thj］、［kj］［khj］、［pw］［phw］、［tw］［thw］、［kw］［khw］。

（2）塞擦音有2组送气与不送气对立的声母，即：［ts］［tsh］、［tɕ］［tɕh］，其唇化声母或腭化声母送气与不送气整齐对立。如：［tsj］［tshj］、［tsw］［tshw］、［tɕw］［tɕhw］。

4.［ts］［tsh］［ʥ］［s］与［ɔ］结合时，实际音值接近于舌叶音［ʧ］［ʧh］［ʤ］［ʃ］。而唇化音［tsw］［tshw］［ʥw］［sw］中［ts］［tsh］［ʥ］［s］的实际音值也接近于舌叶音［ʧ］［ʧh］［ʤ］［ʃ］。

5. 声母［f］与单元音韵母［u］相拼时，实际音值接近于［ɸ］。

6.［m］［ŋ］可自成音节，例如［m^{33}］不、［ŋ^{33}］五，但没有发现辅音与辅音组合成音节的情况。

7. 江西全南勉语允许音节存在零声母的情况。例如：［ɔ^{35}］肉、［aʔ^{5}］根。

声母例词具体如表 3 。

表3　江西勉语声母例词表

序号	声母	例词	词义	序号	声母	例词	词义
1	p	pu^{33}	手	16	w	wəm^{33}	水
2	pj	pjaŋ^{53}	花	17	f	fiŋ^{55}	先人
3	pw	pwə^{31}	孵化	18	fj	fjəu^{31}	揉
4	ph	pha^{35}	帕	19	fw	fwi^{33}	写
5	phj	phjam^{35}	片	20	ts	tsuʔ^{3}	戳
6	phw	phwət^{5}	扫	21	tsj	tsjan^{35}	剪
7	b	biŋ^{33}	猴子	22	tsw	tswai^{31}	来
8	bj	bjəu^{53}	浮	23	tsh	tshəu^{33}	粗
9	bw	bwɔn^{35}	雪	24	tshj	tshjam^{35}	血
10	m̥	m̥ei^{33}	藤条	25	tshw	tshwət^{5}	出
11	m̥j	m̥jen^{31}	脸面	26	ʥ	ʥuʔ^{3}	刀
12	m̥w	m̥wɔn	朦胧	27	ʥj	ʥjaŋ^{35}	称
13	m	muei^{31}	你	28	ʥw	ʥwei^{31}	美
14	mj	mjen^{31}	人	29	s	san^{33}	铁砂
15	mw	muɔn^{31}	疼	30	sj	sjɔŋ^{33}	箱子

续表

序号	声母	例词	词义	序号	声母	例词	词义
31	sw	swəŋ^{33}	溪	54	tɕw	tɕwan^{33}	斤
32	t	təŋ^{33}	东	55	tɕh	tɕhe^{33}	车
33	tj	tjəu^{35}	酒	56	tɕhw	tɕhwəm^{31}	缺
34	tw	twan^{33}	儿子	57	ʥ	ʥau^{53}	鹿
35	th	thuʔ^{3}	兔子	58	ʥw	ʥwei^{31}	熊
36	thj	thjen^{31}	电	59	j	jɔŋ^{31}	羊
37	thw	thwei^{31}	退	60	jw	jwe^{31}	热
38	d	dau^{33}	土地	61	k	kam^{33}	甜
39	dj	djaŋ^{35}	树	62	kj	kjoŋ^{33}	虹
40	dw	dwai^{31}	薯	63	kw	kwɔ^{31}	果子
41	n̥	n̥am^{31}	潮湿	64	kh	khaŋ^{35}	烤
42	n̥j	n̥ja^{33}	重	65	khj	khjaʔ^{5}	力气
43	n̥w	njəu^{31}n̥wai^{33}	太阳	66	khw	khwɔt^{5}	洞
44	n	nai^{31}	问	67	g	gan^{33}	茅草
45	nj	njaŋ^{35}	丑	68	gj	gjan^{31}	旋
46	nw	nwai^{31}	艾草	69	gw	gwen^{31}	县
47	ɬ	ɬa^{21}	月	70	ŋ	ŋəŋ^{21}	笨，蠢
48	ɬj	ɬjəu^{33}	大	71	ŋ	ŋa^{31}	呀
49	ɬw	ɬwa^{33}	摸	72	ŋj	ŋjet^{3}	吃
50	l	lap^{3}	斗笠	73	ŋw	ŋwai^{53}	野芹菜
51	lj	ljəu^{31}	留	74	x	xu^{35}	伤
52	lw	lwaŋ^{31}	凉	75	xj	xjaŋ^{33}	裤带
53	tɕ	tɕɔʔ^{5}	凹下	76	xw	kwaŋ^{33}xwai^{33}	江西

（三）韵母系统

江西全南勉语韵母共有52个，根据韵尾的不同，可分为阴声韵、阳声韵以及入声韵。具体详情见下表4。

表4　江西全南勉语韵母表

		开口呼	齐齿呼	合口呼	撮口胡
阴声韵	单元音韵母	a	i	u	
		e			
		ə			
		ɛ			
		ɔ			

续表

			开口呼	齐齿呼	合口呼	撮口胡
		-i	ai			
			ei			
			ɔi			
		-u	au			
			əu			
阳声韵		-m	am	im	um	
			em			
			əm			
			ɛm			
			ɔm			
		-n	an	in	un	
			en			
			ən			
			ɛn			
			ɔn		ɔŋ	
		-ŋ	aŋ	iŋ	uŋ	
			eŋ			
			əŋ			
			ɛŋ			
			ɔŋ			
入声韵		-p	ap			
			ep			
			əp			
			ɛp			
			ɔp			
		-t	at	it	ut	
			et			
			ət			
			ɛt			
			ɔt			
		-ʔ	aʔ	iʔ	uʔ	
			eʔ			
			əʔ			
			ɛʔ			
			ɔʔ			

韵母说明：

1. 江西全南勉语有7个基本元音：［a］［e］［ə］［ɛ］［ɔ］［i］和［u］。

2. 江西全南勉语韵母的基本元音已经没有长短对立现象，发音时的长短不受限制，可长可短，例如［pu^{33}］与［pu:^{3}］、［tsa^{31}］与［tsa:^{31}］语义一样，无区分意义的功能。但在以［-i］［-u］作为韵尾的韵母中的主要元音在发音时仍然保持短促的特征，例如［nai^{31}］问、［tai^{21}］死。

3. 江西全南勉语韵母的阳声韵韵尾有3个，即：［-m］［-n］［-ŋ］，共有韵母21个。

4. 江西全南勉语韵母的入声韵韵尾仍保留了3个，即：［-p］［-t］［-ʔ］，常见的塞音韵尾［-k］已经消失，共有韵母19个。60岁以上的老人［-p］［-t］保留相对完整，而40岁左右人发音大多已经脱落。例如：［ap^{5}］与［aʔ^{5}］，［pɛt^{3}］与［pɛt^{3}］。

5. 江西全南勉语韵母［ɔ］在［ɔ］［ɔn］［ɔŋ］［ɔp］［ɔt］［ɔʔ］中的实际音值接近于［o］，而韵母［i］在［i］［in］［iŋ］［it］［iʔ］中的实际音值接近于［ɪ］，但由于笔者未发现［ɔ］与［o］、［i］与［ɪ］出现对立，因此把它们归纳为同一个音位。

6. 由于勉语长期受汉语的影响，因此勉语中存在大量现代汉语借词，从而现代汉语中的韵母［ɿ］也经常在勉语中，但由于［ɿ］的出现环境只存在现代汉语的借词中，例如：电视［tjan^{31}sɿ^{31}］，因此，笔者未将其列入勉语的韵母中。

江西全南勉语韵母例词见下表5。

表5　江西全南勉语韵母例词表

序号	韵母	例词	词义	序号	韵母	例词	词义
1	a	kwa^{33}	瓜	19	um	kjum^{31}	肥
2	e	le^{31}	了	20	an	than^{35}	多
3	ə	thə^{31}	塌	21	en	m̥en^{33}	轻
4	ɛ	pɛ^{31}	病	22	ən	mjən^{31}	网
5	ɔ	ɔ^{35}	肉	23	ɛn	pjɛn^{35}	翻
6	i	li^{33}	里	24	ɔn	bɔn^{35}	头
7	u	pu^{33}	手	25	in	in^{33}	苦
8	ai	mai^{31}	玉米	26	un	fun^{35}	大蒜
9	ei	tei^{35}	件	27	aŋ	taŋ^{53}	子弹
10	ɔi	pɔi^{33}	雷	28	eŋ	feŋ^{55}	松
11	au	bau^{53}	冰雹	29	əŋ	swəŋ^{33}	溪
12	əu	xəu^{31}	芋头	30	ɛŋ	naŋ^{33}mɛŋ^{33}	青蛇
13	am	nam^{31}	南	31	ɔŋ	sɔŋ^{33}	姜
14	em	phjem^{33}	肺	32	iŋ	piŋ^{55}	猴子
15	əm	wəm^{33}	水	33	uŋ	tsuŋ^{33}	丈
16	ɛm	kɛm^{53}	山	34	ap	ap^{5}	鸭
17	ɔm	luŋ^{31}dɔm^{33}	早餐	35	ep	gjep^{5}	蚱蜢蝗虫
18	im	tim^{53}	撞	36	əp	xəp^{5}	喝

续表

序号	韵母	例词	词义	序号	韵母	例词	词义
37	ɛp	tsjɛp⁵	十	45	ut	kjut³	弯
38	ɔp	xɔp⁵	抱	46	aʔ	paʔ³	铅
39	at	dat⁵	翅膀	47	eʔ	kjeʔ⁵	黑
40	et	pjet³	辣	48	əʔ	xəʔ⁵	脏
41	ət	tshwət⁵	出	49	ɛʔ	pɛʔ⁵	白
42	ɛt	pɛt³	舌头	50	ɔʔ	sɔʔ⁵	冬瓜
43	ɔt	khɔt⁵	壳	51	iʔ		
44	it	tsit⁵	闭	52	uʔ	dzuʔ³	刀

（四）音节结构

江西全南勉语音节结构如下表6（C表示辅音、V表示元音）。

表6　江西全南勉语音节结构

序号	音节结构	例词	词义	例词	词义
1	V	i³³	二	ɔ³⁵	肉
2	VV	au³⁵	妻子	ɔi³⁵	要
3	VC	in³³	苦	ap⁵	鸭
4	C	m³³	不	ŋ³³	五
5	CV	the³¹	塌	pɛ³¹	病
6	CVV	tei³⁵	件	xəu³¹	芋头
7	CVC	kɛm⁵³	山	xəp⁵	喝

从表中，可以看出江西全南勉语音节结构的特点：

1. 一个音节最多可以用3个音素符号来组合，例如CVC与CVV，也可以由一至两个音素符号组合，即序号1—3。

2. 音节结构的组成可以没有元音，如序号3，但这类音节数量极少，集中于鼻音声母，也可以没有辅音，只有元音，例如序号1—2。

3. 元音在音节结构中占优势，除了极少数音节没有元音，其他音节都有元音，元音最多可以出现两个，并且可以连续出现，而辅音不能出现连续。

4. 江西全南勉语音节都具有声调。

四、江西全南勉语的语音变化

关于江西全南勉语的语音变化，笔者主要比较的是60岁以上老人（赵日发、邵房古）的语音与40岁左右瑶族同胞（王礼华、邱兵、邵林福）的语音差异，主要有如下几个方面的特点：

（一）声调方面

1. 平调的变化

关于江西全南勉语平调的变化，笔者发现60岁以上的人在发高平调55时，清晰而且声调较高，与中平调33区别十分明显，而40岁左右的人发音时，高平调与中平调区分不是特别清晰，期间笔者也为此参考了不少村民的发音，同样发现有此方面的现象。而与勉语其他方言相比较，也发现高平调出现的频率远低于中平调，例如广东乳源县必背瑶语（王琴，2013），有些地方的勉语根据相关学者调查，有的已经没有高平调，例如粤北乳源过山瑶勉语（刘鸿勇，2016）。

2. 降调的变化

关于江西全南勉语降调的变化，笔者发现60岁以上的人在发中降调31与低降21时，区分还是十分明显。而在40岁左右的人发音时，中降调与低降调区分不是特别清晰。

（二）声母方面

关于江西全南勉语声母方面的变化主要体现在轻化鼻音的变化。

表7　江西全南勉语的轻化鼻音现象

序号	姓名	出生年月	例词	语义	例词	语义
1	赵日发	1956年11月	m̥i^{35}	星星	ŋjet^{3}m̥aŋ^{35}	吃饭
2	邵房古	1940年6月	m̥i^{35}	星星	ŋjet^{3}m̥aŋ^{35}	吃饭
3	王礼华	1977年7月	xi^{35}	星星	ŋjet^{3}m̥aŋ^{35}/ ŋjet^{3}xaŋ^{35}	吃饭
4	邱兵	1977年7月	xi^{35}	星星	ŋjet^{3}xaŋ^{35}	吃饭
5	邵林福	1973年8月	xi^{35}	星星	ŋjet^{3}m̥aŋ^{35}/ ŋjet^{3}xaŋ^{35}	吃饭

从表中，我们可以看到40岁左右的瑶族同胞对轻化鼻音的发音已经非常模糊，有的甚至已经没有使用轻化鼻音而改用［x］。为此，笔者也调查了其他村民，发现很多人已经分不清轻化音，或者有的已经不再使用轻化鼻音。而且从笔者调查词汇的实际情况，轻化鼻音出现的频率也远低于其他辅音。

（三）韵母方面

1. 塞音韵尾

表8　江西全南勉语入声字的塞音韵尾情况

序号	姓名	出生年月	例词	语义	例词	语义	例词	语义
1	赵日发	1956年11月	ap^{5}	鸭	pet^{3}	舌头	siʔ^{5}	红
2	邵房古	1940年6月	ap^{5}	鸭	pɛt^{3}	舌头	siʔ^{5}	红
3	王礼华	1977年7月	aʔ^{5}	鸭	pɛʔ^{3}	舌头	siʔ^{5}	红
4	邱兵	1977年7月	aʔ^{5}	鸭	pɛʔ^{3}	舌头	siʔ^{5}	红
5	邵林福	1973年8月	aʔ^{5}	鸭	pɛʔ^{3}	舌头	siʔ^{5}	红

和其他勉方言一样，江西全南勉语入声字的塞音韵尾也开始脱落为喉塞韵尾［ʔ］，60岁以上的老人［-p］［-t］保留相对完整，而40岁左右人发音时，塞音韵尾大多已经脱落。

2.［tsj］［tɕ］与［dʑj］［dʑ］

通过调查，笔者发现60岁以上的老人对［tsj］［tɕ］与［dʑj］［dʑ］的区分是十分清晰的，而在40岁左右的人区分十分模糊，并且在很多情况下他们会不自觉的将［tsj］与［dʑj］发成［tɕ］与［dʑ］。具体情况如下表9所示：

表9　江西全南勉语［tsj］［tɕ］与［dʑj］［dʑ］韵母情况

序号	姓名	出生年月	例词	语义	例词	语义
1	赵日发	1956年11月	$tsjam^{35}$	血	$dʑjaŋ^{35}$	称
2	邵房古	1940年6月	$tsjam^{35}$	血	$dʑjaŋ^{35}$	称
3	王礼华	1977年7月	$tsjam^{35}$/ $tɕam^{35}$	血	$dʑjaŋ^{35}$	称
4	邱兵	1977年7月	$tɕam^{35}$	血	$dʑaŋ^{35}$	称
5	邵林福	1973年8月	$tsjam^{35}$/$tɕam^{35}$	血	$dʑjaŋ^{35}$/ $dʑ aŋ^{35}$	称

五、结语

江西省的全南县勉语属于勉方言广滇土语（李云兵，2011）。之前有学者认为江西全南勉语的语音与乳源勉语的音十分接近，并可直接通话，但笔者通过实地调研发现，两者之间仍有需要差别，并且瑶族村村民也不认可他们的语音可以与乳源勉语相同。通过笔者的调查研究，江西全南勉语的声调系统有10个调类，其中包括7个舒声调以及3个入声调；声母有77个，包括76个辅音声母外加1个零声母；韵母有52个，根据韵尾的不同，可分为阴声韵、阳声韵以及入声韵。而且本发现60岁以上的老人发音与40岁左右人的发音在声调、声母以及韵母等方面也有一定的区别变化。

参考文献

［1］高鲜菊. 2015. 广西爱店镇勉话语音研究［J］. 广西民族大学学报（哲学社会科学版）(11)：166–169.

［2］胡晓东. 2011. 瑶语研究［M］. 成都：西南交通大学出版社.

［3］李少梅. 2008. 中国广东乳源瑶族与瑶语［M］. 北京：民族出版社.

［4］李云兵. 2011.20世纪以来的苗瑶语调查［J］. 民族翻译（1）：72–80.

［5］李云兵. 2018. 苗瑶语比较研究［M］. 北京：商务印书馆出版.

［6］刘鸿勇. 2016. 粤北乳源过山瑶勉语研究［M］. 北京：文化艺术出版社.

［7］刘玉兰. 2012. 泰国勉语参考语法［D］. 中央民族大学博士学位论文.

［8］罗光泉. 2016. 全南瑶寨风情录［M］. 赣州：全南县民族宗教事务局.

［9］毛宗武. 1982. 瑶族语言简志［M］. 北京：民族出版社.

［10］毛宗武. 1992. 汉瑶词典［M］. 成都：四川民族出版社.

［11］毛宗武. 2004. 瑶语勉方言研究［M］. 北京：民族出版社.

［12］蒙朝吉. 1999. 五十年代的瑶语大普查［J］. 广西民族研究（1）.

［13］盘才万. 2003. 必背瑶寨［M］. 东莞：广东省东莞市印刷厂.

［14］舒化龙. 1992. 现代瑶语研究［M］. 南宁：广西民族出版社.

［15］王辅世，毛宗武. 1995. 苗瑶语古音构拟［M］. 北京：中国社会科学出版社.
［16］王琴. 2013. 广东乳源必背瑶语（勉语）语音研究［D］. 暨南大学硕士学位论文.
［17］肖荣钦. 2011. 广东连南八排瑶语语音研究［D］. 暨南大学硕士学位论文.
［18］张立. 2019. 江西瑶语生态系统调查研究—以赣州瑶族村为例［J］. 科学经济社会（4）：100–107.

浙江景宁鹤溪畲话音系及语音特点

董一博　王　艳　章　策

（暨南大学文学院/汉语方言研究中心　广东广州　510632）

【提　要】文章对浙江景宁鹤溪畲话老派男性语音进行记录，归纳浙江景宁鹤溪畲话中的声母、韵母、声调系统，并整理出浙江景宁鹤溪畲话的语音特点。

【关键词】浙江景宁鹤溪　畲话　语音特点

一、景宁畲族自治县基本情况

（一）自然地理概况

1. 地理位置

景宁畲族自治县（以下简称“景宁县”）地处浙江省西南端，洞宫山脉中段，属浙南山区。位于北纬 27°58′ 东经 119°38′，县域面积 1949.98 平方千米。景宁县东与青田、文成两县接壤，南与泰顺和寿宁（福建）相衔接，西部和龙泉、庆元两县市相依。北毗云和县，其东北部与莲都区相连接。从地质构造上来看，景宁县属华夏陆台浙闽地质组成部分。出露地层单元以中生界侏罗系、白垩系、火山系为主，第四系不发育。自震旦以来，构造以上升为主，没有巨厚的海相沉积。在历次地壳运动中，以燕山运动最为深刻，曾发生多次火山活动，有深厚的火山岩（侏罗系）覆盖层及穿插其间的侵入岩体（主要为燕山晚期各次侵入的花岗岩类）。凝灰岩与花岗岩的面积占全县总面积的 96.57%，地质构造位于中国东南部

图1　景宁畲族自治县行政区划图

新华夏系第二隆起带南段，江山—绍兴深大断裂东南侧的浙闽隆起区，新华夏系上虞—丽水—寿宁断裂带，龙泉—奉化地幔凹陷区，是全省地壳厚度最大的地域之一。

景宁县地形复杂，地势由西南向东北渐倾。地貌以深切割山地为主，县内有瓯江、飞云江两大水系的发源地。发源于洞宫山脉的瓯江支流小溪，自西南向东北贯穿全境，将县境分为南北两部分，形成两岸宽约124.6千米的狭长带，构成了“九山半水半分田“和”两山夹一水，众壑闹飞流”的地貌格局。境内海拔高低悬殊，最高的大漈乡海拔1020米，最低的陈村乡海拔80米。

2. 气候特征

景宁县气候属于亚热带季风气候，温暖湿润，四季分明，雨热同期。冬夏长，春秋短，热量资源丰富。冬季主要受到干冷的极地冷高压控制，盛行西北风，以晴朗、干燥天气为主；夏季深受副热带高气压影响，干旱少雨，台风为之补充丰富的降水。春秋两季多降水，气旋活动频繁，锋面雨甚多，冷暖变化亦大。由于季风的不稳定性，景宁县冬季低温、寒潮，夏季高温、干旱，雨季洪涝，夏秋热带风暴和春夏季的冰雹等，均是潜在的灾害性天气。据县气象部门测计，景宁县县城年均气温为17.5℃，100米以下的河谷地区，年平均气温18℃左右；200—300米的丘陵地区，年平均气温17℃左右，400—600米的丘陵低山区年平均气温15℃—16℃左右，800℃1000米以上的地区年平均气温14℃—12℃左右。一月份为全年最冷月，月平均气温6.6℃。年平均无霜期为241天，最长259天，最短230天，平均初霜期为11月中下旬，终霜期为3月份的上旬。年平均降水量为1542.7毫米，年日照时数1774.4小时，年太阳辐射量102.2千卡/平方厘米，年平均日照百分率仅为40%，为全省日照时数最少的县之一。

（二）历史沿革

景宁县境西周属越，春秋仍属越地。三国是属临海郡，隋开皇九年（589）废永嘉、临海二郡，置处州设立括苍县（含景宁地域）。明景泰三年（1452）巡抚孙原员以“山谷险远，矿徒啸聚”为由始置景宁县，属处州府。清沿其制。

辛亥革命（1911）后，属处州军政分府。

1914年属瓯海道。

1927年直属浙江省政府。

1935年9月属浙江省第九行政督察区。

1948年4月属浙江省第六行政督察区，7月属浙江省第七行政督察区。

1949年5月12日景宁城解放，5月21日建立景宁县人民政府，属丽水专区。

1952年丽水专区撤销，改属温州专区。

1960年并入丽水县。

1962年划丽水县原云和县、景宁县辖地置云和县，属温州专区。

1963年5月丽水地区复设，辖云和县（含景宁）。

1984年6月，经国务院批准，在原景宁县地域建立景宁畲族自治县。

目前，景宁县是中国第一个畲族区域自治县，也是华东地区唯一一个的少数民族自治县。

（三）景宁畲族与人口概况

畲族是我国南方的一个古老少数民族，主要分布在浙江、福建、安徽、江西、广东等省。畲族人自称“山哈”，在畲话中“山哈”意为“山里人”或“山里的客人”。文献中对畲族的记载，历史上主要有“蛮”“蛮僚”等称呼。《集韵》：“畲，火种也，诗车切。”宋范成大《劳畲耕》：“畲田，峡中刀耕火种之地也。”由此观之，“畲”有刀耕火种的意思。这和畲族的历史现实基本吻合。景宁畲族发源于广东潮州凤凰山，畲族传说史诗《高皇歌》中有“凤凰山上安祖坟，荫出盘蓝雷子孙”，据史书记载，畲族祖先在隋唐之前在广东韩江流域定居。公元 13、14 世纪，因为战争等因素导致大批畲民北迁，迁入福建，在罗源、连江、古田、福鼎等地居住。之后再次迁入浙江、江西和安徽等地。唐永泰二年（766），畲族一支从福建迁移到浙江青田鹤溪大赤寺（今景宁县澄照乡），定居叶山头村（今鹤溪镇），开畲族入迁景宁之路。根据傅根清（2001）研究发现，畲族在历史上的迁移可以分为3个阶段。第一阶段的是潮、泉、汀、赣等地的原地散居；第二阶段是向闽北地区迁移；第三阶段是向浙南山区迁移。景宁畲族就是在第三阶段迁移完成的，这是一条最漫长的迁移路线，也是一条最为主要的迁移路线。即：潮州→漳州南靖→泉州同安→安溪→连江→罗源→宁德→福安→泰仁→景宁（云和）→遂昌→衢县→兰溪→建德→临安→安徽宁国。

景宁畲族主要分布在景宁县内山区、河谷之中，其余零星分布在景宁县各个村落。其中，景宁县县城鹤溪镇畲族人口占据景宁畲族人口的多数。根据 2020 年全国第七次人口普查统计，景宁县全县常住人口中，汉族人口为 9.18 万人，占 82.7%，其他少数民族人口为 2.02万人，占 17.3%。其中畲族人口约有 1.86 万人，占 16.6%。

二、浙江景宁语言概况

目前，畲族主要使用两种语言（方言）：居住在广东省惠阳、海丰、增城、博罗一带的畲族，约有 1000 多人，使用苗瑶语族的畲语；居住在浙江、福建、江西、安徽等省以及广东省潮安、丰顺两县且占畲族总人口 99%以上的畲族，使用的是另外一种语言，我们称之为“畲话”（用来区别于原来的“畲语”）（赵则玲、郑张尚芳，2002）。关于景宁畲话的性质，学术界历来存在着较大的争议。罗美珍（1980）认为目前畲族使用两种语言，一种是属于苗瑶语支的畲语，剩下的则是类似汉语方言的“畲话”。游汝杰（1985）谈到“移民放弃旧地方方言改用新地方方言”时，就举了畲族语言的例子，说“绝大多数畲族人早已改说汉语的客家方言”。郑张尚芳（2001）认为不能把畲话当做就是客家话，只能说是不完全等同于客家话。畲话是吸收了五个层次的汉语方言，是汉语型的，音系上大体是客家话，但并没有放弃本民族的东西，还有底层。傅根清（2001）通过对景宁畲话的“古全浊声母字今读情况”的分析，认为景宁畲话是一种接近闽语而独具特色的方言。傅根清（2003）通过对比景宁畲话和客家话的声韵调系统，得出“客家话对畲话的影响是表层的，分散的，而不是深层的，更不是体系上”的结论，认为畲话是一种古老复杂且特殊并以族群区分的独具特色性的混合型方言。赵则玲（2004）通过大量的研究，认为畲话是一种特殊的汉语方言，是闽粤客赣吴等方言诸多成分的融合。由此观之，景宁畲话是一种混合型的汉语方言，基本框架是客家话，在其民族迁移过程中吸收了居住地的方言特色，形成了今天的景宁畲话。目前景宁县主要以景宁话（上丽片吴语丽水小片）和景宁畲话两种语言（方言）为主。其中使用景宁话的人口占大多数，景宁畲话的使用人口随着社会的发展、电视传媒的普及以及畲汉通婚等原因，畲话的使用范围逐渐萎缩。景宁县县城鹤溪镇是一个畲汉大杂居的县城，县城街道的畲民使用的是景宁话进行日常交流，在聚居的村落中依旧是以畲话作为交流工具。根据张诗凝（2015）调查发现，目前景宁县的畲民大多数使用双语，即畲话和景宁话。在一些政府机关和学校单位，基本上使用汉语进行交流，除非双方都比较熟悉畲话才会使用畲话交流。外出打工者回村一般使用畲话，村中老人基本上使用畲话，个别畲民和汉族人通婚或者和一些不会说畲话的畲族人通婚，开始出现家庭双语现象。很多家庭忽视对子女畲话的教育，导致使用畲话的人口递减，致使畲话处于濒危少数民族语言的行列。

三、浙江景宁鹤溪畲话的声韵调

本部分列出浙江鹤溪畲话的声母、韵母、声调系统。经过整理，鹤溪畲话共有20个声母，71个韵母，6个声调。

（一）浙江景宁鹤溪畲话声母

包括零声母在内，景宁畲话共有20个声母。

表1　景宁鹤溪畲话声母表

p	班玻倍风飞	p^h	怕爬孵饭肺	m	麻买每尾物	f	付费房火红		
t	赌徒坠桌鸟	t^h	到拖大沉	n	脑拿年能	l	罗类浪蕊乐		
ts	祖债罪知宙织	ts^h	粗齐初寨吹席			s	手助诗示杂墅送		
tɕ	姐集知赚处杰	$tɕ^h$	除抽锄齐秋字洽缺琼	ȵ	你二粘肉	ɕ	手宿肾县全神声寻愁		
k	故可旗厚	k^h	口桥柿川			h	河去灰合佛	ŋ	我饿瓦牛雁
ø	话雅爱雨武五								

说明：

1. 部分次浊声母和零声母出现了“清音浊流”的现象，如“野［jia^{325}］、椅［ji^{325}］”等字。
2. ［f］声母发音略带圆唇，如“火”的实际音值更接近于ϕu^{325}。
3. ［n］［l］不混，两者分布没有规律。

（二）浙江景宁鹤溪畲话的韵母

包含自成音节［m］和［ŋ］在内，景宁畲话共有 71 个韵母。有音无字用“□”表示。

表2　浙江景宁鹤溪畲话韵母表

ɿ	子诗寺	i	佢姐题纸乞肥亿	u	多罗坐过步事	y	女猪处去主
a	阿哈	ia	亚写谢射社野				
o	哥河剖岳和	io	续揉靴梳茄	uo	禾		
ɔ	架瓜爬瓦化			uɔ	话画		
ai	帅才亥弟买	iai	斜鸡快	uai	外怪坏环		
ui	坝坠龟飞尾	iu	孵休				
oi	台开爱妹对					yoi	炊嘴税
ɔi	个我摔	iaɔ	钓笑桥				
au	保刀老曹高厚曝	iau	猫爪小赵昭条				

续表

əu	左邹瓯勾所	ieu	到捞表烧斗秋手舅				
in	奶染心面新			un	吞奔尊准文	yn	赚根巾君
				uon	碗	yon	官参川权元
ɔn	贪担三丹汗安盆半	iɛn	搭贬变扇言院贫				
an	拿溪含天雁庚	ian	间眼见迁现	uan	暖关观丸		
aŋ	生硬争省打	iaŋ	酿凭平镜正声				
əŋ	封腾冯	ieŋ	肯层				
ɔŋ	帮党浪桑光讲项	iɔŋ	娘良帐唱放胸用	uɔŋ	黄往凰		
		iŋ	灯增僧冰景星经营	oŋ	东送宗共	yŋ	枪能孕风虫龙
ad	蜡甲八发罚突核	iad	咬	uad	挖阔滑惑		
		id	立汁入七急结吉律	ud	剁骨物末	yd	缺出
od	杂刷忽佛国					yod	绝说月
ɔd	答夺雪勃末						
əd	涩戌质	iɛd	折叶业别舌血				
aʔ	执百客策席	iaʔ	穴	uaʔ	划括刮		
ʅʔ	织饰植	iʔ	集泣日北直食席笛	uʔ	猝博捉谷毒福	yʔ	鸽粤督竹六菊
oʔ	恶托落郭桌目烛	ioʔ	着药浊绿曲玉	uoʔ	镬		
ɔʔ	搭恰割扎						
əʔ	秩	ieʔ	协客黑踢				
iɛʔ	灭猎						
iuʔ	宿祝育						
m̩	武雾戊						
ŋ̍	五午						

说明：

1. [ieu] 韵中的 [e] 介于 [e] 与 [ɛ] 之间，实际音值为 [ᴇ]。
2. [f] 声母后的 [u] 实际读为唇齿性的 [ʋ]。
3. [ɔn] 中带有过渡音 [a]，可记成 [ɔan]。
4. [an] 中的 [a] 偏央偏后，实际音值可记为 [ʌn] 和 [ɑn]。
5. 景宁畲话的入声塞音尾 [-t] 较浊，实际音值为 [-d]，多数入声塞音尾为喉塞 [-ʔ]。
6. [uon] [uɔ] 等圆唇韵母，只有零声母字。

四、浙江景宁鹤溪畲话的声调

浙江景宁鹤溪畲话一共有6个单字调。平入分阴阳，古浊上归阳去和阴平，古清去和阴平合并。以下调值采用五度标记法进行标注。

阴平 43　多菜近　　阴上 325　火五伞　　阴入 4　铁七博

阳平 22　徒旗牢　　阳去 31　大雾赵　　阳入 2　腊十局

说明：

1. 阳平 22 尾部略降，实际音值为 221。

2. 阴上 325 起点略低，实际音值为 215。

3. 阴入调和阳入调的实际音值分别是短促的 42 和 22，部分入声出现了舒化现象。

五、浙江景宁鹤溪畲话的语音特点

（一）声母方面

1. 景宁鹤溪畲话中的古全浊声母字，不论平仄，逢今塞音、塞擦音，基本上是比较均衡地分化为送气清音和不送气清音两类。其中並、定、群三母读不送气者略多于读送气者，从、澄、崇三母则是读送气者比读不送气者多。表现出与闽语和客家话大致相同的特点。

2. 非、敷、奉母读为重唇音，是较早层次的读音，读齿唇声母则是后起的音。畲话的古非组字今有［f］齿唇声母与［p p^h m］双唇声母两种读法，表现出"古无轻唇音"的残留现象。像微母字有零声母和双唇鼻音［m］两读，如"勿［u^{31}］""文［mun^{22}］"等字。

3. 古精见晓组声母在景宁畲话中已将部分读［ts、ts^h、s］的古精组字颚化为舌面音［tɕ tɕ^h ɕ］，如"浸［tɕ^{h}in^{43}］""足［tɕiuʔ^4］"等字。

4. 知组声母读为塞擦音，与精组、章组、庄组合流，如"智＝资＝之＝楂"。

5. 溪母字的读音比较复杂，有读［h］声母的"坑""客"等字；有读［k^h］声母的"空""酷"等字；有读［f］音母的"开""苦"等字；有读［tɕ^{h}s］声母的"气""揭"等字。这4种不同的读音均符合汉语古今声母的演变规律，并与粤语溪母字的今读音格局相似。

6. 景宁畲话中的部分知组字读如端组。如知母字"账［tioŋ^{43}］""胀"［iaŋ^{43}］""桌［toʔ^2］"，澄母字"坠［tue^{43}］""瞪［tuŋ^{31}］"等。

7. 个别匣母归见组。比如厚"厚［kau^{31}］""峡［kad^4］"等字。这种现象与浙南吴语、闽语等示南方言类似。

（二）韵母方面

1. 景宁鹤溪畲话四等字无［i］介音，混同于二等字，跟前期中古音接近。

2. 景宁鹤溪畲话的古鼻音尾韵母和塞音尾韵母，还保留［-m –n -ŋ］和［-p –t -ʔ］三套韵尾，但［-k］尾塞音已演变为［-ʔ］尾，少数［-t］尾字也有变为［-ʔ］尾的。

3. 浙江各地畲话的古通摄一等和三等字今音读不同韵。

4. 浙江各地畲话韵母系统中都存在以［y］为主元音或介音的韵母，即属于撮口呼一类的韵母。

5. 通摄一三等不同韵。一等阳声韵尾［oŋ］，入声读［uʔ］；三等阳声韵读［yŋ］韵，入声韵读［yʔ］［ioʔ］韵（除非组读［uʔ］韵外）。

6. 景宁畲话中存在一组撮口呼韵母。如"如［ɕy^{22}］""许［ɕy^{325}］""书［ɕy^{43}］""羽［y^{325}］"等字。这些读撮口呼的字和当地吴语具有一定的对应关系，是在语言接触的过程中形成的。

7. 景宁畲话中部分字的韵母读音借自当地吴语。比如"走"字，景宁畲话将其读为［tsau^{325}］，因为景宁畲话中表"行走义"的字用"行［taŋ^{43}］"，加炎"走"字所在的流撮武器一等字在景宁畲话多读为

[əu] 韵。帽此判断，其音显然是借自于景宁吴语。

（三）声调方面

景宁鹤溪畲话的单字调为6个调，无浊上调和阴去调，与客家话接近。与古调类相比，声调归并情况是这样的：古清平和清去字读同阴平，少数古全浊上声字今读阴平；古全浊、次浊平声字今读阳平；古清上和次浊上声字读同阴上；大部分古全浊上声字及古全浊、次浊去声字今读阳去；古清入字今读阴入；古全浊、次浊入声字今读阳入。

六、结语

本文基于对浙江景宁鹤溪畲话声韵调的调查、整理、归纳、对比、总结，得出了浙江景宁鹤溪畲话声母和韵母以及声调的主要特征和演变规律。通过以上的调查和整理，可以清晰地发掘出鹤溪畲话声、韵、调的主要特征以及同周边的汉语方言之间的异同。可以更好地去掌握鹤溪畲话的特点，更好地去记录该地区的语音特征，进而达到对该地区语言的传承与保护。

参考文献

[1] 包国滔. 2016. 广东惠东畲族研究的回顾与展望 [J]. 广东第二师范学院学报（1）：75–80.

[2] 陈礼梅. 2016. 景宁畲话与其迁徙地词汇的比较研究 [D]. 浙江师范大学硕士学位论文.

[3] 傅根清. 2001. 从景宁畲话古全浊声母的今读看畲话的性质 [J]. 中国语文（3）.

[4] 傅根清. 2003. 从景宁畲话的语音特点论其与客家话的关系 [J]. 山东大学学报（哲学与社会科学版）（5）：73.

[5] 胡方. 2012. 浙江景宁畲话的语序及其表达功能 [A]. 全国汉语方言学会，西南科技大学. 方言语法论丛：第六辑 [C].

[6] 胡松柏，胡德荣. 2013. 铅山太源畲话研究 [M]. 北京：中国社会科学出版社.

[7] 雷艳萍. 2015. 浙江畲话的名量词 [J]. 桂林航天工业学院学，20(2)：228–232.

[8] 骆锤炼. 1995. 温州畲话 [J]. 温州师范学院学报（哲学社会科学版）：19–24.

[9] 毛宗武，蒙朝吉. 1986. 畲语简志 [M]. 北京：民族出版社.

[10] 游文良. 1999. 中国民族文化大观·畲族卷 [M]. 北京：方志出版社.

[11] 张诗凝. 2015. 景宁畲话的语言生态研究 [D]. 上海师范大学硕士学位论文.

[12] 张爽. 2018. 景宁畲话与汉语六地方言词汇相关度的计量研究 [D]. 浙江师范大学硕士学位论文.

[13] 赵则玲，郑张尚芳. 2002. 浙江景宁畲话的语音特点 [J]. 民族语文（6）.

[14] 赵则玲. 2004. 浙江畲话研究 [M]. 杭州：浙江人民出版社.

[15] 赵则玲. 2006. 试论浙江畲话和浙江吴语的关系 [J]. 宁波大学学报（人文科学版）(1)：11–14.

[16] 赵则玲. 2008. 畲族语言研究八十年 [J]. 浙江学刊.

▶汉语史研究◀

鲍康宁《英华合璧》的量词观和量词教学理念初探[①]

王衍军　成适逸凡

（暨南大学华文学院　广东广州　510610）

【提　要】量词是现代汉语区别于古代汉语的一个重要特征，也是区别于印欧语系的显著特征。本文着重从量词编排和教学理念的角度，对《英华合璧》[②]展开深入探讨，认为该教材体现出注重归类系联、语言比较、规律总结、教学实践及偏误分析等特点，为现今的量词本体研究及教学提供启示和思考。

【关键词】量词观　汉语教学　《英华合璧》

一、前言

鲍康宁（F.W.BALLER）是英籍来华传教士，1873年作为内地会成员来到中国，在华49年，他一生致力于汉语教育和中华文化传播，为中外文化交流做出了突出贡献。他著述丰富，前后编著了《英华合璧》《华文释义》《笔画入门》《日日新》等一系列汉语教材。其中，《英华合璧》是成书于19世纪末的汉语综合教材，自1887年至1926年，陆续发行了14版，在当时深受汉语学习者和汉语教师的欢迎。岳岚（2014）指出其势头远远盖过威妥玛的《语言自迩集》，但相较于后者，学界对《英华合璧》的重视程度远远不足，尚处于起始阶段。目前国内仅有少量几篇文章对《英华合璧》进行了个案研究，且主要是对作者、版本以及教材结构进行系统的梳理和介绍，并未完全展开深入的专题研究。

刘媛媛（2011）主要是对教材进行背景和版本介绍；岳岚（2014）从《英华合璧》中归纳了汉语教材适应性、针对性等编写原则；毕芳丽（2016）探讨了教材体现的语音观和语法观，肯定了《英华合璧》具有的历史地位和现实意义；郭利霞（2017）从汉语国际教育史的视野探析了教材所反映的汉语观和教学观；杨冰轮（2019）探讨了书中文化因素的编排和教学理念；刘涵（2019）则分析了书中的处置句、被动句和比较句等多种特殊句式。作为一部在问世50年内能再版到14版的对外汉语教材，在国内外广为传布，在内容编排和教学理念上必然有其独到之处，对其展开深入研究，对当前方兴未艾的对外汉语

① 本文为国家语言资源监测与研究教育教材中心项目：《晚清域外汉语教材语法对比研究及检索语料库建设——以〈北京官话全编〉等12部教材为例》（2019ZD002）的阶段性成果，也得到了国家社科基金项目“晚清域外汉语教材语法对比研究及检索语料库建构研究”（2020BYY122）的资助，特此致谢。

② F. W. Baller（鲍康宁），*Mandarin Primer*（《英华合璧》）（SHANGHAI：CHINA INLAND MISSION AND PRESBYTERLAN MISSION PRESS，1911）.

教学也有着重要的借鉴和参考价值。

马西尼（2008）指出“意大利传教士卫匡国1652年编撰的《中国文法》是西人所编注意到汉语量词用法和特征的第一本书”[①]。西方对汉语量词的研究较中国早近两个世纪，到晚清时已有了较为科学的分类和总结，宏观来看，西方学者了解汉语量词的目的和角度与中国学者相比，稍有差异，前者更多的是站在教学实践，即从“如何用”的立场出发展开探索，故理论与教学实际联系相对密切，他们所著的每一套汉语教材实则也是一部汉语语法书。

因此，研究晚清时期西方汉语教材中的量词具有“古为今用、洋为中用”之效，“瞻前”可以从域外视角考察晚清量词的使用情况，并与国内早期量词本体研究作比较，进而还原早期西人学习汉语量词的规律和方法，以及教材相关内容编写的原则。“顾后”与现今量词使用现状及教学研究作比较，进一步补充和丰富汉语史和汉语教育史的体系内容。

二、《英华合璧》所体现的汉语量词观

1. 注重归类系联

《语法讲义》里对量词的定义是：量词是能够放在数词后面的粘着词。[②]我们可以认为，《英华合璧》中所指“数字附加词”（Numerary Adjuncts，简称“N.A.”）即现代汉语中的量词，功能是连结数词与名词。《英华合璧》在教材中附有量词表，名为“A list of Numeracy Adjuncts”，所纳入的量词大部分为名量词中的个体量词。量词表中每个量词均有注音和英文翻译，右上角的数字是课文序号。该表一目了然，学习者可根据该表直接积累教材中的所有“数字附加词”以方便学生查阅。

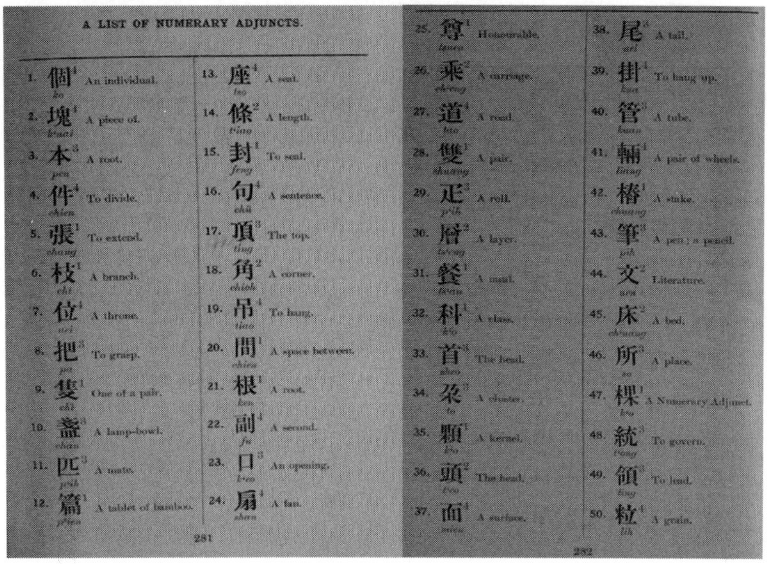

A LIST OF NUMERARY ADJUNCTS.

1.	個[4]	ko	An individual.
2.	塊[4]	k'uai	A piece of.
3.	本[3]	pen	A root.
4.	件[4]	chien	To divide.
5.	張[1]	chang	To extend.
6.	枝[1]	chi	A branch.
7.	位[4]	wei	A throne.
8.	把[3]	pa	To grasp.
9.	隻[1]	chih	One of a pair.
10.	盞[3]	chan	A lamp-bowl.
11.	匹[3]	p'ih	A mate.
12.	篇[1]	p'ien	A tablet of bamboo.
13.	座[4]	tso	A seat.
14.	條[2]	t'iao	A length.
15.	封[1]	feng	To seal.
16.	句[4]	chü	A sentence.
17.	頂[3]	ting	The top.
18.	角[2]	chioh	A corner.
19.	吊[4]	tiao	To hang.
20.	間[1]	chien	A space between.
21.	根[1]	ken	A root.
22.	副[4]	fu	A second.
23.	口[3]	k'eo	An opening.
24.	扇[4]	shan	A fan.

281

25.	尊[1]	tsuen	Honourable.
26.	乘[2]	ch'eng	A carriage.
27.	道[4]	tao	A road.
28.	雙[1]	shuang	A pair.
29.	疋[3]	p'ih	A roll.
30.	層[2]	ts'eng	A layer.
31.	餐[1]	ts'an	A meal.
32.	科[1]	k'o	A class.
33.	首[3]	sheo	The head.
34.	朶[3]	to	A cluster.
35.	顆[1]	k'o	A kernel.
36.	頭[2]	t'eo	The head.
37.	面[4]	mien	A surface.
38.	尾[3]	wei	A tail.
39.	掛[4]	kua	To hang up.
40.	管[3]	kuan	A tube.
41.	輛[4]	liang	A pair of wheels.
42.	樁[1]	chuang	A stake.
43.	筆[3]	pih	A pen; a pencil.
44.	文[2]	wen	Literature.
45.	床[2]	ch'uang	A bed.
46.	所[3]	so	A place.
47.	棵[1]	k'o	A Numerary Adjunct.
48.	統[3]	t'ung	To govern.
49.	領[3]	ling	To lead.
50.	粒[4]	lih	A grain.

282

图1 《英华合璧》量词表截图

《英华合璧》中所列量词表共收录50个量词：张、个、件、本、把、枝、句、口、位、只、座、条、根、封、块、双、顶、面、盏、吊、副、角、辆、道、掛、层、尊、首、乘、朵、棵、所、床、椿、间、匹、篇、疋、扇、尾、头、颗、粒、领、统、餐、科、管、笔、文。均为名量词。编者没有将动量

① 宋桔：《〈马氏文通〉前西人的汉语量词研究》，《语言研究》2014年第34卷第4期，第97页。

② 朱德熙：《语法讲义》，商务印书局，2008年，第48页。

词纳入量词范围，但已发现其中的共同之处和各自的特点，总结了“阵、番、遍、遭、场”同属于表数的副词，按现在的归类同属于情态动量词，表示动作的次量，并且教材中提到“次”有“次序、序列”的意思，“阵”用于小的空间场合，“番”有循环的含义。

2. 注重语言比较

《英华合璧》重视中英两种语言的比较，在尝试对量词进行分类时，以能否通过英译的方式解释量词为分类标准，“They are of two kinds, one of which we might call meaningless, because they do not need to be translated; and the other significant, because they do.”鲍康宁分析汉语量词并未脱离英语的局限，忽略了量词基本特征，认为不能将其翻译为英文的是无意义的一类，反之，则为有意义的一类。“用英文研究中文”是该教材的主要模式。

Before some nouns in English, idiom demands the use of a special word, as, a piece of music; a plot of ground, &c. But the exception in this matter in English, is the rule in Chinese, in as much as every noun takes some word corresponding to piece and plot in the above examples……They are called in this book Numerary Adjuncts（referred to hereafter as N.A.）

教材从语言比较的角度，将英文中量词的使用范围作为汉语量词概念限定的标准，提出英文中有类似的特殊用法，但在汉语使用中具有普遍性。教材中提到了四种量词的搭配情况：在某些名词前表达数字“一”的概念，如“a piece of music”是指“one piece”；表示“一”以上的数字，需加量词，如不可说“two music”，应为“two pieces of music”；有指示代词“this that”时，需加量词，如“this plot of ground；that plot of ground”；用“how many? which?”提问时，也需结合使用量词。

以上是根据量词替代功能和搭配条件，抓住母语与汉语近似的用法比较，向学习者提供相对熟悉的语言环境，这样的方式比“开门见山”更容易接受理解。

教材提到英文中回答“how many chairs have you?”时，可以直接说“eight”，但是在汉语中不能单独回答“八”，需要加上量词“把”，回答“八把”。将量词放入话轮中，从汉英的不同之处对比加强量词教学的实用性。

3. 注重规律总结

明清时期虽处于量词研究的雏形阶段，能将语言呈现出的表面现象描述清晰已属不易，编者由浅入深，尝试突破表象，总结出简明扼要的量词内部规律。如《英华合璧》第二课通过英汉对比引入量词这一概念后，紧接着便介绍量词的使用条件，教材按使用与否各总结了三条规律，并在每一条后附加了例句：

（1）以下条件下使用量词：

a. with definite numbers.

如：十个钱。

b. with this and that.

如：这个钱是我的。/那件衣裳是他的。

c. with which? and how many? When the latter is represented by 几.

如：几个字？/哪三张纸？

（2）以下条件下不使用量词：

a. before indefinite numbers.

如：这是我的东西。

b. in speaking of weight, dimension and distance; as ‘pounds’; ‘ounces’; ‘feet’; ‘inches’; ‘miles’.

如：买三两。

c. when something fills, or partly fills, or covers, or partly covers something else; in such a case the first noun becomes the N.A.

如：一桌子书。/一碗茶。

教材中总结出的这六条规律，与现在的量词使用有出入，但仍有值得我们学习借鉴的地方，尤其是最后两条。从（2）b和（2）c中我们得出，编者没有将与英文共有的度量衡单位归入量词一类；且前瞻性地认为数词后若有两个名词，第一个名词表示“满、全部”时，则将其视为量词，即属于我们现今划分的容载量词或临时名量词，说明编者已察觉到量词并不仅仅局限于固定使用的个体名量词中，且量词的范围界限是有弹性的，在特殊的使用条件下，名词也会发挥量词功能。

4. 注重教学实践

《英华合璧》记录的主要是北京官话口语，侧重选择介绍日常使用的量词，即强调在口语中的运用，而不是介绍只在书面中使用的量词，以利于学生学以致用，避免书本与实际脱离。叶桂郴（2008）中提到“枚”从汉代开始出现，称量的对象非常广泛，直到明清，依然占据着非常特殊的地位，明清以后，才萎缩到只在书面文献中称量某些事物[①]。我们对该教材穷尽式搜索，都没有发现“枚”的踪迹，可由此“管中窥豹”，一方面，应验前人结论，教材编著所处晚清时“枚”已不再是常用的量词，可见教材与时代变迁紧密联系；另一方面，编者注重吸纳生活语言，归入书面语的“枚”已没有必要出现在口语体为主的教材中。

将量词带入句子、整个课文中时，会注意语境的生活化，对量词的教学灵活多变，从引入到讲解再到练习，都采取了不同的方式，针对不同的量词特点也会使用不同的技巧，包括直观描述、偏误教学、结合本义等。

5. 注重偏误分析

国外对第二语言习得研究始于20世纪70年代初，比如偏误分析理论就是在这一时期渐渐形成，而且是跟语言对比分析联系在一起的，只是服务于教学。比如Corder（1974）曾详细描述了偏误分析的五个步骤：语料选择、偏误识辨、偏误分类、偏误解释、偏误评估。但是在《英华合璧》中已经出现了偏误分析理论的雏形。比如：初阶篇的第二课课文是两人对话，内容是围绕“张、把、碗”三个量词谈论日常生活，反复出现名量、数量的搭配用语。通过这个途径，学习者可以了解两个量词的偏误。如：

买三个茶碗、三枝笔、八张纸。

我要买两本书、一把椅子、十几个碗。

又如：

我就说，买一个碗要二三十个钱。买三碗茶，要几个钱。

他说，这不要几个钱。

说一个碗、是说一样东西，说一碗茶，是说两样东西。

例句中的“两样”是指“另一样”，课文借说话人的使用错误引入“一个碗”和“一碗茶”的辨析，虽然教材对此的解释并不准确，但这种方法是值得借鉴的。将量词辨析和搭配用法放入对话中，学习者在理解课文时，自然也掌握了相应量词的用法。就这一课而言，量词教学的目的明确，把它融入到了特定的课文情景中，且将词语、课文以及语言点较好地串联到一起。在第三课的课文中，提到“有外国人说、一个碗茶、中国人说、一碗茶、说个字就说错了、十个件衣裳说不得、说十件衣裳就不错”。这里

① 叶桂郴：《明代汉语量词研究》，岳麓书社，2008年。

强调的是量词冗余的情况，同时使用两个量词，也侧面说明当时量词“个”已能称量搭配大多数名词，导致学生出现开始过度泛化使用“个”的现象。

6. 注重文化解读

“语言与文化的关系问题，即语言与语言之外其他文化现象的关系问题，诸如语言与文学、哲学、宗教、历史、地理、法律、风俗以至于物质行为、社会制度、思维方式、民族性格等文化现象的相互关系问题。”[①]语言承载着一个时代的发展，也融合了一个民族的文化。量词作为汉藏语系中的特殊词类，自然也蕴含了独特的文化内涵。量词不仅具有称量功能，承担一定的语法意义，也可被赋予具化形象，传递情感。

《英华合璧》在量词表中将“吊”译为动词义“to hang”。体现“吊”的动作状态，具体到“一吊钱”，又译为“a string of cash”，量词“吊”是一种货币单位，同时展示了绳状长条的货币样式，体现该时期货币文化具体特征。个体量词不具有表量、计数的功能，而是对事物形体的精炼概括，即个体量词主要承担表形功能。其表形功能实际是民族认识模式和文化心理的显化反映，“顶”表现出的是用头支撑的状态，作量词时用于某些有顶的东西，如教材中列举的“一顶帽子、一顶帐子”。此外，教材中出现了量词“掛”，与“表”搭配，“一掛表”，现在我们将它看作“挂”的异体字，《现代汉语词典》（第7版）[②]中有“挂”作量词时，多用于成套或成串的东西，如“一挂四轮大车；十多挂鞭炮”。这与教材中量词“掛”的含义并不一致，明清佩戴多为怀表，主要是佩在腰间，别于裤袋或用扣子卡住放入兜里。因此“掛”作量词使用时与《集韵》[③]中的释义“掛，别也”更相近。《英华合璧》中也有“掛”的动词用法，“掛着一块板”，这里的“掛”与现今动词“挂”无异。

有不少带有评价性或文化意义的名词，通常会与具有文化属性指向的量词搭配，由此产生动态语义理解和文化偏好。教材中群体指称“贩子”用量词“帮”，如“抬头一望，就望见一帮贩子”，表现出的是对“贩子”这一群体的鄙夷态度，而“先生、上帝”用量词“位”，“戴先生包先生二位先生”“这一位降生在犹太国的耶稣”，再如“有一尊六七尺的菩萨”，所选量词体现对宗教人物的敬意。贴切恰当地使用量词，语言中隐藏的文化内涵可以被激活，量词本身承担的深层文化也能被挖掘出来。

三、《英华合璧》的量词观对当前汉语国际教学和教材编写的启示

1. 以实用为纲，注重操练

鲍康宁在《英华合璧》中指出“准确使用量词，可以很好地帮助学习者提升汉语口语和听力能力”。早期的量词教学是一个崭新的探索阶段，教材在发挥“教”的主动性的同时，也积极调动学习者“学”的主动性，尝试对量词采取灵活多样的处理方法，不同量词从不同的角度释义；留心量词使用偏误，将典型的偏误放入课文对话中，尽可能让习得与学习相结合；语法教学不是理论的堆砌，而是从“什么时候用”和“如何用”出发，进行规律的总结和系统的归纳。

名量词与数词、名词，动量词与数词、动词均有很强的粘合性，因此教学时应考虑到实用性，尤其强调量词的搭配用法，在讲名词时，应讲量词，在讲动词时，若有与量词的常用搭配，也应提及。涉及量词的语法点，放置到语法点中讲解即可。

---

① 冯天瑜：《“封建”考论》，武汉大学出版社，2006年，第434页。

② 中国社会科学院语言研究所词典编辑室：《现代汉语词典》（第7版），商务印书馆，2016年，第474页。

③ ［宋］丁度等撰，［清］方成珪考正：《集韵》（附考正），商务印书馆，1937年，第344页。

2. 以类别为线，注重系联

量词是汉藏语系中一个相对封闭的系统，常用量词的数量也相对固定，但在教材中比较零散，因此，“即遇即讲”和“滚雪球”尤为重要，教师应注意在教学时遇到量词即时向学生指出，简单易懂的不必详讲，在积累了一定量后，要引导学生自行总结。

3. 以功能为点，注重文化

语言输入的过程，必然会了解该语言所承载文化。至于附加功能，也需要放在语境中，更能帮助学习者理解。量词中的文化成分不必详讲，也不可不讲，只讲量词承载的典型文化内涵，不做延伸补充，这是汉语教材应具备的教学功能。学习者掌握量词的同时，可了解量词背后的文化，反之，投射出相应的文化背景也能加速对量词的整体理解。

四、结论

《英华合璧》作为一套来华传教士编写的汉语教材，一方面，其编排结构与现今普遍使用的汉语教材大体基本一致；另一方面，从教材所传递的量词教学理念看，主要具备了以下三个典型特征：

一是强调语言环境的重要性，教材尽可能地将量词教学放入一定的语境中展开，有效地利用了课文的语篇功能创造特定知识点的使用背景。即便是有关量词语法知识的规律介绍，也以对话的形式进行示例。汉语是重意合的块状型语言，孤立地将视角局限于字词内部不是学习掌握汉语的有效方法。二是主张语言学习的实用价值，该教材的功能性和目的性很强，鲍康宁既教汉语，也学汉语，因此学生“如何学”是教材编纂必然会考虑的问题，量词偏误的分析成为《英华合璧》的一大亮点。此外，帮助来华传教士尽快适应中国民间生活，展开宗教传播是该教材的最主要任务，编排格式和内容均从实用价值出发，以日常生活和宗教用语为学习目标，没有晦涩的语法介绍和脱离实际的示例。三是重视对比系联，教材名为《英华合璧》即是编者以英汉对比为教材编纂中心理念的体现，包括教材使用语言为中英文，知识点异同比较，母语不同而产生的语言理解差异分析，语言层面出现的文化解读等，都为该教材的鲜明特点。

晚清时期汉语的研究尚处于起步阶段，对汉语的宏观认识和细节的挖掘都不够成熟，我们从《英华合璧》量词观和量词教学理念的探究，可窥探晚清域外视角下的汉语观及汉语教学理念，可明显看到，从教材的整体编排到量词的具体教学，从体现的基本原则到知识点的处理，时至今日，仍具一定的参考价值。

参考文献

[1] 毕芳丽. 2016. 鲍康宁《英华合璧》研究 [D]. 山东师范大学学位论文.
[2] [宋] 丁度，等撰.1937. 集韵：附考正 [M]. [清] 方成珪考正. 上海：商务印书馆.
[3] 冯天瑜. 2006. “封建”考论 [M]. 湖北：武汉大学出版社.
[4] 郭利霞. 2017. 汉语国际教育史视野下的鲍康宁和《英华合璧》[J]. 国际汉学 (4)：87–93.
[5] 刘涵. 2019. 晚清来华传教士汉语教材中的特殊句式研究 [D]. 山东师范大学硕士学位论文.
[6] 刘媛媛. 2011. 鲍康宁与《英华合璧》[D]. 华东师范大学学位论文.
[7] 宋桔. 2014.《马氏文通》前西人的汉语量词研究 [J]. 语言研究，34(4)：93-101.
[8] 杨冰轮. 2019.《英华合璧》中文化因素编写理念研究 [D]. 沈阳师范大学硕士学位论文.
[9] 叶桂郴. 2008. 明代汉语量词研究 [M]. 湖南：岳麓书社.

［10］岳岚.2014.《英华合璧》管窥［J］.人文丛刊（8）：225–233.
［11］朱德熙.2008.语法讲义［M］.北京：商务印书局.
［12］中国社会科学院语言研究所词典编辑室.2016.现代汉语词典［M］.7版.北京：商务印书馆.
［13］Corder. S. P. 1974.Error Analysis［M］.London：Oxford University Press.
［14］F. W. 1911. Baller：Mandarin Primer（《英华合璧》）［M］.Shanghai：CHINA INLAND MISSION AND PRESBYTERLAN MISSION PRESS.

量词“帧”的产生及其历史演变①

冷瑞婧

（暨南大学文学院　广东广州　510632）

【提　要】“帧”本字为“幨”，当为“登”声。“曾”“梗”两摄音读在晚唐后相混，致使“幨”产生声符换读和字形简化。“帧”本义为撑开后用以作画的布帛，唐代指悬挂式佛陀类画像，晚唐以后泛指山水画、花鸟画等。唐宋时“帧”用于计量卷轴类字画，明清时“数词+帧+名词”标志量词“帧”的成熟。现代汉语量词“帧”与数词结合常修饰短小、硬质的照片、书签等。

【关键词】俗字　同源字　语法化　语义特征

20世纪中叶后，国内学者对汉语量词的共时描写与历时研究成果颇丰，尤其对个体量词的起源、选择关系、语法功能等研究贡献突出，为建立量词系统研究系统打下坚实基础，然部分量词仍缺乏探源工作与阶段性的描写分析。现结合词源学与语法化对量词“帧”的起源与发展演变试作分析，以就教于方家。

一、“帧”本字考

多个词典对“帧”的注音有所不同。《汉语大字典》（第1卷）（1986：747）、《汉语大词典》（第3卷）（1986：750）与《现代汉语常用量词词典》（1991：187）“帧”注音为“zhèng”。《现代汉语量词用法词典》（2002：177）与《近代汉语词典》（2015：2641）“帧”注音为“zhēn”。词典中注音的不同为我们追根溯源提供了线索。

“帧”最早在唐朝有文献用例。

（1）曾令画八幅山水障，在长安平原里，破墨未了，值朱泚乱，京城骚扰，璪亦登时逃去。家人见画在帧，苍忙掣落。此郭最见张用思处。（唐张彦远《历代名画记》卷十）

（2）太皇太后为升平公主追福，奏置奉慈寺赐钱二十万，绣帧三车，抽左街十寺僧四十人居之。（唐段成式《酉阳杂俎》续集卷六）

（3）幡幨画像皆啮去其头，数日之后又相啖食。（唐罗隐《广陵妖乱志》）

从以上可知“帧”应为图画，纸质或绢制，可撑开、撑挑、悬挂放置。“帧”的这种形制类似于行障。扬之水（2011：91）指出行障来源于步障，风行于魏晋南北朝。行障可以一竿悬挑中央，竿下设障座，为后世挂轴画的滥觞。从佛经中记载画帧作画过程来看，“帧”最初应指撑开后用以作画的布帛。宋法贤译《佛说持明藏瑜伽大教尊那菩萨大明成就仪轨经》卷三：“行人若欲画像。先须用上好纯素匹

① ［基金项目］2017年国家社科基金重大项目“汉语词源学理论建设与应用研究”（项目编号17ZDA298）。

帛……又以五宝水洗。方可上幀。”（T20/684c）[①]

“帧”《说文》未收，《集韵·映韵》：“幀、帧、撜，张画绘也，或作帧，亦从手。”《类篇·巾部》：“幀、帧，猪梦切，张画绘也，或作帧。”《字汇·巾部》：“帧，朱孟切，音诤，开张画缯。亦作幀、幁。”以上字书解释“帧”当为张开画幅之义。从字形上来看，“帧”为形声字，形声在表音的同时往往也兼表义。然从贞得声的字，如侦、祯、遉、桢、揁等其语源义为纯粹的、无瑕疵的（殷寄明，2018：75-86）或征兆、浅红的（殷寄明，2018：988），与“帧”张开画幅之义并无关联。

考察“帧”在魏晋南北朝至隋唐出现的大量俗字和异体字，我们认为帧的本字作“幀”，为登声，本义为张开画幅。

首先，从同源字关系来看。从“登”得声的字多具有张开的语源义，如“瞪”即睁大眼睛。证，《说文·言部》：“证，告也。从言，登声。”本义为告发。《论语·子路》：“其父攘羊，而子证之。”由告发而引申公开证实之义。豋，《类篇》：“张也，或作撜。”韸，《广韵·映韵》：“韸，张皮也。”“登”在方言中亦表示决裂、分开之义。《汉语方言大词典》（第4卷）（1999：6368）河南洛阳方言：“我们俩一点也不对付，说不上两句话就登了。”又“蹬”，《汉语方言大词典》（第5卷）（1999：7453）东北官话“蹬”读如上声［$təŋ^{213}$］，田维贤《广播里的笑声》：“明儿我一高兴，就兴把她儿子蹬喽。”江苏徐州读如［$təŋ^{213}$］，“用得着时八面好，用不着就一脚蹬开。”

其次，从“帧”的异体字关系来看。张涌泉（2010：141）在释“祯”字时指出，“祯”亦是“帧”的异体字，字又作“幀”“幁”“桢”“椗”“伥”“揁”“憕”等，指出这些字为“帧”字尚未定型时期的多种写法。然从这些异体字中我们发现其多为假借用法。

“曾”“梗”两摄在晚唐相混后，“幀”常产生以“贞”为声符的声旁易读字。如祯，《说文·示部》：“祯，祥也。从示真声。”《汉书·宣帝纪》：“神光并见，咸受祯祥。”颜师古注：“祯，正也。祥，福也。祯音贞。”祯从“贞”得声，本义为祥瑞。《八琼室金石补正》卷四七唐《故龙花寺内外临坛大德比丘尼尊胜陀罗等幢记》：“又创置五十二贤圣祯像，各有袈裟瓶钵，开设供养。”“祯”则同音假借为“帧”。又“木”旁手书常讹作“礻”，唐轮播伽罗译《苏婆呼童子请问经》：“其所画桢，应用白氍细柔密致匠者织成，两头存缕勿令割截。”（T18/736a）画桢，即画帧。“桢”在《说文》中则解释为“刚木也”。俗书“木”旁又与“扌”易混，“揁”在可洪《新集藏经音义随函录》第七册《大乘经音义》第一之七中亦有收录“像揁”与“揁像”。又《大唐故三藏玄奘法师行状》：“书俱胝绢像一千揁。贤劫千佛一千揁。弥勒佛一千揁。”（T50/219a）“揁”皆表帧像之义。

“枨”，《说文·木部》：“枨，杖也。从木长声。”与“橕”音近借用。唐轮播伽罗译《苏悉地羯罗经》“台帧”下校勘记云：“帧=橕【明】【甲】，“甲本”头注曰橕，“和本”作张，盖音相似耳，又作枨。枨，宅衡切，门两旁木也。”“伥”表帧像义，实则为音同借用的形误字。《说文·人部》：“伥，狂也。”慧琳《一切经音义》卷三五《佛顶尊胜念诵仪轨经音义》：“伥像，上擿更反，借用，本无此字，张开画像也。或有从木，也作揁，或作椗，皆俗字也，非正也。”又“椗”同“碇”，指系船的石墩或铁锚，这里应为“椗”与“枨”耕阳旁转而借用。故从以上所考察的异体字来看，祯、桢为音近借用，桢与揁为俗讹字。橕、张为音转通用，枨、伥、椗则为音转借用。故其异体字多为与“帧”音近的假借关系。

最后，从“帧”的俗字关系来看。除了大量异体字的使用，“帧”在文献用例中亦有众多讹俗字。

① 本文所引佛典来源《CBETA电子佛典集成》，中华电子佛典协会（Chinese Buddhist Electronic Text Association 简称CBETA），2014年版。标注格式“T”指《大正新修大藏经》、“X”指《卍新纂续藏经》、“J”指《嘉兴藏》、“C”指《中华藏》，“/”前后的数字分别表示册数和页数，a、b、c分别表示上中下栏。下同。古代汉语文献源于“中国基本古籍库”，现代汉语文献源于“北京大学中国语言学研究中心CCL语料库”。

如⿱穴登、⿰巾登、⿰巾⿱宀登、⿰扌⿱穴登、⿱穴⿰忄登、⿰巾⿱癶兄、⿰巾争等。

“⿱穴登”同⿰巾⿱穴登,《字汇补·穴部》：“⿱穴登，画缯也。”《山堂肆考》卷二十：“今绢画在竹格曰⿱穴登。”《古音骈字》卷下有“圆⿱穴登”同“圆帧”。

“⿰巾登”，为⿰巾⿱穴登简化而来，表宏阔义的“⿱穴登”加意符“巾”为“⿰巾⿱穴登”字，根据文字书写的经济性原则，⿰巾⿱穴登省去穴而为⿰巾登。《冬心先生续集》下卷《论画杂诗二十四首》：“一⿰巾登远胜十六轴，奇古不数卢楞迦。”①

“⿰巾⿱宀登”与⿰巾⿱穴登同，俗书“宀”旁与“穴”旁常被当做同义偏旁而互用。

“憕”与⿰巾登同，俗书“巾”旁与“忄”旁相混，敦煌写本伯2305《解座文汇抄》：“望儿孙，嘱神鬼，把阎王憕子千回跪。”②

“⿰扌⿱穴登”,《文字指归》：“⿰扌⿱穴登，开张画绘也，本作⿰巾⿱穴登。”即⿰扌⿱穴登本字当作⿰巾⿱穴登。

“⿱穴⿰忄登”,《龙龛手鉴·穴部》：“⿱穴⿰忄登，开张画缯也。与⿰巾⿱穴登同。”

“⿰巾⿱癶兄”，亦同“⿰巾登”,《康熙字典·巾部》：“⿰巾⿱癶兄，同⿰巾登。”

“⿰巾争”，元朝出现,《集贤宾·佳遇》：“若写入丹青画⿰巾争，纵寻得画昭君妙笔划难成。”即⿰巾争亦为画幅之义，亦为曾摄和耕摄相混的声旁换读字。

从以上“帧”的俗体字关系来看，现总结其俗体字演变关系如下：

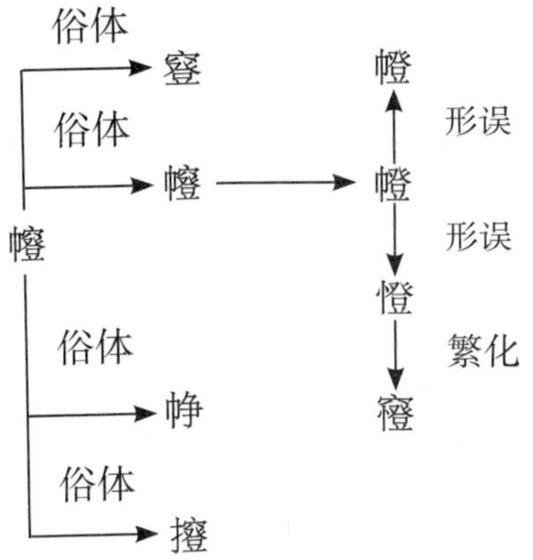

故从以上异体字和讹俗字关系来看，帧的本字应作“⿰巾⿱穴登”，二者声母同为知部。晚唐时因曾摄与梗摄逐渐相混，为⿰巾⿱穴登、帧的语音易读和字形简化提供了条件，使得“⿰巾⿱穴登”具有登、争得声的两种讹俗字形。故前文所提到的词典，才会有旧读与新读之分，旧读之“帧”即从登得声，读为“zhèng”，而现代汉语中“帧”已经采用简化字之后的读法，读为“zhēn”。

二、量词“帧”的产生与组合关系演变

从上文可知“帧”的本字为“⿰巾⿱穴登”，本义指撑开以作画的布帛。早期“帧”的形制与行障类似，可用于撑挑或设障座以供奉。魏晋时期佛教盛行促使佛像画不断精进，在布帛上完成的绢画佛像称为“帧像”或“像帧”。唐宝思惟译《不空罥索陀罗尼自在王呪经》：“安置帧像四衢道中或空室内。应以华香及诸饮食。除血肉等种种供养。”（T20/423b）又《不空罥索陀罗尼自在王呪经》：“于白月八日或十四日。持八戒斋于像帧前。”（T20/425a）

早期，“帧”常构成双音词“XX帧”，指某位佛陀的画像，如“菩萨帧”“老君像帧”“真人像帧”

① 《续修四库全书》的第587页作“⿰巾登”,《历代地方诗文总集汇编》的第395页作“⿰巾⿱穴登”。顾廷龙、傅璇琮：《续修四库全书》，上海古籍出版社，2002年。历代地方诗文总集汇编编委会：《历代地方诗文总集汇编》，国家图书馆出版社，2016年。

② 原例引用自《汉语俗字研究》。张涌泉：《汉语俗字研究》，商务印书馆，2010年，第142页。

等，在计量画像时，以“XX像”构成的复合词粘合性更强，语义更加稳固，故在插入数词时便构成“XX像+数词+帧”，自此便奠定了量词“帧”的组合结构。

1. 量词“帧”组合关系演变

唐时“帧”多指称悬挂式佛陀类画像，故“帧”早期多与画像类名词组合为“XX像（真）+数词+帧”的结构，当“帧”不再限于画像时，其句法组合为“数词+帧”。

（4）又录造俱胝画像、弥勒像各一千帧，又造塑像十俱胝。（唐慧立《大唐大慈恩寺三藏法师传》卷十，T50/276c）

（5）奉造释迦绣像一帧，并菩萨圣僧、金刚师子。（唐法琳《辩证论》卷四，T52/511c）

（6）可画一帧作绀容夫人所为因缘，投火死状，并与象马各数满五百。（唐义净译《根本说一切有部毘那耶》卷四十八，T23/892b）

“帧”在此时仍保留有名词佛陀类画像的语义，语义指向所修饰的名词。在语义泛化的过程中，“帧”与名词的联系渐趋松散，而与数词形成“数词+帧”的稳定结构。

唐宋时期，“数词+帧”在语义上直接指称所指对象，不再与名词同现。此时“数词+帧”可插入形容词性成分。数量短语插入形容词性成分最常见于容器类量词，而“帧”作为个体量词，仅有少数形容词能够进入。如“小”“长”等。

（7）苏州丁氏五星图，宗室叔盎字伯充，家《金星》一小帧，并真迹也。（宋米芾《画史》）

（8）韩干与李杜同时，所作马世间见一二长帧，上作街道阑干，不作马扰，并无他物，其马神骏，不可名状。（宋赵希鹄《洞天清录》）

量词“帧”作为名词指悬挂式画像，篇幅一般较大，当用“帧”修饰小幅画面时，多用形容词“小”加以特指。当强调画像的长度时，则用形容词“长”或插入形容词复杂形式。

“数词+帧+名词”是量词“帧”成熟的标志。典籍记载最早用“数词+帧+名词”结构的是黄庭坚，《南乡子·重九寄怀永康彭使君用坡旧韵》：“青眼想风流。画出西楼一帧秋。”这里“一帧秋”指画出一幅西楼秋天的景色，但此“数词+帧+名词”为孤例，且限于诗歌韵律，尚不能明确作为量词形成的标志。至明清时，“数词+帧+名词”结构才普遍出现于句法位置中。

（9）树影从隙中透入，西壁宛然一帧图。（明孙能传《剡溪漫笔》）

（10）一帧花篮，一帧大柏，一帧梅花仙女，一帧修篁茂林，一帧杨梅枇杷。（清陈康祺《壬癸藏札记》）

（11）后四句展放一幨画图出来，与起首七字相映，章法妙甚。（清翁方纲《杜诗附记》）

“数词+帧+名词”的定型，说明“帧”的量词用法已经成熟，现代汉语中以“帧”修饰字画类名词的量词用法大多被“幅”与“轴”承担，“帧”则用于电子设备如摄像机的画面计量。此时，“帧”降格为量词性语素，可与其他语素组合成词，如“数帧”“指示代词+帧”“每帧”等。

（12）李苦禅亲去祭扫，请人当场摄了数帧留影。（1993年《作家文摘》）

（13）案前的那帧照片，一次次明亮我的眼眸，（1995年《人民日报》）

2.“帧”的语义泛化

量词“帧”的形成以及组合关系演变使“帧”的名词和动词用法逐渐消失。唐时，“帧”指悬挂式佛陀画像。宋朝时，“帧”可泛指山水画、花鸟画等。量词用法的应用使“帧”在表达名词帧像或画幅时，需加后缀构成“帧子”。《五灯会元》卷十：“莫作须菩提幨子画将去。且恁么信受奉行。”名动相因，“帧”的动词用法或颇少见。宋范成大《吴郡志》卷四十三：“（吴顾生）每画，先帧绢数十幅于地，多研墨汁及诸彩色，各贮一器。”

“帧”在古代汉语中的复合词构词能力较强而现代汉语则完全消失。如“名词+帧”表示绘画内容，“丹青帧”“菩萨帧”等，段成式《酉阳杂俎》续集卷六：“寺有先天菩萨帧，本起成都妙积寺。”又有绣帧、画帧等。元王恽《游华不注山记》：“东连叠径，悉为稻畦莲荡，水村渔舍，间错烟际，真画帧也。”又“形容词+帧”，宋张君房《云笈七签》卷一百一十九“谢贞精意圬墁遇天师授符验”条：“贞忽于青城山遇峡中贾客，修斋有天师小帧供养，乃是授符应现之真尔。”

“帧”在现代汉语中除了“装帧”一词，其他均作为量词性语素组合成词。“装帧”在古代尚未形成复合词，清黄爵滋《仙屏书屋初级》载《题谭襄敏遗图二首》：“李穆堂先生题词，公后子嗣因旧纸漫漶重装帧额，属更书之，因附诗于后。”“重装帧额”指重新更换画幅额首。故“装帧”在现代汉语中产生，其引申自古代作画前先绷好绢面，对整个画作整体构思之本义。

故“帧”量词用法的形成是语义泛化和组合关系演变共同作用的结果，现代汉语中“帧”的量词用法受限于“轴”与“幅”所选择的名词范围，逐渐出现了萎缩现象。

三、量词“帧”在现代汉语中的应用

量词与所修饰的名词往往具有双向选择性，“帧”与“幅”“轴”所选择的名词种类与范围不尽相同，这不仅与量词语义本身有关，组合与聚合规则也同样发挥着重要作用。量词“帧”与“幅”“轴”在历史变化的过程中，虽然都经历了语义泛化，但“帧”与“轴”的虚化并没有“幅”的程度深，故“幅”在句法关系中最为自由，而“帧”与“轴”受限。对幅、帧、轴的语义特征分析能够帮助我们正确搭配所修饰名词。

“一幅”可以计量具象与抽象画面，如广告、书法、挽联、山水画、剪纸，蓝图，情景、惨象、恐怖图、众生相、镜头、剪影等。与“一帧”和“一轴”不同的是，一幅还可以修饰立体的雕屏、雕像或立体的地图，如浮雕像、雕屏等；描述有生命体特征的人物神态或动作，如坐姿、憨厚像、风度；同时修饰积极、消极的情形，而“帧”与“轴”则没有修饰消极内容的这种用法。

A_1<u>一幅</u>雕像　*一轴雕像/*一帧雕像

A_2<u>一幅</u>坐姿　*一帧坐姿/*一轴坐姿

A_3<u>一幅</u>惨象　*一轴惨象/*一帧惨象

“幅”已经能脱离语义本身来选择所修饰的名词，可作为个体量词修饰带有消极色彩的抽象图景。“幅”所选择的名词的特征与其在语法化过程中的引申程度密切相关。

量词“帧”在语料库中的用例比“幅”和“轴”少，“帧”与“幅”一样，可修饰具象与抽象画面，如绣品、奖状、书签、请柬、小照、菜单、沙画，风景、剪影、小景致等。“帧”常用于专业领域。如计量录像、数据等，如一帧数据。“帧”在现代汉语中修饰名词时，往往具有“短、小”类特征。

B_1<u>一帧</u>请柬　*一幅请柬/*一轴请柬

B_2<u>一帧</u>书签　*一幅书签/*一轴书签

B_3<u>一帧</u>数据　*一幅数据/*一轴数据

从现代汉语中的用例来看，“帧”所修饰的名词大多具有相对“幅”而小的事物。“书签”“请柬”都具有短小、硬质的特点。用于修饰卷轴类字画的量词大多被“幅”与“轴”承担，故“帧”多修饰短小类画幅。“帧”在电影画面制作中特指1/25秒的瞬间定格，故在特定的语义环境中，用“帧”更能突出画面的即逝感，如车窗略过的每一帧风景；一帧帧沙画等。

量词“轴”与数词组合修饰字画类事物，选择名词的范围较窄，如美人图、观音大士像、弥陀佛、堂幅等。抽象类如辉煌的画卷、史诗的长卷、情感图示等。凡“轴”所能修饰的名词，“幅”或“帧”大多也能修饰，但“幅”或“帧”所修饰的名词，“轴”却不多能修饰。

C_1*一轴小照　一帧小照/一幅小照

C_2*一轴奖状　一帧奖状/一幅奖状

C_3*一轴剪影　一帧剪影/一幅剪影

“轴”在现代汉语中主要用来修饰长卷类字画。其修饰的名词具有大、长、可卷性特点。“轴”与“幅”量词功能类似，但语法化程度并没有“幅”的程度深，因而修饰种类较少。

“幅”选择的名词具有大、长、立体性特点，所修饰对象具有生命体特征。而“轴”修饰的名词则只具有大、长的特征。与“幅”和“轴”不同的是，“帧”在现代汉语中组合的名词往往具有短、小的特征，且只有“帧”能够直接修饰数据类名词。现作出现代汉语中量词帧、轴、幅的语义特征图示如下①。

表1　量词帧、轴、幅语义特征分布表

语义特征	生命体	立体	平面		可卷性	数据
			大、长	短、小		
幅	+	+	+	−	+	−
轴	−	−	+	−	+	−
帧	−	−	−	+	−	+

以上图示是根据帧、轴、幅选择的名词所占比例来统计，还有个别用例，如“幅”也可修饰短小类，如上文所举“一幅小照”。“帧”也可修饰具有长和可卷性的名词。如“一帧条幅”等，但其仅为极少数用例。“帧”“轴”“幅”在修饰画面类名词时，常具有同样的量词功能。而“幅”在语法化程度较高的前提下，可选择的名词种类最多。“帧”因计量字画类名词的功能多被“幅”与“轴”承担，而多修饰短小类或用在电脑动画画面等，逐渐造成了量词“帧”的萎缩。

四、余论

量词“帧”的成熟当是在明清时期。“数+量+名”真正成为汉语数量结构的优势顺序是在唐五代（吴福祥，2017：74），而刘世儒（1965：4-9）的定性分析过早。“名+数+量”和“数+量+名”这两种格式在历史演变中的此消彼长是量词发展的一个重要方面。故仍有部分量词研究有待于作进一步历时与共时的描写。

系联异体字和俗字帮助我们正确查找本字。根据异体字中已被认定为同源字族的不同声符，可以进行多向同源词系联。形符大多只能显示该形声字所表词的义类，而声符字往往是由意义稳定的单字而来。故能担负起显示该形声字所记录的词的源义素的作用。量词“帧”的声符本为“登”声，在源义素上具有“撑开、张开”义。故“帧”的本字当作“幨”，注音为“zhèng”。然现代辞书编撰需服务于新时代“约定俗成”的用法规则，除了读音重新校订、更改，对已经为社会所认可的语音和词汇，也需收录于字典、词典中。故“帧”字为便于识记，在汉语词典中改为“zhēn”。

① 数据统计材料来源于“北京大学中国语言学研究中心CCL语料库”。

参考文献

[1] 范成大. 1999. 吴郡志 [M]. 陈振岳，校点. 江苏：江苏古籍出版社.
[2] 顾廷龙，傅璇琮. 2002. 续修四库全书 [M]. 上海：上海古籍出版社.
[3] 韩小荆. 2009.《可洪音义研究》：以文字为中心 [M]. 四川：巴蜀书社.
[4] 汉语大词典编纂处. 1986. 汉语大词典 [M]. 上海：上海辞书出版社.
[5] 汉语大字典编委会编纂. 1986. 汉语大字典 [M]. 武汉：湖北辞书出版社，成都：四川辞书出版社.
[6] 胡继明. 2003.《广雅疏证》同源词研究 [M]. 四川：巴蜀书社.
[7] 蒋骥骋. 2019. 近代汉语词汇研究 [M]. 北京：商务印书馆.
[8] 刘世儒. 1965. 魏晋南北朝量词研究 [M]. 北京：中华书局.
[9] 孟繁杰，李如龙. 2010. 量词“张”的产生及其历史演变 [J]. 中国语文 (5).
[10] 任继昉. 1992. 汉语语源学 [J]. 重庆：重庆出版社.
[11] 邵敬敏. 1996. 动量词的语义分析及其与动词的选择关系 [J]. 中国语文 (2).
[12] 王力. 1982. 同源字典 [M]. 北京：商务印书馆.
[13] 吴福祥. 2017. 语法化与语义图 [M]. 上海：学林出版社.
[14] 向熹. 2013. 简明汉语史 [M]. 北京：商务印书馆.
[15] 徐邦达. 1980. 四谈古书画鉴别：书画的装潢形制 [J]. 故宫博物院院刊 (3).
[16] 许宝华，宫田一郎. 1999. 汉语方言大词典 [M]. 北京：中华书局.
[17] 徐朝东. 2019. 敦煌世俗文书所见之语音现象 [J]. 语言研究 (1).
[18] 扬之水. 2011. 明式家具之前 [M]. 上海：上海书店出版社.
[19] 殷寄明. 2018. 汉语同源词大典 [M]. 上海：复旦大学出版社.
[20] 张博. 2003. 汉语同族词的系统性与验证方法 [M]. 北京：商务印书馆.
[21] 张万起. 1998. 量词“枚”的产生及其历史演变 [J]. 中国语文 (3).
[22] 张涌泉. 2010. 汉语俗字研究 [M]. 北京：商务印书馆.
[23] 朱冠明. 2008.《摩诃僧祇律》情态动词研究 [M]. 北京：中国戏剧出版社.

马礼逊和粤方言

陈康宁

（澳门科技大学社会和文化研究所　澳门　999078）

【提　要】马礼逊的《广东省土话字汇》，从编排上传承了汉语词汇以义分类的传统特色，从内容上记录了原汁原味的广东省土话即粤方言，具有鲜活的口语特色和鲜明的时代特点，蕴含古代文化的文言语句转换为当时的口头语也保留在字典里，还比照英语表音文字的特点用拉丁字母给粤方言注音。留下了19世纪初真实的粤方言面貌。

【关键词】马礼逊　粤方言　口语　注音

1820年代，英国传教士罗伯特·马礼逊在做第一部粤方言字典《广东省土话字汇》时，第一次采用拉丁字母给粤方言注音，用英文给粤方言词语释义。《广东省土话字汇》是记录汉语方言口语的先行者，是一本开创性的方言著作。当时的广州，街巷里人们说着粤语相互交流，唱着听着“粤讴”小曲，但尚未发明“粤方言”这个词来给粤语贴上标签。马礼逊这位史上第一位从事粤方言调查和记音录词的学者，把粤方言称作“广东省土话”，“Tow-wa，土话A local Dialect.”［“汉（粤）英字汇”］，意即“当地的方言”。或称之为“CANTON Dialogues，广城问答话Kwong sheng măn tap wa。Native common talk，本地俗话Poon te tsok wa.”。（“英汉（粤）字汇”）他把对粤语的调查和整理研究的成果记录在《广东省土话字汇》里，尤其是书中第三部分“汉语（粤语）词和短语”，真实反映了粤语的词汇系统，保留了当时粤方言口语的面貌。

英国高士坡传教学院是在1804年9月作出决议，命马礼逊前往中国开教。1805至1807年1月，马礼逊出发到中国之前，就跟着老师下功夫学习汉语，“看到我的中文老师勤读孔夫子的书”，（马礼逊夫人，2004：20）也从背书开始，通过阅读大量的汉语典籍，打下扎实的语言和文化基础。从他的日记中可以知道，他熟习“四书”，了解汉语有书面语和口语两个不同的系统，分得清文言和口语的区别。他感叹汉语的复杂丰富，注重搜罗中文书籍和读书，以图真正掌握汉语工具。

当马礼逊于1807年带着传教的目的来到澳门和广州生活，他又感受到在南粤使用汉语言的特点，就是如果只懂官话，不懂当地土话，简直寸步难行。因为生活和工作的需要，马礼逊几乎同时学习官话和粤方言。对于民间的三教九流，他只要有机会，就认他们为自己的语言老师，随时随地向他们请教，有意识地进行多方面的口头和书面交流。他的语言天赋和勤奋，使他在短时间里创造了奇迹，在掌握汉语和粤方言的同时，先后编纂了《华英字典》和《广东省土话字汇》。

200年后的今天，我们重读《广东省土话字汇》，从中体会到马礼逊在汉语方言文化方面的深厚涵养，也不禁对其中记录的生动地道而又原汁原味的粤方言词语叫好，为马礼逊当年对粤语的感悟和专业化的收集整理感到钦佩。

一、《广东省土话字汇》传承了汉语词汇以义分类的传统特色

《广东省土话字汇》全书由三部分构成：第一部分“English and Chinese”［英汉（粤）字汇］，第二部分“Chinese and English”［汉（粤）英字汇］，第三部分“Chinese Words and Phrases”［汉语（粤语）词和短语］。从全书来看，第三部分所占比例最大，占了全书超过一半的篇幅。第三部分的体例和内容编排，采用了中国的传统即按义分类，表现出马礼逊对汉语传统的辞书和汉语本身的特点有较深入的了解和认同。

从体例来看，全书的第一、第二部分是按拉丁字母的字音排序，第三部分即粤语词语的分类方式则完全不同，是秉承和发展了中国最早的一部词典《尔雅》的传统，按义分编共分24大类。

《尔雅》是古典“十三经”之一。欧阳修评价《尔雅》“出于汉世，正名命物，讲说者资之。”“《尔雅》首创按词的义类编排词汇的体例，它把2000来个词条分成19个义类：释诂，释言，释训，释亲，释宫，释器，释乐，释天，释地，释丘，释山，释水，释草，释木，释虫，释鱼，释鸟，释兽，释畜。”（何九盈，2005：27）前三篇解释一般词语，主要是动词、形容词、副词和其他虚词；释诂是用通行的词语来解释古代同义词，释言是解释常用词，释训是解释描写事物情貌的词。后十六篇就是十六个事物类别，解释各种名物。

而后有汉末刘熙的《释名》，将1500多个词条分成27类，分别为：释言语，释亲属，释宫室，释用器，释乐器，释天，释地，释丘，释山，释水，释道，释兵，释车，释船，释州国，释形体，释姿容，释长幼，释饮食，释采帛，释首饰，释衣服，释床帐，释书契，释典艺，释疾病，释丧制。《释名·序》言：“夫名之于实，各有义类，百姓日称而不知其所以之意。故撰天地、阴阳、四时、邦国、都鄙、车服、丧纪，下及民庶应用之器，论叙指归，谓之《释名》，凡二十七。至于事类，未能究备。凡所不载，亦欲智者以类求之。”（何九盈，2005：78）

两书都是按义分类，分类模式略同，类目有同有异。从《尔雅》的19个义类到《释名》的27类，类目是越分越细致清晰。后世还推出了许多以“雅”为书名的词书，被统称为“群雅”，比如《小尔雅》《广雅》《骈雅》等。使研究雅书发展成一门学问，称为“雅学”。这就是中国词书发生发展的概貌。《尔雅》创立的义类系统和编纂体例，在中国辞典史上产生了深远的影响。

《广东省土话字汇》对第三部分即粤语词语的分类，沿用了自《尔雅》以来形成的汉语辞书按照事物类别分编的标准，将词语乃至短语短句3639条分为24大类。它们分别是：

1. 世务类；2. 天文气候类全；3. 禽兽类全；4. 颜色类全；5. 艰苦类全；6. 疾病类全；7. 饮食类全；8. 情分类一；9. 鱼虫类全；10. 朋友类全；11. 亲谊类全；12. 笑谈类全；13. 文字类全；14. 军戎类全；15. 名分类一；16. 地方类全；17. 贫贱类全；18. 品格类一；19. 争闹类全；20. 富贵类全；21. 盗贼类全；22. 贸易类全；23. 器皿类一；24. 恶党类全。

从词语分类来看，对比《尔雅》和《释名》，《广东省土话字汇》既有传统类别的传承，更有新类别的设定。

《尔雅》和《释名》，相同的分类有一般词语类和各种名物类。刘熙的《释名》相对地增加了人类活动的类别，反映了我们的祖先由关注人类赖以生存的外部环境、自然万物，到关注人类自身的变化。强调人的社会属性、社会活动和精神活动。如《尔雅》中有“释亲”，《释名》除了“释亲属”，还增加了：释长幼，释丧制，释形体，释姿容，释饮食，释疾病，释采帛，释首饰，释衣服，释床帐，释书契，释典艺，等等。包含人的衣食住行、装饰打扮和文字艺术等方面。

《广东省土话字汇》更增添了不少新的社会功能类别，注重社会发展变化带来的物质和精神的反映。除了一般的自然类别，强化且细化了人的精神和社会生活等多方面的分类。尤其人文精神方面的类别，显著地增加或加以细分。比如：有关社会属性的朋友，亲谊，名分，恶党；有关社会活动的世务，盗窃，笑谈，争闹；有关社会评价的情分，品格，艰苦，贫贱，富贵。从对粤方言词语的分类，可见马礼逊关注人文、关注社会的精神所在。1820年代中国还处于晚清和封建社会末期，殖民资本正开始试探着进来。而马礼逊作为英国人，经历过了文艺复兴时期的人文主义洗礼，故此在日常交流中关注岭南语言中的人文精神，也带来了新的文化认知，表现在语词的分类方面强调和注重人的精神面貌。

马礼逊对“汉语（粤语）词和短语”的内容编排，从汉语特点出发，具有鲜明的中国特色。

二、记录了原汁原味的广东省土话即粤方言

“我倾向于采用中国人看作为俚俗的文字，不愿使用令读者无法看懂的文体。”（马礼逊夫人，2004：154）马礼逊注意收入丰富多彩的原味方言，让我们感受到粤语从古延续至今的鲜活生命力。比如：

1. 鸡𪢯

剥壳鸡𪢯咁精致。(三，1.)[①]

鸡𪢯唔斗得石头住。(三，19.)

EGG，鸡蛋Kei tan；鸡卵Kei lun；鸡春Kei chun.(一)

这个“𪢯”字形由“未成肉”三个字构成，意义即三字词的语义：蛋。“𪢯”是广东本地自创的方言字。1700年刊成的屈大均《广东新语》中说：“粤方言，凡禽、鱼卵皆曰‘春’，鱼卵亦曰鱼春子。唐时吴郡贡鱼春子，即鱼子也。”（屈大均，1991：524）“广州谓卵曰‘春’，曰鱼春，曰虾春，曰鹅春，曰鸡春、鸭春。”（屈大均，1991：298）《广东省土话字汇》的“英汉（粤）字汇”中收集了“鸡蛋，鸡卵，鸡春”几个不同的粤地方言词。也许后来岭南的先人意识到“春”只是准确表示了方言语音，而字形不足以表达其含义，不符合汉字表义的特点，于是创制出这个“𪢯”（经过孵化才能成肉，所以是“未成肉”）字，赋于它“春”的声音，来表达“禽、鱼等生的卵”这个含义，这样就形声合一了。如今，我们到番禺沙湾古镇，还可看到一条有特色的巷名：鸡𪢯巷。粤西有些地方比如罗定，民间给妇女生小孩做满月的礼单上仍把鸡蛋列为“鸡𪢯”。马礼逊的字典保留了这个字形字义，他给出“鸡𪢯唔斗得石头住”的英文对译正好是“Eggs cannot fight with stones”（鸡蛋斗不过石头）。当“鸡𪢯”煮熟后剥去壳，“so clear and beautiful, glossy and white”，马礼逊连用英文的四个形容词，解释了“咁精致”包含的丰富内容。

2. 打交，“闹”人

吹打佬打交。(三，19.)

喃嘸先生打交。(三，19.)

FIGHT，打交Ta kaou.(一)

闹老婆Scolding his old wire.(三，12.)

闹人家Naou yun ka; 骂人MA yun.(一)

闹极都唔改。(三，21.)

粤语说打架是“打交”，骂人是“闹人”。马礼逊字典中也是这样记录下来的。“交”的字形是一个

① 全文在引用《广东省土话字汇》的内容时，在引用后分别用括号（一）表示“英汉（粤）字汇”、(二）表示“汉（粤）英字汇”、(三，数字）表示第三部分“汉语（粤语）词和短语”的类属。

人两胫相交，由两胫延伸到两手相交叉，而后就有了“交手”：手相搏；“交锋”：锋刃相接；“交斗”：引起争执冲突。粤语的日常口语“打交”“闹交”（骂架）也由此而来顺理成章。“闹”的本义是“声音喧哗，吵闹”，粤语引申为“骂”人。“交”和“闹”就由此沉淀为有特色的粤方言词。

3. 耐

乜咁耐都做不起。（三，1.）

做乜你咁耐至黎。（三，8.）

LONG TIME，好耐How noy.（一）

粤语说时间长为“耐”。“耐”是古代一种剃去颊须的刑罚，虽然不算重也须时间去忍受，于是在粤语里引申为“时间长”，就有了“咁耐”“好耐”之说，分别表示“这么长时间”“很长时间”之义。比如上面第1句的意思是：怎么这么长时间都完不成？第2句是：为什么你这么长时间才来？ 1930年代，孔仲南（1992：7）也把它作为广东的俗语词来讨论，“几耐者谓时候多少，时候多要忍耐，故谓之耐；时候久曰好耐。”

4. 折堕

永远折堕。（三，8.）

“折堕”在粤语中表示“倒霉，失败”。而在明清时期的小说中是“折磨”之义，《醒世姻缘传》第八十回：“韩芦一干男妇方才束住不敢动手，扯着刘振白手，告诉小寄姐折堕他的女儿。”在粤语里由动词转为形容词，引申为“倒霉，失败”，掺杂了不幸、痛苦、穷困等人生负面的境遇感慨。比如日常会感叹说：（某件事、某个人）好折堕啊。清代的粤语小说《黄萧养回头》：“前世唔修，咁就折堕今生。”说的是：前世无修行，只能认一辈子倒霉。

5. 阴功

行时时之方便，作种种之阴功。（三，1.）

大（太）阴功。（三，8.）

“阴功”是中古时期的佛教词，意为“阴德”。司空图《携仙箓》：“若道阴功能济活，且将方寸自焚修。”《金瓶梅》第五十七回：“哥，你日后那没来回没正经养婆娘、没搭煞贪财好色的事体少干几桩儿，却不攒下些阴功，与那小孩子也好！”由“阴德”义延伸，“阴功”在粤语是行善积德的意思，如上第1例；后来又引申为“可怜”，或对受到的指责、不公正的对待表示不平，表达复杂的感慨，如上第2例。至今在口语中常用：

好阴功个细佬仔，咁细就无着老母。（好可怜的小孩，这么小就没有了母亲。）

咁阴功嘅，我又无做错事。（对受到的指责或不公正对待表示不平）

6. 诈

穿山甲诈呆。诈善。（三，12.）

我总诈作唔知唔见几好呢。（三，8.）

古代的“诈”义为欺骗，“盟曰：我无尔诈，尔无我虞。”（《左传.宣十五年》）明代冯梦龙的小说中还有一义为“假装”，“初时还是诈穷，以后坐吃山崩，不上十年，弄作真穷了。”（《警世通言》第22卷）“贺小姐诈病在床，呻吟不绝。”（《醒世恒言》第28卷）“诈”的假装义在粤语中沿用下来，跟马礼逊记录的一样，今天在粤语里是：诈穷，诈病，诈死，诈傻……

7. 睇

佢定拉我去体戏。（三，8.）

眼大体过龙（聋）。（三，8.）

体佢点黎点应佢。（看他怎样做就怎样应对他。三，8.）

粤语说看就是“睇”。这个意义用法在汉代扬雄的《方言》已出现：“瞷，睇，睎，眄也。陈楚之间、南楚之外曰睇。”《广雅》：“睇，视也。”不过马礼逊把“睇”写成了粤语同音字的“体”（tei），也许他当时看汉语文献没有见到这个古而有之的“睇”字，就拉了同音的“体”来顶替。

“你唔好撩（惹）佢阿。”“你饮茶唔饮（喝）?”“你食（吃）饭未曾？”其中的“撩”“饮”“食”，古书中常见，而今仍是粤方言常用词。在字典收入的短语中，这些都是沉淀在粤方言里源远流长的汉语词汇，它们在粤地生根发展变化，长成自己的模样，成为汉语方言文化里的重要组成部分。可看出马礼逊在粤方言口语实践中，十分注重记录翔实和原生态的方言俗语。

三、具有鲜活的口语特色、鲜明的时代特点

马礼逊在1819年的报告中说：“中国对于用俗话，即普通话写成的书是鄙视的。必须用深奥的、高尚的和典雅的古文写出来的书，才受到知识分子的青睐，因此只有极小一部分中国人才看得懂这种书。正如中世纪黑暗时期那样，凡是有价值的书，都必须用拉丁文写出，而不是用通俗的文字。朱熹在他的理学作品中，突破了这个旧传统，他很好地使用了简明的语体传达了他的新思想。”（马礼逊夫人，2004：154）

马礼逊以欧洲中世纪的情况作为对照，指出了汉语口语、书面语分离的弊端，并读出了朱熹先生作品的口语特色和进步意义。他强调口语的社会需要，也在“字汇”编纂中加以实践。表现为收入《广东省土话字汇》第三部分的词和短语中，大多是人们日常衣食住行的口语。

请看其中记录的短句子：

你莫整坏个的野。（二）

呢个字点解呢。（二）

总唔得见面点算呢。（三，8.）

嗳呀唔系咁话。（三，8.）

话，话得正。（二）

个系老实人。我话佢唔中用有乜错呢。（三，18.）

唔知佢做的乜野。（三，19.）

闩埋门打盲佬。（三，20.）

这些言词中的口语色彩，跟当时汉语书面语的文言表达完全不同，有着鲜明的时代和地方特色：“个的”（那些）、“野”（东西）、“点解”（怎么解释、为什么）、“点算”（怎么办）、“个系”（那是）、乜/乜野（什么）、“系咁话”（是这样说）、“我话”（我说）、“闩埋”（关住），等等。又如“富贵类全”里，“亚佗”“亚崩”“崩口佬”“盲佬”“哑佬”等对生理上有缺陷的人的称呼，因为加上词头“亚”或词尾“佬”构成，就如同日常称呼兄弟是大佬、细佬或亚哥、亚弟［“英汉（粤）字汇”］一般，避免了歧视性的味道。“倒吊都有点墨水——said of a person who is perfectly ignorant of books.”（“争闹类全”）马礼逊解释说这是形容一个人不学无术、愚昧无知。这样的理解真是太到家了。

有方言特色的虚词在短语句子中比比皆是，下面的语句中：气是一“啖”，这一段时间是“呢排”。人称代词：“佢”（他）、“我的（哋）”（我们）、“佢的（哋）”（他们）。指示代词：“咁（这样）”“个便”（那边）、“呢个”（这个）、“呢的”（这些）、个的（那些）。疑问代词：“乜”（怎么，什么），“点”（怎么），“边（哪）”。还有程度副词“实首”（很，非常），兼副词连词的“至”（最，才）、兼介词连词的“共”（和）。

我唔好留翻啖气暖肚。(三，19.)

人争一点（啖）气，佛争一炉香。(三，19.)

你呢排有见到佢冇呢。(三，1.)

我的（哋）We、us；我的（哋）既Ours，佢的（哋）既Theirs。(二)

做乜你着咁少衫亚。总唔得见面点算呢。(三，8.)

呢个系乜时候呢。呢的唔系乜好货。你在边处住？(三，1.)

我实首想帮衬佢。(三，22.)

至可恶係佢。(三，8.)

脚大至跂得稳。(至：才。三，12.)

蚬肉桶里全系泥共水。(系：是。共：和。三，12.)

攞个的野黎。(二)

马礼逊从交流的实际和需要出发，大量收录这些日常用语而不嫌其俗，也给出准确的英文对译和注解，大大方便了人们学习和掌握粤方言。

名词、动词、形容词等各类实词，字典中记录的很多也沿用到今天。

如名词：野（东西），雨遮（雨伞an umbrella for rain.），面皮（脸皮skin of the face），细文仔（小孩子child），损友（坏朋友，有害的朋友an injurious friend.）。粤人以爱吃鸡出名，称未下蛋的小母鸡为“鸡项”（young fowl），认为鸡项鲜嫩可口刚刚好。每当节日一家团圆，上桌的主菜少不了鸡，要去市场“买鸡项”，回家“烩鸡项”。今天的粤菜中，鸡项的烹饪更是花样翻新，令人赞不绝口。

乜事你买的野咁贵。(三，23.)

雨遮。攞把雨遮来。(二)

砧板咁厚面皮。(三，19.)

个的细文仔。(三，11.)

损友。(三，10.)

我去买鸡项。(三，22.) 会（烩）鸡项。(三，7.)

动词中：下雨是“落雨”，随着汽车的普及，后来还延伸到“落车”。赶墟赴墟是“趁”，穿鞋穿衣是“着”，投掷、击打是“掟(pelt)”。形容词：合适是“啱”，肮脏是“污糟”（dirty）。不胜枚举。

落雨，(二)好天攞埋落雨米。(一)

快的番黎亚。(三，1.)

猪仔好卖墟墟趁。(三，22.)

做乜你着咁少衫亚。(三，8.)

冇咁着著鞋阿。(三，1.)

老鸦命，开口俾人掟。(三，19.)

形容词：

价钱啱。(二) 总唔啱。(三，1.)

污糟，污糟衣服（一）只系一隻污糟猫咁样。(三，18.)

四、蕴含古代文化的文言语句转换为当时的口头语而流行

人们创造性地把自己喜爱的古语转换为口头语，流行在日常的话语中，涵养了南粤的世风民情。也

为马礼逊所留意欣赏，大量收入字典里。如出自《庄子·山木》中的“君子之交淡如水，小人之交甘若醴”，在粤人的日常交流中说成了“君子之交淡如水，小人之交甜如蜜。”（“亲谊类仝”）苏轼《惠州一绝》的“日啖荔枝三百颗，不辞长作岭南人”，转换成“日食荔枝三百颗，不妨常作岭南人”。（“饮食类仝”）而杜牧带有警世味道的“一骑红尘妃子笑，无人知是荔枝来”，在广州人口中是“一见红尘妃子笑”，马礼逊解释，是当地人借此句夸赞岭南佳果荔枝呢：“Said in praise of the fruit Leiche.”（“饮食类仝”）“命中注定”的意义变成通俗化的说法“杯酒块肉皆前定”。（“饮食类仝”）古典诗句经过口语化的改造，就成为地方流行语，进入了“土话”行列；世俗的话语又因了古语的因素而有了文化的韵味。又如下面的一些句子：

爱妻识外母，爱儿识字爱先生。（三，11.）

你去请先生黎Go and request the Teacher to come.（三，1.）

读书人仔讲书篇，耕田人仔讲时年。（三，1.）

静思常思己过，闲谈莫道人非。（三，1.）

歇住手，歇住口。（三，5.）

宁可卖了恨，不可恨了卖。（恨：遗憾，后悔。三，5.）

句子中称老师是“先生”，“人仔”跟“书篇”“时年”相连系；“莫道”“歇”“恨”，都保留了古义而掺杂在闲聊话语中，使雅俗之间的转换带上警醒世人的味道。

五、比照英语表音文字的特点，用拉丁字母给粤方言注音

马礼逊的弟子兼同工米怜在1818年的文章中论及汉语和汉语方言：“中国能看书的人，其比例远比人类其他民族大得多。我发现中国的方言非常之多，而且语音各异，常常无法互相交谈，唯一的办法是可以写中文字和别人交流。因为中国的书写文字是全国统一的，利用写中国字的办法可以和任何讲方言的中国人沟通，这是中国的特点。”（马礼逊夫人，2004：135–136）他们正确地理解汉语的口语和书面语、官话和方言的关系，认识到中国方言之间最大的不同，就在于“语音各异”，而用来书写的汉字则是一致的。马礼逊在此前用拉丁字母为《华英字典》汉语注音的基础上，注意把握方言的语音特点，在《广东省土话字汇》里细致真实地记录了粤方言语音。

1. 关于韵尾、辅音、声调

马礼逊比照他的母语英语是表音文字的使用习惯，将粤语发音力求准确地记录下来。比如，在注音时对不同的塞音韵尾和合口鼻音韵尾都能正确清楚地给予标记，具体表现如下：

刮kwat 物mat，学hoak 毒tuk，搭tap 入yap，沉chăm 阴yăm

其中的塞音韵尾-t、-k、-p和合口鼻音韵尾–m在当时汉语北方方言中都已消失，马礼逊在编纂《华英字典》时不可能用到。但他注意到粤语发音不同于官话的特点，在做《广东省土话字汇》时作了准确的区分和标注。这也跟马礼逊自己的母语英语发音的特点有关，即英语在发音时也有相同相类的塞音韵尾和鼻韵尾：

wait［weit］、boat［bout］，take［teik］、book［buk］，pipe［paip］、type［taip］，grime［graim］、came［keim］

他因此能捕捉到粤方言发音跟官话不同的特别之处，标注了合适的韵尾。

又由于英语发音时辅音送气与不送气的差别是由读音规则决定的，没有书写的区别，就造成马礼逊在给粤语词注音时对声母送气与否不能明确标注。英语在发音时只有轻重音而没有声调，造成对粤语语音中的声调，也没有采用专门的符号来表示。

这些都给后来的粤方言语音研究提供了借鉴和启示。

2. **关于方言语音字和“听日”**

在1820年代，粤方言书面语可供借鉴的不多，因此造成马礼逊字典里有些字、词之间就出现音合而义不合的情况。比如：

烧炮象 Fire off crackers; Let off crackers.（象、仗，粤语是同音字。二）

耳躲，你彼耳躲听。（躲、朵，彼、畀，粤语是同音字。二）

佢定要拉我去体戏。（体、睇，粤语是同音字。三，1.）

人争一点气，佛争一炉香。（点、啖，粤语是音近字。三，19.）

我务必听日番去（听、天，粤语是音近字。番、返，粤语是同音字。一）

有人客黎你話我去出街。（來、黎，粤语是同音字。三，1.）

这种现象也在后来的方言著作中常见，有意无意地造成了一批字、词脱节的方言语音字，引发了现代方言研究中的词语溯源和本字考证。

请看马礼逊对“天日”和相关词的注音如下：

听日 Ting yăt, or 明日再来 Ming yăt tsoy loy; You tomorrow again come.（一）

佢听日至黎和（喔）He'll come tomorrow.（三，10.）

根据马礼逊的解释，“听日”和“明日”是同义词，跟英语的tomorrow相当，即表示明天、第二天。用来注音的“听”，韵尾是后鼻音的-g，意义也不合，应是他根据听到的音找汉字记录下来的。《广东俗语考》（孔仲南，1992：3）卷一“释天时”这样记录粤方言“明日”之音：“明日曰停日，又曰递日。”很明显“停”和“递”都是方言记音字。跟马礼逊不约而同的是，“停日”也用了后鼻韵尾的“ting停”来记音。而“递日”之“递”则是粤语“第二”的省读记音字。

甘于恩在《广州话“听日”的语源》一文中详细辨析了广州话“听日”中的“天”音如何变成了“听”。原来，“‘听日’就是‘天日’的音变”，“‘天’的韵尾受了‘日’字声母的同化，读成-ŋ，即：天日t'in ŋiet→t'iŋ ŋiet”。从理论上归纳阐明了这一语音变化过程；也理清楚了马礼逊和孔仲南字典中“听日”“停日”之所以记为“听”“停”的原因。

粤语有关“明日”义的记录和源流考证，历经近两百年。这个例子也说明，不同时代的语言学者求真务实的精神是一致的。

马礼逊非常用功地学习汉语，以致“在短短的两年内，竟然能够书写中文，也能用官话和当地土话与中国官员谈判”。（马礼逊夫人，2004：65）在掌握粤方言的同时，他完成了这史上第一部的《广东省土话字汇》，字里行间传递出了粤方言包含的丰富内容，表现了作者对地方文化含义的深刻理解。可以说，马礼逊给了读者一本真正意义上的粤方言词典，也给我们留下了19世纪初真实的粤方言影像。

参考文献

[1] 陈康宁. 2019. 马礼逊的《广东省土话字汇》：第一部粤方言字典［J］. 五邑大学学报（社会科学版），21(3)：84–88.

[2] 甘于恩. 2003. 广州话“听日”的语源［J］. 中国语文（3）：272.

[3] 何九盈. 2005. 中国古代语言学史［M］. 广州：广东教育出版社.

[4] 孔仲南. 1992. 广东俗语考［M］. 上海：上海文艺出版社.

[5] 马礼逊. 1828. 广东省土话字汇［M］. 澳门：澳门印刷所.

[6] 马礼逊夫人. 2004. 马礼逊回忆录［M］. 顾长声，译. 桂林：广西师范大学出版社.

[7] 屈大均. 1991. 广东新语注［M］. 李育中，等注. 广州：广东人民出版社.

闽南话传统童蒙识字教材《千金谱》的多角度研究

林宸昇

（暨南大学文学院/汉语方言研究中心　广东广州　510632）

【提　要】在闽台两地，《千金谱》曾长期作为蒙学识字教材，为中下层民众所熟知。然而这份名声颇大的方言民间文学材料却未受到学界的足够重视，特别是大陆的闽南话学界，详细研究此类材料的成果极少。本文从《千金谱》的民间文学特征、异文现象、所记风物词及押韵情况等4个不同角度，试图对其做进一步观察分析，并对该书的版本异文现象和方言口音混杂现象做出初步解释。

【关键词】千金谱　闽南话　民间文学　异文　风物词　押韵

一、《千金谱》简介

《千金谱》，又名《居家必备千金谱歌》，是清中后期和民国时期流行于台湾和福建闽南地区的一部罗列诸字、供人观摩学习的"字书"（王顺隆，1995：30–31），属于张志公先生（1962：31）所说的"杂字韵文"类教材之一。张先生总结了此类"土教材"的3个特点，即"通俗""结合特定对象的生活实际，注重日常应用""带有显著的地方色彩，乡土风味"，以上特点在《千金谱》上均有淋漓尽致的体现。郭立诚先生（1980：72）称赞《千金谱》是各种台湾杂字类教材中品质和知名度俱佳的典范，黄哲永先生（2002：39–40）也认为其"堪称闽台两地流传最广的杂字书"。

从体裁看，《千金谱》一书实际是一篇长篇歌谣韵文，用偏口语的闽南话写成，押方言韵，采用"斗句"（对偶句）的形式，与台湾的"歌仔戏"（大陆称"芗剧"）相类。由于其多为七字一句的形式，故邱文锡、陈宪国二人（1997：7）将其归入"台湾七字仔（七言歌谣）"中，不过我们更认同何绵山先生（2013：58）引黄得时先生的说法。黄先生将台湾"福佬系民歌"分为"七字仔"和"杂念仔"两类，而《千金谱》的结构与前者"每段词有四句，每句七个字"的结构有些差距，却更接近于"词句字数不一"而"每句以三、五、七个字为基础"的"杂念仔"。

由于《千金谱》未记载其作者姓名和籍贯，也未注明成书时间，因此亦有学者对这些信息进行了推测，但目前尚无统一的结论。不过，大多数学者倾向于认同吴坤明、吕理祖两先生的说法。吴坤明、吕理祖二人（2005：7–13）认为该书可能是一名粗通文墨，可称"识字分子"的资深账房先生（闽南话称"数柜先"）所撰。而黄新宪先生（2002：214）另有看法，他认为作者应当是一位"士子"。

至于作者之籍贯，连雅堂先生在其著作《雅言》中就曾说"是书为泉人士所撰"，吴坤明、吕理祖二人（2005：6）在其基础上进一步指出，此书作者"即便不是出生于泉州，也是在泉州长大久居的人士"，因为《千金谱》"用泉州腔最为顺口悦耳"。其他学者的观点也与这两位先生的相近，如黄新宪（2002：214）将作者籍贯定为"福建泉州"，黄哲永（2002：39）则将其归为"泉州口语刊本蒙书"。吴、吕两先生对该书的成书和刊刻时间也做了推测，认为其应在清道光末年或咸丰初年写定、出版，而本书目前尚存的最早版本是刊刻于台南的咸丰壬子（1852）年版。

关于《千金谱》的主要内容，前辈学者也曾有所介绍，吴登神和吴坤明两位先生还先后用分章节的方式更为清楚地展示了本书涉及的各个方面。下表是我们对两位学者不同分章情况的展示及两种分法大致的对应情况①。

表1　吴登神、吴坤明先生对《千金谱》的分章节情况

<table>
<tr><th>吴登神分章情况（分九章）</th><th>吴坤明分章情况（分十二章）</th></tr>
<tr><td>读书</td><td rowspan="2">序言</td></tr>
<tr><td>生理（职业）</td></tr>
<tr><td rowspan="2">农家生活</td><td>农村生活</td></tr>
<tr><td>园宅房舍</td></tr>
<tr><td>狐丝客做生意</td><td>戒嫖赌</td></tr>
<tr><td rowspan="4">物品（衣服、珠宝、器具、动植物、金纸）</td><td>布料衣服</td></tr>
<tr><td>华洋百货</td></tr>
<tr><td>南北杂货、水产</td></tr>
<tr><td>金、爆、香、烛及供品</td></tr>
<tr><td>食物（调味品、蔬菜、肉类、糕饼、水果）</td><td>厨具、蔬果</td></tr>
<tr><td>米之生产</td><td>农家器具与妇女工作</td></tr>
<tr><td>家具（桌、椅、建筑材料）</td><td>家具、建材</td></tr>
<tr><td>过年情形（过年、新婚、演戏、农具）</td><td>过年、开正、春耕</td></tr>
</table>

正是由于作者对内容进行了有意识地编排，使之几近于一个完整的故事，因此比起一般杂字教材，《千金谱》中“已然是有一条脉络连贯直下，一气呵成，引发读者阅读兴趣”。

在《千金谱》的功用上，从成书之初至今也发生了一定程度的扩大和变化。学者们普遍认为，最初编纂时，编者的目的是为了让其东家所雇佣的众多学徒帮工识字，同时也试图以此增加他们在商业贸易各环节的职业技能。连雅堂先生也根据他的亲眼所见指出，许多出身贫苦人家的无钱求学之人在进店当学徒后，多选择“以数钱买《千金谱》一本，就店中长辈而读之”的方式提升自己的文化水平，以达到“可识千余字”的程度，与该书编纂的最初目的一脉相承。黄新宪（2002：214-215）同样认为，此书最初是一本专门“为商店的店员学习书算而写”的“通俗读物”。

而到了后来，由于该书涵盖了不少农业、商业方面及各种节令习俗知识，与日常生活密切相关，有明显的实用价值；还“略具小说型式”，有较强的故事性；同时还具有韵脚自然、朗朗上口的特点（即所谓的“俗有斗句，俗有意思”）。因此，《千金谱》受到了民间的广泛欢迎，以至于在当时台湾的各类杂书中，“无书能出其右”。王顺隆（1995：30-31）、黄新宪（2002：214-215）、许长安（2011：9-10）、林恩立（2011：35-48）等学者都指出，台湾的不少私塾、乡学等民办性质的教育机构，均将《千金谱》列为教材之一，其目的不外乎蒙学、识字、经商、生活等。不少“家族中教育程度较高的长辈”还会“参考刊行本的内容，再针对自家需要增删修改”，形成“增修版蒙书”，以手抄本形式“代代相传”，以“教育自家子弟”，甚至“借与他人抄写流传”（王顺隆，1995：30-31）。可见，民间在使用这类教材时，其“学以致用”的目的是十分明确的，是专为那些只需“应付日用需要”而“不求科举”之人使

① 另外，吴坤明还对《千金谱》原文进行了增补，置于原文之后，详见下文。

用。此时的《千金谱》，也因此扩大了它的适用人群，从单纯为商店店员所用，变为既有助于务农，又有助于经商；孩子可用，成人也能用的民间启蒙通用教材。

二、《千金谱》的民间文学特征及其异文

李慧军等（2012：3，5-10）认为，民间文学是区别于“作家文学”的文学样式，“是广大民众集体创作、口头流传的一种语言艺术”，具有集体性、口头性、变异性和传承性，台湾学者胡万川先生（转引自王甲辉、过伟，2005：307）也有类似观点。而本文论述的《千金谱》作者不明，多以口耳相传或手抄的形式在民间传播，且在主体保持不变的情况下存在少量异文，显然满足上述定义和全部4个特性，因而属于民间文学的范畴。确切的说，它属于其中“民间歌谣”类的“生活歌”，即“反映广大民众日常劳动生活和家庭生活状况以及他们的人生态度、人生体验的歌谣”（李慧军等，2012：120）；而按照胡先生对当地民间歌谣的“五分法”，《千金谱》则应当归入“叙述歌谣”类（王甲辉、过伟，2005：101-103）。黄震南（2014：211）也认为本书的“语言浅白通俗，内容不避粗鄙”，同时“全文布局有欠严谨”，皆表现了其民间文学的特质。

本书中的“口头性”特征也早有学者关注。吴登神（1984：95）认为，“老一辈者常将其中文字，当作歌词唱，非常动听”；林恩立（2011：35）也指出，它可用于“作为口头念颂的消遣”；黄震南（2014：210）则发现，在很长的一段时间内，台湾民间有不少儿童将其“作为歌谣念诵”。另外，黄哲永（2002：71）将其作为民间方言歌谣的代表，并认为此类作品在民众口中的流传“均属于自然而然信口说出，却不知何时何地向何人学来”。我们认为，以上学者的描述正体现了《千金谱》的“口头性”。也正是这种口头性，加上其文句中没有多少圣贤之言，因而与“讲述教忠教孝的大道理”的四书五经，甚至是“官定”的“三,百,千”相比，都低了一级。这二者之间，存在鲜明的“对比关系”，林文将其总结为以“三、百、千”为代表的“大传统/普遍流行/文言汉字/公领域（学堂）/科举”和《千金谱》为代表的“小传统/在地性/白话方言/私领域（家用）/实用为主（识字记账）”（林恩立，2011：42）之分别。

不过与其他的民间文学作品相比，《千金谱》一类的杂字书又有其独特之处。林恩立（2011：46）将其置于“儒一蒙式层次效应”中，认为其充当了“大小传统之间”“雅俗之间”和“口语和书写之间”的“中介物”，并在“雅言口传”中起到将官方典雅的书面语等“上层”文化传递至民间通俗的口语等“下层”文化的特殊作用。这主要是因为其语言风格杂糅，虽以通俗的方言口语为主，但也不避庄重的书面语。如书中就有“日出而作，日入而息，不识不知，顺帝之则”以及“春夏秋冬，四时勤劳”等句子，必须使用文读音诵读，甚至“全篇都以文言音来念也是可行的”（吴坤明、吕理组，2005：1）。此外，书中还隐约可见作者本人的影子，据吴坤明分析，文中随“狐（湖）丝客”外出闯荡的这位“伙计”，之所以敢于直闯其卧房，并敢于在其沉迷美色时严加斥责，正是因为他是“《千金谱》作者的化身”，作者将其塑造成一个有“监督少东”责任的人，也借其口向普通民众宣扬儒家思想，这也是该书“中介物”身份的体现。顺带一提，在闽台地区，充当此类“中介物”的媒介还有形式多样的各类地方戏，如泉州高甲戏、梨园戏，以及漳州的芗剧等，除了“口头性”之外，“变异性”这一民间文学的普遍特征在其中亦有所展现，即不同版本之间存在的异文之别。笔者比较了目前搜集到的4份《千金谱》版本，发现其相互之间的统一性较强，颇具“传承性”，异文数量不多，王顺隆先生所说的“各版本的内文除了有些错别字及用字的差异之外，并无两样”是基本正确的。但经过仔细对照之后，笔者仍发现了少数异文现象。笔者认为书中异文产生的主要原因有二：一是方言用字的差别，二是篇末“增补”部分有无的差别。下面将分别叙述：

1. 方言用字差别

与各个时代的共同语和通用语不同，方言（尤其是东南各非官话方言）始终与口语紧密相连，用汉字记录下的方言材料并不多。即便是近现代书面方言材料较多的吴语区（主要是上海话和苏州话）、粤语区（主要是广州话和香港话）和闽语区（主要是福州话、泉州话和厦门话），当地民众也并未形成统一的用字记录规范。因此，具体到《千金谱》这一方言作品而言，由于不同作者对“本字”的认定不同，或是出于便于排印的考虑，文中多处使用了方言同音字、训读字或民间自造的方言俗字。这样一来，其不同版本间自然存在着用不同汉字记录同一方言词的情况，从而导致部分异文的产生，例如下表的部分示例。

表2 《千金谱》各版本用字差异情况

意义	各版本用字差异
玩耍、悠闲自在	佚陶、迌迌
容器量词“盘”“碟”	撇、砙
有能力	爻、敖
（女子）美丽	媠、婧
不会、不懂得	袂、勿会
紫红色、牡丹色	牙兰、哦囒
连词“和、同”	共、佮
伴随、偕同	斗、罩
随着、跟着	随、缀
干，与“澹”（湿）相对	焦、凋
公猪	猪豭、猪哥
青蛙	水蛙、水鸡
房子	茨、厝
拿、举	举、擧、揭
寻找	找、揣

另外，音同、义同或音近、义近的一组字之间也可能作为异文出现，如：

表3 《千金谱》各版本因音同、义同或音近、义近所造成用字差异情况

异文关系	各版本用字差异
二字音同	生丝罗、青丝罗
二字音同	湖丝、狐丝
二字音同	舜帝、顺帝
二字音近、连读调同	盘来又盘去、搬来又搬去
二字音近、连读调同	程香袍、听香袍
二字音近	青稿、青稞、菁稿
二字义同	说话、讲话
二字义近、声韵同	也着布、也着播
三字义近	绞甘蔗、喫甘蔗、硖甘蔗

续表

异文关系	各版本用字差异
二字音近且语义均合适	谨作着谨收、勤作着勤收
二字音近且语义均合适	想廻迌、㾀廻迌
二字音近且语义均合适	扶起、跖起

另外，导致异文的原因还有其他的几种情况：例如在形容“苏州婆”容貌时，不同版本对其牙齿颜色出现了“白喙齿”与“乌喙齿”的分别。持后一说法者普遍认为，按当时苏州所属的吴地之风俗，将牙齿染黑是一种“流行美观的时代特征”（台南瑞峰小学网站），与当今崇尚牙齿洁白不同，笔者将其视为风俗习惯古今差异造成的异文。

又比如“一妻一妾敖佫水”，亦作“一妻一妾贤且美”，最后三字均属异文。而“敖”和“贤”、“佫”和“且”、“水”和“美”这3组异文均在语义上近似，与上表所列的例子同属一类。但箸发现，“贤且美”相比“敖佫水”而言，还增加了与下一句的“做生理”形成押韵的特点，可视为产生异文的另一原因。

2. 篇末“增补”部分的有无之别

林恩立（2011：38）在对前人研究《千金谱》的成果作述评时曾指出，吴、吕二先生在《正字千金谱》中，删去了本位于文末的一小段文字（即由“正二是春头，众人迎佛了”起，至“棕蓑、草笠、刀枷、斧头、凿仔、锯鑢、扩刀、辘钻佮榫铗”止），并另加了一段“增补”文字，即“正二是春头，查某团转娘奶兜……合家欢喜大趁钱”。这段文字在瑞峰小学网站上也加以保留。这一差别也造成了不同版本《千金谱》的异文现象产生，以至于林文将增补后的《正字千金谱》视为与《千金谱》原版“不同、但仍关系密切”的两部作品。

与原版《千金谱》相比，增添了“增补”部分的新版本，由于删去了一些旧时生产生活用具名称，而换上了与新春气息更相合、更具祝福意味的文字，确实更符合当代社会，方便了儿童的念诵和接受，也就是林文所说的“适用性应该比原本的《千金谱》来得好”。若与前文相联系也不难看出，这一修改恐怕是与《千金谱》在成书至今的百余年时间里适用人群的扩展和功用的变化直接相关的，这也反证了其具有旺盛的生命力和人们对它持久的喜爱。

三、《千金谱》所记风物词研究

对《千金谱》中风物词的考察可说是前人研究最早也最为深入的，这显然与书中对“山产、海鲜、衣饰、布料、田园、建筑、农耕、渔猎、岁时、节庆、博弈、戏曲等巨细靡遗，无所不包”的词语铺排和精细描写息息相关。特别是其中的名物部分，涵盖了大量热带、亚热带地区“图籍未载的特产与河海生物”和“地方特产名物”，其中“率多出之以方言”（黄哲永，2002：39-40）。因此我们认为，从其所记风物词的角度来看，《千金谱》堪称一部按义类划分的地方名物词汇集。最宝贵的是，此书较完整地留存了在历史长河中逐渐失传的部分器具与习俗，使之成为了一份珍贵的文献资料，以至于郭立诚（1980：71）感叹道“研究名物训诂的人不能不注意他们的价值”。

而吴登神先生在1984年发表的《千金谱考释》一文，不仅是目前所见最早对《千金谱》进行完整校注的文献，也是最早系统研究《千金谱》的文献，该文主体内容正是对风物词的注解。可以说，《千金谱》的研究正是从词汇研究开始的。而吕理组先生的《正字千金谱》，除了作本字考释外，主要的功用同样是补充典故和解释名词。因此，经过这两份文献的梳理，现代的闽南人也可无障碍地阅读这部经典作品了。

通观全书所述及的各类风物词，笔者发现：与各色商品相关的词汇最多，其次是各种农副产品词汇和与之相关的农事词汇，再次是与祭祀、敬拜相关的各色贡品祭品，另外还有些与家具和建筑相关的词汇等。下文将分类叙述：

1. 商品词汇

表4 《千金谱》中的商品词汇

各子分类	具体风物词名称列举
“狐（湖）丝客”在沿海多地采买的货物	狐（湖）丝、人参、鸦片涂、真珠、财宝、绸缎、布匹、粗硘、幼碟、器具、家俬、纸料、食物
当时染坊主要生产的各类织物名称	眉梭、软池、金绒、干乌、踏洗、半乌、纱头浅、澳头、丹井、月白、三蓝、冬瓜浅、生（青）丝罗、白纺苎、贡缎、茧绸、皱纱、春绸、六加素
国内各地的特色日用品及配饰	棉積被、胶州帽、茄纹席、大田糊、漳纱、湖纱、海南葛、苏白扇、草蒲鞋、铜薰吹、金聪袋、苏腰带、红箬笠、包袱皮、紫薇裘、饱腊裤、浅骹巾、乌头布、红哔吱（叽）、哆啰呢、听（程）香袍、罗汉衣
华洋百货店（“广东店”）内的各种商品	水晶、玻璃、玉手环、金手镯、珊瑚树、玛瑙珠、真珠龙凤坠、金髻针花围、角车、木屐踏、钉仔槌、齿戳、耳钩、柴梳、虱篦、针线、万年红、盖漳盘、乌弦、白扯、乌泛线、石青、金黄、牙兰（哦囒）盘、铰剪刀、厘戥秤、镜面纽、纱线绸、骹帛、饰裤、鞋面、荷包须、裤头绫、水晶镜、玻璃灯、银豆、八宝、衔铃、罗经、八卦、定时钟、腰刀、牙箸、玻璃钟
南北货零售商店（“簸仔店”）内的各种商品	海参、虾米、蛏干、乌鱼子、鰆干、鲨鱼翅、雪笋、栗子、龙肠、蠔干、螺片、燕窝、鹿筋、鲍鱼、柔鱼、墨贼、扁鱼、花枝、烟腿、银鱼、鹿脯、乌鱼坚、香菇、紫菜、木耳、金针、冬粉、浒苔、淡仔脯、咸鲳鱼、珠螺膎、红瓜鱼、丁香膎、咸鳗耳、鲷仔膎、乌蚶、红虾、大鮸、西刀、涂魠、红鲟、花鱿、咸蠘、竹蛏、白蛏、熟龙舌、加网、秋鲇、牛尾、金精、田螺、水龟、鳝鱼、鳖、鲫鰡、水蛙（鸡）、青蚼、毛蟹、加愁、公玳、生蛇、乌鲶、涂虱、鲫板、乌耳鳗、鲱鱼、鲢鱼、海鳗、豆签、面线、米粉干、鸭卵、鱼脯、鲙仔干、胡椒、八角、豆干
陶瓷用品商店（“硘仔店”）内的各种商品	大腌缸、大鼎、东洋（锅）、灶砖、雁子（砖）、铁挑、锅仔、茶钴、煎匙、火钳、烘炉、急烧、火炭、水壶、瓮垌、托盘、香炉、烛台、香筒、宣炉、茶瓯、茶罐、十副盏、花矸、古盘、什锦碗、碗仔、碟仔、汤匙、锡瓶、箸、大砸（撇）、斗碗、幼碟、粗硘、粗钵、大坩、矸仔、酒钟盘、水桶、饭斗、面桶、骹桶、腰桶、摔桶、炊桶、拔桶

从上表所列商品看，《千金谱》涉及的物品数量不仅多而全，而且分类细密、互有区别，体现了百余年前民众生活不同于今时之处。如书中将“桶”区分出了“水桶”（盛水的桶）、“面桶”（洗脸的桶）、“骹桶”（洗脚桶）、“腰桶”（妇人洗澡所用的桶）、“摔桶”（手工将稻谷脱粒所使用的桶）、“炊桶”（盛米做饭所用的桶）、“拔桶”（吊桶）等。另外，南北货零售商店中出售的商品大都是海产干货［如上列商品中就有海参、蛏干、乌鱼子、鰆干、鲨鱼翅、蚝干（干海蛎）、鲍鱼、柔鱼（鱿鱼）、墨贼（乌贼）、扁鱼、花枝（大章鱼）等］，也体现了浓郁的地域特征，而“鸦片涂、红哔吱（叽）、哆啰呢、东洋（锅）”则是外国商品输入国内的体现。

2. 农副产品及农事词汇

表5 《千金谱》中的农副产品及农事词汇

各子分类	具体风物词名称列举
稻米品种	圆粒、埔占、清油、乌占、白壳、芒花、菁稿、鹅卵秫
家禽家畜	猪母、猪哥、猪胚、猪团、赤牛哥、水牛母、羊母、羊团、鸟、鸭、鸡、鹅、阉鸡、鸡团、鸡母
各色蔬菜	芫荽、芹菜、韭菜、茼蒿、芥菜、菠薐、笋丝、芥蓝、茄菜、苋菜、蕹菜、白菜、菜瓜、刺瓜、冬瓜
各种水果糕点	甜粿、肉粽、麻糍、豆花、米糕、发粿、树子、腌瓜、樣仔、龙眼、林菝、弓蕉、王梨、红柿、西瓜、凉粉、仙草、粉粿、椪柑、芳水梨、莲雾、香果、荔枝、梅仔
稻米加工工具	米筛、簸箕、篏壶、橇篮、布袋、笅笠、谷达、风柜、舂臼

在商业繁盛的同时，作为古代社会“本位”的农业在闽南地区仍然具有主导的地位。特别是在亚热带气候之下，稻米产量高，蔬菜水果种类繁多，还有缤纷多样的米制糕点，这些地域特性也都体现在了本书之中。

3. 家具与建筑类词汇

表6 《千金谱》中的农具与建筑类词汇

各子分类	具体风物词名称列举
家族大院的各组成部分	糖间、粟仓、大礐、花园、池台、水阁、涂楼、石坊
各类家具	长案、八仙桌、交椅、几桌、椅头、椅条、六仙桌、学士椅、太师桌、柴屏、围架、检妆、骹踏枋、眠床、桌枰、桌柜、橱门
各色建筑营造材料	中梁、中门、楹、桷、椽板、石条、油面砖、石柱、石珠、雁子砖、瓦壁、瓦垌、六角砖

清代闽南的特色民居称“红砖大厝”，至今仍有部分遗迹存留。但对于大部分闽南人而言，他们对于“大厝”的典型陈设家具或是建筑样式、房间布置等也仅存着模糊的印象。而《千金谱》中对当时家族大院的描摹，能为复原当时的建筑古风原貌提供宝贵的参考材料。

4. 还有些属祭祀敬拜用品

表7 《千金谱》中属祭祀敬拜用品的词汇

各子分类	具体风物词名称列举
祭品	大烛、烛仔、灯火盏、篙钱、寿金、三界纸、大炮、连炮、烘炉、天金、尺金、降真炉、净香、束柴、金白古、大百、中百、供衣纸、篾香、白束、粗纸、替身、白虎、精神纸
供品	柿粿、桔饼、冰糖、莲子、薏仁、肉枣、桔红、红枣、雪片糕、麻粩、米粩、核桃、水晶饼、绿豆糕、油酥饼、千重糕、雪花、膨饼、瓜子糕、口香、棋子、石糕、鸡卵糕、咸肉糕、葡萄干、红柑、福圆、红柚桃、五寿、蜜饯、面桃、粿仔、红龟、红牵、包仔

“国之大事，在祀与戎”，对于一个家族而言，祭祀天地、敬拜祖先，是保持家族凝聚力和传承性的重要组成部分。在春节期间表达对天地神明和祖先庇佑的敬意，至今仍是闽南传统民俗中的一个不可缺少的部分。因此，祭拜时燃烛点炮、焚烧金银元宝和符纸的习俗也保留了下来，可谓古今之传承。而在增修版《正字千金谱》中提及的“正月初二回娘家”习俗（原文作“正二是春头，查某团转娘奶兜”）同样流传至今。

可见，《千金谱》中所提及的名物确实包罗万象，可堪“百工册”之名。而这其中又以各种货物、商品的名称为最多，也证明了当时闽南地区的商贸之盛，同时也确证了其最初编纂的目的确为熟悉各类物品、辅助商业经营。

四、《千金谱》的押韵情况研究与作者籍贯的考订

《千金谱》之所以能在百余年时间里持续受到民间欢迎，其和谐的语音和天然的押韵是重要的原因之一，其读音和格律颇具特色。但前人对这一问题分析较少，如台湾瑞峰小学网站上仅指出这类作品“无遐尔仔（不那么）讲究平仄，每四句押一个韵”，并未作深入分析。而游素凰（2015：5-6）在分析台湾歌仔戏“七字调”戏文时，则认为其仅符合曾永义先生提出的“曲牌建构八律”中“正字律”“正句律”“协韵律”三条，并指出这是“民间艺人尚未能运用韵文学严谨之体制规律所致”，使之“显粗俗而非精致”，还在后文作了较为细致的举例分析。笔者认为此类戏文与《千金谱》等杂字书虽联系紧密，深受其影响，但二者的具体情况毕竟有所不同，需要重新阐述。下文笔者将以邱文锡、陈宪国两位编注的《千金谱》为例（在使用训读字处改用本字注出）说明之：

先依次列出全书所有韵脚字，并将同韵的韵脚字列为一行，排列如下。

表8 《千金谱》中所有的韵脚字情况

序号	韵脚字	韵
1	珍金心心金	im/n
2	字去字记	i
3	来呆	ai
4	路铺路数廊	ɔ
5	息则穑	ik
6	播路顾租埔箍补赌所	ɔ
7	收俦收油	iu
8	滑秫出郁出拂笏	ut
9	劳骚陶和淘笱锣刀戈槽浊母哥趖母趖鹅母五	o/ɔ
10	门仓园坊汤仓门庄汤床	ŋ
11	美理	i
12	只车	ia
13	丝理时齿止只俐是帘味面绵脂墘边诗戏去意伊起备里去起墘痴迷伊理钱伊时年是时钱四去辞钱迟滴离伊钱墘意漓猪是味是理庀年戏圆钱伊鱼	i/ĩ
14	叫笑	io
15	听行城听行件听只惊车件只只件	ia/iã
16	理时理意池染浅浅止棉墘字	i/ĩ
17	布糊	ɔ
18	罗帽	o
19	苎鞋吹袋带笠皮藜纱	（u）e
20	素裤布	ɔ

续表

序号	韵脚字	韵
21	呢衣	i
22	陶波	o
23	树珠	u
24	坠围围槌坠	ui
25	线盘线盘	uã
26	秤细面铃灯铃钟钟	in/ŋ
27	欠贱	iam
28	钱宜味添起米子翅子片鱼枝鱼耳苔鱼鱼耳蠘舌精鳖	i/ĩ/iʔ
29	蛙蟹鲊鳙	e/ɛ
30	箩鳗鳗干干干盏纸	ua/uã
31	炉炉古	ɔ
32	纸纸纸	ua
33	薰薰春	un
34	珍兴	in/ŋ
35	枣糕桃糕糕糕糕桃桃母锣	o
36	缸砖门	ŋ
37	钴炉壶炉炉	ɔ
38	盏盘碗	uã
39	箸碟	iʔ
40	煎盘	uã
41	担柴	a/ã
42	红杉桶	am/ŋ
43	篱擦	ue
44	备味边豉离利枝披丝丝时枝备肺	i/ĩ
45	油球	iu
46	蹄煨花瓜炊煨瓜配瓜锅炊花瓜瓜瓜齐牙疏筛鸡齐地街鸡个挨挨扒茶鞋细第齐	ue
47	意物	i/iʔ
48	桌作桌桌桌桌	oʔ
49	妆床门堂门长扛砖砖砖园	ŋ
50	兜炮包瓯抄遘炮兜	au
51	笄挨鸡齐	ue
52	旦赞汉	an
53	春裙婚君熏	un
54	龙腔	iɔŋ
55	致时边旗	i/ĩ
56	歌伞看案哗褂毛弹	ua/uã
57	字戏意棚椅	i/ĩ

序号	韵脚字	韵
58	篷桶桶总	aŋ
59	坛碗	uã
60	头沟头	au
61	齿齿	i
62	铗架鑢铗	ɛ/ɛ̃

由此可见，全书共包括62个同韵字组，403个韵脚字。其中，最长的同韵字组含61个韵脚字（第13组），而最短的只含2个韵脚字（第3、11、12、14、17、18组等），差别极大。这样看来，文中何时换韵并没有一定的规律，同韵字组长短参差，押韵的各句长度也不尽相同，甚至在一个同韵字组中存在韵脚字重复出现的情况，这应是作者率性而为、不加修饰的结果，同样体现了其“口头性”与“民间性”的特点。

此外笔者还发现，同韵字组中押韵的情况并不严格。主要元音相同的阳声韵字之间，存在-m、-n、-ŋ韵尾相押（如第1组的“珍”与“金心”、第42组“杉”与“红桶”）和主要元音相同的阴声韵、喉塞尾入声韵和鼻化韵字之间相押（如第28组的“宜味起”“钱添片”“蠘舌鳖”）的现象，这两种现象在朱媞媞（2013：21）对泉州梨园戏的用韵情况分析中也曾提及。另外，其所押的韵脚既有平声韵（如第7、10、36组等），也有仄声韵（如第2、5、8组），甚至还有不少平仄相押的情况（如第6、9、16组等），这也不同于诗词的押韵。不过-p、-t、-k尾入声韵字（第5组及第8组）却从不与其他韵的字通押，互相之间也没有相押的例子，是最严格的押韵，这与朱文的分析则不尽相同。

笔者在分析押韵情况时还发现，学者们虽然普遍将此书作者籍贯定在泉州，但从实际的押韵情况来看却并不完全吻合，存在出韵现象。如第2组和第13组中的“去”字，泉州话读作［$k^hɯ$］，而与之属同一个同韵字组的字均读［i］韵母，二者明显不同；又如第9组和第35组中的“母”字，依朱文（2013：18）之说，按当时的泉州音应读作［bɯo］，而同组的其他字却全都为［o］韵母；若按漳州音读，第10组“门园”［uĩ］与“仓”［ŋ］不同韵，第46组“蹄”［e］、“煨”［ue］、“花瓜”［ua］均不同韵，第57组“棚”［ɛ̃］“椅”［i］亦不同韵。只有按照厦门音读时，出韵情况最少。不过，正文中“麻粩、米粩”等食物的称呼方式却又具有鲜明的泉州特征。因此，我们不能排除作品在传抄过程中经过多人之手，造成方言混杂的情况。具体细节，尚待今后的同道进一步探讨。

五、结语

作为一部颇具地方特色和时代特色的童蒙课本，《千金谱》这本“百工册”不仅展现和保存了当时闽南地区的民众生活图景，对于我们研究当时闽南社会的语言面貌和昔时风物，也有着极高的文献价值。同时，该书还包含着老辈人对年轻人“莫嫖莫赌，勤俭有补所”的劝诫和“海面生理，望天保庇”的忠告，并从一个侧面反映出闽南人农商并重和尊重知识、敬畏文字的特质①。在主张“记住乡愁”，保护和拯救方言以及弘扬中国优秀传统文化的当下，以《千金谱》为代表的一批民间方言材料，无疑具有不可替代的重要意义，它们也成为了不可多得的宝贵遗产和文化财富。

① 生于台湾的陈维庆先生（1993：131，136）在文中讲述了当时陈家的悲惨经历，强调了进学、读书、识字对一个家庭和一个人的重要性。其祖父也表示，希望他的孙辈中有人“能识些字，所谓看得来写得去者，就不错了”，其中的“看得来写得去”一句，正来自于《千金谱》。

参考文献

[1]郭立诚. 1980. 保存本省民俗史料的千金谱［J］. 艺术家.

[2]何绵山. 2013. 闽台艺术论［M］. 厦门：厦门大学出版社.

[3]黄新宪. 2002. 台湾的书院与乡学［M］. 北京：九州出版社.

[4]黄哲永. 2002. 清代台湾传统文学作家“童蒙教育”的养成教材［A］. 台湾东海大学中国文学系. 明清时期的台湾传统文学论文集［C］. 台北：文津出版社.

[5]黄震南. 2014. 取书包，上学校：台湾传统启蒙教材［M］. 台北：独立作家出版社.

[6]李慧军，相龙烽，耿春明. 2012. 民间文学概论［M］. 哈尔滨：黑龙江教育出版社.

[7]林恩立. 2011. 从《增广昔时贤文》与《千金谱》探讨台湾民间文学中“雅言口传”之现象［D］. 台湾清华大学硕士学位论文.

[8]邱文锡，陈宪国. 1997. 千金谱［M］. 新北：樟树出版社.

[9]台南市瑞峰小学.“台湾民间文学”页面［OL］. 2019-01-25. http：//www.rfes.tn.edu.tw/master/tsiu-kong-tho5-hua-lu2/bin5-kan-bun5-hak8.html.

[10]台南市瑞峰小学.“千金谱”页面［OL］.2019-01-25. http：//www.rfes.tn.edu.tw/ master/tshian-kim-phoo2/tshian-kim-phoo2.html.

[11]王甲辉，过伟. 2005. 台湾民间文学［M］. 上海：上海文艺出版社.

[12]王顺隆. 1995.《识丁歌》与《千金谱》：闽南语识字蒙书的比较［J］. 台湾风物.

[13]维基文库.“千金谱”页面［OL］. 2019-01-27. https：//zh.wikisource.org/zh.

[14]吴登神. 1984 . 千金谱考释［J］. 南瀛文献.

[15]吴坤明校注，吕理组注音. 2005. 正字千金谱［M］.

[16]许长安. 2011. 台湾语文政策概述［M］. 北京：商务印书馆.

[17]游素凰. 2015. 歌子戏载体《七字调》(歌谣）之探讨［J］. 戏曲学报.

[18]张志公. 1962. 传统语文教育初探（附蒙学书目稿)［M］. 上海：上海教育出版社.

[19]朱媞媞. 2013. 泉州传统梨园戏用韵分析［J］. 集美大学学报（哲学社会科学版）.

当代训诂学研究的新进展[①]

张梦帆

（暨南大学文学院　广东广州　510632）

【提　要】当代训诂学的研究取得了丰硕的成果，集中体现在3个方面：一是研究理论与方法得到系统性总结；二是研究领域逐步扩大；三是呈现多学科融合发展的趋势。

【关键词】训诂学　理论与方法　研究领域　多科学融合发展

传统训诂学成就显著，但因其体系不强、术语混杂等诸多原因，在音韵、语法、修辞等与现代语言学成功接轨的重要时期，未能成功转型。20世纪七八十年代，训诂学复兴，陆宗达、郭在贻、赵振铎、王宁等学者开始对传统训诂学的术语、方法和理论进行全面地清除、整理和建设。经过近40年的发展，训诂学的术语渐趋统一，理论和方法不断完善，研究视野愈加开阔，并呈现多学科融合发展的趋势。

一、研究理论与方法的系统总结

20世纪初，黄侃提到"夫所谓学者，有系统条理，而可以因简驭繁之法也。明其理而得其法，虽字不能遍识，义不能遍晓，亦得谓之学。不得其理与法，虽字书罗胸，亦不得名学。"[②]然而，训诂学的"明其理""得其法"在20世纪七十年代之前，仅见齐佩瑢的《训诂学概论》、陆宗达的《谈谈训诂学》和《训诂浅谈》。[③]20世纪七八十年代之后，关于训诂学原理和方法的探讨有如雨后春笋，主要有陆宗达《训诂简论》（1980）、郭在贻《训诂学》（1986）、周大璞《训诂学初稿》（1987）、赵振铎《训诂学史略》（1988）、陆宗达和王宁《训诂与训诂学》（1994）、王宁《训诂学原理》（1996）、孙雍长《训诂原理》（1997）等。这些论著对传统训诂学的术语、方法和理论进行了较为全面地清除、整理和建设。

（一）术语的全面清理

术语体系的确立是一门学科科学化的重要基础，也是进行学科理论建设的必要条件。传统训诂学积累了大量术语，使训诂学术语体系的建设有据可依。当前关于传统训诂学中术语的阐释如林寒生（1997）、马景仑（2006）、李福言（2014）等。尽管传统训诂学对训诂术语已经有了一定的理性认识，

① 本文得到导师曾昭聪老师的指点，特表谢忱！

② 黄侃述：《文字声韵训诂学笔记》，上海古籍出版社，1983年，第2页。

③ 王宁：《训诂学原理》，中国国际广播出版社，1996年，第3-4页。

但由于未经系统阐述，术语体系仍旧较为混乱，如“一声之转”“假借”“孳乳”“变易”等概念内涵的模糊性。20世纪80年代以来，学界有意对训诂学的术语进行全面整理，这方面的研究有郭在贻《训诂学》（1986）、王宁《谈训诂学术语的定称与定义》（1996）[①]、刘世俊《论训诂学术语及其规范》（1996）等。训诂术语的科学清理，有助于训诂学的发展。目前这部分工作已取得了显著成绩，比如根词与源词、派生词，同源词与同音词、同义词等的界定，但部分问题仍在讨论，如“词源”与“语源”“同源词”与“同族词”的区别与界定。

（二）理论建设的加强

传统训诂学成就显著，但因其概括性弱、系统性不足等问题，一直被现代语言学研究者所批判。训诂学的继承、发展问题是摆在训诂学研究者面前的重要问题，而训诂学能否跻身于现代语言学科的行列，理论建设必不可少。理论建设是训诂工作全面开展的首要任务和工作重心。陆宗达、周大璞、郭在贻、赵振铎、王宁、孙雍长、方一新等均不同程度的对训诂学原理和理论进行了探究，其中陆宗达、王宁用力较多，尤其是王宁在当代影响较大。

王宁继承了传统训诂学的优良传统，又能借鉴、吸收普通语言学的成果为训诂学所用，视野开阔，富有创见。她的《训诂学原理》（1996）对训诂学在当代的学科地位、词与词义的内部结构、术语体系和教学体系进行了探讨。她认为，就原理探讨而言，训诂学应当与汉语词汇学和语义学衔接，尤其是古汉语语义学；就词与词义内部结构分析而言，训诂学必须区分词与词项、设置义位（项）与义素，建立关于词义内部结构的层次分析法；就系统性而言，必须全面清理训诂学的术语体系，做好系联同类概念、辨明异性质概念的内在差异、区分临近概念、理顺上下位概念的层次。关于王宁思想的研究主要有曾昭聪《王宁学术思想述略》（2009）、宋永培《陆宗达、王宁先生学术的渊源、传承与发展》（2016）等。

（三）训诂方法的探讨

方法是一门学科的主体，方法论是贯穿训诂学理论的主线。训诂学与文字学、词汇学等相关学科的根本区别，在于训诂学的所有知识必须围绕并落实到如何解释字词语句的方法，而所有方法也必须辅以验证的成果（黄金贵，2012）。传统训诂学训释材料丰富，有关训诂方法的探讨散见于各家著书。传统训诂学的训诂方法固然值得今人进一步挖掘和阐述，但决不能止步于此，我们还需要积极吸收、借鉴现代语言学方法，并反思现在的训诂学方法体系是否需要进一步完善，这方面的研究主要有陆宗达和王宁（1983）、王彦坤（2005；2006）、杨琳（2011）、黄金贵（2012）等。另外，学界对词义发展途径的探讨也值得注意。以往谈及词义发展的途径，首要摆出的便是引申和假借，但蒋绍愚（1989）认为，假借主要是一种文字现象，与词义无关，而引申也并非词义发展的唯一途径，引申之外词义发展还有许多途径值得我们探讨，像伍铁平（1984）的“词义感染”说、许嘉璐（1987）的“同步引申”说、孙雍长（1985）的“词义渗透”说、蒋绍愚（1989）的“相因生义”说以及张博（1995；1999）的“组合同化”说等都是引申之外词义发展的途径探索。

---

① 王宁：《训诂学原理》，中国国际广播出版社，1996年，第20–31页。

二、研究领域的扩大

传统训诂学以先秦文献为研究重点，以解经释经为研究目的，对俗词语、文化词语以及汉语词源学的建设关注不够。训诂学要想有所发展，必须扩大其研究领域，突破为经学服务的束缚。步入当代之后，学界对这方面的努力主要体现在3个方面：一是从传统的经典著作扩大到特别重视俗词语的研究；二是文化词语得到重视；三是汉语词源学初具规模。

（一）从传统的经典著作扩大到特别重视俗词语的研究

传统训诂学以先秦文献为研究重点，对唐代之后的俗词语关注较少。郭在贻（1986：144）认为，训诂学要想有所发展，必须扩大研究范围，关注汉魏六朝以来方俗语词的研究。中华人民共和国成立以来，尤其是20世纪80年代之后，俗语的研究逐渐得到重视，出现了一批既重视材料又重视理论的论著，这些论著大致可以分为白话文献词语考释类和汇释类。

第一，白话文献词语考释类。白话文献词语考释类的研究相对较多，大致可以分为诗词曲、小说、汉译佛经和禅宗语录以及敦煌变文4个方面。其中，小说中俗词语考释用力最多，有对单个或少数词进行考释的，如张涌泉《“省恐”试释》（1992）；有对专书中俗词语进行考释的，如徐时仪《〈朱子语类〉方俗口语词考》（2013）。在对专书中的俗词语进行考释时，方言和文献相结合的方法较为常用，如雷汉卿（2004）。诗词曲中俗词语考释相对较少，多以单篇论文形式呈现，较为零散，如黄征《苏轼诗文俗语词辑释》（1992）。汉译佛经和禅宗语录中俗词语的考释则起步相对较晚，如袁宾（1987）、董志翘（2004）等。至于敦煌变文中的俗词语考释，“以其成就而言，蒋礼鸿师的《敦煌变文字义通释》《〈敦煌资料〉（第一辑）词释》堪称登峰造极，尔后，郭在贻师、项楚递有补释，成就亦有可观。”[①]在此之后，蒋冀骋（1993）、张涌泉（1996）等陆续对敦煌变文中的俗词语研究进行了补充。除此之外，还有部分断代研究，如袁宾《唐宋俗语词札记》（1986）。

第二，汇释类。20世纪50年代出现了几部影响较大的汇释类专著。后来，随着对俗词语重视程度的增加，陆续出现了一批有关的汇释类专著及辞典。其中，断代研究或对专书进行研究的成果相对较多，断代的如江蓝生（1988）、王锳（2001）、曾昭聪（2015）等。专书研究的如冯其庸《红楼梦大辞典》（1990）。

诗词曲、小说方面的如陆澹安《戏曲词语汇释》（1981）、王锳《诗词曲语辞例释》（1980）、翟建波《中国古代小说俗语大辞典》（2013）。汉译佛典和禅宗方面的相对较少，主要有袁宾的《禅宗著作词语汇释》（1990）和《禅宗词典》（1994）。敦煌文献语辞词义的诠释，发轫于蒋礼鸿的《敦煌变文字义通释》，后来蒋礼鸿等又合编了《敦煌文献语言词典》（1994）。另外，俗语语料库和俗语辞书语料库也正在建设中，随着俗词语研究工作的深入开展，理论和方法问题也逐渐被提上日程，理论方面的探讨如黄征（1992）、张涌泉（2012）、杨琳（2013）的研究。

---

① 蒋冀骋：《敦煌释词》，《湖南师范大学社会科学学报》1993年第4期。

（二）文化词语重新得到重视

古代的口语词、近代汉语词汇方面的训释成果虽是现代训诂的新领域、新路径，但对文化词语的训释却是传统训诂学未解决、当今训诂更为忽视的重要方面，20世纪八九十年代，黄金贵有意将文化语言学导入训诂学，他采用“系统辨考”词义的方法编著了《古代文化词义集类辨考》。后来，滕志贤在《从出土古车马看训话与考古的关系》（2002）中提出了出土文物和训诂知识互相参证的方法。闫艳的《唐诗食品词语语言与文化之研究》（2004）和《〈全唐诗〉名物词研究》（2004）对唐诗中的名物词进行了多角度的分析。徐时仪从佛经文化词入手，利用古代文献、考古材料与梵汉对音的方法对佛经文化词进行研究，如《玄应〈众经音义〉所释西域名物词考》（2004）。汪少华（2004）的《中国古车与名物考辨》，着眼于训诂学与考古学的双重视角，试图以名物线索贯通训诂学、考古学与科技史。杨琳则从文化角度考求汉语词义，先后出版并发表了《语言与文化探幽》（1994）、《论文化求义法》（2007）等一系列文章。

（三）汉语词源学初具规模

词源学作为传统训诂学的一个分支学科，20世纪80年代以来，随着研究视野的开阔、研究队伍的不断壮大，词源学的研究取得了较快的发展。曾昭聪《面向新时代的汉语词源学研究》（2018）对当代汉语词源学的现状、成绩和不足进行了详细阐述，认为当代训诂学的研究主要集中在基础理论、汉语词源学史、词源考证及同源词典编纂、词源学的普及和应用四大方面。其中基础理论的研究较为扎实，汉语词源学史方面的研究主要集中在词源学“史”的研究、词源学史上的专著研究以及词源学史上的专题研究。经过词源学研究者的共同努力，汉语词源学虽然在宏观上初步确立，但依旧面临诸多需要攻克的难题。曾昭聪（2003；2007；2018）根据当代汉语词源学的研究现状，指出在基础理论方面，“词源”的术语问题、研究对象与范围问题、同源词的判定标准问题仍需继续研究；在汉语词源学史方面，研究材料、古人的探源方式以及复合词的词源分析需要进一步研究；在词源考证和词源词典编纂方面，臆测词源较为严重；而词源学的普及和应用研究需要进一步加强。

三、多学科融合发展

我国传统“小学”分为文字、音韵和训诂，但旧的经验训诂学以训释材料为研究对象，内容不仅囊括词汇、语法、修辞等语言各部门，还涉及文字和音韵领域，尤其是文字领域，训诂学与文字学在较长一段时间内缺乏严格的分工。后来，随着现代语言学的发展，与训诂密切相关的音韵、文字、语法等都实现了与现代语言学的接轨，发展成为语音学、文字学和语法学等独立的学科。学科内的研究对象和研究范围更加明确，研究方法和研究理论更加体系化，学科间的界限也愈来愈明晰，但训诂学与这些相邻学科却是互相影响、互相促进。

（一）训诂学与词汇学、语义学

词汇学是以词和词汇为研究对象的一门学科。汉语词汇研究历史悠久，但真正以词为研究对象是从19世纪末期开始，而词汇学作为一门学科创立，则是在20世纪50年代中期以后，以孙常叙的《汉语词汇》（1956）为标志。（周荐、杨世铁，2006）至于20世纪之前的词汇研究，周荐、杨世铁（2006）认为，从学科归属上讲，这部分词汇研究属于传统的训诂学，但传统训诂学不属于词汇学。李运富（1989）则认为应该建立独立、系统的古汉语词汇学。二人的观点从侧面反映了训诂学与词汇学，尤其是与古汉语词汇关系的复杂性。既然训诂学与词汇学拥有紧密的联系，那么一方的发展必然推动和促进另一方的发展。

语义学是研究语言意义的一门学科。现代意义上的语义学与19世纪后半期兴起的历史比较语言学紧密相关。20世纪上半叶，语义学受结构主义影响，产生了“语义场理论”等重要的研究方法。20世纪50年代以来，在生成语言学、逻辑学、认知语言学等的影响下，语义学先后产生了生成语义学、逻辑语义学、认知语义学等交叉科目。无论从研究目标，还是从研究方法看，训诂学与现代语义学之间存有较大差异，但在研究古代汉语的语义问题上，二者却具有共通性。在中国，传统的语义研究是小学的一个分支，即训诂学，主要研究词义的变化。只是传统的训诂学着眼于书面语，目的在于注释古籍，为经学服务，而非对语义做独立、全面和系统的研究（束定芳，2014）。然而，随着训诂学的逐步发展，尤其是近些年来训诂学体系、理论和研究方法的不断完善，训诂学在语义研究方面有较大发展，如前文提到的“相因生义”“词义渗透”“组合同化”等语义演变的研究方法。并且，从古人的训释中总结词义观念，发掘传统词汇语义思想，对现代汉语词汇语义的研究和词汇教学均有启发。

（二）训诂学与辞书学、汉语史

辞书学是以辞书为研究对象的学问，是探讨辞书编纂及其发展、使用与评价规律的一门学科。辞书学与训诂学关系密切：一则，在辞书编纂中，探求文献词义是一项必不可少的工作，对古汉语辞书的探讨离不开文字训诂的研究，而辞书编撰体例的改善，也往往与文字训诂的发展相对应。二则，中国古代辞书不仅数量大而且含有丰富的注释，这些注释是训诂学的重要研究内容，而词义的考察又常常要借助各种辞书，所以训诂学又离不开辞书学的研究。比如曾昭聪的《明清俗语辞书及其所录俗语词研究》不仅全面梳理了明清的俗语辞书，探讨了与之相关的理论问题，还在大量词语考释的基础上，对明清俗语词语所录的俗语词进行了多角度的探讨。

汉语史是关于汉语发展的内部规律的科学，研究现代汉语的语音系统、语法结构、一般词汇、文字是怎样形成的（王力，2013）。汉语史和训诂学都以历代流传下来的文献材料为依据，因此无论在研究内容上还是在研究方法上，二者都难以截然分离（董志翘，2005）。在汉语史的研究中，上古汉语和现代汉语研究得较为充分，而中古近代汉语则相对薄弱，因此要研究中古近代汉语词汇，具有一定的训诂学功底是必不可少的。

（三）训诂学与方言学、语法学

方言学以方言为研究对象。游汝杰（2004）根据由古至今各个阶段的方言发展状况，将清末之前的方言研究称为传统方言学研究，并指出在传统语言学研究中“小学是经学的附庸，方言学则是训诂学的附庸”。因此，无论是研究传统方言学，还是研究方言学史，训诂学是不可或缺的。同时，在训诂学的研究中，尤其是考释俗词语时，文献和方言互相参证的方法较为常用，这是因为古书中的一些词语在语言使用过程中会逐渐消失，但却被保存在了部分方言中，如粤语、闽南语等。这方面的研究如汪维辉（1993）、雷汉卿（2004）。另外，训诂学和方言学的融合还体现在方言词的考源上（曾昭聪，2017）。

至于语法观念，我国古人早已有之，在解经释经的过程中，对语序、虚词、句法等均有涉及，只是这些内容都被放在训诂学之中。后来，随着现代语法学的建立，训诂学和语法学的界限逐渐明晰。探究语言的演变，训诂学的研究成果和方法是必不可少的，比如近年来流行的与实词虚化有关的语法化研究。因此要查考和阐述相关现象的历史演变，基本的训诂学知识是不可或缺的。同时，语法的研究也可以促进训诂学的发展，如蒋绍愚在《训诂学与语法学》（1997）中提到，训诂工作在增强系统性、扩大研究范围的同时，要增强语法观念，否则会出现一些问题。因此，在研究古代文献的语义时，除了必备的训诂学知识外，还需要加强相应的语法观念，减少失误。

四、结语

训诂学是一门古老而又焕发生机的学科。作为古代“小学”重要组成部分之一的训诂学，在中国传统的汉语言文字研究中占据重要地位。传统的训诂学成绩显著，但未能全然摆脱经学的束缚。主要体现在传统训诂学多搜集编纂之功而少归纳概括之力；理论的述论零零散散，大量原理性的东西淹没在材料之中；所用的方法缺乏证明，更缺乏说明（王宁，1996：20）。传统的训诂学要想在当代得到发展，必须从当今实际出发，为现代语言文字服务，为广大读者所接受。学界在这方面已经进行了大量的有价值的探索，推动了当代训诂学的发展。

当代训诂学在理论建设、研究领域和研究方法上取得了可喜的成绩：研究理论和方法得到系统性的总结，研究领域逐渐得以开拓，并呈现出多学科交融发展的趋势，这些都有利于训诂学的发展。同时，我们也应该保持清醒的头脑，认识到当前研究的不足，比如术语体系的健全、理论和方法的探讨与总结、俗词语和文化词语研究的加强、词源学的进一步发展等。另外，我们还要积极借鉴、吸收相邻学科的发展成果，并用训诂学的知识修正和充实这些学科的研究，互相促进、共同发展。

参考文献

[1] 董志翘. 2004. 中土佛教文献词语零札［J］. 南京师大学报（社会科学版）(5).
[2] 董志翘. 2005. 训诂学与汉语史研究［J］. 语言研究（2）.
[3] 冯其庸，李希凡. 1990. 红楼梦大辞典［M］. 北京：文化艺术出版社.
[4] 郭在贻. 1986. 训诂学［M］. 长沙：湖南人民出版社.
[5] 黄金贵. 2012. 训诂方法研究［M］. 北京：中华书局.
[6] 黄征. 1992a. 苏轼诗文俗语词辑释［J］. 宁波师院学报（社会科学版）(2).
[7] 黄征. 1992b. 汉语俗语词研究的几个理论问题［J］. 杭州大学学报（哲学社会科学版）(2).
[8] 蒋冀骋. 1995. 话本小说俗语辞考释（二）［J］. 古汉语研究（1）.
[9] 蒋冀骋. 1997. 敦煌释词［J］. 湖南师范大学社会科学学报（4）.
[10] 江蓝生. 1988. 魏晋南北朝小说词语汇释［M］. 北京：语文出版社.

[11] 蒋礼鸿. 1994. 敦煌文献语言词典 [M]. 杭州：杭州大学出版社.

[12] 蒋绍愚. 1989. 论词的"相因生义"[A]. 语言文字学术论文集：庆祝王力先生学术活动五十周年 [C]. 上海：知识出版社.

[13] 蒋绍愚. 1997. 训诂学与语法学 [J]. 古汉语研究 (3).

[14] 雷汉卿. 2004.《醒世姻缘传》方俗词考释 [J]. 信阳师范学院学报 (哲学社会科学版)(6).

[15] 李福言. 2014.《广雅疏证》因声求义研究 [D]. 武汉大学博士学位论文.

[16] 刘世俊. 1996. 论训诂学术语及其规范 [J]. 宁夏大学学报 (社会科学版)(1).

[17] 林寒生. 1997.《尔雅》训诂术语浅探 [J]. 厦门大学学报 (哲学社会科学版)(4).

[18] 陆澹安. 1981. 戏曲词语汇释 [M]. 上海：上海古籍出版社.

[19] 陆宗达. 1980. 训诂简论 [M]. 北京：北京出版社.

[20] 陆宗达，王宁. 1983. 训诂方法论 [M]. 北京：中国社会科学出版社.

[21] 陆宗达，王宁. 1994. 训诂与训诂学 [M]. 太原：山西教育出版煸动.

[22] 马景仑. 2006.《广雅疏证》训诂术语"相对成文"浅析 [J]. 南京师范大学文学院学报 (2).

[23] 孙雍长. 1985. 古汉语的词义渗透 [J]. 中国语文 (3).

[24] 孙雍长. 1997. 训诂原理 [M]. 北京：语文出版社.

[25] 宋永培. 2016. 陆宗达、王宁先生学术的渊源、传承与发展 [J]. 民俗典籍文字研究 (1).

[26] 束定芳. 2014. 什么是语义学 [M]. 上海：上海外语教育出版社.

[27] 滕志贤. 2002. 从出土古车马看训诂与考古的关系 [J]. 古汉语研究 (3).

[28] 王力. 2013. 汉语史稿 [M]. 北京：中华书局.

[29] 王宁. 1996. 训诂学原理 [M]. 北京：中国国际广播出版社.

[30] 汪少华. 2004. 中国古车与名物考辨 [D]. 华东师范大学博士学位论文.

[31] 汪维辉. 1993.《两拍》词语札记 [J]. 语言研究 (1).

[32] 王彦坤. 2005. 训诂的方法 [J]. 暨南学报 (哲学社会科学版)(6).

[33] 王彦坤. 2006. 试谈训诂方法的发展 [J]. 语文研究 (4).

[34] 王锳. 1980. 诗词曲语辞例释 [M]. 北京：中华书局.

[35] 王锳. 2001. 唐宋笔记语辞汇释 [M]. 修订本. 北京：中华书局.

[36] 伍铁平. 1984. 词义的感染 [J]. 语文研究 (3).

[37] 许嘉璐. 1987. 论同步引申 [J]. 中国语文 (1).

[38] 徐时仪. 2004. 玄应《众经音义》所释西域名物词考 [J]. 汉语史研究集刊 (0).

[39] 徐时仪. 2013.《朱子语类》方俗口语词考 [J]. 古汉语研究 (1).

[40] 闫艳. 2004a. 唐诗食品词语语言与文化之研究 [M]. 成都：巴蜀书社.

[41] 闫艳. 2004b.《全唐诗》名物词研究 [M]. 成都：巴蜀书社.

[42] 杨琳. 1994. 语言与文化探幽 [M]. 长沙：湖南师范大学出版社.

[43] 杨琳. 2007. 论文化求义法 [J]. 汉语史研究集刊.

[44] 杨琳. 2011. 训诂方法新探 [M]. 北京：商务印书馆.

[45] 杨琳. 2013. 俗语词研究概说 [J]. 文化学刊 (5).

[46] 游汝杰. 2004. 汉语方言学教程 [M]. 上海：上海教育出版社.

[47] 袁宾. 1986. 唐宋俗语词札记 [J]. 山东师大学报 (社会科学版)(4).

[48] 袁宾. 1987.《五灯会元》口语词探义 [J]. 天津师大学报 (5).

[49] 袁宾. 1990. 禅宗著作词语汇释［M］. 南京：江苏古籍出版社.
[50] 袁宾. 1994. 禅宗词典［M］. 武汉：湖北人民出版社.
[51] 曾昭聪. 2003. 汉语词源研究的现状与展望［J］. 暨南学报（哲学社会科学版）(4).
[52] 曾昭聪. 2007. 汉语词源学史研究的现状与反思［J］. 烟台大学学报（哲学社会科学版）(3).
[53] 曾昭聪. 2009. 王宁学术思想述略［J］. 暨南学报（哲学社会科学版）(2).
[54] 曾昭聪. 2015. 明清俗语辞书及其所录俗语词研究［M］. 上海：上海辞书出版社.
[55] 曾昭聪. 2017. 论方言词考源［J］. 烟台大学学报（哲学社会科学版）(5).
[56] 曾昭聪. 2018. 面向新时代的汉语词源学研究［J］. 湖南师范大学社会科学学报（3）.
[57] 翟建波. 2013. 中国古代小说俗语大辞典［M］. 上海：上海辞书出版社.
[58] 张博. 1995. 词的相应分化与义分同族词系列［J］. 古汉语研究（4）.
[59] 张博. 1999. 组合同化：词义衍生的一种途径［J］. 中国语文（2）.
[60] 张涌泉. 1992. "省恐" 试释［J］. 古籍整理研究学刊（1）.
[61] 张涌泉. 1996. 敦煌文书疑难词语辨释四则［J］. 中国语文（1）.
[62] 张涌泉. 2012. 敦煌文献俗语词研究的材料和方法［J］. 中国典籍与文化（1）.
[63] 赵振铎. 1988. 训诂学史略［M］. 郑州：中州古籍出版社.
[64] 周大璞. 1987. 训诂学初稿［M］. 武昌：武汉大学出版社.
[65] 周荐，杨世铁. 2006. 汉语词汇研究百年史［M］. 北京：外语教学与研究出版社.

粤港澳大湾区语言景观研究综述[①]

麦茵茹[1] 单韵鸣[2]

（1. 华南理工大学新闻与传播学院 广东广州 510006；
2. 华南理工大学国际教育学院 广东广州 510006）

【提 要】语言景观是近年社会语言学的研究热点，它可为粤港澳大湾区复杂而丰富的语言生态提供一个新的研究视角。本文将从年度分布、研究地区分布、问题取向和研究方法4个方面对粤港澳大湾区及其组成城市语言景观的相关研究进行发展脉络和研究现状的梳理，并对后续研究进行了展望。

【关键词】粤港澳大湾区 语言景观 研究综述

一、引言

语言景观是社会语言学研究中的一个分支，也是近年来逐渐兴起的研究热点。历史上，Spolsky & Cooper（1991）关于耶路撒冷的语言研究是首个关于语言标牌的研究，但“语言景观”（Linguistic Landscape）的概念则在Landry & Bourhis（1997）的研究中才被首次提出。他们认为公共建筑及设施（如路牌、广告牌、地名、商铺招牌等）的公共标牌上的文字语言共同构成了一个地区或城市群的语言景观。这一概念界定将语言景观研究的重点放在“公共领域”和“文字形式”两个关键词上，并被学界广泛接受和应用。在后续的研究中，语言景观所研究的范围不断扩大，除固定的公共标牌外，还可以研究移动的、非固定的语言实例（如传单、车票、广告页、宣传册、文化衫、车身广告、产品包装和印刷品等），近年还有研究开始将视野延伸至虚拟空间的语言景观中（任遥遥，2019）。另外，已有不少学者从语言学、符号学、社会学等角度开展对语言景观的研究，形成了许多具有跨学科特色的理论，如Scollon & Scollon（2003）的地理符号学理论、Huebner（2009）的SPEAKING模型，Trumper-Hecht（2010）的三维空间分析模型等。研究对象范围的不断扩大以及学科理论间的交融，使得语言景观研究的视域得到了拓展，发展日益蓬勃。

2016年3月，《中华人民共和国国民经济和社会发展第十三个五年规划纲要》[②]正式发布，明确提出要推动粤港澳大湾区的建设。这一决策不仅有助深化内地和港澳的交流合作，更为中国与世界的国际交

① 本文是国家语言文化工作委员会委托项目“粤港澳大湾区协同发展背景下的粤方言资源采集与应用研究”（WT135-77）的阶段性成果，广东省公共外交与跨文化传播研究基地（CTTI）成果之一。

② 《中华人民共和国国民经济和社会发展第十三个五年规划纲要》，详见http://www.gov.cn/xinwen/2016-03/17/content_5054992.html。

流开启了一道大门，在国家发展大局中具有重要的战略地位。因此，粤港澳大湾区近年也成为了备受学界关注的一个新研究热点。大湾区由香港、澳门两个特别行政区和广州、深圳、珠海、佛山、惠州、东莞、中山、江门、肇庆这9个珠三角城市共同组成。虽然这11个城市都处于粤方言区，但由于历史原因，各自的人口组成和语言环境存在着一定的差异。与珠三角9市不同，港、澳两特区的官方语言除中文外，英文和葡文也分别被规定为官方语言。在这种“三文四语”的语言环境基础上，加上国际化发展定位的影响，大湾区将成为世界不同语言文化的汇聚地，整体的语言生态也呈现出多样而复杂的特点。

Landry & Bourhis（1997）认为语言景观有信息功能和象征功能，不仅可以反映某地的使用语言及其特点，还可以映射出当地不同语言的权势与地位。因此，从语言景观这一角度出发，是研究大湾区复杂的语言生态的一个好方法。粤港澳大湾区作为一个新的研究热点，关于其语言景观的研究数量有多少？已对哪些区域进行了研究？研究的问题取向有哪些？研究的方法主要是什么？此领域的研究还有什么缺口？这些都是研究前需要了解的问题。本文将对已有的粤港澳大湾区及其组成城市语言景观的相关研究现状进行梳理，将从年度分布、研究地区分布、问题取向和研究方法4个方面进行介绍，并提出对此研究领域的展望，以期为后续研究提供参考。

二、研究现状分析

笔者分别在中国知网的期刊库和硕博论文文库以及百度学术、谷歌学术库中，以“语言景观”和“大湾区”为关键词（同时将“大湾区”依次替换为珠三角、广东以及大湾区11个城市的名称），搜索与粤港澳大湾区及其组成城市语言景观研究相关的中英文文献。经人工筛选后，得到中文论文15篇，英文论文16篇。下面将从四大方面对所得到的文献进行分析：

（一）年度分布

通过对文献的发表年份进行整理分析，得到其年度分布及趋势变化，如下文图1所示。由图可知，相关研究最早始于2010年（Jaworski & Yeung），此研究仅关注香港在住宅名称方面的语言景观。直至2019年，才真正出现以大湾区整体为研究对象的语言景观相关研究（王海兰、何文晓，2019），可见当前大湾区整体的语言景观研究正处于起步阶段，还存在很大的研究空白。

由数量上看，发文量整体呈上升趋势。其中，2016年前的研究多为外国研究者对香港、澳门两个城市的语言景观研究，这或与其国际化程度较高、更为世界熟悉的原因有关；而在2016年后，大湾区及其组成城市的语言景观研究得到了很大的发展，研究者也多为国内学者，其原因可能有二：一是语言景观研究近十几年来在我国逐渐步入正轨，研究基础不断夯实，研究方法日趋成熟；二是自2016年“十三五”规划发布以来，粤港澳大湾区作为整体的形象在大湾区各城市的合作及对外交流过程中不断得到深化和推广，逐渐引起学者们对此新研究对象的关注。

（二）研究地区分布

通过对研究的目标地区进行整理分析，得到其比例分布，如下文图2所示。由图可见，目前仅有一项以粤港澳大湾区整体为研究对象的研究（王海兰、何文晓，2019），但此研究仅聚焦于语言景观中的一种表现形式，即大湾区电视语言的使用情况，未能全面深入地探究大湾区语言景观的整体情况。除此研究外，其余与大湾区语言景观的相关研究都均以单独某个大湾区城市为研究对象，暂时只涉及到香港、澳门、广州、深圳和佛山5个大湾区城市。另外，从数量上而言，广州和香港的语言景观研究较多，因此研究视域也更为广泛；澳门的研究数量则次之。总体而言，大湾区的语言景观研究仍需对大湾区整体或未得到充分研究的城市的语言景观继续进行挖掘。

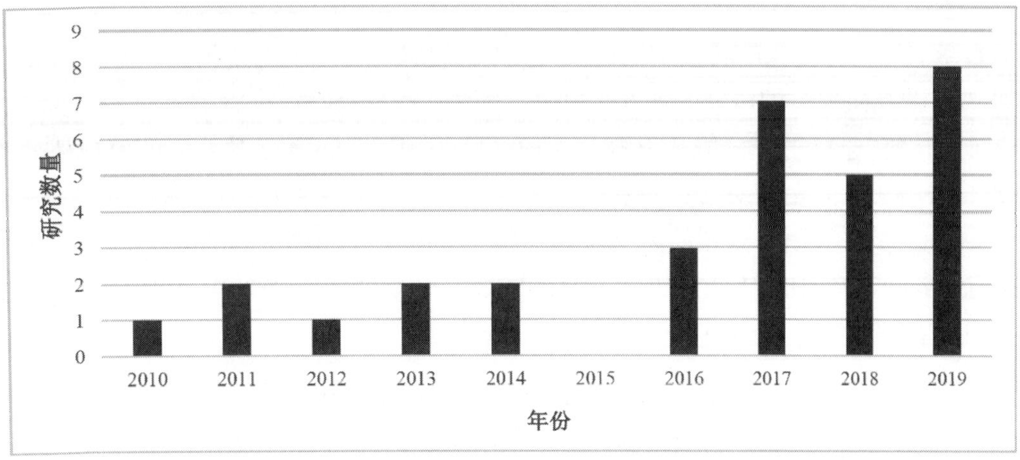

图1　2010—2019年粤港澳大湾区语言景观相关研究年度分布

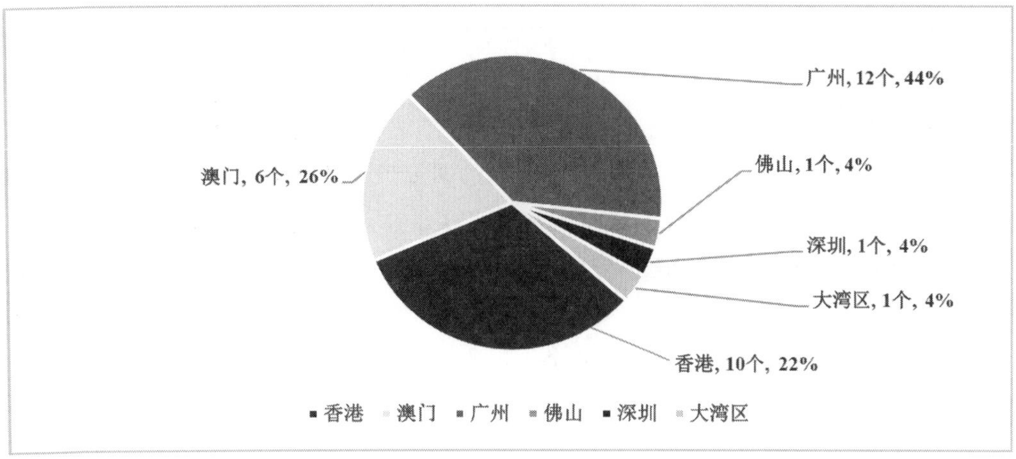

图2　粤港澳大湾区语言景观研究地区分布

（三）问题取向

由Scollon R & Scollon S（2003）的“地理符号学”理论中的“互动顺序”出发，语言景观的研究维度可分为空间实践（物理维度）、构想空间（政治维度）和生活空间（体验维度）3个维度，即分别从语言标牌、作者和读者3个主体的角度进行分析。通过对粤港澳大湾区语言景观相关文献研究主题的分析，发现目前绝大部分的研究是以语言标牌为研究对象的，只有少数以读者为研究对象，但也有发现同时将3个维度或其中两者结合起来分析的综合研究。另外，还有部分研究以概念和理论为导向，辅以语言景观实例作为解释。

以上提及4种研究的数量分布如表1所示。下面将对这些研究分别进行详细介绍：

1. 以语言标牌为主体的研究

语言标牌是语言景观研究中最为直接的研究对象，因此也成为研究的主流。所搜索到的文献中，对语言标牌的研究几乎都由其功能性出发，即通过对某地区整体的或某种类型的语言景观进行分析，从而探寻其中的现象或存在的问题。但不同研究所侧重的关注点也有所差异，大致可分为3个方面：语言生态及现象、文本内涵以及翻译质量。其中，以社会语言学视角对语言景观所反映的语言生态及现象研究最多，大多关注城市的整体语言景观情况，并结合社会环境进行分析，所研究的区域涵盖了商业区（Lai，2013；张媛媛、张斌华，2016；Joanna，2018；周镜，2018；何钠文、李明泰，2019）、外国人聚居区（巫喜丽、战菊，2017；贺敬豪，2019；胡家桢，2018）、城中村（张亚琼，2018）等不同视角；少数研究侧重语言景观所反映的双语现象（Wong & Chan，2018）以及语言竞争力问题（Finzel，2012）；也有只针对某种语言景观而进行的研究，如Xi（2019）的研究针对澳门传统旅游景点的路标以及博彩旅游的赌场宣传手册的语言选择进行分析，王海兰和何文晓（2019）的研究对大湾区电视语言使用情况进行了调查。亦有从语言学的角度对语言景观进行研究，或分析其文本内涵，如从住宅、店铺、媒体环境中、标语、海报、街道等语言景观的名字或表达中探寻其文化内涵、互文现象以及当地人的语言创造力（Jaworski & Yeung，2010；Luk，2013；Zhang & Chan，2017；范新民，2017；韩艳梅、陈建平，2018），又或对语言景观的翻译质量进行评判（韩伟，等，2019）。

表1　粤港澳大湾区语言景观不同主体研究对象的文献数量及所占比例

	以语言标牌为主体的研究	以读者为主体的研究	综合研究	理论型研究
文献数量（篇）	21	2	3	5
所占比例	67.74%	6.45%	9.68%	16.13%

2. 以读者为主体的研究

研究以读者的角度出发，可考察在特定社会环境下人与语言景观之间的互动关系，还可能进一步揭示语言与地方的关系。但正如表1所示，以读者为主体的研究数量相较而言很少，仅发现Rachel & Maria（2017）和Yan & Lee（2014）的两篇文献，且均与澳门相关。但其研究的语言标牌读者种类却有所差异：Rachel & Maria是从澳门当地居民的角度出发，调查居民对于澳门街名作为旅游景点的感受，而Yan & Lee则是从游客的角度出发，探求游客对于澳门街道名称的感知情况。不可忽视的是，在下文提及的3篇综合研究中也有涉及到对语言标牌读者感受的调查。

3. 综合研究

本文所提及的综合研究，指的是同时从语言标牌、作者和读者中3个或其中2个角度结合起来分析的研究。关于大湾区语言景观的综合研究共有3篇，且均与广州相关，都是在对实体语言景观进行分析的基础上，进一步补充读者对语言标牌的感知调查。其中，Han & Wu（2019）的研究角度最为全面，同时涵盖了物理、政治和体验3个维度，并分析了三者间的关系，对广州城市空间中的语言景观状况进行了较为详细、全面的分析；张亚琼（2018）的研究则结合语言标牌和读者两个主体角度，考察棠下村的语言生态环境以及居民对此的态度；周玉品（2019）的研究在对广州上下九步行街主干道与后街以及北京路、天河城其他两个商圈的标牌进行对比的基础上，还增加了对语言人的语言态度调查。总的来说，综合研究从不同主体的角度对语言景观进行分析，不仅可展示语言景观的真实状况，同时也能探究作者或读者的想法，甚至可能帮助对语言景观隐藏的内涵进行进一步的挖掘和分析。三者的内容可相互补充和解释，使得研究更为全面细致。

4. 理论型研究

虽然大湾区语言景观的相关研究多为实证研究，但也有部分研究以大湾区中的语言景观为例子，阐述某种概念或构建新的理论模型。相关的理论型研究共搜索到5篇：其中，Hutton（2011；2014）的两项研究均通过辅以对香港一些语言景观的分析，分别对本地空间、非地方以及在现代化下的法治概念进行了详细的界定和解释。Lou（2016）的研究以香港一家餐馆的霓虹灯被拆除后的状态为例，将“话语的再语境化”概念具象化，并研究了公众话语在此类过程中的作用。Lam & Graddo（2017）提出了一个关于语言景观垂直性的纵向分析模型，用于研究在垂直空间中社会行动者、社会行为、空间功能与使用权限、话语资源的交流、相互作用及关系。张媛媛（2017）的研究将理论建构与实证研究结合，即在对语言标牌进行官方和非官方的分类标准基础上，进一步提出针对言语社区内部与外部群体的分类标准，并将此理论放在香港社区的语言景观中进行检验。

总体而言，已有研究的主体大多侧重于对语言标牌的描述与分析，对读者和作者两个维度缺乏一定的关注；对于所研究的语言景观的区域和对象，尽管研究视野已经较为广阔，但仍需继续拓展。

（四）研究方法

对于语言标牌为主体的研究，其资料来源大多是研究者在某一时间下所拍摄的照片，其后研究者再对照片进行量化（对语言标牌进行分类统计）或质化（探究语言标牌的文本内涵）的分析。但也有少数研究是历时性的调查，如李贻（2011）在2008 年和 2011年分别收集了广州北京路的语言景观数据，进行对比分析，探讨全球化现象、奥运会和亚运会对广州语言景观的影响及其各自表现形式与特点；而Wong、Chan（2018）通过分析香港年鉴馆藏的数字图片档案库中1957年至2014年之间的标牌，以探究香港语言景观中双语现象的发展情况。

对于以读者为主体的研究，则一般通过随机选取（Rachel & Maria，2017； Yan & Lee，2014）或滚雪球（Han & Wu，2019）的方法寻找调查对象，后对其发放问卷，从而获得研究数据。也有调查采用访谈法作为其中一种研究方法（周玉品，2019；Lam & Graddo，2017），但其使用频率较问卷调查法更低。

三、总结与展望

综合全文，不难发现粤港澳大湾区的语言景观研究虽起步较晚，但已在众多学者的共同努力下，逐渐得到了发展，也取得了一定的成果。然而，目前的研究仍在研究地区、研究视域、理论建构以及研究方法上存在一定的缺口，需要在后续的研究中继续完善：

（1）研究地区方面，以大湾区整体为研究对象的语言景观研究几乎没有，仍存在很大的研究空间；同时，还需要对未得到充分研究的城市的语言景观继续挖掘，这样可以与其他城市的语言景观进行横向比较分析。

（2）研究对象方面，绝大部分研究以语言标牌为研究对象，只有少数将读者作为研究对象。也就是说，目前的研究比较欠缺对标牌的读者感受以及标牌作者动机的解读。在后续的研究中可补充此方面的内容，关注景观规划者的意图和读者的身份文化认同、接受程度等心理活动，籍此深化语言景观背后文化意义的研究。

（3）研究范围方面，已有的研究大多选取在城市的商业街或外国人聚居区的语言景观，后面可进一步拓宽研究的范围，如公共服务区域、虚拟空间的语言景观，还可联结公共指示设施中的图像、声音、颜色等多种模态的符号，研究其与文字语言共同构建的语言景观的功能和影响。

（4）研究者多借用国外学者的研究框架，关于理论构建的内容甚少。针对语言生态相对复杂的粤港澳大湾区，可尝试探索一套符合中国特色的语言使用理论框架。

透过语言景观这扇窗口，粤港澳大湾区各地政府以及语言规划者可以了解到语言环境的整体情况，通过将官方政策以及各方群体的个人期望相结合的方式，制定符合当地情况的语言政策，以调和大湾区内部和外部不同语言和群体的冲突，并保持多语生态的平衡，这对于大湾区的和谐繁荣发展有着重要的意义。

参考文献

[1] 范新民. 2017. 广州街道命名的语言理据和文化内涵［J］. 广东外语外贸大学学报，28（2）：119–124、130.

[2] 韩伟，黄嘉乐，唐仪婷. 2019. 广州城市语言景观研究：以沙面历史建筑群公示语的英译为例［J］. 现代交际（16）：85–86.

[3] 韩艳梅，陈建平. 2018. 语言景观之跨文化互文现象研究［J］. 中国外语，15（2）：31–41.

[4] 贺敬豪. 2019. 广州商业街区语言景观与语言服务关系研究［D］. 广东外语外贸大学硕士学位论文.

[5] 何钠文，李明泰. 2019. 佛山粤方言景观的现状及其影响：以祖庙景点及其商圈为例［J］. 教育教学论坛（37）：97–99.

[6] 胡家桢. 2018. 广州市白云区远景路语言景观调查研究［D］. 暨南大学硕士学位论文.

[7] 李贻. 2011. 语言景观研究法：对广州北京路的历时性调查［J］. 海外英语（13）：300–301.

[8] 任遥遥. 2019. 虚拟空间语言景观研究：以义乌市门户网站为例［D］. 浙江师范大学硕士学位论文.

[9] 王海兰，何文晓. 2019. 粤港澳大湾区电视语言使用情况调查及其规划思考［J］. 语言文字应用（3）：58–66.

[10] 巫喜丽，战菊. 2017. 全球化背景下广州市"非洲街"语言景观实探［J］. 外语研究，34（2）：6–11、112.

[11] 谢晓萌. 2016. 语言景观视角下的广州市商铺招牌研究：以北京路商业区为例［D］. 暨南大学硕士学位论文.

[12] 张亚琼. 2018. 广州市城中村语言景观调查研究：以天河区棠下村为例［D］. 暨南大学硕士学位论文.

[13] 张媛媛，张斌华. 2016. 语言景观中的澳门多语状况［J］. 语言文字应用（1）：45–54.

[14] 张媛媛. 2017. 从言语社区理论看语言景观的分类标准［J］. 语言战略研究，2（2）：43–49.

[15] 周镜. 2018. 广州四个商业区店名的语言景观研究［D］. 广东外语外贸大学硕士学位论文.

[16] 周玉品. 2019. 广州市上下九步行街语言景观研究［J］. 语言政策与语言教育（1）：18–30、116–117.

[17] Finzel A M. 2012. English in the linguistic landscape of Hong Kong：A case study of shop signs and linguistic competence［D］. Universitaet Postdam master's thesis.

[18] Han Y, Wu X. 2019. Language policy, linguistic landscape and residents' perception in Guangzhou, China：dissents and conflicts［J］. Current Issues in Language Planning：1–25.

[19] Huebner T. 2009. A framework for the linguistic analysis of linguistic landscapes［A］. Shohamy E & Gorter D. Linguistic Landscape：Expanding the Scenery［C］. London：Routledge：270–283.

[20] Hutton C M. 2011. Vernacular spaces and non-places：dynamics of the Hong Kong linguistic landscape［M］// Messling M（Eds.）（et al）. Stadt und Urbanität：the new metropolis - die neue metropole. Berlin：Kulturtverlag Kadmos：162–184.

[21] Hutton C M. 2014. Linguistic Landscape, Law and Reflexive Modernity［M］// Wagner A & Sherwin R K（Eds.）. Law, Culture and Visual Studies. London：Springer：599–613.

[22] Jaworski A, Yeung S. 2010. Life in the Garden of Eden：The Naming and Imagery of Residential Hong

Kong［M］//Shohamy E, Ben-Rafael E & Barni M（Eds.）.Linguistic Landscape in the City.Bristol，UK：Buffalo，NY：Multilingual Matters：155–183.

［23］Joanna R W. 2018.Reading the City：The Linguistic and Semiotic Landscape of Macao's San Ma Lo（新馬路）［M］//Curtis A & Sussex R（Eds.）.Intercultural Communication in Asia：Education，Language and Values.London：Springer：139–179.

［24］Lai M L. 2013.The linguistic landscape of Hong Kong after the change of Sovereignty［J］. International Journal of Multilingualism，10：251–272.

［25］Lam P W Y，Graddol D. 2017.Conceptualising the vertical landscape：The case of the International Finance Centre in the world's most vertical city［J］.Journal of Sociolinguistics，21（4）：521–546.

［26］Landry R，Bourhis R Y. 1997.Linguistic landscape and ethnolinguistic vitality：An empirical study［J］. Journal of Language and Social Psychology，16（1）：23–49.

［27］Lou J J. 2016.Shop sign as monument：The discursive recontextualization of a neon sign［J］. Linguistic Landscape：An International Journal，2（3）：211–222.

［28］Luk J. 2013.Bilingual language play and local creativity in Hong Kong［J］.International Journal of Multilingualism，10（3）：236–250.

［29］Rachel M R，Maria Y L. 2017.Residents' Perceptions of Multi-linguistic Landscape in Tourism Destination［J］. 中国经济评论（英文版），2（16）：82–95.

［30］Scollon R，Scollon. S. 2003.Discourses in place：Language in the material world［M］.London：Routledge.

［31］Spolsky B.，Cooper R L. 1991.The languages of Jerusalem［M］.Oxford：Clarendon Press，New York：Oxford University Press.

［32］Trumper-Hecht N. 2010.Linguistic landscape in mixed cities in Israel from the Perspective of 'walkers'：The case of Arabic［A］.Shohamy E, Ben-Rafael E & Barni M.Linguistic Landscape in the City［C］. Bristol：Multilingual Matters：235–251.

［33］Wong A S，Chan S S. 2017. From 'the world of Suzie Wong' to 'Asia's world city'：tracing the development of bilingualism in Hong Kong's linguistic landscape（1957–2014）［J］.International Journal of Multilingualism，15（4）：1–20.

［34］Xi Y. 2019. A study of language choices in the linguistic landscape of Macao's heritage and gaming tourism［J］. Journal of Multilingual and Multicultural Development，40（3）.

［35］Yan L，Lee M Y. 2014.Tourist Perceptions of the Multi-Linguistic Landscape in Macau［J］.Journal of China Tourism Research，10（4）：432–447.

［36］Zeng W，Luo J. 2019.The Influence of Linguistic Landscape on the Image of Shenzhen［J］.Open Journal of Social Sciences，07（3）：112–125.

［37］Zhang H，Chan H S. 2017. Translanguaging in multimodal Macao posters：Flexible versus separate multilingualism［J］.International Journal of Bilingualism，21（1）：34–56.

对外汉语初级阶段阅读课程设置的质疑和思考

刘丽宁

（暨南大学华文学院　广东广州　510507）

【提　要】对外汉语初级阶段的阅读课“为什么上、上什么”在教学大纲中已做了规范，但是初级阅读课的教学目的真的只是一刀切地“培养阅读能力，提高阅读速度”吗？本文对此提出了一些质疑，也做了思考。本文认为初级阅读课的课程设置和教学内容要为对外汉语教学的总目的服务，初级阅读课的首要任务是积累词汇和语法点。阅读课虽然是专项技能课，但是“读”仍然要和“说、写、听”相结合，才能满足学生需要、利于课堂教学、达到教学目的。

【关键词】教学目的　课程设置　学生需求

对外汉语教学中的阅读课开设了很多年，关于阅读课的教学目的、教学内容、教学方式似乎也都固定了下来。但是这看似板上钉钉的理论和设置是否合理，本文认为需要重新审视和思考，特别是对外汉语初级阶段的阅读课，“为了什么而教、教什么、怎么教?”这些问题我们有一些不同看法，想与同行讨论。

一、对目前对外汉语初级阅读课“教学目的”和“教学内容”设定的质疑

（一）目前对初级汉语阅读课“教学目的”的设定

目前影响较大的就对外汉语初级阅读课课程设置做了设定的有以下3部文献，各自的设定如下：

1. 王钟华主编的《对外汉语教学初级阶段课程规范》（1999）（以下简称《课程规范》）

对外汉语初级阶段阅读课的任务是让学生通过视觉感知汉语的字、词、句子、段落乃至篇章等书面文字材料，学会从书面文字材料中获取信息的规则和方法，掌握熟练的阅读技巧，养成良好的阅读习惯。使学生从阅读课中既能学到许多真实的语言知识和文化背景知识，又能掌握符合言语交际需要的阅读技能，从而达到学生能够快速、熟练地阅读并准确地理解汉语书面语之目的。”

2. 国家汉办编写的《高等学校外国留学生汉语言专业教学大纲》（2002）（以下简称《教学大纲）

《教学大纲》对初级汉语阅读设定的目标：“本课程的教学目的是通过对学生进行初步的阅读技能训练，培养学生的阅读理解能力，在理解的基础上提高阅读速度。”

3. 周小兵、张世涛、甘红梅在《汉语阅读教学理论与方法》（2008）（以下简称《理论与方法》）

在《理论与方法》中认为，《课程规范》的目标与任务是准确的，不过最后要达到“能够快速、熟练地阅读并准确地理解汉语书面语之目的”，既要求了理解能力，又要求了速度，对初级学习者来说，是不容易达到的。他们认为阅读理解必须以一定的词汇量为基础。在汉语学习的初级阶段，由于受学生

识字量的限制，字、词辨识仍然是学生的主要任务，目的是为了意义理解。这个时候，阅读课的主要目标是：初步掌握基本的阅读技能，养成良好的阅读习惯，逐渐实现由读写课到阅读课的过渡，为今后的阅读训练打下扎实基础。[3]

可以看出来，从《课程规范》到《教学大纲》，再到《理论与方法》，对外汉语界对于初级阶段阅读课的教学目的和教学内容是在逐渐降低要求的。教学目的从“掌握阅读技巧，快速熟练阅读汉语书面语”降到“进行初步阅读技能训练，提高阅读速度”，再降到“掌握基本阅读技能，实现读写课到阅读课的过渡，为阅读训练打下扎实基础”。但是阅读课的主要任务还是设定在“培养阅读技能，提高阅读速度”上，这个真的是初级阅读课要着重培养的吗？

（二）目前对初级汉语阅读课“教学内容”的设定

关于初级阅读课的教学内容，《课程规范》结合初级汉语教学的3个阶段（语音、语法、短文）安排了不同的训练内容与要求：

“语音阶段主要是训练学生识字，辨字，认读字、词、词组的能力。语法阶段可视为阅读的起始阶段，侧重训练学生对汉语的字义、词义、句义的理解能力。短文阶段是阅读的提高阶段，这一阶段则应侧重于对段落、篇章大意的理解能力及概括能力的培养和训练。培养学生的阅读理解能力是一个从低级到高级、从简单到复杂，循序渐进的专门训练过程。在这一过程中还必须使学生掌握一些必要的阅读技能，这其中包括如何猜测字义、词义，如何抓中心思想，如何找主要事实或特定细节，如何进行判断推理等。使学生逐步形成独立确定词义、诠解句义和据意推理的能力。”

本文认为《课程规范》的教学目标和内容是为需要短期强化的预备教育的学生设置的，与传统的教学阶段安排相对应，它过高估计了学生的汉语水平，又过低地估计了学生的思维能力和语言加工能力，与后来蓬勃发展的不入专业学习的留学生的情况不相配合。周小兵等认为在初级阶段进行抓“中心思想，找主要事实或特定细节、进行判断推理等”以内容为导向的阅读技能的训练还为时尚早。他们比较赞同《教学大纲》（附件二）中的对初级阅读课程内容的要求：

“教学内容是认读字、词、句，在此基础上，阅读与综合课所学语法、词汇相关的短文。短文内容包括与学生的学习、生活有关的知识、常识以及中国社会和人文方面的简单介绍。教学方法是在细读上掌握短文大意，正确理解文章中重点词语及句子的意思，逐步过渡到限时阅读。”

他们认为《教学大纲》强调了对字、词、句等语言知识的学习，以及对中国生活、文化常识的积累，阅读的重点在理解，速度是放在理解的基础上。这样比较适合初级阶段学生的语言水平。”

《高等学校外国留学生汉语教学大纲》（长期进修）和《高等学校外国留学生汉语言专业教学大纲》对教学内容的规定中首要的就是培养汉语言语技能，它们对初级阅读教学中要达到的正确理解率，即阅读速度、阅读量、能看懂的语块及文体，具有的总结概括提取能力、阅读技能等做了设定。《高等学校外国留学生汉语教学大纲》（短期强化）对为期16周的初级短期班也规定了要培养能够理解、跳跃障碍、猜测词义和查寻信息的能力。《教学大纲》对“言语技能”的培养规定编排在掌握多少语言点的规定之前，对“阅读”这一言语技能的重视不言而喻，很容易给人造成一种不管什么阶段的阅读课的教学目的和内容就是“培养阅读能力，提高阅读速度”的印象，似乎培养学生的阅读能力和进行阅读技巧训练是阅读课的首要任务，对词汇和语法点的掌握反而显得没那么重要了。

1999年，周小兵、张世涛主编的《中级汉语阅读教程》出版，这是一套以阅读技能为纲编写的阅读教材，编写者对阅读技巧做了开发、总结，系统地在教材中编排了专门的技巧训练。这本书满足了业界对外对外汉语阅读技巧系统介绍和练习的需求，一经面世，很受欢迎。这套教材的成功推广更加深了一线教师对于阅读课包括初级阶段阅读课的首要任务和必不可少的任务就是训练阅读技巧的印象，也使很多一线阅读课教师认为如果没有花时间让学生训练阅读技巧是不称职的，课文中没有注释的词汇要通过猜测获得词义，而且让学生在阅读课记生词、积累词汇是不正规的，“阅读课”就是训练“读”。那么这种教学理念对于初级阶段的学生来讲，有利于培养他们的汉语水平吗？

（三）对已有设定的质疑

笔者在做初级阅读课教学中也深受这种观念的困扰，初级阅读课要不要记生词？初级阅读课要不要做阅读技巧训练？阅读课能不能训练说和写的表达？初级阅读课是为了什么而上？思索良久，觉得还是要从对外汉语教学的总教学目的和学生需求上寻求答案。

吕必松在《试论对外汉语教学的总体设计》中说：“因为语言教学的目的是为了培养学生运用所学语言进行交际的能力，所以在确定培养目标和教学要求、选择教学内容和教学途径以及规定教学法原则时，都要以有利于学生在最短的时间内最大限度地形成所必需的语言交际能力为出发点。衡量总体设计优劣的唯一标准，就是看它能不能为最有效地培养学生所必需的语言交际能力做出科学的宏观安排。”

程棠先生在《对外汉语教学目的、原则、方法》（2008）中认同了这一点，书中说，“对外汉语教学的总体目的是培养学生的汉语交际能力，而对外汉语教学的总体设计要保证这个教学目的的实现。所有的教学手段和方法都是为达到培养交际能力的目的服务的。”

语言的本质是在于“交流”。汉语教学的目的是“为了培养学生的交际能力”，大部分对外汉语从业者都会认同这个看法。那么相应的，初级汉语阅读课的设置目的和教学目的也应该是培养学生的汉语交际能力。而现在初级阅读课的教学目的是“培养理解能力，提高阅读速度”，这是一种语言交际能力吗？留学生学习汉语不是为了能说、能写、能表达、能交流吗？那么所谓的“培养阅读技能和阅读速度”就不是汉语学习者的主要需求和学习目的，而只是对外汉语教学界希望培养学生达到较高阅读能力的手段。那么问题来了，快速理解的阅读能力是非学历留学生最需要的吗？这个培养目的对于初级阶段的留学生是否适合呢？在定这个教学目的时有没有充分考虑到现在对外汉语教学对象的需求呢？

中国的对外汉语教学起始于20世纪五六十年代的汉语预科教育，当时为了满足留学生进入中国高等院校学习专业的需要，开设了汉语课，目的是辅助专业课的学习，一开始是不分技能教学的。后来因为学生学了一年汉语后进入专业还是很难听懂、看懂，才增加了阅读阶段，以期扩大词汇量提高阅读速度，帮助学生能更好地读懂专业教材。后来阅读阶段就发展为阅读课，汉语教学也改革为按照语言技能设置课型。80年代非学历留学生规模扩大后，预科教育慢慢淹没在对外汉语教学中，但是教学方式依然是延续的。对外汉语教学沿袭了预科教育时的按技能授课，按照听、说、读、写来开设课程。但是非学历生和专业学历生在同样的学习阶段对语言习得的要求是不同的，在初始学习汉语的一年之内，汉语零起点的非学历生和四年制汉语言专业留学生真的需要重点进行阅读技能训练吗？

在汉语学习中，不管是初级的还是中高级的留学生，他们渴求的是能用汉语表达能进行交流。本文对学了4个月和8个月的初级水平学生做了一个调查，在回答“你现在最希望你的汉语能干什么？”这个问题时，69个初级班的学生有55个选择了“能说”这个选项，也就是80%的学生希望自己的汉语最重要的是能说，而学习了4个月的学生回答“能说”的比例更是达到了87%，从这些数据可以看出学生要求表达和交流的意愿如此之强，而且语言的本质就是用来表达和交流的。语言课，包括阅读课，就应该为了这个目的而服务。多年来初级阅读课被设置成和中级阅读课一样，目的是为了培养学生的阅读技能，是不是已经脱离了“以学生为中心”和“以交际能力的培养为核心”的总教学原则呢?（赵金铭，2004：100）1986年《对外汉语教学研究会第二次学术讨论会论文选》中有早期的对外汉语人对这个问题的反思：陈绥宁（1987：184）谈到“对外汉语教学入门阶段以突出听说为好”“一个没有学过汉语的外国人到中国要求马上能听能说的心情比之能读能写要迫切得多”。持这种观念的汉语教师并不在少数。

很明显的事实，初级阶段的学生汉语水平很低。这种“低”表现在不能自如地用汉语表达他们的想法和描述事物上。重要原因就是语言知识储备不够以及没有得到足够的输出练习。在头脑中没有一定的字、词、语法储备的情况下，学生很难听懂、说出、看懂汉语。吴门吉（2005）的调查显示“在初级的第二学期刚开始时，很多学生掌握的汉字仍然十分有限，字词认读还是阅读的主要内容之一”。整个初级阶段，也就是8个月的在校学习时间，教学重点应该在于语言点的积累和表达练习。无论我们多么希望留学生们能学会猜词，能快速读懂，还是需要先认认真真地帮助他们记生词、使用生词，把汉语词汇网络构建起来。没有一定的词汇积累，没法猜词；所有针对语句和篇章的理解练习，都要建立于对词汇理解的基础上；词义不通，阅读速度也很难提高。据吴门吉（2012：1–80）考察，识字量以及汉语构词法知识的缺乏影响了欧美学生汉语阅读能力的发展。“巧妇难为无米之炊”，要做好饭，就得一粒米一粒米地积累，有米了才能去做饭、做好饭。

对于汉语言专业和非学历的留学生来说，学语言主要是为了说和写的，对读的速度的追求并没有那么高，而且只会读不会说对学生来说依然感到挫败。这一点从日韩等汉字文化圈的学生身上就可以明显看到。不管他们的平时成绩有多好，汉字写得多漂亮，阅读多快，他们依然因为自己说得不好而觉得自己汉语不好，“听、说”依然是他们的软肋。学生最想要的是“能用汉语表达”。本文认同上海外国语学院对外汉语系提出的“零起点一年制留学生的基础汉语教学，目的是培养学生使用汉语交际的能力”（程棠，2008）的观点，初级阶段阅读课的教学目的也应该是这样的。

其实，如果一门汉语课无法“最有效地培养学生所必需的语言交际能力”，那么它的设置就有问题了。所有语言点的学习、技巧的训练，最终目的都是让学生张口说汉语、提笔写文章。这个朴素又简单的道理不应该被埋没在各式各样的教学模式中。“读”也是为了“说”和“写”，尤其是在刚开始学汉语的阶段，学生更需要的是上了课以后能开口说汉语，说出更多的汉语，而不是“我可以认读了，但是头脑中这些词还是很模糊，用不出来”。我们一厢情愿地给初级学习者费力地“提高阅读能力”，有没有考虑过我们给的是他们真正需要的吗?

多年来深受这种“培养阅读能力和速度”思想的限制和影响，阅读课教师们绞尽脑汁地想着如何让学生学会猜词，如何让学生通过猜词理解文意，如何让学生学会跳读？如何抓关键信息？如何让学生在初级阶段就能大量读文？教师们也为学生为何不能猜到词，为何不能跳读而苦恼。“名不正则言不顺”，作为整个对外汉语教学理论的一部分，阅读课的教学目的如果设置不合理，就起不到科学的指导作用，还会给汉语教学者和学习者造成困惑和纠结，失去了它的设置意义。

二、对初级汉语阅读课教学内容的思考

（一）阅读课只练“阅读”吗?

初级阶段的专项技能课“听力课”“说话课”“阅读课”是不是就只关注某一项技能，其他语言技能就不管了呢？本文认为这种想法是错误的。语言首先是用来说的，然后才是读或写。“听、读”是输入，“说、写”是输出。能否输出是检验语言教学的唯一标准。各种专项技能课，不管教什么，都不能

没有“输出”的练习。“阅读课”之所以称为“阅读课”，只能是因为它多了一些专门针对“读”的训练，而不是只有“读”的训练。初级阶段的阅读课要想上得好、学得好，除了“读”，还必须有“说、写、听”的训练。理由如下：

1. 语言的本质决定

语言是一个综合体，通晓一门语言应该要“会听、会说”，更高的要求是“会读、会写”。而且读和说、听、写的训练本来就是互相促进的。“读前听”可以复习发音、降低阅读难度，“读后听”可以加深对课文的理解。“读后说”可以将输入变为输出，从脑中的词汇网络提取词汇，将学过的死知识变为活的技能。“读后写”，使学生对课文或课文相关的话题做深入的思考，而且可以借用“写”来帮助学生整理思路、使学生有机会将随意、混乱的口语式语句做一整理，老师也可以借此纠正每一个学生的语言问题，完成课堂上无法完成的一对一辅导。而“听”“说”“写”反过来可以帮助学生更快认读词语，更快理解词语。而若是只有“读”，只有“输入”，没有启用词汇网络的输出，那么“读”的成果会很容易遗忘、消失。要想培养学生的“阅读技能”“阅读速度”离不开“听”“说”“写”的练习。语言是复杂综合体，“读”不可能独立出来，好好利用或者说不能忽视它们之间互相影响的关系。

语言训练，本文推荐多任务活动法，就是一个课堂活动带多种任务。比如说基于课文内容的“画图说”练习，完成画、说、听、读、检查、带气氛等多个任务。一个教学活动可以锻炼到学生的多种能力，起到多个作用，既节省了时间，又产生了很好的教学效果。

2. 学生在现阶段的强烈学习需求

学生希望“会听、会说”这个是明显的事实。不管来华学习的留学生目的是什么，学会听、说，能自如地与中国人交流都是他们内心共同的渴望。“在汉语教学安排上，要在充分调研的基础上，根据学生的特点和需要制定教学计划、确定教学内容和方法（赵金铭，2010：17）。”业界也总是强调对外汉语教学的原则是“以学生为中心”，学生的需求落实在初级阶段就是希望会说汉语，那为什么不能满足他们呢？

3. 输入要靠输出检查和巩固，从语言点变为技能也要靠输出练习

这体现了对外汉语界一直强调的“精讲多练的实践性原则”，“实践”就是要输出。在阅读课中输出练习有很多方式，如朗读、认读、写汉字、回答热身问题、回答有关课文理解的问题、背诵课文精彩部分、复述部分课文、将课文的故事讲出来、续写课文、就某一话题发表看法（可说可写）等。初级阶段一学年的时间也分几个阶段，随着学生汉语水平的变化，输入和输出练习都要做调整。根据笔者的经验，在积累一定词汇，大概开学两个月后就可以开始读后说、读后写的练习了。“读”有一个好处，就是很容易提供说和写的话题，就话题进行“说”和“写”是一个很自然的读后反应，“读后”是学生很想表达的时刻，最适合进行输出练习。只要学生输出了，必定对学过的语言点做了练习，语言点就更容易转为个人语言技能。

笔者在实际教学中也采取了“(听)—读—说—写”的模式来进行阅读教学，“听”多针对那些语言较难、注重文化知识传授的课文。多一个“听”的步骤，可以帮学生加深对生词的印象，帮助学生分出意群，加速对课文的理解。但因为“听”与“读”毕竟是不同的神经反应通路，“听”了以后“读”会减少学生词汇搜索的自主性，不建议多用。“读—说—写”的步骤是先读然后根据课文做“说”，再布置与课文话题相关的“写”的作业。读后、说后、写后，老师要点评、要批改，让学生知道老师是重视这个任务的。阅读课要发挥“阅读课文”的话题优势，以“读”带“说”，以“读”带“写”。“读—说—写”这样一个层层递进的步骤下来，重要词汇会通过读、说、写进入长时记忆，词汇网络就又丰富了。学生可以使用出来的词汇丰富了、话题宽广了，汉语交际能力不就通过阅读课提高了吗！

4. 展现语言教学的本质，体现阅读课的价值

语言教学的本质就是语言训练，输出训练是课堂学习的重点。"一堂课如果没有绝大多数学生进行相当程度地'动口''动手''动脑''动耳'等形式的参与，就不能算是成功（李泉，2011：9-15）。"输出的练习体现了教师对这门课的思考和设计，体现了教师的教学水平，是课程操作和课堂管理的重要方法。学生看到教师的认真和努力，也看到自己的学习成果，感到阅读课是有用的、是有价值的，自然对这门课多一份用心，多一份投入，教师引导课堂就会顺利很多。根据笔者的实际教学经验，即使一门课的价值在课程设置中被确定得很高，如果学生觉得学了没用，那么依然不会引起他的兴趣，教师在带动课堂时就会花费更多心思和时间，这其实是把课程设置不合理的压力转嫁到了教师身上，对教师来说是不太公平的。"阅读课"如果只单纯练习"读"，学生感觉对提高汉语水平的帮助不大，就不会在课堂上积极配合老师，也不会认真完成老师布置的作业。

高校的对外汉语教学本质上是一种语言培训，而不单单是知识传授。语言培训就要体现出高效、有吸引力的特性，要跟社会上的语言培训班有能力较量。一直以来，不断有人诟病高校的对外汉语课程"少慢差费"，效率低下，学生的语言输出训练所占比例太少，阻碍了学生交际能力的发展（李泉，2011：120）。所以，把课堂上的时间充分、高效地利用起来是每一名对外汉语教师头脑中应该时刻紧绷的一根弦。不管是综合课还是阅读课，都要起到语言训练的作用，而不只是传授知识。

5. 活跃课堂气氛的需要

"从教育心理学的角度看，学习过程中影响学习效果的最大因素之一是学习者的情感控制（李泉，2011：120)。。""一直读"或者只是"读+提问"的模式上课，课堂活动太单调，学生会嫌枯燥，自然不会太活跃。90分钟的课堂需要读，还要有听、说、写、练，要有乐趣、有展示，这是人的生理需求，也是心理需求。在阅读课上，教师将"读、说、写"穿插使用，变化课堂节奏，就能使课堂活跃起来。我们还可以发挥阅读课的文化优势，借助生词和课文将中国人生活中的"小文化"发掘出来在课堂使用，既弥补了教材的不足，还让阅读课堂有趣、有用、有内涵。

无数调查研究都发现，活泼愉快的课堂气氛，对于提升学生兴趣、提高教师教学水平的发挥都有很大的帮助。阅读课，尤其是初级阶段的阅读课不应该是死气沉沉、沉默寡言的，紧凑认真活泼积极的课堂气氛会牢牢围住学生，让他们跟着阅读教师的步调走，愉快投入地完成阅读任务。

6. 语言学习的生理本质是一种肌肉和神经反应的训练

语言，是交际工具，但是它是有生理基础的，它是发音器官和神经网络协同作业的结果。一个婴儿要学会说一种语言，也要经过一两年的模仿、纠错训练，才能形成一套肌肉运动模式和神经快速反应程式。学习一门外语，也是要训练一种新的发音方式和神经反应。一个人多年来只说一种语言，他的发音器官肌肉运动方式就被固化了，变成了一种惯性。惯性是很难改变的。学习另一种语言就是要学习新的发音肌肉运动方式，训练发音器官、听觉器官、眼动肌肉和神经系统的协同合作，而且必然同旧的表达机制产生矛盾，旧机制会阻碍它。无数的教学经验告诉我们，明白和听懂、会读、会说是两码事，是两个系统，肌肉和神经系统之间要产生联系和反应，是要加以训练的，要做大量沟通两者的通路训练，才能使学生一听明白、一读明白、一看会读、一想会说。

近年来，教学界太关注于语言的社会和文化属性，而忽视了它的生理属性。而恰恰语言学习同文化了解不同，它就要从最根本的生理训练开始。有的阅读研究不提倡"朗读"，本文是不同意的。在初级阶段，"朗读"不但是需要的，而且是必须的。初级阅读课是"朗读"和"默读"的结合。当然我们也注意到了"朗读"对于理解速度的干扰，江晓丽（2014：125）也提出了这点"如果大声朗读理解就差，要反复读很多遍才能看懂"。朗读的方法可以用，但是要注意怎么用，可以采用先朗读或后朗读的方法，而不是用“反复朗读”作为阅读的方式。先朗读可以帮助学生切分语句、复习发音、加快默读时的理解。后朗读也可以帮助复习发音，加深对课文的理解。“朗读”方法用得好，对于发音、理解有很好的帮助作用。

本文强调语言要“开口、动手、强化训练”，并不是要否认“认知理解”在语言学习中的作用，而是“模仿、重复、强化”的方式是语言学习中不可缺少的，通过这些训练，学习者才会将汉语程序化，形成条件反射和惯性。“行为主义的刺激反应理论”是有科学依据，也是有存在价值的。语言教师其实也是“肌肉训练师”，负责通过“读、说、写、听”的练习，将学生的身体训练出一套汉语的神经和肌肉应激机制来。

综上，第二语言教学“培养出来的学生，并不一定熟悉目标语的知识，但必须能在特定的交际场所完成相应的交际任务”（周小兵，2004：16）。“阅读课”最初的设置目的并不是为了提高学生的表达和交际能力的，那么今时今日，“阅读课”的教学内容是否能为了“培养交际能力”而做出改变呢。“阅读课”如果只为了提高阅读水平而存在是否脱离了以学生为中心的原则呢？“阅读课”只集中于一种技能的提高是不是一种自我限制？这些问题一直伴随着阅读课的产生而存在。分技能教学有它的好处，但是在初级阶段“四种技能训练不能因为课型而分得过细，四种技能哪一种也不是孤立存在的”，这一点早在1987年，吴勇毅、徐子亮（1987）在总结新中国成立以来对外汉语教学法的时候就提出过，而且从开始分技能教学改革开始就不断有人提醒不能忽视语言和语言教学的综合性。程棠（2008）指出在对外汉语教学学科建设中，“由于对‘交际能力’和‘语言技能’这两个概念模糊不清，在教学实践中就往往用技能训练来代替交际能力的培养。”“把语言教学和交际能力的培养最后归结为听说读写能力的训练，这是不全面的。”

（二）初级阶段需要培养“阅读技巧”和“泛读”吗？

“培养阅读能力”，具体来说是“培养理解能力，提高阅读速度”，简单来说，就是“读得懂+读得快”。很多研究认为阅读能力的培养方式之一是进行技巧训练。现在阅读课的定位之一也是进行阅读技巧训练。比如，赵金铭（2004：139）提出阅读训练的主要任务就是培养学生的阅读理解能力即读懂阅读材料的能力。阅读训练的另一项任务是训练学生的阅读技巧和快速阅读能力。一般认为，阅读技巧主要有识别词义的能力、理解要点的能力、推理能力、评价和欣赏能力等几种。彭志平（2007：7）认为，快速阅读需要必要的阅读理解能力，还需要一定的阅读技巧，如跳跃障碍、抓关键、猜测等，阅读教学的一项重要任务就是培训培养这样的阅读技巧。

那么初级阶段的阅读技巧训练真的非常重要吗？这个问题值得好好探索。陈贤纯（2008）、徐子亮（2013）、江晓丽（2014）3位研究者的看法值得注意：陈贤纯在《对外汉语阅读教学16讲》中说，“初级阶段的学生阅读当然只能是逐字逐句的，他们对汉字的反应速度比较慢，所以阅读时每一次眼停时间长，眼睛有比较多的回跳。这是因为他们对汉字还不熟悉，从看到汉字、区分出词和词组，到建立命题，构建命题树，还不能自动化，需要比较长的时间。”“作为读者当然需要有快速阅读的能力，但作为学习者就不同于一般的读者。他们不仅仅要学会快速从读物中获取信息，还要通过阅读课积累更多的知识。知识积累是阅读教学的一个很重要的方面，简单地强调快速阅读就忽视了知识积累。实践的结果一方面是阅读的速度确实提高了，但是另一方面是知识积累停滞了。学校的阅读教学与成年人的快速阅读训练班是不一样的。”徐子亮（2013：13、15）的研究显示，“阅读的初级阶段，往往是一个字、一个词地硬读（查读或问读），还没有这个水平来跳跃和猜测，只有到了中高级阶段才逐步具备跳跃语句和猜测词义的能力。”“具有初级阅读水平的学生，他们一般都要求弄懂句中的每个词，才能理解句子的意义。”江晓丽（2014：142–155）对成功汉语学习者的调查研究也给了我们启发。她通过调查提出，“大部分学生认为汉语阅读中的困难主要是词汇的困难。”“不能片面地把策略使用的种类和频度与学生的级别水平挂钩。不同级别的学生都有使用上下文策略（通过上下文猜义）、主旨大意策略（抓关键点）、辅助策略（查词典）、局部策略（重读）、补偿策略（用类似词替代）等策略。”

从3位学者的研究结果来看，汉语初学者因为词汇量不丰富、词语不熟悉，造成了多是逐字逐句的阅读，当然在汉语教学中不能忽视培养留学生猜测、跳跃、抓关键等阅读策略，但这种策略属于元认知监控能力，在第一和第二语言学习中都可以培养。汉语零起点不代表阅读技巧零起点。我们想要培养的学生具有的概括、提炼、总结、提取关键点、查找信息、吸收新词语、获取新知识等阅读能力不是某一语言特有的，是普遍的阅读理解能力。即使在初级阶段，除了自下而上的阅读模式，学习者也会利用自上而下的阅读模式和交互模式。这是我们以往在初级阅读教学中假定他们不具有的。

很多学生上阅读课不知道学了什么、要复习什么。课文学过了、技巧学过了，但是在头脑中是模模糊糊的，学过的生词不会用，技巧也感觉很缥缈。“词汇量不足是阅读外语读物时的最大障碍”（赵金铭，2010：182），阅读课应该更加重视语言点的积累。阅读教材应该在每课都编写一个词汇和语法表，让学习有所依附，不能因为特意强调阅读课的不同而强调阅读技巧的培养、忽视阅读课积累词汇和语法的职能。

当然，初学者运用汉语的元认知监控能力尚不成熟，比如说针对汉语的跳读、猜词等技巧还需要进行专门训练。但是不同学习阶段的阅读技巧训练要设计科学，本文反对为了要有技巧练习而设置练习，如果学生的词汇量、语篇自身提供的上下文联系不足以做跳跃障碍、猜测词义的练习，那么这些练习就只是为难学生，花俏而不实用。阅读障碍多了，学生无论如何是跳读不了的，不管怎么读，最后都变成了慢读和一字一词地读。不管是语言点还是阅读技巧，只有适当、适量的输入再加上有针对性的输出，学生才能从课堂教学中获益。

关于泛读，本文虽然赞同“阅读量是提高阅读速度、培养阅读技巧的保证”（陈贤纯，2008：188）的看法，但是在初级阶段，不能刻意追求阅读量和阅读速度。孟繁杰、陈璠（2006：7）也提出“初级阶段的阅读课以细读和朗读为主。细读要求学生正确理解和掌握阅读材料中的重点字、词和语法点，巩固汉语的基础。朗读则是培养学生汉语阅读能力的重要手段”。

分解阅读难度、帮助记忆汉字和词汇，给一点消化吸收的时间，大部分学生就能跟上，就能继续保持对阅读课的学习兴趣。“欲速则不达”，尤其是对于初级阶段的学生和非汉字文化圈的学生来说，初级阶段的阅读要稳扎稳打，不能急于求成。初级阶段的“慢”是为了中高级阶段的“快”。字词一次次地积累、技巧循序渐进地加入、速度一点点地加快，在中高级面对难度增大的阅读篇章时学习者才有能力猜测、有能力跳跃、有能力加快，将阅读作为一个可以做、乐意做的事情。

三、结语

综上所述，本文认为《高等学校外国留学生汉语言专业教学大纲》对于初级汉语阅读课的教学目的的设定应该重新审视，课程内容的操作也应该重新检视。业界把初级阶段阅读课的教学目标设定得脱离了语言学习的最终目的，脱离了汉语零起点学生的真正需求，既不能帮学生提高交际能力，也让从事教学的一线老师很困惑。本文不反对训练阅读技巧、训练阅读速度，也不否定快速理解能力是可以训练出来的，但是反对忽视语言基础的技能训练。对外汉语教学事业发展了近70年了，课程设置仍然值得研究再研究，我们不妨回头看看50至70年代对外汉语教学的事业处于初创期时对于教学方法的探索和争辩，周祖谟1953年就强调：词汇教学和语法教学应当是教学的中心，别的都要围绕着这个中心来进行（程裕祯，2005：67）。王学作、柯炳生在1957年也发文：要教会学生实际使用汉语，要达到这一目的必须从基本词汇和语法两方面着手（程裕祯，2005：68）。

非学历和汉语言专业的留学生他们来中国学习汉语的目的是为了能使用汉语表达，能与中国人做各方面的交流。初级阶段的对外汉语阅读课应该从满足该水平的学生需求出发，为"培养学生的汉语交际能力"而服务。基于教学反馈和思考，笔者将初级阶段阅读课的教学目标定为：

积累词汇和语法，

提高语言表达能力，

培养初步的阅读技能和阅读速度。

对于初级阶段阅读课是否只是培养阅读能力、是否要跟听说写相结合，同行也在做思考和探索，王尚臻（2006）、徐承伟（2009：98-101）、靳雨晨（2015）等都有研究。时代在变化、教学对象也在变化，旧有的教学理念和课程设置也应该随之调整，才能让对外汉语教学事业永葆活力、推动学生在提高交际能力的路上走得更快一些。

参考文献

[1] 陈贤纯. 2008. 对外汉语阅读教学16讲［M］. 北京：北京语言大学出版社：18，31，188.

[2] 程棠. 2008. 对外汉语教学目的、原则、方法（第二版）［M］. 北京：北京语言大学出版社：17，19.

[3] 程裕祯. 2005. 新中国对外汉语教学发展史［M］. 北京：北京大学出版社：67，68.

[4] 国家对外汉语教学领导小组办公室. 2002. 高等学校外国留学生汉语言专业教学大纲（附件二）［M］：205.

[5] 江晓丽. 2014. 美国大学生汉语学习策略研究［M］. 州：浙江大学出版社：125，142-155.

[6] 靳雨晨. 2015. 初级汉语阅读课与听说写能力培养的关系研究［D］. 西北大学硕士学位论文.

[7] 李泉. 2011. 汉语综合课教学理论与方法［M］. 北京：北京大学出版社：9-15，120，121.

[8] 吕必松. 1986. 试论对外汉语教学的总体设计［J］. 语言教学与研究（12）：16.

[9] 孟繁杰，陈璠. 2006. 对外汉语阅读教学法［M］. 厦门：厦门大学出版社：7.

[10] 彭志平. 2007. 汉语阅读课教学法［M］. 北京：北京语言大学出版社：7.

[11] 王尚臻. 2006. 初级阶段对外汉语阅读教学模式初探：任务型语言教学法试验［D］. 北京语言大学硕士学位论文.

[12] 王钟华. 1999. 对外汉语教学初级阶段课程规范［M］. 北京：北京语言大学出版社：47.

[13] 吴门吉. 2005. 通过猜词策略看欧美韩日学生汉语阅读能力发展过程［D］. 中山大学博士学位论文.

[14] 吴门吉. 2012. 从猜词策略看欧美学生汉语阅读能力发展过程［J］. 云南师范大学学报（对外汉语教学与研究版）(6)：1—8.

[15] 吴勇毅，徐子亮. 1987. 建国以来我国对外汉语教学法研究述评［A］. 对外汉语教学研究会第二次学术讨论会论文选［C］. 北京：北京语言大学出版社：168.

[16] 徐承伟. 2009. 论对外汉语阅读与写作课程的教学一体化：对外汉语教学模式研究之一［J］. 廊坊师范学院学报（社会科学版）(2)：98-101.

[17] 徐子亮. 2013. 欧美学生汉语阅读教学研究［M］. 北京：北京大学出版社：13，15.

[18] 赵金铭. 2004. 对外汉语教学概论［M］. 北京：商务印书馆：100，139.

[19] 赵金铭. 2010. 汉语作为第二语言技能教学[M]. 北京：北京大学出版社：17，182.
[20] 张遂宁. 1987. 对外汉语教学入门阶段以突出听说为好：兼谈课程设置[A]. 对外汉语教学研究会第二次学术讨论会论文选[C]. 北京：北京语言大学出版社：184.
[21] 周小兵. 2004. 对外汉语教学入门[M]. 第2版. 广州：中山大学出版社：16.
[22] 周小兵，张世涛，甘红梅. 2008. 汉语阅读教学理论与方法[M]. 北京：北京大学出版社：152，159.

广州城市语言博物馆建设探究①

秦绿叶

（广东技术师范大学文学与传媒学院　广东广州　510665）

【提　要】近年来，随着国家语言资源保护工程的推进，语言类博物馆逐渐引起了人们的关注。目前，国内各地中小城市语言博物馆建设已经开始起步，但在经济、文化与科研基础较好的广州，语言博物馆建设还停留在提案阶段。我们全面分析了北京、上海语言类博物馆的现状，结合广州博物馆建设的现有条件，给未来的城市语言博物馆建设提出了建议，以加强城市语言文化的保护与传承。

【关键词】城市文化　语言博物馆　语言保护

一、引言

近年来，语言保护问题引来了民众广泛和持续的关注，语言博物馆也引起了人们的重视（徐世璇，2015）。目前，城市语言博物馆的建设尚处于起步阶段。世界上仅有60余个以语言文化为主题的博物馆，比较著名的有美国联邦语言博物馆（National Museum of Language）、加拿大语言博物馆（Canadian Language Museum）、法国Mundolingua博物馆、立陶宛语言博物馆（Lithuania Language Museum）等（戴维·克里斯特尔、韦清琦，2008）。与同类博物馆相比，城市语言博物馆数量偏少，规模偏小，这是因为语言作为展品本身存在局限。实体类型博物馆展品多以陈列方式展出，如军事博物馆、海洋博物馆，而语言博物馆不像其他实体的博物馆拥有通过视觉信息传达的物质形态展品。语言交际以声波作为传播载体，虽然它可以用文字符号记载，但是字符仅仅是语言的一种标记，所承载的信息远没有语言丰富。语言类展品需要采取特殊的处理手法且配合特有的展览手段，所以语言博物馆的建设涉及到多个学科和多个知识领域。这为语言博物馆的策划及陈列工作带来很大的挑战。

中国享有丰富的语言资源，语言类博物馆的建设早有呼声（曹志耘，2010）。国内已建成的语言博物馆数量不多，暂时还没有国家级的语言博物馆。现有的语言博物馆多数依托高校或事业单位设立，如云南民族大学、黑龙江牡丹江师范学院、广西贺州学院、上海外国语大学等高校语言博物馆。以往语言博物馆研究多从语言种类角度着眼，却较少从城市文化的角度分析。本文通过分析北京和上海两个大型城市的语言博物馆基本建设情况，以探究广州城市语言博物馆建设并提出相关的意见。

二、北京、上海语言类博物馆现状

从设展形式上，语言类博物馆可以分为实体博物馆、线上博物馆或线上线下综合博物馆。从建设状态上，语言博物馆可分为已经建设完成、正在建设和计划建设3种。从实际使用上，语言博物馆可分为

①　基金项目：广东哲学社会科学共建项目“粤语环境下城市新移民的语言变异（GD16XZW12）阶段性成果。

已经投入使用和未投入使用两类。下面从设展形式、建设状态及实际使用3个方面具体分析北京和上海语言类博物馆的建设情况。

（一）北京

北京现有北京语言文化数字博物馆，并即将建设语言文化博物馆。

北京语言文化数字博物馆是一个已经完成建设的线上博物馆。它由北京语言大学张维佳教授团队设计开发，2012年启动，历时5年完成。虽然北京语言文化数字博物馆已经建成多年，但目前网站处于关闭状态，未能投入使用。根据百度、必应与搜狗引擎的查询结果，2017年12月新闻报道北京语言文化数字博物馆即将上线。目前，数字博物馆的链接失效，无法看到博物馆展示的内容，但我们查找了相关资料，查到该博物馆有8个展示板块：地域口传文化、诗文吟诵、地名文化、清代御制三山五园诗集、楹联匾额、历史研究文献、土语图典、北京方言（彭瑞敏，2017）。从板块的设置来看，这个线上博物馆展示内容比较丰富，涉及了历史语料与现代语料，还有文化方面的内容。

语言文化博物馆是依托北京语言大学语言资源高精尖创新中心建立的机构，是一个正在建设的尚未投入使用的线上博物馆。2014年北京市在北京语言大学启动了北京高等学校高精尖创新中心建设计划。计划的建设周期为5年，北京市在计划期内每年为项目投入约5000万—1亿元经费。语言文化博物馆属于规划建设的项目。语言资源高精尖创新中心负责国家语言资源保护工程项目中方言以及濒危语言语料收集工作。该中心技术力量强，语料资源丰富，还有政府的投入。在这样的基础上，语言资源高精尖创新中心具有建设国家级别的语言博物馆的雄厚实力。

（二）上海

上海市有两所已经完成建设且投入使用的实体语言类博物馆：上海方言文献资料库（曹志耘，2010）和上海外国语大学的世界语言博物馆（王婷、刘璇，2019）。这两所语言博物馆面向的对象不同，前者是以文献为主，为学者服务；后者是以科普为主，为公众服务。上海方言文献资料库是上海图书馆的一部分，主要以学者和研究人员为服务对象，以纸质版的形式存留语言资料、馆内资料包括口述录像，此外还包括方言剧目录像、吴方言研究的专著、论文、词典和上海方言词典、资料、教材，以及方言小说和方言剧本。可见，该馆以书面的语料为主，口语类的资料不太丰富，展示功能也比较弱。

隶属于上海外国语大学的世界语言博物馆是首个以世界语言多样性为主题的博物馆。此馆在2019年12月全面建成并面向公众开放，主要作为校史教育基地与中小学素质教育基地，不仅能接待上海外国语大学学生，还能接待中小学生与社会团体参观。该展馆主要以普通语言学为理论指导，以“说”“记”“译”为主线设计互动平台展示语言发展变化，展区板块包括语言的诞生、语言的家族、语言与文化、语言与社会、语言与未来。观众互动部分设施有语言互动地球模型、朗读亭、外语电影欣赏、“同传箱”体验区等，使来访者了解不同语言的发音和交流方式，了解语言和国家命运的紧密联系，了解语言在教育事业上的重要性以及语言保护和发展面临的挑战。

三、广州城市语言博物馆建设基础

迄今为止，广州市内没有语言类的博物馆。2017年，广东省宣传部批准广东电视台连同佛山图书馆启动了佛山新城“岭南方言文化博物馆”项目建设，虽然广佛同城，但毕竟远在佛山。广州为大湾区的经济和文化中心，要加强城市文化的建设，彰显地方文化和语言风采，促进城市新移民的融入，市内语言类博物馆建设必不可少。近年来，广州市语言博物馆的建设开始受到重视，2019年召开的广州市两会就有代表提出了语言博物馆的建设意见（莫伟农、林泽君，2019），从目前情况来看，广州已具备了建设城市语言博物馆的基础，具体表现在以下3个方面：

其一，语言资源多元化。广州长期作为岭南地区的经济文化中心，以粤语为主要的地方语言，同时在市内分布着客家话、闽语等方言，形成带有地方特色的方言带。广州老城区内主要通行粤语，广州周边的村镇粤语与城区内的方言有一定的差异。广州北部的三元里和新市有客家村落和街区，广州南部的南沙地区有一些村落还保留了闽语。此外，广州作为省会城市凝聚了大量新移民。省内移民数量较多，这些移民者母语大都属于粤、闽、客方言，同类方言下有多个不同的片区，每个片区内方言口音也不一致。城市语言博物馆可以作为文化展示窗口，帮助新移民了解与接纳当地的语言，以便更好地融入城市。

其二，研究成果丰富。广州的中山大学、华南理工大学、暨南大学、华南师范大学、广州大学、广东外贸大学、广东财经大学等高校形成了南方方言研究的基地。其中，暨南大学是全国最早开设方言学博士点的高校，具有悠久的研究历史与丰厚的研究成果。20世纪八九十年代，暨南大学詹伯慧先生带领方言研究团队，对珠江三角洲、粤东和粤西的方言进行了调查，先后出版了《珠江三角洲方言调查报告》（三卷本，1987、1988、1990）、《粤北十县市粤方言调查报告》（1994）、《粤西十县市粤方言调查报告》（1998）以及《广东粤方言概要》（2002）等专著。另外，国家语委启动的广东省语言保护工程已经在2019年圆满完成（陈亮、孙唯，2020）。这些研究成果都能为广州市语言博物馆的建设提供丰富展示材料。

其三，建设力量雄厚。良好的文化生态是文化强省建设的必要条件，广东省近年来对文化体系持续投入，为广州建设语言博物馆创造了良好环境。2012年广州市政府颁布了《关于加快文化转型，传承发扬岭南文化的研究报告》，提出建设“博物馆之城”（周雯，2012），开展了博物馆类建设重点项目28项，耗资100多亿元。2016年广州市政协提案委提出《关于建设广州“博物馆之城”的建议》（第1042号），广州市政府已经将这个建设规划写进了“十三五规划”之中。《广州市“博物馆之城”建设规划》提出，广州市以建立大型国有博物馆为主体，中小型民办博物馆为补充，努力在类型和规模上实现多样化。此规划还提出广州市要形成设施先进布局合理的国有博物馆体系以及特色鲜明、管理完善的民办博物馆体系。

四、思考与建议

北京、上海城市语言类博物馆已经开始起步，广州的城市语言博物馆建设也提上了议程。如果要进行广州语言博物馆的建设，那么我们需要从那些方面着手呢？下面我们将结合未来的广州城市博物馆的建设提出相应建议。

（一）借助社会力量建馆

2016年《广州市“博物馆之城”建设规划》提出“博物馆的建设涵盖了国有博物馆系统与民办博物馆系统”，明确了政府和社会两种主要的建设力量。2018年2月，通过行业和社会力量资助成立广州十三行博物馆、广州好普艺术博物馆、广州市番禺区明珠古陶瓷标本博物馆、广州地铁博物馆、广州迪士普音响博物馆和天天洗衣文化博物馆等6家博物馆。同样，广州市语言文化的传承与发展，一方面需要依靠政府部门计划建设；另一方面，需要在政府的主导下发挥民间团体、地方高校和科研机构作用，建设各具特色的城市语言博物馆。另外，现今国内各地语言博物馆多数依托高校建设，而且坐落的地区多为中小城市。虽然高校博物馆作为博物馆的管理单位有一定的优势，但作为公益性与教育性集合体的博物馆最好由文博部门管理，以充分发挥它的文化与教育效应。

（二）探索线上博物馆模式

线上展馆是语言博物馆建设的主要趋势（刘瑶瑶、靳林晓、五泽，2018），很多实体的博物馆还有配套建设线上的语言博物馆。因为线上博物馆只在网络空间留存，在一定程度上摆脱了对实物、场地和人力资源的依赖，方便人们随时访问，切合信息时代人们碎片化学习和网络阅读习惯。换句话说，线下博物馆比起实体博物馆更有建设优势。若城市语言博物馆建设条件有限，那么主管部门也可以考虑先开展或者只开展网上博物馆建设。

（三）注重地方文化展示

城市语言博物馆要能体现地域语言特色，在本地语言的认识、认同、继承过程与行为等方面发挥作用。语言认识是指对语言的历史来源、发展过程、基本特征的了解。语言认同是指对语言所蕴含的表达方式、思维方式、审美表达的接纳，语言继承是参观者对自身所在地域语言的主动学习与表达。这些环节要通过博物馆的地方文化特色引导完成。博物馆陈列的重点可以是影响当地语言发展变化的重大历史事件、重要历史名人和重要人文景观等。广州地区的语言陈列可以“百年粤语”为主题，系统展现广州粤语的发展由来，提高人们对粤语的了解。另外，可结合粤语文艺作品，如粤语电影、粤语电视、粤语歌曲、粤语曲艺，提升人们对粤语的兴趣。广东电视台本地喜剧《外来媳妇本地郎》以及南方电视台《七十二家房客》都是以粤语为载体的岭南文化宝库，剧中有大量生活化的粤语俗语、歇后语，体现了岭南文化特色。

（四）加强科普互动与社会服务

研究表明，当代博物馆的服务多以参观者为中心（刘凡，2020），一般都有教育科普环节与参观者互动设置。北京、上海城市语言类博物馆在互动体验层面比较单薄，不能很好地吸引青少年和儿童，而青少年和儿童群体在博物馆参观人员中占有重要的比例，他们同时也是语言传承与发展的生力军，所以未来广州城市博物馆应该有针对性地为青少年儿童设置互动板块，大力促进青少年群体对城市语言的继承与发展。为了更好地服务参展观众中的青少年群体，广州未来的实体语言博物馆在展品的陈列上可以从两个方面来提升青少年儿童语言的兴趣和好奇心：一方面，可从发展语言学的角度布展，例如婴儿如何学说话，儿童如何学会书写。另一方面，可从历史语言的角度来陈设，例如地名中的古今变化、物品名称的演变、称谓的变化等。广西省贺州学院的语言博物馆展品设计就是一个很好的参考（刘宗艳，2016）。

此外，博物馆可以为有粤语学习需求的参观者提供粤语文化读物和粤语学习教材。同时，博物馆还可以为其他实体博物馆量身定制语言服务，如在已有的广州十三行博物馆、广州市华侨博物馆、广州音乐博物馆、广州工业博物馆、广州海事博物馆、广州非物质文化遗产博览园、广州民俗博物馆以及粤海关博物馆等地方特色博物馆中增设“粤语”“客家话”和“潮州话”等方言解说板块，或能更好地推动本地文化的实际运用。

五、结语

城市语言博物馆是一种新型语言类博物馆，它的建设对城市文明建设及城市新移民的融入具有重大意义。因为城市语言博物馆能跨越时间的鸿沟将城市有声的语言留存，使得子孙后代能够聆听到数百年甚至千年前祖辈曾使用的声音；语言博物馆能够超越空间的限制，让人们能够听到城市各区镇居民所用的语言。城市各群体的语言一旦作为展品被博物馆典藏，就具有历史文化意义，兼具科学研究价值与文化传播价值，不再是转瞬即逝的声波。现今的广州已经有了建设城市语言博物馆的基础，如果他日广州城市博物馆能够建成，那么它定能发挥语言博物馆文化传承与传播的作用，活化语言资源和语用资源，有效地打造城市文化品牌，推动城市发展。

参考文献

[1] 曹志耘. 2010. 关于建设汉语方言博物馆的设想［J］. 语文研究（2）: 6–9.

[2] 陈亮，孙唯. 2020. 他们，致力保护广东语言资源［N/OL］. 羊城晚报，2020-04-03. http：//ep.ycwb.com/epaper/ycwb/h5/html5/2020-04/03/content_134_251647.htm.

[3] 戴维·克里斯特尔，韦清琦. 2008. 伦敦语言博物馆［J］. 国际博物馆（中文版）(3)：85–92.

[4] 刘凡. 2020. 民族博物馆的服务设计与观众体验［J］. 中南民族大学学报（人文社会科学版），2020（2）：126–130.

[5] 刘瑶瑶，靳林晓，王译. 2018. 关于构建网上濒危语言文化博物馆的可行性分析［J］. 文教资料（11）：52.

[6] 刘宗艳. 2016. 语言资源富集地区语言博物馆建设的模式探索：以贺州学院语言博物馆为例［J］. 贺州学院学报（1）：70–72.

[7] 莫伟农，林泽君. 2019. 老城市新活力 代表委员共献计：建广州工业博物馆、国家级语言博物馆［N］. 广州日报，2019-01-17：A3.

[8] 彭瑞敏. 2017.“北京语言文化数字博物馆”正式上线，开启北京文化的奇妙之旅［DB/OL］. 2017-12-22.https：//www.sohu.com/a/212021025_568853.

[9] 王婷，刘璇. 2019. 松外同学参观上海外国语大学博物馆［DB/OL］. 2019-12-30. https：//new.qq.com/omn/20191230/20191230A0QFPT00.html.

[10] 徐世璇. 2015. 语言中的博物馆和语言博物馆：论濒危语言典藏和语言博物馆建设［J］. 玉溪师范学院学报（5）：1–6.

[11] 佚名. 2016. 北京语言大学将建语言文化博物馆和语言资源库［M］. 海外华文教育动态（2）：109.

[12] 周雯. 2012. 广州将打造博物馆之城［DB/OL］.2012-08-08. https：//news.artron.net/20120808/n255010.html.

中药命名的转喻体认性①

尹铂淳

（长沙学院外国语学院　湖南长沙　410205）

【提　要】中药名是中药的符号表征，是外界了解中药的认知起点，是外界了解中华优秀传统文化以及中国人民体验认知的心智入口。讲好中药命名故事，就是在讲好中华优秀传统文化的故事，就是在讲好中国人民体验认知的故事。中药命名的体验性体现在命名过程需要仰仗命名者的经验体系。中药命名的转喻认知性体现在命名过程是一个转喻认知加工过程，其认知路径为：在体验过某种中药后，命名者在其心智中形成了相关经验。以这些经验为认知入口，可激活相关知识结构。这些知识结构是框架性、体系性的，存在诸多层级，每个层级又存在诸多元素。考虑到语言经济性，基于主观愿望，中药命名时不可能将所有元素都表征于符号维度，仅会选择部分元素进行表征，凸显隐略随即发生。

【关键词】体认语言学　中药命名　体认性　转喻

中药是中华优秀传统文化的一块瑰宝，凝聚着中国人民和中华民族的博大智慧。中药文化有着数千年的悠久历史，内涵外延丰富，是中华优秀传统文化的重要组成部分，能充分展示中华优秀传统文化的独特魅力，是我国向世界各国讲好中国故事的重要选题。中药名是中药的符号表征，是外界了解中药的认知起点，是外界了解中华优秀传统文化以及中国人民体验认知的心智入口。讲好中药命名故事，就是在讲好中华优秀传统文化的故事，就是在讲好中国人民体验认知的故事。

邓小英（2008）从《本草纲目》中的“释名”和“集解”项，探究了中药的命名方法。周文（2014）对中药名的源流做了大致的梳理，而后从社会文化、地域文化以及中外文化交融等3个方面对中药名所蕴含的文化内涵进行了挖掘。李旭（2017）从质量、安全、有效3个方面讨论了中药名的规范问题。邓勇（2017）从具合法性与合理性角度探讨了中药的命名。吕云霞等（2017）对中药传统分类法以及命名文化规律进行了分析，并挖掘出了中药分类及命名文化的认知图式。已有成果从源流、文化内涵、方式、规范化、认知图式等几个方面对中药命名进行了深入且卓有成效的探究，成果颇丰，启发较大，但遗憾的是未专门探讨中药命名时的体认（身体认知）过程。本文拟在已有成果基础上，尝试探究中药命名的体认过程（拟先探讨转喻机制，而后再拓展至隐喻等其他机制，最终完善该研究），旨在揭示中药命名的体验性以及转喻认知性。

一、中药命名的体验性

起源于20世纪末的认知语言学提及了认知和概念，但忽视了体验哲学的核心要义：心智体验性。因

① 基金项目：国家社会科学基金项目“基于概念框架的言语抽象与意象类型学研究”（18BYY001）。

此王寅教授倡导将认知语言学本土化修补为体认语言学，进而探索语言的体认性。体认语言学的核心原则为：现实（体）—认知（认）—语言（王寅，2014；2020）。廖光蓉（2019）在此基础上概括出言语生成模式：体验（生活+语言）—认知—言语。尹铂淳、廖光蓉（2020）认为，在体验客观世界后，人们产生了事物、事件经验，这些经验通过概念化，即用形式单位进行表征后，成为了事物、事件概念，概念本质上是语符化的，存于人们的大脑之中。

经验是知识结构产生的基础，知识结构是命名的“原料”，缺少必要的知识结构，命名也难以有效进行。知识结构是概念结构或称概念框架，下文将对概念框架理论进行简要介绍，以期搭建好中药命名的体验基础。20世纪60年代，Fillmore（1982）用以考察动词配价及语言理解的框架语义学为词汇语义研究提供了认知进路。在此基础上，廖光蓉（2014）提出了词概念框架理论，并将其界定为：独立于语境的词义即词这种形式单位习惯上所表征的概念，可称为词概念。词只是最典型的形式单位，其他的形式单位，诸如词素、成语、俗语、谚语等，也有其习惯上所表征的概念（包括命题），因而产生形式单位概念这一术语。继而廖光蓉提出了形式单位概念框架，并界定为：形式单位概念框架是以最初的那个理性概念意义为起点的知识结构，这个初始义也是框架里的中心元素；从这个起点出发，框架辐射式扩展、链条式延伸，且如此往复，结果形形色色、林林总总的知识元素就聚集在这个初始义的周围；这就是初始义即框架中心的含义。框架里的元素包括事物、事件和关系概念、命题与范畴，是经验图式化的结果。框架还包括形式单位的语音和书写形式、语法功能、附加色彩等，附加色彩包括情感、语体和象征色彩。关于它们的概念（包括命题）本身又是一个框架，即知识结构。框架里的元素相互依存，相互联系，相互作用，相互激活。形式单位概念框架可分为事物概念框架和事件概念框架。事物、事件概念框架是关于事物、事件的知识结构，里面的元素相互依存，相互联系，相互作用；其结构层级逻辑，自成体系，稳定又变化。(廖光蓉，2019)

事物概念和事件概念是中药命名的体验基础，拥有它们，命名者才能成功完成中药命名。如缺乏相关经验“羊误食其叶，踯躅而死”，命名者就不会将一种可治疗风湿性关节炎、跌打损伤的有毒的麻醉止痛药命名为“羊踯躅”。命名者首先体验，而后获得经验，基于经验最后才能输出“羊踯躅”这样的中药名。

中药名是通往中国人民经验体系的认知入口，凝结着中华民族的生活模式、思维方式、价值体系等。中药命名的体验性体现于命名过程需要仰仗命名者的经验体系或知识结构。倘若缺乏相关经验体系或知识结构，中药命名难以有效进行。可以说，中药命名过程就是一个命名者将其长期体验所获经验或既有知识沉淀于语言符号的心智过程或主观化过程。

此外，心智过程或主观化过程会致使中药命名的主观性增强，让所产出的中药名并非绝对与客观世界一致，中间杂糅着命名者的主观世界，这直接导致了中药名形式与内容的不对应。换句话说，这种不对应正是中药命名的体验性所致。

二、中药命名的转喻认知性

Lakoff和Johnson（1980：35）指出，转喻是一种认知世界的方式：以一个事物去指代另一个与之相关的事物。Langacker（1991）认为，转喻的理据为相对凸显原则，接着他进一步指出，认知上凸显的实体为认知层面的参照点。接着，Langacker（1993）将转喻界定为一种参照点现象：一个实体通过认知操作与另一实体建立关联的认知过程。举例阐释如下：

Pass me the Shakespeare on the top shelf.（将书柜顶端的莎士比亚递给我）（Evans、Green，2006）

此处，Shakespeare（莎士比亚）指Shakespeare's works（莎士比亚的作品），它是转喻的产物，即以领主“莎士比亚”之所属“莎士比亚的作品”（莎士比亚的作品归莎士比亚所有，故领主为“莎士比亚”，其所属为“莎士比亚的作品”）。

拥有相关体验基础后，命名者要基于其语用目的对所获概念结构进行认知加工。换而言之，中药命名是一个形式改造过程，同时也是一个认知加工过程，中药命名的转喻认知性体现于此。

（一）事物转喻

Langacker（1991）指出，侧显（profile）是基底（base）中凸显出的“浮现物”，基底则是我们理解或生成侧显的基础。换言之，在语言层面侧显为概念框架中的凸显部分，基底则为理解或生成侧显需依靠的相关概念框架或知识结构。事物转喻是转喻方式的一种，这类转喻需依赖的基底是事物概念框架，倘若缺乏相关事物概念框架，这类转喻无法发生。研究发现，中药命名过程中采用的事物转喻主要存在以下几类：

1. 气味代事物

鱼腥草味辛，性寒凉，归肺经。能清热解毒、消肿疗疮、利尿除湿、清热止痢、健胃消食，用治实热、热毒、湿邪、疾热为患的肺痈、疮疡肿毒、痔疮便血、脾胃积热等。《名医别录》曰：“生湿地，山谷阴处亦能蔓生，叶如荞麦而肥，茎紫赤色，江左人好生食，关中谓之菹菜，叶有腥气，故俗称：鱼腥草。”

命名者在体验过鱼腥草后，激活了关于鱼腥草的事物概念框架，其中包含了诸多元素。基于该框架凸显其中的气味元素，转喻发生，即以气味代事物。语言层面表现为将气味作为限定成分次范畴化中心成分“草”。

2. 功效代事物

益母草，中药名，具有活血调经、利尿消肿、清热解毒之功效。用于月经不调，痛经经闭，恶露不尽，水肿尿少，疮疡肿毒。

命名者在体验过益母草后，激活了关于益母草的事物概念框架，其中包含了诸多元素。基于该框架凸显其中的功效元素（益母，即有益于女性健康），转喻发生，即以功效代事物。语言层面表现为将功效作为限定成分次范畴化中心成分“草”。

3. 枯萎时节代事物

夏枯草生长在山沟水湿地或河岸两旁湿草丛、荒地、路旁，广泛分布于中国各地，以河南、安徽、江苏、湖南等省为主要产地。夏枯草有清火明目之功效，能治目赤肿痛、头痛等。此草夏至后即枯。盖禀纯阳之气，得阴气则枯，故有是名。

命名者在体验过夏枯草后，激活了关于夏枯草的事物概念框架，其中包含了诸多元素。基于该框架凸显其中的枯萎时节元素（夏枯，即夏季枯萎），转喻发生，即以枯萎时节代事物。语言层面表现为将枯萎时节作为限定成分次范畴化中心成分“草”。

4. 颜色代事物

牛黄气清香，味微苦而后甜，性凉。可用于解热、解毒、定惊。内服治高热神志昏迷、癫狂、小儿惊风、抽搐等症，外用治咽喉肿痛、口疮痈肿、尿毒症。牛黄是脊索动物门哺乳纲牛科动物牛胆囊的结石，因色泽偏黄，故取名“牛黄”。

命名者在体验过牛黄后，激活了关于牛黄的事物概念框架，其中包含了诸多元素。基于该框架凸显其中的颜色元素，转喻发生，即以颜色代事物。本次转喻的理据为：保证语言经济性，充分考虑服药者的接受度。若直接命名为“牛胆结石”，表达上一是不经济，二是还让服药者对药材产生抵触情绪。语言层面表现为以“黄”代“胆结石”。

（二）事件转喻

事件转喻是转喻的一种，这类转喻需依赖的基底是事件概念框架，倘若缺乏相关事件概念框架，这类转喻无法发生。研究发现，中药命名过程中采用的事件转喻主要存在以下几类：

1.“制作”事件中的原料代产物

熊胆，为熊科动物黑熊或棕熊的胆囊。中医等亚洲传统医学认为熊胆汁有清热解毒、平肝明目、杀虫止血的功效。

命名者在体验过熊胆后，激活了关于熊胆的“制作”事件概念框架，其中施事为制药者，行为是制作，原料为熊胆，产物为该药材。依靠框架，凸显原料，转喻发生，即以原料代产物。这类事件转喻重点凸显了制作事件中的原料，隐略了其他元素，类似的中药名还有橘皮、麦芽、鳖甲、水牛角、血余炭、虎骨等。

2.“制作”事件中的行为+原料代产物

炮干姜温中散寒，回阳通脉，燥湿消痰，温肺化饮。炮即用旺火将之炙为碳，用来保存姜原本的药性。

命名者在体验过炮干姜后，激活了关于炮干姜的“制作”事件概念框架，其中施事为制药者，行为是炮，原料为干姜，产物为该药材。依靠框架，凸显行为+原料，转喻发生，即以行为+原料代产物。

3.“制作”事件中的产地+产物类属代产物

阿胶一名最早见于《神农本草经》，已有近三千年的历史，与人参、鹿茸并称“滋补三宝”，自北魏以来即为进贡朝廷的珍品。《名医别录》曰“出东阿，故曰阿胶也”，《本草从新》曰：“真胶产于古齐国之阿地”。

命名者在体验过阿胶后，激活了关于阿胶的“制作”事件概念框架，其中施事为制药者，行为是制作，产地为东阿，产物为该药材，产物类属为胶（胶状物）。依靠框架，凸显产地，转喻发生，即以产地+产物类属代产物。和前面语料不同的是，“阿胶”在上述基础上还经历了一次转喻，即以“阿”代“东阿”（简单词的后半部分代整体）。

4.“食用”事件中的施事+结果事件链中的子行为代受事

羊踯躅是有毒的麻醉止痛药，可治疗风湿性关节炎，跌打损伤。《本草经集注》曰：“羊误食其叶，踯躅而死。”

命名者在体验过羊踯躅后，激活了关于羊踯躅的“食用”事件概念框架，其中施事为羊，行为是食用，受事为该药材，结果为踯躅而死。依靠框架，凸显施事+结果，转喻发生，即以施事+结果代受事。“踯躅而死”本身是一条行为事件链，中间蕴含了两条子行为（“踯躅”和“死”）。基于此，“踯躅而死”还经历了一次转喻，即以“踯躅”代“踯躅而死”（行为事件链“踯躅而死”中的子行为“踯躅”代整条行为事件链）。

5.“发现”事件中的施事代受事

刘寄奴为菊科植物奇蒿的全草，主产江苏、浙江、江西等地。它具有疗伤止血、破血通经、消食化积；醒脾开胃的功效。关于它的命名，《南史·宋武帝本纪》曰：“相传南朝宋高祖刘裕，小字寄奴，早年微贱时于山中伐荻，遇一大蛇而射之，蛇负伤遁去。明日往寻之，闻榛林中有杵臼声，见青衣童子数人正在捣草药，且云其大王为刘寄奴射伤，捣药为之敷伤。刘上前叱散之，取草药而返。后遇金疮敷之即愈。后人因呼此草为刘寄奴。”

命名者在体验过刘寄奴后，激活了关于刘寄奴的“发现”事件概念框架，其中施事为刘寄奴，行为是发现，受事为该药材。依靠框架，凸显施事，转喻发生，即以施事代受事。类似的中药名还有何首乌。

6.“成熟”事件中的时间代施事

半夏又名地文、守田等，属天南星目、天南星科、半夏属植物。药用植物，具有燥湿化痰、降逆止呕，生用消疖肿作用，兽医用以治锁喉癀。半夏在农历五月间成熟，恰巧是夏季过了一半，故得其名。

命名者在体验过半夏后，激活了关于半夏的“成熟”事件概念框架，其中施事为该药材，行为是成长，结果为熟了，时间为半夏。依靠框架，凸显时间，转喻发生，即以时间代施事。

7.“仰天”事件中的行为+受事代目的次事件中的受事

景天具有清热解毒、活血止血之功效。常用于丹毒，疔疮痈疖，火眼目翳，烦热惊狂，风疹，漆疮，烧烫伤，蛇虫咬伤，吐血，咯血，月经量多，外伤出血。古人观察到该植物性喜高显，故常植置于檐屋上，以顺其性，其名亦由此而来（“景”为“仰”义）。

命名者在体验过景天后，激活了关于景天的“仰天”事件概念框架，其中施事为仰天者，行为是仰望，受事为天，目的为看（檐屋上的）药材；目的本身又是一个事件，其中行为是看，受事为该药材，受事的场所为屋檐上。依靠框架，凸显行为+受事，转喻发生，即以行为+受事代目的次事件中的受事。

三、结语

在对上述语料进行描写和分析后，概括出中药命名过程中的转喻认知路径，并将其图式化，如图1所示。

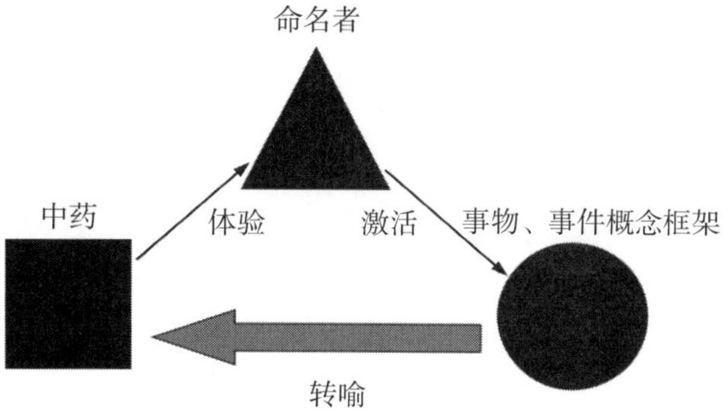

图1　中药命名的转喻认知路径

中药命名的转喻认知路径为：在体验过某种中药后，命名者在其心智中形成了相关经验。以这些经验为认知入口，可激活相关知识结构。这些知识结构是框架性、体系性的，存在诸多层级，每个层级又存在诸多元素。考虑到语言经济性，基于主观愿望，中药命名时不可能将所有元素都表征于符号维度，仅会选择部分元素进行表征，凸显隐略随即发生。

中药命名的转喻认知方式主要有两种：一是部分元素代其所隶属的事物知识结构；二是事件知识结构内部分元素代另一部分元素。具体表现为气味代事物，功效代事物，枯萎时节代事物，颜色代事物；“制作”事件中的原料代产物，“制作”事件中的行为+原料代产物，“制作”事件中的产地+产物类属代产物，“食用”事件中的施事+结果事件链中的子行为代受事，“发现”事件中的施事代受事，“成熟”事件中的时间代施事，“仰天”事件中的行为+受事代目的次事件中的受事。

本文从体认语言学视角对中药命名进行了探讨，以此窥视中药命名的转喻体认性（体验性+转喻认知性），具有一定的理论和实践价值。受篇幅所限，本研究未对中药命名的隐喻、整合等其他认知方式进行讨论，这是下一步研究计划。

讲好中药命名故事，不光要讲好中华优秀传统文化故事，还要讲好命名背后的体验认知故事。坚决避免单一单调地讲，要立体多维地讲，全面系统地讲。要全方位多角度展示中药文化的魅力，展现中华优秀传统文化的魅力，彰显中国人民体验认知的魅力。

参考文献

［1］邓小英．2008.《本草纲目》中药物命名探讨［J］．甘肃中医（7）：44–45.

［2］邓勇．2017．中成药命名应具合法性与合理性［N］．中国中医药报，2017–02–20：3.

［3］李旭．2017．中药命名思量［N］．医药经济报，2017–10–26：F02.

［4］廖光蓉．2014．认知语言学基础及其应用［M］．长沙：湖南师范大学出版社．

［5］廖光蓉．2019．体认语言学观照下的汉语语义组构超常及其典型性［J］．中国外语（6）：34–43.

［6］吕云霞，周晨婷，汪鑫，等．2017．中药传统分类与命名文化的认知图式分析［J］．江苏卫生事业管理，28（6）：95–97、107.

［7］王寅．2014．后现代哲学视野下的体认语言学［J］．外国语文（6）：61–67.

［8］王寅．2020．歇后语的体认性：基于体认语言学的思考［J］．当代修辞学（5）：29–36.

［9］尹铂淳，廖光蓉．2020．事件概念形式表征的语内和语际对比研究［J］．外国语文，36（1）：107–116.

［10］周文．2014．中药名词命名文化初探［J］．湖北科技学院学报，34（7）：63–65.

［11］Evans Vyvyan，Melanie Green. 2006.Cognitive Linguistics：An Introduction［M］. Edinburgh：Edinburgh University Press.

［12］Lakoff, G.，M. Johnson. 2003.Metaphors We Live By［M］.Chicago：The University of Chicago Press.

［13］Langacker R.1991.Descriptive applications［M］//Foundations of cognitive grammar：vol. II. Stanford：Stanford University Press.

［14］Langacker, R. 1993. Reference-point constructions［J］.Cognitive linguistics（4）：1–38.

成都地区大学生语言使用情况及语言态度调查研究

娄　珺

（四川大学文学与新闻学院　四川成都　610064）

【提　要】成都是我国西部地区人才基地，物华天宝，人杰地灵。为调查研究成都地区大学生语言使用情况及语言态度，笔者采用问卷和访谈的调查形式，选择普通话、四川话、家乡方言、本国（族）语四类语言作为考察目标对成都高校大学生的语言使用和语言认同现状进行了数据分析，发现其语言使用规律即正式场合以普通话使用为主，以寻求社会认同感；非正式场合以四川话和家乡方言使用为主，以促进人际交往和文化交流。并得出结论：普通话与方言在成都大学生的日常交际会话中有着自然的动态平衡，二者不应偏废，而应努力维持和谐共生。

【关键词】成都大学生　语言态度　普通话　四川话　方言

一、引言

成都是四川省省会，是我国西部地区重要的中心城市。别称“蓉城、锦城”，是古蜀文明发祥地，自古享有“天府之国”的美誉。

作为全球重要的电子信息产业基地，国家西部地区人才建设的摇篮，成都拥有一本大学11所，二本大学以及艺术类院校16所，专科院校29所，共计56所高校，大学生人数众多。

语言态度又称语言观念，指人们对于语言使用价值的看法，包括对语言功能、语言地位和语言发展的看法，在语言生活中有重要作用。大学生的语言使用情况和其对语言的态度对于社会各阶层人士都有极大的影响，根据其使用语言的现状可以把握该群体心理、思想发展态势，并能进一步有效预测社会语言的正面态势。因此，从社会语言学的角度切入语言学的研究，研究大学生的语言使用情况和语言态度，对整个社会的语言研究、制定语言政策、丰富和发展语言学理论都有重要的现实意义和实用价值。

二、调查方法及过程

（一）调查对象的选择

成都地区大学生的结构构成可大致分为成都本地的大学生、来自四川省其他地区的大学生、来自外省的大学生及外国留学生四大类。成都方言和四川其他地区的方言虽有或大或小的差异，但统属四川话，且来自外省大学生和外国留学生也可以根据具体地域细分，因笔者时间和精力有限，故将一、二类合并，着力研究四川本地大学生、来自外省的大学生及外国留学生三类调查对象，研究普通话、四川话、家乡方言、外国留学生本国语言及少数民族学生本民族语言［以下简称本国（族）语］四类语言的使用情况和语言态度。

为了解成都地区以上四大类大学生语言使用和语言认同的现状，笔者采用了用两种调查方式进行研究：一是以1000名以上成都高校大学生作为调查对象，通过网络，采用调查问卷的形式在线进行调查，并回收问卷进行数据统计和分析；二是通过随机访谈的形式，在成都驻地的四川大学、西南民族大学、四川师范大学、成都学院4所高校随机抽取100名学生进行现场访谈，访谈内容同调查问卷内容。调查对象涵盖大一至博士的各个年龄层、不同性别、各个专业的成都大学生。

（二）调查内容的设计

本研究参考马玉玲的《四川本地大学生普通话和四川话使用情况调查》（2015）和陈乐的《广西少数民族大学生语言认同调查与分析》（2018），设计调查问卷和访谈的问题共56个题项，包含4个方面的内容：个人基本情况、个人语言能力情况、语言使用情况和语言态度情况。

为了保证填表内容的可信度和效度，笔者在形成问卷的初稿后选取50名四川大学学生进行前测，先发放问卷，在完成问卷后，要求他们写下修改问卷的建议，包括问题的合理性、科学性、顺序和难度。最后，根据他们的建议和对每个问题答案的分析，对问卷进行了修改。问题的设置遵循开放性原则，如果某一问题无法作答，被调查者可自由议论并阐明原因。

（三）调查数据的采集

本研究共计发放调查问卷1008份，回收有效问卷973份（无效问卷35份，含非成都高校学生所填问卷及答非所问、自相矛盾的问卷），有效答卷回收率为96.52%。

在调查对象中，男性有456人，占调查总量的46.86%；女性有517人，占53.13%。文科生、理科生分别有511人、462人，各占47.48%和52.51%。来自四川的大学生有603人，占调查总量的61.58%；来自外省的大学生312人，占31.64%；外国留学生58人，占5.96%。另有4人是少数民族，占调查总量的0.41%。

随机访谈中，男性有56人，占调查总量的56%；女性有44人，占44%。理科生有51人，占调查总量的51%；文科生有49人，占49%。来自四川的大学生有63人，占调查总量的63%；来自外省的大学生29人，占29%；外国留学生8人，占8%。

三、调查情况及分析

（一）语言能力

1. 第一语言

第一语言习得与语言或语言多样性的维持密切相关。一种语言或一种语言的多样性能否得以维持取决于把它作为第一语言习得的人数。当问及被调查者的第一语言是什么时，大多数人回答第一语言是四川话，占比55.7%。以其他方言为第一语言的被调查者学生占总数的26.1%。有11.5%的受访者回答他们的第一语言是普通话。只有6.1%的受访者回答他们的第一语言是本国（族）语。0.6%的受访者不清楚他们的第一语言。具体作答情况如表1所示。

表1　成都大学生第一语言情况表

第一语言	普通话	四川话	家乡方言	本国（族）语	不清楚
人数（人）	124	598	281	66	4
比例	11.5%	55.7%	26.1%	6.1%	0.6%

55.7%的大学生的主体语言是四川话，这说明四川话在成都本地大学生的第一语言习得中仍占主导地位。11.5%的大学生的第一语言是普通话，说明普通话在成都大学生的第一语言习得中占据了一定的位置，但有待提高。由于留川大学生较多，且都会说四川话，而外地来川的大学生少于四川本地大学生，所以掌握四川话的大学生占比逾半数。

2. 语言掌握

问卷中“你掌握以下哪些语言？”一题为不定项选择，下设“普通话”“四川话”“家乡方言（四川省外）”“本国（族）语”“其他”5个选项。调查结果显示，成都地区大学生语言掌握基本上有“普通话+四川话”“普通话+家乡方言”“普通话+本国（族）语”“普通话+本国（族）语+其他”“普通话四川话/家乡方言+其他”这5种语言模式，其中以前两种居多。整体而言，调查对象全部掌握普通话及英语，部分掌握四川方言或其他地域方言，少数掌握本国（族）语语言。其他包含国际通用语言英语及小语种日语、西班牙语、泰语等。除英语外，小语种主要由外国留学生和外国语学院学生掌握，个别非外国语学院学生通过自学掌握了一至两门小语种。

受访的4名少数民族的成都大学生（3名彝族、1名羌族）对普通话的掌握程度要优于本族语，该群体存在着一定的“母语失却”现象。“母语失却”，指由于某种原因而不能习得母语或不能有效使用母语（刘毓恒，2017）。

（二）语言使用

语言多样性是社会语言学研究的基本单位。会说多种语言的人，在不同的场合会选择使用不同的语言（童成寿，2016）。如与家人一起的场合、在家乡和碰到老乡的场合等，通常会选择使用彼此最熟悉的家乡方言；而在公共场合，如在政府部门、学校、银行、车站、看病等，通常会选择使用普通话；而遇见外国朋友则会选择使用英语进行交流。根据语域理论，语域、语旨和语态共同决定了语言使用者在不同情况下的实际语言使用（辛声，2008）。在本研究中，将语言情境分为两大类：家庭内部情境和家庭外部情境，由于领域、时态和方式的不同，家庭内部情境和家庭外部情境分别包含许多小类别。调查结果详见表2。

表2　成都大学生不同场合语言选择情况表

语言选择 语言场景	普通话 人数（人）/ 百分比	四川话 人数（人）/ 百分比	家乡方言 人数(人)/ 百分比	英语 人数（人）/ 百分比	其他 人数（人）/ 百分比
与家人交流	158 / 14.72%	599 / 55.82%	281 / 26.18%	30 / 2.79%	5 / 0.46%
与外国人交流	622 / 57.96%	98 / 9.13%	0 / 0.00%	321 / 29.91%	32 / 2.98%
与陌生人交流	735 / 68.49%	234 / 22.64%	66 / 6.15%	23 / 2.14%	15 / 1.39%
上 课	1032 96.17%	10 / 0.93%	2 / 0.18%	25 / 2.32%	4 / 0.37%
买东西	385 / 35.88%	642 / 59.83%	42 / 3.91%	3 / 0.27%	1 / 0.09%
读书	1047 97.57%	4 / 0.37%	1 / 0.09%	18 / 1.67%	3 / 0.27%

续表

语言选择 语言场景	普通话 人数（人）/百分比	四川话 人数（人）/百分比	家乡方言 人数（人）/百分比	英语 人数（人）/百分比	其他 人数（人）/百分比
问路	396 / 36.90%	648 / 60.39%	26 / 2.42%	2 / 0.18%	1 / 0.09%
进行娱乐活动	337 / 31.40%	614 / 57.23%	980 / 91.33%	21 / 1.95%	3 / 0.27%

在家人和老乡面前，大部分的学生都喜欢用自己的第一语言进行日常交流。造成这种现象的原因主要是第一语言是最能体现归属感和个人身份，这是因为他们使用同种语言、有相同社会背景，且已经习惯了这种表达方式。

与陌生人交谈时，因为陌生感到不确定，为了对话伙伴能更好地理解，同学们更多的是说普通话而不是方言。

在某些场合，如与同学交谈、与宿管阿姨交谈、问路、进行娱乐活动（如打麻将、玩游戏等），四川本地同学更多地使用四川话。一个原因是这些场合是非正式的，人们的语言更随意，更愿意使用他们更熟悉的语言。另一个原因是，在这些场合中，大多数的交谈对象都是四川本地人，更多的话题倾向于使用当地方言来交流，以增加亲密感和顺畅地交谈。

相反，在上课和读书时，因场合正式，且国家推广普通话，学生从小就被要求在课堂上使用普通话，所以绝大部分同学会在课堂上使用普通话进行交谈。

在与外国人交谈时，出乎意料的是，采用英语和普通话的人数大致相当。说明中国的国际影响力在提高，中国大学生的东道主意识在增强，外国友人的汉语平均水平在上升（受访留学生HSK水平集中在5、6级，少部分为3、4级）。外国留学生的语言除与家人和外国朋友交流外，在华一律选择普通话，这是由于交际环境、交际对象、沉浸式学习策略带来的结果，留学生可以利用与中国学生交谈的机会来提升自身汉语口语水平。

研究同时表明，学生普遍比较喜欢四川话的影视剧作、歌曲、搞笑视频等，在娱乐生活中十分偏好四川话。来自外地的成都大学生和留学生，对于大众娱乐生活中的四川方言词汇掌握较好，使用频次较高（如“巴适”“瓜”“宝器”“摆龙门阵”等）。

对于“你什么时候开始在日常交流中习惯性使用普通话的？”这个问题，不同的人有不同的回答。入学前就开始在日常交流中使用普通话的受试者比例为11.2%；小学以后开始使用普通话进行日常交流的占39.0%；初中以后开始使用普通话进行日常交流的占20.4%；大学以后开始使用普通话进行日常交流的占29.4%。只有一小部分学生在入学前能在日常交流中使用普通话。然而，进入学校后，更多的学生可以在日常交流中使用普通话，这证明学校是学习和使用普通话的理想场所。一些学生从小学开始在日常交流中使用普通话，一些是从初中开始，一些是从大学开始。对于受试者目前使用普通话的情况，在任何情况下，有20%的受试者说普通话；多数情况下讲普通话的占31.9%，少数情况下讲普通话的占48.1%。因此，当受试人被问及进入大学后普通话使用频率的变化时，四川方言在受试人日常交流中占主导地位。综上所述，大多数受试人都承认进入大学后使用普通话更频繁。一个原因是他们有来自中国其他省份的新同学，其中一些人不能理解或说四川方言。另一个原因是，大多数大学生认为说普通话是一种受过良好教育的行为，可以代表知识分子地位。

（三）语言态度

语言态度是人们社会心理的反映，对语言发展和变化有着重要的影响（胡珊珊，2011）。笔者从喜爱程度、重要性和影响力三方面来调查研究四大类语言，得出结果如下，详见表3、表4、表5。

表3　成都大学生语言喜爱程度表

语言喜爱程度	普通话	四川话	家乡方言	本国（族）语
非常喜欢人数（人）/比例	288 / 27.77%	543 / 50.60%	210 / 19.57%	30 / 2.79%
一般喜欢人数（人）/比例	685 / 63.83%	439 / 40.91%	862 / 80.33%	2 / 0.18%
不喜欢人数（人）/比例	100 / 9.31%	91 / 8.48%	1 / 0.09%	0 / 0.00%

表4　成都大学生语言重要性评价表

最重要的语言	普通话	四川话	家乡方言	本国（族）语	其他
人数（人）	576	323	125	30	19
比例	53.68%	30.10%	11.64%	2.79%	1.77%

表5　成都大学生语言影响力评价表

社会影响力最大的语言	普通话	四川话	家乡方言	本国（族）语	其他
人数（人）	835	106	54	29	10
比例	77.81%	9.87%	5.03%	2.70%	0.93%

从喜爱程度上来看，成都地区大学生对四川话、普通话、家乡方言、本国（族）语和其他语言的非常喜爱占比分别为50.60%，27.77%，19.57%及2.79%，这与受调查的四川本地大学生、来自外省的大学生及外国留学生和少数民族学生人数比例大致相当，说明整体而言成都地区大学生对家乡方言或第一语言感受亲切，对普通话的友好度一般亲切。

从语言重要性上来看，语言作用大小源自于使用者在交际中对于语言的认识。在最重要的语言方面，成都地区大学生中的大部分调查对象认为普通话是最重要的语言，其次是方言和本国（族）语。

从语言社会影响力上来看，大多数调查对象都倾向于认为普通话和英语为社会强势语言，拥有最高社会影响力，其次是方言，最后是本族语。

研究表明，普通话最能给成都大学生带来社会认同感，使他们被社会主流接受，融入社会主流团体之中，同时能够消除不同地域之间的语言隔阂，促进交流。而四川话或家乡话最能促进人际之间的交往和文化之间的交流，且能够承载地方历史文化。

对于四川话的认同问题，调查问卷中“你是否愿意学习四川话？”一问，下设“非常愿意学四川话”“愿意学四川话”“不太愿意学四川话”“不愿意学四川话”和“不确定”5个选项，调查结果详见表6。

表6　成都大学生对于四川话的认同问题表

愿意学习四川话的程度	非常愿意	愿意	不太愿意	不愿意	不确定
人数（人）	321	476	215	11	50
比例	29.92%	44.36%	20.03%	1.03%	4.66%

调查结果显示，29.92%的受访学生表示非常愿意学习四川话，44.36%的受访学生表示愿意学习四川话，仅有25.73%的受访学生表示不太愿意、不愿意或不确定学习四川话。这表明，四川话的生命力蓬勃兴盛，成都地区大学生对四川话认同感强，对巴蜀文化依附倾向明显。

四、结语

从以上调查研究可知：四川方言在四川本土大学生第一语言习得中仍占主导地位，毫无疑问，四川方言在这一代中得到了很好的维护。普通话是成都大学生群体正式场合使用率最高的语言，学校是学习和使用普通话的主要场所。除了在家庭以及四川本地学生之间的交流以外，在正式的交流场合下，使用普通话的人数比例比四川话大。同时，四川本地学生与外省学生交流时，通常会为了交流顺畅，考虑到对方不会说四川话，便自动将四川话切换为普通话。相反，在非正式场合，四川话则被更多地使用。

在语言态度方面，虽然成都地区大学生对国际通用语和民族共同语的实用性和影响力一致认可，但在语言的喜爱程度和重要性上，四川话和其他地域方言都有着更优先的地位。方言承载了一个地域的智慧、风俗、传说，是技艺文化宝藏。方言保护和传承势在必行。普通话的推广，极大地有利于提高汉语信息处理水平，是各民族、各地区人们顺利交际的前提。但我们应该清楚的是，推广普通话并不是要人为地禁止和消灭方言，而是为了消除方言隔阂，以利于社会交际。语言是文化不可或缺的载体，每种语言都能表达出使用者所在民族的世界观、思维方式、社会特性以及文化、历史等，都是人类珍贵的无形遗产。当一种语言消失后，与之对应的整个文明也会消失。许多地方的各种传统和习俗只能用自己的方言来表达，如果一种方言最终消亡了，相关的非物质文化遗产也会随之消失。

因此，在努力发展共同语言的过程中，我们也要密切注意各种方言的发展和变化，应该采取最有效的措施来使普通话和方言和谐共存。

参考文献

[1] 陈乐. 2018. 广西少数民族大学生语言认同调查与分析［J］. 钦州学院学报，33(12).

[2] 陈姗姗. 2018. 延边朝鲜族大学生的语言态度及语言使用研究［D］. 南京大学硕士学位论文.

[3] 段俊霞，朱文超. 2017. 西南地区跨区随迁子女的语言使用分析［J］. 西昌学院学报，29(4).

[4] 胡珊珊. 2011. 在沪外来大学生沪语态度调查报告［D］. 上海外国语大学硕士学位论文.

[5] 刘毓恒. 2017. 凉山彝族青少年语言使用情况调查［D］. 西南科技大学硕士学位论文.

[6] 马玉玲. 2015. 四川本地大学生普通话和四川话使用情况调查［D］. 电子科技大学硕士学位论文.

[7] 童成寿. 2016. 大学生语言能力、语言态度及使用现状的分析与思考：以福建省大学生为例［J］. 沈阳工程学院学报，12(3).

[8] 王冰洁. 2015. 青岛大学生方言与普通话的使用状况及其语言态度调查研究［D］. 中国海洋大学硕士学位论文.

[9] 辛声. 2008. 四川大学生的社会认同和语言态度［J］. 长沙大学学报，22(1).

[10] 钟倩. 2016. 在港学习的内地大学生语言态度和语言使用研究［J］. 白城师范学院学报，30(4).

粤方言书面化研究中的语言层次思维①

周仕敏

（暨南大学文学院　广东广州　510632）

【提　要】粤方言的书面化是粤方言研究中的一个重要方面，清代以来的文学文本是其在兴起阶段的重要手段与载体，其中以小说为代表的部分文体，能成段成篇高度还原语言面貌。清代以来，一批以粤方言为主要语体的文学作品，生成了一批反作用于口语的词汇，其中尤以异源同义并列式构词最为典型。以这种构词方式产生并进入口语的“异源同义复合词”可以看作不同语言层次在同一时空上的叠加。书面化对语言既有记录作用，又有具有固定、创造等作用。粤方言在近代的书面化中，通过汉字字符大致固定了来自口语的不同语源词语之音、形、义，通过书面化得以固定并进入口语的词汇，事实上相当于局部创造了一个新的语言层次，书面化对粤方言层次面貌的塑造或应是粤方言研究中不可忽视的研究方向。

【关键词】粤方言　书面化　文学文献　构词　层次

在讨论文言文和白话文对立的问题时，有一个似乎不言而喻的环节，即读者之所以能轻易区分文言文和白话文，其实就是小说文本中文字所转写之对象语言的不同，形成一目了然的文体差异。言及方言文学文本亦然。由于汉字并非纯拼音文字，从口头语言到书面字形，不仅仅是语音的可视化，这就涉及了一个复杂的语言书面化问题。

粤方言的书面化是从清代木鱼书和粤讴等说唱文学形成书面文本开始的②，文学作品是粤方言书面化兴起阶段最主要的手段与载体。清代的粤方言文本不像以官话为基础的白话文本一般，在整个汉语文化圈范围已被广泛熟知了数百年，已然形成一套相对固定的标准，而是仍然存在诸多不成熟、不确定的表现，因此还是个值得讨论的问题。这种讨论的意义并不仅局限于粤方言的书面化本身，而因为晚清乃至今日的粤方言书面化仍能在某种程度上反映出中近古通用语白话书面化，甚至文言书面化并应用于文学书写初始阶段的“幼稚”状态，具有一定以小显大的学术意义。

一、粤方言书面化的本质

在生活中，粤方言区的人们常听到“‘AB’个‘A’字怎写?”这样的问题。人们之所以会问

---

① 本文系广东省哲学社会科学规划青年项目“晚清粤方言小说研究”（GD18YZW01）阶段性成果。

② 现存最早的木鱼书文献为法国巴黎国家图书馆藏清康熙五十二年（1713）福文堂刊本《第八才子花笺》。招子庸《粤讴》成书于道光八年（1828）。

"'AB'个'A'字怎写？"，前提当然是粤方言已经有了广泛被写成文字、成篇章的事实；问题的另一方面则是有些"字"虽然口头上较常用，其写法却并非不假思索而可知。在回答某"字"如何写的问题之前，我们不得不回归到一些更基础的问题，如对具体的语言使用者而言，"语言"的本质是甚么？"字"又是甚么？

按照索绪尔（1980：36–37）"语言是一种表达观念的符号系统"以及"在这系统里，只有意义和音响形象的结合是主要的"之表述，语言的本质是"音义结合体"（谭代龙，2009），其核心功能是观念（语义）的表达，其基本单位可以具体化为"词"（word）。这样的定义符合语言发生的基本心理机制，但对成长于言文分离的汉语文环境中的人而言会造成一定的理解障碍。一种典型的学者观点认为，"以'符号'为语言系统的基本单位，实际上是平等对待了'词'的每一个'义项'。以词为基本单位，实际上是将单义词和多义词放在了一个层面上来观察，这是不公平的"（谭代龙，2009）。其实，作为语言系统基本单位观念上的"词"，与上述的"义项"是等价的，比如当一个讲汉语的人产生"push"这个观念时，并不会考虑"推"还有"推举"的意思，因此这样的辩论是不必要的，但这种受汉字外在形态束缚而无法接受一个"推"字对应的是若干个词，只能把字面的"推"字等同为一个"词"，并对应若干义项的思想，确实普遍存在。

就宏观的世界各大语种而言，语言与文字成系统地紧密相配，似乎是一种常态与常识。然而具体到各大语种尤其是实行非拼音文字方案的语种的分支语言个案——例如汉语的分支粤方言——情况就复杂得多。认清对语言本质的追问必然归结到"词"上面的事实，我们不难发现，日常生活中人们说的某"字"，实际指的是某个"词"。声音是人类语言的原始载体，各种音节及音节组合也对应了观念上的"词"，而最初的汉字，则是在此基础上根据需要，对应音节划分而发明的另一套音义符号，"字"与"词"之间是对应关系而非对等关系。在汉字的发生环节及其漫长演变历程中，具体汉字对应词的"音"或"义"成分比重如何，已几无定式了。因此，一个口语中存在的词必然有声音形态，却未必有特定的汉字与之对应；一个口语中存在的词，更不必来源于某个曾被写过的汉字。这时，说到部分粤语词，要求把它们"写"出来，在逻辑上有时是本末倒置的。

以上是从逻辑层面讨论语言的书面化问题，若要从文化层面讨论粤方言，其书面化的历史事实，或者说"书面化的粤方言"问题，则是无法忽略的。邓小琴（2011）指出，"粤方言书面化，是指具有粤方言特征和交际功能的不同语言层次单位被文字记录下来转化为书面文本，故其书面文本既可以是一个字、一个词、一个短语或一个句子……"作为与通行书面语体相区别的粤方言，其"书面化"的最核心标志是特色词和辞法的书写。仅就特色词而言，一些"标志中的标志"，即粤方言特色最突出的，恰恰是难以与常用汉字对应的词，所以才有"'AB'个'A'字怎写？"的问题。由于词语源流之复杂性，针对这些难写的词，研究者中有"有音无字"和"必有其字"两说，代表了两种极端态度，与之对应的粤方言书面化研究也便存在客观描述性的用字研究和带有若干索隐性质的本字研究两派。而无论是用字研究、本字研究抑或其他门径的研究，要讨论粤方言的书面化问题，落脚到"词"的溯源研究恐怕是绕不开的，否则只能是穿凿附会或隔靴搔痒。

二、文学文本对语言本体的反作用

书面化粤方言的出现，其心理动机在于"言文一致"，即邓小琴所谓"记录下来转化为书面文本"。然而，正如汉字形态干扰了人们对"词"的准确认识，"言文一致"的初衷亦阻碍了人们意识到"书面化"的其他功能。粤方言的书面化绝不仅有"转化"和"记录"功能，实际上对粤方言的音、义和辞法还具有“固定”和“创造”功能，对语言本体起到改变和塑造的作用，使书面化行为在不知不觉中达到另一层面上的“言文一致”。

可供粤方言书面化研究的传世文献资料主要分为两大类：一是工具书类，二是文学作品类。工具书类包括词典、语汇、教材等，对以广州方言为主的粤方言本貌还原程度较高，但一般仅限于一词、一句的记录；文学作品语体使用情况较复杂，其中以小说为代表的部分文体具有能够成段成篇高度还原语言面貌的优势。

清代以来，由木鱼书、粤讴等说唱艺术文本肇始，岭南地区产生了一批以粤方言为主要语体的文学作品。木鱼书、粤讴等文本是粤方言口语与诗化语言混杂而成的，由于它们本身是受群众欢迎的口头表现艺术，文本的语言形式容易在听众的长期接受中形成某种范式，对粤方言的整体面貌必然产生过深远的影响。例如招子庸《粤讴》中的名篇《弔秋喜》：

听见你话死实在见思疑。何苦轻重得咁痴？你係为人客死心唔怪得你，死因钱债叫我怎不伤悲？你平日当我係知心亦该同我讲句，做乜交情三两个月都冇句言词……

又如《灯蛾》：

莫话唔怕火试睇吓个只烘火灯蛾，飞来飞去总要摸落个盏深窝。深浅本系唔知故此成日去摸，迷头迷脑好似着了风魔……唉，飞去任我。就俾你花花世界都奈我唔何。

《弔秋喜》“见思疑”这一文学化的短语与今日广州方言口语中“见头晕”“见肚痛”等结构相同，“见……”即“感觉……”，且“思疑”一词也保留在后世的口语中，即“怀疑”。《灯蛾》中的“莫话”今多作“莫讲”或“莫讲话”，虽已常见于口语，但基本上演变为用于让步从句的套语，与口语固有的“毋（阴上声）话”明显不同，可见是来自书面语，又比原书面语“莫话”的“不要说”意义与用法狭窄；“奈我唔何”又是把书面语“毋奈我何”以保留“奈何”这一基本词的方式“翻译”成粤方言的结果，同样也一直保留到今日的粤方言。类似的例子还能找到不少，但我们没有太多比《粤讴》更早的粤方言资料，能够确凿证明此前的粤方言口语中并未存在上述的词汇或句法。然而当《粤讴》角色变换为“更早的资料”时，情况就不一样了。

比《粤讴》晚几十年出现的粤方言小说，其文本中的粤方言部分，总体上与当时的生活语言形态相符，但也产生了一些既不与口语相同，又不直接来源于中文典籍的特殊形态。例如文献中大量记录的构词现象，当中较典型的是一批同义复合词，其形式主要表现为来自不同语源的同义词并列组合，笔者称之为“异源同义复合词”。此类异源同义复合词最集中出现在晚清纯粤方言小说中，例如“适啱”“刚啱”“羞丑”“寒冻”“余剩”“乃系”等构成为“文言/官话+粤方言”，“嬲怒”“疚倦”“倾谈”“抖歇”“呃骗”“舌亏”“拣择”“纯善”“挛曲”“执拾”“搅扰”“歪斜”“揸拿”“狼毒”“少欠”等构成为“粤方言+文言/官话”。

以“刚啱”“适啱”为例：

谁不知佢预备有一个痰盂喺床口处，刚啱个贼仔撬开阻房门，正话想入，就听倒佢敢话，你话嗒唔嗒呢？（《好箭法》，1907）

适啱遇着缉捕营管带杜春林个衰神，徐锡麟对杜话：“抚台已经俾我打死，你可投降，事成后，俾个标统你做。”（《记徐锡麟案并论断》，1907）

“刚”（官话）、“啱”（粤方言）、“适”（文言）都是同义词，“刚啱”是“官话+粤方言”的并列组合，“适啱”是“文言+粤方言”的并列组合。又如“呃骗”“执拾”：

你应该信我致好，因个的昏迷嘅人，讲多多说话，令你离开正路，不过想呃骗你……（《天路历程土话》卷一，1871）

后来入到佢屋，见佢共仔执拾行李，斟酌出行，我问佢乜野意思……（《续天路历程土话》卷一，1870）

二者皆为“粤方言+官话”并列组合。又“疚倦（疚瘡）”：

后来，到一笪地方，稍可以避险嘅，就坐个处等天光，因为疚倦，不觉瞓着。（《天路历程土话》卷四）

疚瘡即时瞓着，过咗一晚，瞓醒个时，已经天光咯……（《宰苏历程》第五章，1902）

此二例则是“粤方言+文言”并列组合，其中“疚”是借字，表示一个口语固有词，“瘡”是通过口语间接保存的文言词（“攰”）。

此类构词现象形成的一系列复合词汇，其中相当一部分直接保留或经演变后保留至当代粤方言口语，而在近代广州方言工具书较少记录——经粗略统计，仅“刚啱”（just）、“嬲怒”（anger）、“阨骗”（cheat）、“拣择”/“拣选”（choose）出现在《英华字典》（Lobscheid，1866）中，也基本不见于《粤讴》等更早期粤方言文学文献。以上事实至少可说明两个问题：一是此类构词形式在1870年以前的广州方言口语中并未常见，或工具书编者并不认为此类词汇属于地道广州方言范畴，这几乎可以断定，这一批词汇是在有了晚清的粤方言文学书写后才逐步进入口语的；二是此类构词更集中出现在纯粤方言小说，而较少出现在混合语体小说[①]和更早期的粤方言说唱文学中，反映其产生的重要原因是作（译）者在使用与口语高度贴近的纯方言文本时，仍存在一定程度上文学化措辞的心理倾向，而本身就以文学化、文言化语言为主干的混合语体小说和说唱作品，则不必特意再在构词方面做文章。

三、书面化粤方言的语言层次生成作用

异源同义复合词集中诞生于小说文本，给予研究者一个重要的启示。文学作品无论再通俗，在大多数情况下仍然自觉或不自觉地保有其与非文学体裁不同的面貌。晚清粤方言小说中基于“俗”的口语白话的文学文本，在心态上向“雅”的文学语言靠拢，在形式上与文学语言调和组合，综合文学作品韵律需要等因素，催生了这类有别于当时口语的特殊“新词汇”。在创作逻辑上，异源同义复合构词现象不是粤方言进入了文言（官话）语体，而是文言（官话）进入了粤方言语体，是“俗”到与真正的口语几乎完全一致以后的白话文体重新“文”化和“雅”化的表现。深入视之，这些词汇都可以看作不同语言层次在同一时空上的叠加。

书面化对语言既有记录作用，亦具有固定、创造等作用，尤其是小说、戏曲类文体，同时具备两种言语性质，一是文本内部人物的对话，二是文本内外之间作者与读者的对话。由于其具有较高的读者接受度，文本内语言在与文本外读者进行对话的过程中，对读者语言思维产生影响，使其与文本内的语言模式趋同，固定为读者新的语言模式，再向读者以外的人群扩散。然而，上述对语言固定和创造作用的重要性往往被严重忽视。粤方言在近代的书面化，通过汉字字符大致固定了不同语源词语之音、形、义——虽然这种人为固定往往不一定符合语言的本来面貌与实质。上述构词现象通过书面化得以固定，反过来进入口语，成为新词汇，事实上相当于局部创造了一个新的语言层次。事实上，任何语言的书面化，对语言本体产生的作用都是不可低估的，粤方言书面化影响粤方言口语百年来演变的研究，目前仍有待深入，而书面化对粤方言层次面貌的塑造或应是值得关注的研究方向。

关于汉语方言的历史层次，较常论及的是语音层次，例如文白异读现象。事实上，汉语词汇的历

① 作为混合语体小说集的《俗话倾谈》，仅在书名出现“倾谈”一词，小说文本却绝少使用此类词语。

史层次也是常见的，异源同义复合其实是汉语构词的重要方式，例如现代汉语通用白话文中的“进入”“继续”“胜利”“包裹”“海洋”“温暖”“寒冷”“树木”“宽阔”“容易”，无一不采用这种方式生成，而且无一不是通过文学作品尤其是小说作品产生或普及的。由此，我们不难受到启发，除语音、词汇等范畴外，关注语义方面的历史层次，也是解释语言现象不可忽视的环节，这有助于我们思考“‘AB’个‘A’字怎写?”的问题。

某粤方言“字”怎么“写”的问题，即便不考虑那些茫无头绪的词例，一些在历史上已经约定俗成，人们已经习以为常的书面化形式，实际上也值得回头重新思考。

例如，柚子在粤方言中常作“辘柚”[①]，而该词在壮语方言[②]中主要有mak^{9} puk^{8}和lak^{8} puk^{8}（lɯk^{8} puk^{8}、lek^{8} puk^{8}）两类说法，前一音节mak^{9}或lak^{8}是“果”之意，后一音节puk^{8}则是“柚”。粤语诸次方言“柚子”均有“/puk/-/luk/”类音节的说法（如高州、化州之pʊk^{55}–lʊk^{55}，台山之pək^{55}–lək^{55}），可以断定与壮语方言之说法关系密切。可能性较大的情况是，现代粤方言中这个取“辘”之音位的词属于和壮语共有的底层遗迹，或是历史较为久远的借入层次，而“柚”则是粤方言（主要是广府片）从文言或通语引入的新层次。而这个取“辘”音位之词的意义，与最初的“果”义是一个层次，后来已甚少人知其“果”义，其用法仅限于指柚子，得到一个相当于无实义的层次。当“辘柚”被解释为与带来“好彩头”的“越辘越有”[③]谐音，一个更新的语义层次便被创造出来，约定俗成的“辘”“碌”写法，更固定了“滚动”这个语义层次，在一定时期内，“滚动”的观念将相当稳定地与“柚子”捆绑在一起。

编号	238	239	240	241	242	243
词义	桃子	李子	梨子	杨桃	柚子	橙子
武鸣	maːk^{9} taːu^{2}	maːk^{9} man^{3}	maːk^{9} lai^{2}	maːk^{9} fiːŋ^{2}	maːk^{9} puk^{8}	maːk^{9} toŋ^{3}
横县	maːk^{9} taːu^{2}	maːk^{9} man^{3}	maːk^{9} θa^{1} lei^{2}	maːk^{9} fuːŋ^{2}	maːk^{9} puk^{8}	maːk^{9} toŋ^{3}
邕北	maːk^{9} taːu^{2}	maːk^{9} man^{3}	ɬa^{1} lai^{2}	maːk^{9} fuːŋ^{2}	maːk^{9} puk^{8}	maːk^{9} toŋ^{3}
平果	maːk^{9} taːu^{2}	maːk^{9} man^{3}	maːk^{9} lai^{2}	maːk^{4} liːm^{2}	maːk^{9} puk^{8}	maːk^{9} toŋ^{3}
田东	maːk^{9} taːu^{2}	maːk^{9} man^{3}	maːk^{9} li^{2}	maːk^{4} liːm^{2}	maːk^{9} puk^{8}	maːk^{9} toŋ^{3}
田林	maːk^{9} taːu^{2}	maːk^{9} man^{3}	maːk^{9} li^{2}	—	maːk^{9} puk^{8}	maːk^{9} kaːm^{1} toŋ^{3}
凌乐	maːk^{9} taːu^{2}	maːk^{9} man^{3}	maːk^{9} li^{2}	jaːŋ^{2} taːu^{2}	maːk^{9} puk^{8}	maːk^{9} kaːm^{1} toŋ^{3}
广南侬	taːu^{2}	maːk^{7} man^{3}	maːk^{7} li^{2}	—	maːk^{7} puk^{8}	maːk^{7} liu^{2}
丘北	taːu^{2}	ma^{5} man^{3}	ma^{5} lei^{2}	—	ma^{5} puk^{8}	ma^{5} kaːm^{1}
柳江	maːk^{9} taːu^{2}	jeːn^{5} tsi^{5} li^{3}	lak^{8} li^{2}	jaːŋ^{6} taːu^{6}	lak^{8} puk^{8}	kaːm^{5} toŋ^{3}
宜山	lak^{8} maːk^{9}	jeːn^{5} si^{5} li^{3}	lak^{8} li^{2}	jaːŋ^{6} taːu^{6}	lak^{8} puk^{8}	lak^{8} kaːm^{5}
环江	maːk^{9} taːu^{2}	maːk^{9} rei^{5}	lɯk^{8} lei^{2}	jaːŋ^{6} taːu^{6}	lɯk^{8} puk^{8}	lɯk^{8} tuŋ^{3}
融安	maːk^{7} taːu^{2}	maːk^{7} jin^{5} tsi^{3}	maːk^{7} li^{2}	—	lak^{8} puk^{8}	tsam^{2} tsa^{3}
龙胜	maːk^{9} taːu^{2}	maːk^{9} foŋ^{8}	maːk^{9} lei^{2}	—	lək^{8} puk^{8}	lək^{8} kom^{1}
河池	maːk^{9} taːu^{2}	maːk^{9} rei^{5}	lak^{8} lei^{2}	—	lak^{8} puk^{8}	lak^{8} kaːm^{1}
南丹	laɯ^{2} taːu^{2}	laɯ^{2} ma^{7}	laɯ^{2} li^{2}	—	laɯ^{2} po^{2}	lou^{2} kaːm^{1}
东兰	lɯk^{8} taːu^{2}	lɯk^{8} maːk^{8}	lɯk^{8} lei^{2}	jaːŋ^{6} taːu^{6}	lɯk^{8} puk^{8}	lɯk^{8} kaːm^{1}
都安	lɯk^{8} taːu^{2}	lɯk^{8} man^{3}	lɯk^{8} lei^{2}	lɯk^{8} fuːŋ^{2}	lɯk^{8} puk^{8}	lɯk^{8} toŋ^{3}
上林	lɯk^{8} taːu^{2}	lɯk^{8} man^{3}	lɯk^{8} lei^{2}	lɯk^{8} fuːŋ^{2}	lɯk^{8} puk^{8}	lɯk^{8} toŋ^{3}
来宾	maːk^{9} taːu^{2}	maːk^{9} lei^{4}	lɯk^{8} lei^{2}	lɯk^{8} fuːŋ^{2}	lɯk^{8} puk^{8}	lɯk^{8} toŋ^{3}
贵港	lak^{8} taːu^{2}	lak^{8} man^{3}	θa^{3} lei^{2}	lak^{8} fuːŋ^{2}	lak^{8} puk^{8}	lak^{8} toŋ^{3}

图1　壮语诸方言“柚子”

① 或写作为同音的“碌柚”。

② 本文所用壮语方言均引自《壮语方言研究》。张均如、梁敏、欧阳觉亚等：《壮语方言研究》，四川民族出版社，1999年。

③ 即“越滚越有”，财源滚滚的意思。

当然，假如有新材料能够证明“辘柚”并非直接借自壮语，而是与郑—潘上古音系的“柚”lɯwɢs（林连通、郑张尚芳，2012：572）关系更密切，那“辘柚”的本质就不一定是“果柚”而是“柚柚”——一个异源同义并列复合词了。

又如既见于晚清粤方言小说，又常用于当代粤方言的表示收敛、整理物件的词例“执拾”：

编号	976	977	978	979	980
词义	握刀	丢掉不要	掷石头	捡柚	*掰
武鸣	kam^{1}	wut^{7}; kweːŋ^{1}	deːk^{9}	jap^{8}; kip^{7}	beːk^{9}
横县	kam^{1}	wit^{7}; kweːŋ^{1}	deːk$^{9'}$; wit^{7}	kip^{7}	bik^{7}
邕北	kam^{1}	kweːŋ^{5}	mak^{8}	kip^{7}	meːk$^{9'}$
平果	kam^{1}	kweːŋ^{5}	wit^{7}	kip^{7}; ȵap^{8}	beːk^{9}
田东	kam^{1}	wit^{7}	ɬi^{3}; duŋ^{5}	kip^{7}; jap^{8}	bit^{7}
田林	kam^{1}	wit^{8}; kweːŋ^{4}	weːŋ^{6}	tɕip^{7}; ȵap^{8}	beːk^{9}
凌乐	ho^{4}	weːŋ^{6}	ɕil^{7}	tɕip^{7}	beːk^{9}
广南沙	kam^{1}	wit^{7}	ʔaːu^{5}	tɕip^{7}	beːk^{7}
丘北	wan^{3}	wət^{7}	ʔaːu^{5}	tɕəp^{7}	bai^{5}; θit^{7}
扶绥	kam^{1}	wit^{7}	juːi^{2}	jip^{7}	pik^{7}
上思	kam^{1}	wit^{7}; kheːŋ^{3}	ȵoːy^{2}; wen^{4}	jip^{7}	pik^{7}
崇左	kam^{1}	deːk^{7}	ȵoy^{2}	jəp^{7}	məi^{5}
宁明	kam^{1}	toːt^{8}; wuːt^{7}	ȵaːu^{2}; bam^{1}	kjuːp^{7}	jik^{7}
龙州	kam^{1}	wit^{7}; toːt^{8}	ʔut^{7}; maːŋ^{1}	kip^{7}	ŋeːu^{4}
大新	kam$^{1'}$	wit^{7}	khjeːu^{1}; ȵeːŋ^{2}	keːp^{7}	bak^{2}
德保	kɔːm^{1}	weːŋ^{6}	wət^{8}	kjɔːp^{7}	pheːk^{7}
靖西	kam^{1}	weːŋ^{6}	wət^{8}; toːt^{10}	kjap^{7}	bi^{3}
广南侬	kam^{1}	wit^{7}	dieu^{2}	tɕep^{7}	ʔɛ^{3}
砚山侬	kam^{1}	fit^{7}; wiaŋ^{6}	puŋ^{4}	tɕiap^{7}	kak^{10}

图2　壮语诸方言“捡（拾）”

汉语词“执”的本义是“捕罪人也”（《说文》），后世更常用的基本义是“手持”，然而并无收敛、整理或捡起之义。壮语方言中表示“捡”的词，主要有jap^{8}、kip^{7}、kiap^{7}、jip^{7}、jap^{8}、ȵap^{8}、tɕip^{7}、tɕiap^{7}等，与今日广州话“执”tɕɐp^{55}音节形式相当接近，且与汉语通语词“拾”同义，可以看作就是壮语的“拾”。我们知道“拾”的“整理”义是由“捡起”引申而来，因此所谓“执拾”最可能的情况就是一组基本义同为“捡起”的异源同义词，本质上是“拾拾”，“执”字形的出现是在不知其词的情况选用同音或近音字的做法，其结果是不仅为这个“拾”的同义词从此固定了汉字“执”的粤方言读音，更使汉字“执”产生了一个专属于粤方言的新语义层次并固定下来，甚至写入现代各类广州方言字典成为定论。

同理，粤方言表舌头义的“脷”（或作“利”），今日一个对其音义广为公认的解释是因避“蚀”讳而改用“蚀”之反义词“利”。然而，与粤方言中其他避讳词汇如“猪润”（猪肝）、“伯有”（伯母）等原形和变形共存的情况不同，粤方言各片区表“舌头”基本一致言“脷”，而所谓被替代的本词“舌”（今音）已全无踪迹，这种常用程度极高，原形却在整个粤方言系统范围内“消失”得无影无踪的避讳说解释是十分值得怀疑的。在《广韵》系统被归入船母的“舌”所代表的词到底有没有在粤方言中存在过，也是值得怀疑的。舌这一身体器官，在今闽北方言中，政和作lyɛ、洋墩作lie、石陂和建阳作lye、建瓯作ye，闽东福州方言作lieʔ。“舌”在闽方言中大量存在l-声母的说法，或许可对粤方言“脷”之真实来源有所启示。方言词音在历史演变中常常有分流、合流的情况，我们并不知道在被记作“脷”的时候，“舌”这个词在粤语中是否已完全与“利”同音，但可以肯定的是，“脷”的写法，必然已固定了这个词最新层次的音和义。

人们对于一种仍在每天使用的语言，容易产生一种对之再熟悉不过、再了解不过的错觉，以致于一些远未触及核心的问题，却以为早已解决干净。今日，如果我们论及“辘柚”仍只能联想到“越辘越有”的程度，说到“脷”仍只解释到避“蚀”讳的程度，那么我们对这些语言现象的理解、诠释和传播，仅仅触及最新、最表面的“文化”语义层次。如果满足于最表层的解释，那么我们的认知将离语言的本质越来越远，也很难让人相信仅凭这样的认知深度，能在相应的语言和文化研究领域作出更多新的开拓。我们讨论粤方言的书面化，其实是在透过书面化检讨我们自身对承载这些内容的文献的认识，对粤方言本体以及对粤文化、岭南文化的理解。与粤方言相关的语言、文学、民俗等研究虽然仍旧存在大量难以切入的刁钻难题，但即便看似浅显的部分，倘若以更深入的、更指向内部的视角来探究，仍将有无数待收获的惊喜。谨以本文提议一种“层次思维”，以为引玉之砖，期方家指正。

参考文献

[1] 邓小琴. 2011. 粤方言书面化及其历史演变研究［D］. 南京大学博士学位论文.

[2] 李婉薇. 2017. 清末民初的粤语书写［M］. 修订版. 香港：三联书店.

[3] 林连通，郑张尚芳. 2012. 汉字字音演变大字典［M］. 南昌：江西教育出版社.

[4] 索绪尔. 1980. 普通语言学教程［M］. 高名凯，译. 北京：商务印书馆.

[5] 谭代龙. 2009. 语言是一种意义结合的符号系统：论索绪尔语言学核心思想［J］. 外国语文（3）：87-92.

[6] 张均如，梁敏，欧阳觉亚，等. 1999. 壮语方言研究［M］. 成都：四川民族出版社.

[7] 朱少璋. 2016. 粤讴采辑［M］. 广州：广东人民出版社.